Zoals er in de jaren twintig van de twintigste eeuw de *lost generation* is geweest, zo was er in de jaren vijftig de *beat generation*. De bijbel van die generatie was de roman die Jack Kerouac in 1957 publiceerde: *On the Road*. De roman vertelt het verhaal van Sal Paradise en zijn aan alcohol, seks, drugs en muziek verslaafde vriend Dean Moriarty, die liftend of in gestolen auto's kriskras door de Verenigde Staten reizen. Hun levenswijze is anti-intellectueel, zonder binding en zonder moraal en ze zetten zich af tegen de gevestigde normen en waarden: ze kiezen voor een ongeremd en onaangepast bestaan.

Jack Kerouac (1922-1969) werd geboren in Massachusetts. Hij studeerde aan de Columbia Universiteit in New York, waar hij een aantal van de schrijvers ontmoette die later deel zouden uitmaken van de beat generation, onder wie Allen Ginsberg en William Burroughs. Begin jaren vijftig maakte Kerouac zelf de autoreizen die hem inspireerden tot het schrijven van *On the Road*. Pas in 1957 werd het boek gepubliceerd. Het werd een groot succes en Kerouac werd het gezicht van de beat generation. Ongelukkig onder alle aandacht van de pers trok hij zich terug in zijn geboorteplaats, waar hij nog een aantal boeken en columns schreef en op 47-jarige leeftijd stierf aan de gevolgen van een leverbloeding.

Jack Kerouac

On the Road

Onderweg

Vertaling Guido Golüke

ULYSSES

2007

DE BEZIGE BIJ

AMSTERDAM

DEEL EEN

I

De eerste keer dat ik Dean ontmoette was niet lang nadat mijn vrouw en ik uit elkaar waren gegaan. Ik was net opgeknapt van een ernstige ziekte waar ik het verder niet over zal hebben, behalve dat het te maken had met die akelig afmattende scheiding en mijn gevoel dat alles dood was. Met de komst van Dean Moriarty begon het deel van mijn leven dat je mijn leven onderweg zou kunnen noemen. Ik had er al vaak van gedroomd naar het Westen te trekken om het land te zien, ik maakte aldoor vage plannen maar het kwam er nooit van. Dean is de ideale figuur voor onderweg want hij is echt onderweg geboren, toen zijn ouders in 1926 op weg naar Los Angeles in een oude rammelkast door Salt Lake City kwamen. De eerste berichten over hem bereikten me via Chad King, die me wat brieven had laten zien die hij vanuit een tuchtschool in New Mexico had geschreven. Ik vond die brieven geweldig interessant omdat hij Chad daarin zo naïef en charmant vroeg of hij hem alles wilde vertellen over Nietzsche en alle geweldige intellectuele dingen die Chad wist. Op een gegeven moment praatten Carlo en ik over de brieven en we vroegen ons af of we die vreemde Dean Moriarty ooit zouden ontmoeten. Dat is allemaal een hele tijd terug, toen Dean nog niet was zoals hij nu is, toen hij nog een jonge, in mysteriën gehulde tuchthuisboef was. Toen kwam het nieuws dat Dean uit de tuchtschool was ontslagen en voor het eerst naar New York zou komen; er werd ook gezegd dat hij net getrouwd was met een meisje dat Marylou heette.

Op een dag hing ik wat op de campus rond toen Chad en Tim Gray me vertelden dat Dean op een etage met koud stromend water zat in East Harlem, het Spaanse Harlem. Dean was de avond ervoor aangekomen, hij was voor het eerst in New York met zijn mooie scherpe chick Marylou; ze stapten in 50th Street uit de Greyhoundbus, gingen om de hoek op zoek naar een eettent en liepen regelrecht Hector's in, en sindsdien is Hector's Cafetaria voor Dean altijd een groot symbool van New York gebleven. Ze gaven hun goeie geld uit aan heerlijke grote geglaceerde cakes en roomsoezen.

En intussen praatte Dean aldoor in deze trant tegen Marylou: 'Goed, schat, nu zijn we in New York en hoewel ik je nog niet helemaal heb verteld waar ik allemaal aan dacht toen we door Missouri reden en vooral toen we de tuchtschool in Booneville passeerden waardoor ik aan mijn gevangenisproblemen moest denken, is het nu absoluut noodzakelijk al die resterende dingen aangaande onze persoonlijke liefdessituatie uit te stellen en ogenblikkelijk aan specifieke werk/leefplannen te gaan denken...' enzovoorts in die stijl van hem in de begintijd.

Ik ging met de jongens naar de etage en Dean deed open in zijn onderbroek. Marylou sprong van de bank overeind; Dean had de bewoner van het appartement de keuken ingestuurd, om koffie te zetten waarschijnlijk, terwijl hij doorwerkte aan zijn liefdesproblematiek, want voor hem was seks het enige heilige en belangrijke in het leven, al moest hij sappelen en vloeken om aan de kost te komen en zo. Je zag het aan de manier waarop hij met deinend hoofd, aldoor omlaagkijkend stond te knikken als een jonge bokser die naar aanwijzingen luistert, met wel duizend keer 'ja' en 'precies' ertussendoor om je het idee te geven dat hij elk woord in zich opnam. Mijn eerste indruk van Dean was die van een jonge Gene Autry – slank, smalle heupen, blauwe ogen, onvervalst Oklahoma-accent – een bakkebaardige held uit de besneeuwde Rockies. Hij had in feite net op een ranch, de ranch van Ed Wall in Colorado, gewerkt voor hij met Marylou was getrouwd en naar het Oosten was gekomen. Marylou was een mooie blonde meid met enorme krullen in een zee van gouden lokken; ze zat met haar handen losjes in haar schoot op de rand van de bank en haar rookblauwe buitenogen staarden wijdopengesperd voor zich uit, want nu zat ze op zo'n akelige grauwe New Yorkse etage waarover ze in het Westen wel had gehoord; ze zat er afwachtend, als een langlijvige uitgemergelde surrealistische Modigliani in een ernstige kamer. Maar behalve een leuk grietje was ze ook ontzettend stom en tot allerlei afschuwelijks in staat. We zaten die avond met zijn allen bier te drinken, trokken aan elkaars polsen en praatten de hele nacht door, en toen we de volgende morgen duf peuken uit asbakken zaten te roken in het grauwe licht van een sombere nieuwe dag, kwam Dean nerveus overeind, beende nadenkend heen en weer en besloot dat het nu tijd was dat Marylou een ontbijt klaarmaakte en de vloer aanveegde. 'Met andere woorden, we moeten ertegenaan, schat, ik bedoel, anders zitten we straks met fluctuaties en een gebrek aan waarachtige kennis of uitkristallisering van onze plannen.' Daarop ging ik weg.

In de daaropvolgende week vertrouwde hij Chad King toe dat deze hem absoluut moest leren schrijven; Chad zei dat ik schrijver was en dat hij naar mij moest gaan voor advies. Intussen had Dean werk gevonden op een parkeerterrein en ruzie gehad met Marylou in hun appartement in Hoboken – God mag weten waarom ze daarheen waren gegaan – en zij was zo woedend en zo intens rancuneus dat ze een valse totaal uit de lucht gegrepen krankzinnige aanklacht bij de politie indiende zodat Dean de benen moest nemen uit Hoboken. Zodoende had hij nu geen onderdak. Hij kwam helemaal naar Paterson, New Jersey, waar ik bij mijn tante woonde. Op een avond zat ik te studeren toen er op de deur geklopt werd en daar stond Dean buigend, onderdanig met zijn voeten schuivend in de donkere hal en zei: 'Hallo dan, ken je me nog? – Dean Moriarty. Ik kom je vragen of je me wilt leren schrijven.'

'En waar is Marylou?' vroeg ik. Dean zei dat ze kennelijk een paar dollar bij elkaar gepeesd had en teruggegaan was naar Denver – 'de hoer!' We gingen maar naar buiten om ergens een pilsje te drinken, want we konden niet vrijuit praten in het bijzijn van mijn tante, die in de woonkamer haar krant zat te lezen. Ze wierp één blik op Dean en concludeerde dat hij gek was.

In de bar zei ik tegen Dean: 'Jezus, man, ik weet best dat je niet alleen maar gekomen bent omdat je schrijver wilt worden, wat

9

weet ik er trouwens van behalve dat je moet doorzetten met de energie van een pepslikker.' En hij zei: 'Ja, natuurlijk, ik weet precies wat je bedoelt, aan die hele problematiek had ik in feite al gedacht, maar wat ik wil is de realisatie van de factoren die als je afhankelijk bent van Schopenhauers dichotomie voor een inwendig gerealiseerde…' en meer van zulks, dingen waar ik geen bal van begreep en hijzelf ook niet. In die tijd wist hij echt niet waar hij over praatte; dat wil zeggen, hij was een jonge tuchtschoolklant en helemaal bezeten van de geweldige mogelijkheden om een echte intellectueel te worden; hij bediende zich graag van de toon en de woorden die hij 'echte intellectuelen' had horen gebruiken, maar dan totaal verhaspeld – alhoewel, in alle andere dingen was hij niet zo naïef, en hij hoefde maar een paar maanden met Carlo Marx op te trekken om volledig *ingevoerd* te raken in alle termen van het jargon. Desondanks begrepen we elkaar op andere krankzinnige niveaus, en ik sprak met hem af dat hij bij mij kon blijven wonen tot hij een baan had gevonden, verder spraken we ook af dat we ooit samen naar het Westen zouden gaan. Dat was in de winter van 1947.

Toen Dean op een avond bij mij kwam eten – hij werkte al op dat parkeerterrein in New York – boog hij zich over mijn schouder terwijl ik op mijn schrijfmachine zat te ratelen en zei: 'Kom op, man, die meiden wachten niet op ons, schiet op.'

Ik zei: 'Een ogenblik, ik ga met je mee zodra ik dit hoofdstuk af heb,' en het werd een van de beste hoofdstukken van het boek. Daarna verkleedde ik me en gingen we in vliegende vaart naar New York om een paar meisjes te ontmoeten. Terwijl de bus door de bizarre fluorescerende leegte van de Lincoln Tunnel reed, zaten we met zwaaiende wijsvingers, op elkaars schouders hangend te roepen en opgewonden te ratelen, en kreeg ik het al net zo te pakken als Dean. Hij was gewoon een jonge vent die brandde van levensdrift, en hij was wel een oplichter, maar hij belazerde de boel alleen maar omdat hij voluit wilde leven en bij mensen wilde horen die anders geen aandacht aan hem zouden schenken. Hij belazerde mij ook en dat wist ik (voor kost en inwoning, om 'te leren schrijven' enzovoorts), en hij wist dat ik het wist (dit vormde de basis van onze relatie), maar het kon me niet schelen en we konden prima met elkaar overweg – geen eisen, geen gunsten; we liepen op onze tenen om elkaar heen als o zo breekbare nieuwe vrienden. Ik ging evenveel van hem leren als hij waarschijnlijk van mij. Over mijn werk zei hij: 'Ga door, alles wat je doet is geweldig.' Hij keek over mijn schouder mee terwijl ik verhalen schreef, slaakte kreten als: 'Ja hoor! Zeker weten! Te gek, man! Poe!' en veegde zijn gezicht af met zijn zakdoek. 'Wauw, er is zoveel te doen, man, er is zoveel om over te schrijven! Hoe kan ik dat ooit allemaal op papier krijgen zonder gemodificeerde beperkingen of me te laten opnaaien door literaire remmingen en grammaticale angsten en zo...'

'Jazeker, man, nou begint het erop te lijken.' Ik zag een soort bezielde bliksem opflitsen van zijn geestdrift en zijn visioenen, die hij in zo'n stortvloed beschreef dat mensen in bussen omkeken naar die 'overspannen gek'. In het Westen had hij een derde van zijn tijd in de biljartzaal, een derde in de gevangenis en een derde in de openbare bibliotheek doorgebracht. Ze hadden hem gretig, blootshoofds, met boeken onder zijn arm door de winterse straten naar de biljartzaal zien rennen, of in bomen zien klimmen om de zolderkamers van vrienden binnen te komen waar hij dagenlang zat te lezen of zich schuilhield voor de politie.

We gingen naar New York – ik weet niet meer hoe het zat, iets met twee zwarte meisjes – geen meisjes; ze zouden hem in een snackbar ontmoeten en kwamen niet opdagen. We gingen naar zijn parkeerterrein waar hij nog het een en ander te doen had – zich in het hok achterin omkleden en voor een gebarsten spiegel opkalefateren en zo, daarna gingen we erop uit. En dat was de avond waarop Dean Carlo Marx ontmoette. Er vond iets ontzagwekkends plaats toen Dean Carlo Marx ontmoette. Intens en hartstochtelijk als ze waren, klikte het meteen tussen die twee. Twee borende ogen keken in twee borende ogen – de bezielde oplichter met zijn sprankelende geest en Carlo Marx, de treurige poëtische oplichter met zijn duistere geest. Vanaf dat moment zag ik Dean heel weinig, en dat speet me wel een beetje. Hun energie detoneerde op slag, bij hen vergeleken was ik een hark, ik kon ze niet bijbenen. Daarmee begon de hele krankzinnige storm van gebeurtenissen; al mijn vrienden en alle familieleden die ik nog had zouden erdoor meegesleurd worden in een grote stofwolk boven de Amerikaanse nacht. Carlo vertelde hem over Old Bull Lee, Elmer Hassel, Jane; Lee die weed verbouwde in Texas; Hassel in de gevangenis op Riker's Island; Jane die in benzedrinehallucinaties, met haar dochtertje op haar arm, over Times Square zwierf en in het psychiatrisch ziekenhuis terechtkwam. Dean vertelde Carlo over onbekende figuren in het Westen als Tommy Snark, de manke meesterpikeur, kaartspeler en engelachtige flikker. Hij vertelde hem over Roy Johnson, Lange Ed Dunkel, zijn jeugdvrienden, zijn straatmakkers, de ontelbare vriendinnen, de seksfeesten en pornofilms, zijn helden en heldinnen, zijn avonturen. Ze draafden samen door de straten, namen alles in zich op met die instelling die ze in het begin hadden, die later zoveel triester, zo allesdoorziend en leeg werd. Maar destijds dansten ze als lampionnen door de straten en ik sjouwde achter ze aan zoals ik mijn hele leven al achter mensen aansjouw die me interesseren, want voor mij zijn er alleen de wilde figuren die wild leven, wild praten, per se het licht moeten zien, mensen die alles tegelijk willen meemaken en nooit geeuwen of clichés bezigen maar branden en bruisen als die fantastische gele Romeinse kaarsen die als spinnen over de sterren uiteenspatten en dan zie je het blauwe licht in het midden opeens uitfloepen en roept iedereen 'Oooh!' Hoe noemden ze zulke jonge mensen in het Duitsland van Goethe? Omdat Dean zo graag wilde leren schrijven als Carlo ging hij hem acuut te lijf met een geweldige amoureuze bezieling zoals alleen een oplichter die kan opbrengen. 'Oké, Carlo, laat mij nu eens wat zeggen – volgens míj…' Ik zag ze zo'n twee weken niet, en in die periode consolideerden ze hun relatie in moordende dag en nacht doorgaande praatsessies.

Toen werd het lente, de beste tijd om te reizen, en iedereen in de los verspreide groep maakte zich gereed voor een of andere trip. Ik werkte hard aan mijn roman en toen ik, na een reis naar het Zuiden met mijn tante om mijn broer Rocco te bezoeken, halverwege was maakte ik me gereed om voor de allereerste keer naar het Westen te trekken.

Dean was al vertrokken. Carlo en ik brachten hem naar het Greyhound busstation in 34th Street: Boven kon je voor een kwartje foto's laten maken. Carlo zette zijn bril af en keek sinister. Dean poseerde en profil en keek quasi-verlegen opzij. Ik keek recht in de lens en zag eruit als een dertigjarige Italiaan die iedereen die ook maar iets ongunstigs over zijn moeder zei meteen zou vermoorden. Die foto sneden Carlo en Dean keurig met een scheermes in tweeën en ze bewaarden elk een helft in hun portefeuille. Dean droeg het kostuum van een echte Westelijke zakenman voor zijn grote reis terug naar Denver; zijn eerste toer in New York zat erop. Het was een toer geweest, want hij had zich alleen maar uit de naad gewerkt op dat parkeerterrein. Hij is de beste parkeerknecht ter wereld, prikt een wagen met zestig kilometer per uur achteruit in een nauw gaatje, stopt pal voor de muur, springt eruit, draaft langs spatborden naar de volgende wagen, springt erin, zwiept de wagen plankgas in een nauwe ruimte rond, dan rap achteruit in een smal gaatje en *krr* de handrem erop zodat de wagen nog bokt als hij er al uitvliegt; als een topsprinter in één ruk door naar het loket, bonnetje afgeven, hup de volgende wagen in voor de eigenaar half uitgestapt is; hij schuift letterlijk onder hem door op de zitting terwijl de man nog bezig is met uitstappen, start de motor, scheurt met wapperend portier naar de dichtstbijzijnde vrije plek, achteruit, handrem, deur open en weg; zo werkt hij zonder rustpauze acht uur per avond – het spitsuur en de late spits als de theaters uitgaan – in een vettige schooiersbroek, rafelig bontjack, afgetrapte schoenen met flapzolen. Nu had hij een nieuw kostuum gekocht voor de terugreis, een driedelig blauw kostuum met krijtstreep – elf dollar op 3rd Avenue – compleet met horloge en horlogeketting, plus een kofferschrijfmachine om in een logement in Denver te gaan schrijven zodra hij er werk had gevonden. We aten een afscheidsmaal van bonen met knakworst in een eethuis op 7th Avenue, toen stapte Dean in de bus waar Chicago op stond en raasde hij de nacht in. Daar ging onze wildwestheld. Ik beloofde mezelf dat ik dezelfde kant op zou gaan als de lente echt in volle bloei was en het hele land uitliep.

Dat was eigenlijk het begin van alles dat ik onderweg zou beleven, en de dingen die er stonden te gebeuren zijn te fantastisch om niet te vertellen.

Ja, en het was niet alleen omdat ik schrijver was en behoefte had aan nieuwe ervaringen dat ik Dean beter wilde leren kennen, ook niet omdat mijn loze bestaan op de campus zijn cyclus had voltooid en nu was vastgelopen, maar omdat hij me op de een of andere manier, ondanks onze karakterverschillen, aan een lang geleden verloren broer deed denken; de aanblik van dat gekwelde benige gezicht met die lange bakkebaarden en zijn gespannen zwetende, gespierde nek deed me denken aan mijn jeugd rond de verfbassins en zwemwatertjes aan de oevers van de Passaic in Paterson. Zijn vuile werkplunje hing zo elegant om zijn lijf, alsof je bij een kleermaker geen beter passend kostuum had kunnen bestellen maar het alleen met hard werken kon krijgen van de Natuurlijke Kleermaker der Natuurlijke Levensvreugde, zoals Dean met zijn geploeter. En in zijn opgewonden manier van praten hoorde ik weer de stemmen van oude kameraden en broers tussen hun motoren onder de brug, in die wijk vol wasgoed en lome portieken waar jongens 's middags gitaar speelden terwijl hun oudere broers in de fabrieken werkten. Al mijn huidige vrienden waren 'intellectuelen' – Chad de Nietzscheaanse antropoloog, Carlo Marx met zijn maffe surrealistische ernstig starende fluistergesprekken, Old Bull Lee met zijn lijzige kritiek op alles en iedereen – of slinkse criminelen als Elmer Hassel met zijn koele spotlach; Jane Lee was idem dito zoals ze op haar oosters beklede bank hangend aan *The New Yorker* snifte. Maar Dean beschikte over een minstens even gezond, briljant, compleet intellect, zonder dat vervelende intellectualisme. En zijn 'criminaliteit' was zonder wrok of spot; het was een wilde positieve uitbarsting van Amerikaanse levensvreugde, westelijk, fris als de westenwind, een ode uit de Prairie, iets nieuws, lang voorspeld, lang onderweg (hij stal alleen maar auto's om er wat in rond te rijden). Bovendien leefden al mijn New Yorkse vrienden in een negatieve nachtmerrie waarin ze de maatschappij afkraakten met hun vermoeide getheoretiseer, hun politieke of psychoanalytische argumenten; Dean bestormde de maatschappij gewoon in zijn honger naar eten en liefde, hij zat nergens mee: 'Zolang ik dat lekkere wijf met dat lekkers tussen haar benen maar kan krijgen, jongen' en 'zolang er maar brood op de plank is, vriend, begrijp je wat ik bedoel? Ik heb HONGER, ik STERF van de honger, laten we NU METEEN gaan eten!' – en dan gingen we eropuit om te ETEN, waarvan, volgens de Prediker, 'een iegelijk zijn deel heeft onder de zon'.

Hij was een westelijk zonnekind, onze Dean. Hoewel mijn tante me waarschuwde dat hij me in moeilijkheden zou brengen, hoorde ik een nieuw geluid en zag ik een nieuwe horizon, en op mijn jonge leeftijd geloofde ik erin; en die paar problemen of zelfs het feit dat Dean me uiteindelijk als vriend zou afwijzen, toen hij me later berooid op straat en ziek op bed liet barsten – wat kon dat schelen? Ik was een jonge schrijver en ik wilde van de grond komen.

Ik wist dat er op een gegeven moment voor mij ook meisjes zouden zijn, visioenen, alles; op een gegeven moment zou de parel me worden aangereikt.

2

In juli 1947, toen ik zo'n vijftig dollar had overgespaard van oude veteranenuitkeringen, was ik klaar om naar de Westkust te gaan. Mijn vriend Remi Boncoeur had me uit San Francisco geschreven dat ik moest komen om met hem op een lijnboot te monsteren die de hele wereld rondging. Hij zei dat hij me gegarandeerd in de machinekamer kon krijgen. Ik schreef terug dat ik al tevreden was met de eerste de beste ouwe vrachtschuit, zolang ik een paar lange reizen over de Stille Oceaan kon maken en genoeg geld overhield om bij mijn tante thuis in mijn eigen onderhoud te voorzien terwijl ik mijn boek afmaakte. Hij zei dat hij een keet in Mill City had en dat ik daar massa's tijd zou hebben om te schrijven terwijl we de rompslomp van dat aanmonsteren afwerkten. Hij woonde er met een meisje dat Lee Ann heette; hij zei dat ze fantastisch kon koken en dat alles dik voor elkaar zou komen. Remi was een oude studievriend, een Fransman die in Parijs was opgevoed en echt een krankzinnige kerel – hoe krankzinnig wist ik toen nog niet. Hij verwachtte me over tien dagen. Mijn tante was er helemaal voor dat ik naar de Westkust ging; ze zei dat het me goed zou doen, ik had de hele winter zo hard gewerkt en veel te veel binnen gezeten; ze klaagde niet eens toen ik zei dat ik nu en dan zou moeten liften. Ze wilde alleen maar dat ik weer heelhuids thuiskwam. En op een morgen liet ik mijn dikke halve manuscript op mijn bureau achter, ik sloeg voor de laatste keer mijn behaaglijke beddengoed terug, stapte met een paar elementaire benodigdheden in mijn canvas tas de deur uit en toog met die vijftig dollar op zak naar de Stille Oceaan.

Ik had maanden in Paterson op kaarten van de Verenigde Staten zitten turen, ik had zelfs boeken gelezen over de pioniers, genietend van namen als Platte, Cimarron en dergelijke; en dwars over die kaart liep een lange rode lijn die Route 6 heette en van het puntje van Cape Cod helemaal naar Ely in Nevada leidde en daar omlaagdook naar Los Angeles. Ik blijf gewoon de hele weg naar Ely op de 6 zitten, zei ik tegen mezelf en ging vol vertrouwen op weg. Om naar de 6 te komen moest ik eerst omhoog naar Bear Mountain. Vol dromen over wat ik in Chicago, in Denver, en ten slotte in San Fran allemaal zou gaan doen, nam ik op 7th Avenue de ondergrondse naar het eindpunt in 242nd Street, en vandaar een trolleybus naar Yonkers; in het centrum van Yonkers stapte ik over op een trolleybus naar de stadsgrens aan de oostelijke oever van de Hudson. Als je aan de mysterieuze oorsprong in de Adirondacks eens een roos in de Hudson gooide, denk eens aan alle plaatsen die ze dan zou aandoen voor ze voorgoed de zee indreef – denk eens aan die prachtige Hudson Valley. Ik begon die vallei in te liften. In vijf rommelige ritten bereikte ik de beoogde Bear Mountain Bridge, waar Route 6 in een boog binnenkwam van New England. Het begon in stromen te regenen toen ik er werd afgezet. Het was er bergachtig. Route 6 kwam de brug over, draaide om een rotonde en verdween in de wildernis. Er was niet alleen geen verkeer, het regende ook met bakken en ik kon nergens schuilen. Ik moest rennend beschutting zoeken onder wat dennen; dat hielp niets; ik begon te huilen en te vloeken en kon me wel voor mijn kop slaan dat ik zo stom was geweest. Ik zat zeventig kilometer ten noorden van New York; de hele weg naar boven had ik erover ingezeten dat ik vandaag, op de grote eerste dag, enkel naar het noorden reisde in plaats van het westen waar ik zo naar hunkerde. Nu was ik op het noordelijkste punt blijven steken. Ik rende vijfhonderd meter naar een verlaten benzinestationnetje in popperige Engelse stijl en ging onder het druppende afdak staan. Hoog boven me slingerde die grote harige Berenberg donderslagen omlaag die me een heilige angst inboezemden. Het enige dat ik kon zien waren dampige bomen en een desolaat ten hemel rijzende wildernis. 'Wat moet ik hier, verdomme?' Ik vloekte en huilde om Chicago. 'Die lui daar vermaken zich allemaal prima, ze zijn met van alles in de weer en ik ben er niet bij, wanneer zal ik er ooit aankomen!' – enzovoorts. Ten slotte stopte er een auto bij het lege benzinestation; de man en de twee vrouwen in de auto wilden even op de kaart kijken. Ik stapte regelrecht op ze af en gebaarde in de regen; ze beraadslaagden; ik zag er natuurlijk uit als een maniak met mijn kletsnatte haren en soppende schoenen. Mijn schoenen, stomme idioot die ik ben, waren Mexicaanse *huaraches*, lekkende mandjes die ongeschikt waren voor Amerikaanse nachten van regen en gure kou langs de weg. Maar de mensen lieten me instappen en brachten me *terug* naar Newburgh, wat ik maar accepteerde als een beter alternatief dan de hele nacht te blijven steken in die wildernis van Bear Mountain. 'Er komt trouwens helemaal geen verkeer over Route 6,' zei de man. 'Als je naar Chicago wilt kun je beter in New York de Holland Tunnel pakken en op weg gaan naar Pittsburgh.' Ik wist dat hij gelijk had. Ik had me door mijn eigen droom het bos in laten sturen, het stomme romantische idee dat het zo prachtig zou zijn één lange rode lijn dwars door Amerika te volgen in plaats van verschillende wegen en routes te proberen.

In Newburgh was het opgehouden met regenen. Ik liep naar de rivier, en moest naar New York terug in een bus met een delegatie onderwijzers die terugkwamen van een weekeind in de bergen – kwebbel kwebbel, babbel babbel, en ik maar vloeken om die verspilling van tijd en geld, ik wilde zo graag naar het westen en had de hele dag en de hele avond niks anders gedaan als van zuid naar noord op en neer darren, alsof ik niet op gang kon komen. Ik zwoer dat ik morgen in Chicago zou zijn, en speelde op zeker door de bus naar Chicago te pakken, wat me het grootste deel van mijn geld kostte, maar dat kon me niks verdommen, zolang ik morgen maar in Chicago was.

3

Het was een gewone busreis met huilende baby's en hete zon, in Pennsylvania stapten er in elk stadje nieuwe plattelanders in, tot we de vlakte van Ohio bereikten en echt op gang kwamen, bovenin langs Ashtabula en dan 's nachts dwars door Indiana. Ik arriveerde behoorlijk vroeg in de morgen in Chicago, nam een kamer in de YMCA en ging met heel weinig dollars op zak naar bed. Na een flinke dag slapen ging ik Chicago van dichtbij bekijken.

De wind vanaf het Michiganmeer, bop in de Loop, lange wandelingen rond South Halsted en North Clark Street, en na middernacht een lange tocht door de ruige wijken, waar een patrouillewagen me volgde alsof ik een verdacht individu was. In die tijd, 1947, loeide de bop als een storm door heel Amerika. De jongens in de Loop toeterden wel, maar met een vermoeid air, want de bop zat nu ergens tussen zijn ornithologische periode met Charlie Parker en een nieuwe fase die begon met Miles Davis. En terwijl ik er zat te luisteren naar het geluid van de nacht dat de bop voor ons allemaal is geworden, dacht ik aan al mijn vrienden van het ene uiteinde van het land tot het andere, hoe ze eigenlijk allemaal in dezelfde uitgestrekte achtertuin rondrenden en tekeergingen. En de volgende middag trok ik voor het eerst van mijn leven het Westen in. Het was een warme dag, prachtig liftweer. Om aan het onmogelijk labyrinthische verkeer van Chicago te ontkomen nam ik een bus naar Joliet, Illinois, kwam daar langs de gevangenis, posteerde me na een wandeling door de lommerrijke, vervallen straten aan de rand van de stad en stak mijn duim op. Helemaal met de bus van New York naar Joliet, en ik had meer dan de helft van mijn geld uitgegeven.

Mijn eerste lift was in een dynamietwagen met rode vlag zo'n vijftig kilometer het weidse groene Illinois in, de chauffeur wees me de plek waar Route 6, waar wij op zaten, Route 66 kruist voor beide wegen over ongelofelijke afstanden naar het westen schieten. Tegen een uur of drie 's middags, na een stuk appeltaart en een ijsje aan een kraam langs de weg, stopte er een vrouw voor me in een kleine coupé. Ik voelde een beving van stijf plezier terwijl ik naar de auto rende, maar het was een vrouw van middelbare leeftijd, een moeder met zoons van mijn leeftijd in feite, en ze wilde iemand die haar kon helpen naar Iowa te rijden. Dat zag ik helemaal zitten. Iowa! Vandaar was het niet zo ver naar Denver, en als ik eenmaal in Denver zat, had ik geen zorgen meer. De eerste paar uur reed zij, op een gegeven moment moest ze per se ergens een oude kerk bezoeken, alsof we toeristen waren, daarna nam ik het stuur over en hoewel ik niet zo'n beste chauffeur ben, reed ik in één ruk door de rest van Illinois naar Davenport, Iowa, via Rock Island. En daar zag ik voor het eerst in mijn leven mijn geliefde Mississippi, de rivier lag uitgedroogd in de zomerse nevel, laag water met die enorme ranzige lucht die riekt naar het naakte lijf van Amerika zelf, want dat wordt ermee aangespoeld. Rock Island – spoorlijnen, loodsen, een klein centrum; dan over de brug naar Davenport, zelfde soort stad, alles ruikt er naar zaagsel in de warme midwestelijke zon. Hier moest mevrouw via een andere route verder naar haar woonplaats in Iowa en stapte ik uit.

De zon ging onder. Ik liep na een paar kouwe pilsjes naar de rand van de stad, het was een heel eind. Alle mannen reden van hun werk naar huis, ze hadden spoorpetten op, honkbalpetten, allerlei petten, zoals ze overal in elke stad van hun werk komen. Een van hen gaf me een lift de heuvel op en liet me achter op een eenzame kruising aan de rand van de prairie. Prachtig, hoor. De enigen die er langskwamen waren boeren; ze keken me achterdochtig aan en hobbelden verder, als koeien naar de melkschuur. Niet één vrachtwagen. Er zoefden een paar auto's langs. Een knaap met wapperende sjaal in een opgevoerde brik. De zon ging helemaal onder en ik stond er in een paarse duisternis. Nu was ik bang. Er brandden niet eens lichtjes op het platteland van Iowa; binnen een minuut zou niemand me nog kunnen zien. Gelukkig gaf een man op weg naar Davenport me een lift terug naar het centrum. Maar ik kon weer van voren af aan beginnen.

Ik ging in het busstation zitten om dit te overdenken. Ik at nog een stuk appeltaart en een ijsje; dat is praktisch het enige dat ik de hele reis door het land at, ik wist dat het voedzaam was, en het was natuurlijk ook erg lekker. Ik besloot een gok te wagen. Ik stapte in het centrum van Davenport op een bus, nadat ik in het café op het busstation een half uur naar een serveerster had zitten kijken, en reed naar de stadsgrens, maar ditmaal tot vlak bij de benzinestations. Hier denderden de grote vrachtwagens langs en wham, binnen twee minuten knoerste er een tot stilstand. Ik rende er met jubelende ziel naartoe. En wat een chauffeur! – een grote beer van een vent met uitpuilende ogen en schor raspende stem die alles smijtend en stampend deed. Hij bracht het gevaarte weer op gang en besteedde haast geen aandacht aan me, zodat ik mijn vermoeide ziel wat rust kon gunnen, want een van de grootste problemen met liften is dat je met talloze mensen moet praten, ze het gevoel moet geven dat ze geen vergissing hebben begaan door je mee te nemen, je moet ze bijna vermaken zelfs, en dat is allemaal vreselijk inspannend als je helemaal naar de andere kant gaat en niet van plan bent in hotels te slapen. Deze kerel schreeuwde maar wat boven het gedaver uit, en ik hoefde alleen maar wat terug te schreeuwen, heel ontspannen allemaal. Hij denderde in één ruk door naar Iowa City en schreeuwde me de gekste verhalen toe, hoe hij in alle plaatsen met een onredelijke snelheidsbeperking de politie te slim af was: 'Mooi dat die gore smerissen mij niks kunnen maken!' zei hij aldoor. Net toen we Iowa City binnenrolden zag hij een andere vrachtwagen achter ons aankomen en omdat hij in Iowa City moest afslaan, knipperde hij met zijn achterlichten naar die andere vent en remde af, zodat ik er met tas en al uit kon springen; de andere wagen ging op de uitwisseling in en stopte, en in een ommezien zat ik weer in een grote hoge cabine, klaar om honderden kilometers door de nacht te reizen, was ik even blij! De nieuwe vrachtwagenchauffeur was al net zo'n gek als de eerste en schreeuwde even hard, ik hoefde me alleen maar achterovergeleund verder te laten rollen. Nu zag ik Denver al voor me opdoemen als het Beloofde Land daarginds onder de sterren, voorbij de prairie van Iowa en de vlakten van Nebraska, en daarachter zag ik in een groter visioen San Francisco als een edelsteen in de nacht. Hij denderde plankgas door en vertelde een paar uur lang verhalen, toen ging hij in een stad in Iowa, waar Dean en ik jaren later werden aangehouden op verdenking dat onze Cadillac was gestolen, een paar uur in zijn stoel zitten slapen. Ik sliep ook wat en maakte een wandelingetje langs de eenzame bakstenen muren verlicht door een enkele lantaarn, met aan het eind van elke korte straat de mijmerende prairie en de geur van de maïs als dauw in de nacht.

Bij het eerste licht schoot hij met een ruk wakker. We daverden weer verder en een uur later rees voor ons uit de rook van Des Moines boven de groene maïsvelden op. Hij moest nu ontbijten en wilde het rustig aandoen, maar ik ging meteen door naar Des Moines, het was nog een kilometer of zes en ik kreeg een lift van twee jongens van de Universiteit van Iowa; het was vreemd in hun gloednieuwe comfortabele wagen te zitten en ze over examens te horen praten terwijl we soepel de stad inzoomden. Nu wilde ik een hele dag slapen. Ik ging naar de YMCA voor een kamer; ze hadden er geen en instinctief kuierde ik naar het spoorwegemplacement – heel groot in Des Moines – en kwam daar bij de locomotievenloods in een sombere ouwe prairieherberg van een hotel terecht waar ik een hele dag lang sliep op een groot helder hard wit bed met vieze opmerkingen op de muur bij mijn hoofdkussen en de afgeleefde gele zonneschermen omlaag voor het rokerige panorama van het emplacement. Ik werd wakker toen de zon rood werd; en dat was het ene duidelijke ogenblik, dat allereigenaardigste moment in mijn leven waarop ik niet wist wie ik was – ik was ver van huis, gaar en moegereisd, in een goedkope hotelkamer die ik nooit eerder gezien had hoorde ik buiten het sissen van stoom, ik hoorde het oude hout van het hotel piepen, voetstappen boven, al die droeve geluiden, ik keek naar het gebarsten hoge plafond en wist zo'n vijftien vreemde seconden werkelijk niet wie ik was. Ik was niet bang; ik was gewoon iemand anders, een vreemdeling, en mijn hele leven was het gekwelde leven van een geest. Ik was halverwege Amerika, op de scheidslijn tussen het Oosten van mijn jeugd en het Westen van mijn toekomst, misschien gebeurde het daarom daar en op dat moment, in die vreemde rosse namiddag.

Maar ik moest weer op pad en niet zeuren, dus pakte ik mijn tas, zei de oude hotelbaas naast zijn kwispedoor gedag en ging wat eten. Ik at appeltaart en ijs – het werd beter naarmate ik dieper in Iowa kwam, de stukken taart werden groter, het ijs machtiger. Die middag in Des Moines zag ik overal waar ik keek groepjes knappe meiden – ze liepen van de middelbare school naar huis – maar ik had nu geen tijd voor dat soort gedachten en beloofde mezelf dat ik me in Denver flink zou uitleven. Carlo Marx was al in Denver; Dean was er; Chad King en Tim Gray waren er, ze woonden er, Marylou was er; er was ook iets gezegd over een geweldige vriendenploeg, onder wie Ray Rawlins en zijn mooie blonde zus Babe Rawlins en twee serveersters die Dean kende, de gezusters Bettencourt; zelfs Roland Major, mijn oude schrijfmakker van het college, was er. Ik keek er verheugd en vol verwachting naar uit al die mensen te ontmoeten. Daarom schoot ik haastig langs al die mooie meisjes, en de mooiste meisjes ter wereld wonen in Des Moines.

Een vent met een soort gereedschapsloods op wielen, een vrachtwagen vol gereedschap die hij rechtopstaand, als een moderne melkboer bestuurde, gaf me een lift de lange helling op, waar ik onmiddellijk een lift kreeg van een boer die met zijn zoon op weg was naar Adel, Iowa. In die stad maakte ik onder een grote olm bij een benzinestation kennis met een andere lifter, een typische New Yorker, een Ier die het grootste deel van zijn carrière in een bestelwagen van de posterijen had gereden en nu op weg was naar een meisje in Denver en een nieuw leven. Ik denk dat hij ergens voor op de loop was, de politie waarschijnlijk. Hij was een echte paarsneuzige drinkebroer van een jaar of dertig en zou me normaal verveeld hebben, maar ik had een sterke behoefte aan gezelschap, wie het ook was. Hij droeg een aftandse trui en een slobberbroek en had geen tas of niks bij zich – enkel een tandenborstel en wat zakdoeken. Hij zei dat we samen verder moesten liften. Ik had nee moeten zeggen, want hij zag er behoorlijk verlopen uit zo langs de weg. Maar we bleven bij elkaar en kregen een lift van een zwijgzame man naar Stuart, Iowa, waar we echt strandden. We stonden voor het spoorwegloket in Stuart en bleven op verkeer naar het westen wachten tot de zon onderging, een dikke vijf uur. We doodden de tijd eerst door over onszelf te vertellen, daarna vertelde hij schunnige verhalen, daarna schopten we enkel steentjes voor ons uit en maakten allerlei maffe geluiden. We kregen er genoeg van. Ik besloot een dollar stuk te slaan voor een glas bier. We gingen naar een ouderwetse saloon in Stuart en namen er een paar. Hij werd er zo dronken als thuis op 9th Avenue en brulde jolig al zijn vunze wensdromen in mijn oor. Ergens mocht ik hem wel; niet omdat hij een goeie vent was, zoals later zou blijken, maar om zijn enthousiasme. We liepen in het donker terug naar de weg, en natuurlijk stopte er niemand en kwam er haast niemand langs. Dat ging tot drie uur 's morgens zo door. We probeerden een poosje te slapen op de bank bij het loket, maar de telegraaf tikte de hele nacht door en we konden niet slapen, buiten bonkten grote goederentreinen. We wisten niet hoe we het moesten aanpakken met zo'n trein mee te rijden; we hadden het nog nooit gedaan; we wisten niet of ze naar het oosten of naar het westen gingen of hoe we daar achter konden komen, welke dichte wagons, platte wagens of ontdooide koelwagens we moesten kiezen enzovoorts. Dus toen de bus naar Omaha net voor het ochtendgloren langskwam pakten we die en voegden ons bij de slapende passagiers – ik betaalde voor hem en voor mezelf. Hij heette Eddie. Hij deed me denken aan mijn aangetrouwde neef uit de Bronx. Daarom bleef ik bij hem. Het was of ik een oude vriend bij me had, een glimlachende, goedgeluimde reismakker.

We arriveerden bij het aanbreken van de dag in Council Bluffs; ik keek naar buiten. Heel de winter had ik gelezen over de grote wagenkaravanen die hier vergaderden voor ze doortrokken naar Oregon en Sante Fe; natuurlijk stonden er nu alleen maar van die stomme burgermanshuisjes, allemaal keurig op een rijtje in het akelige ochtendgrauw. Dan Omaha, en heregod, de eerste cowboy die ik daar met stetson en texaslaarzen langs de vale muren van de vleespakhuizen zag lopen, verschilde geen steek van de eerste de beste sloeber in het steenrode ochtendgloren van de Oostkust, behalve zijn plunje dan. We stapten uit de bus en liepen regelrecht de heuvel op, de lange heuvel die in de loop van millennia was gevormd door de machtige Missouri waaraan Omaha is gebouwd, en staken buiten de stad onze duim op. We kregen een korte lift van een rijke veeboer met stetson, die zei dat de vallei van de Platte even geweldig was als het Nijldal in Egypte, en terwijl hij het zei zag ik de geweldige bomen die de kronkelende rivierbedding in de verte volgden, de uitgestrekte groene velden eromheen, en ik gaf hem bijna gelijk. Toen we daarna weer op een kruising stonden en de lucht begon te betrekken, riep een andere cowboy, een éénmetertachtig lange vent met een bescheiden ministetson ditmaal, ons naar zich toe en vroeg of een van ons kon rijden. Eddie kon natuurlijk rijden en had een rijbewijs, ik niet. De cowboy had twee auto's bij zich die terug moesten naar Montana. Zijn vrouw zat in Grand Island en hij wilde dat wij een van zijn auto's daarheen reden, dan zou zij het daar overnemen. Vandaar boog hij af naar het noorden en konden wij niet verder met hem meerijden. Maar het was een goeie honderdvijftig kilometer Nebraska in en we hapten natuurlijk grif toe. Eddie reed alleen, de cowboy en ik volgden hem en we waren de stad nog niet uit of Eddie begon uit louter uitbundigheid met honderdvijftig over de weg te scheuren. 'Godverdomme, wat doet die knaap nou!' riep de cowboy en vloog hem achterna. Het werd een soort race. Even dacht ik dat Eddie probeerde er met de wagen vandoor te gaan – en wie weet was hij dat ook van plan. Maar de cowboy bleef aan hem kleven, haalde hem in en toeterde. Eddie minderde vaart. De cowboy toeterde dat hij moest stoppen. 'Godverdomme, jongen, met die snelheid krijg je zo een klapband. Kan je niet wat zachter rijden?'

'Krijg nou de pest, reed ik echt honderdvijftig?' zei Eddie. 'Dat realiseerde ik me niet op die mooie gladde weg.'

'Doe nou maar rustig aan, dan komen we allemaal heelhuids in Grand Island.'

'Ja, hoor.' We hervatten de reis. Eddie was gekalmeerd, hij had waarschijnlijk zelfs slaap gekregen. Zo reden we honderdvijftig kilometer door Nebraska langs de slingerende Platte met haar grazige weiden.

'In de crisisjaren,' zei de cowboy tegen me, 'reed ik minstens eens per maand op goederentreinen mee. In die tijd zag je honderden mannen op platte wagens of in dichte wagons meerijden, en het waren niet zomaar schooiers, er waren allerlei mensen bij die geen werk hadden en van de ene plaats naar de andere trokken, sommigen zwierven maar wat rond. Zo was het overal in het Westen. De remmers vielen je nooit lastig in die tijd. Hoe het nu is weet ik niet. Nebraska is niks voor mij. Man, halverwege de jaren dertig was het niks als één grote stofwolk, zo ver je kon kijken. Je kon er geen adem halen. De grond was zwart. Ik was hier in die tijd. Wat mij betreft kunnen ze Nebraska zo aan de indianen teruggeven. Ik heb nergens ter wereld een grotere hekel aan als aan deze negorij hier. Ik woon nu in Montana – in Missoula. Kom maar eens kijken, het is een paradijs.' Later in de middag viel ik in slaap toen hij het praten moe werd – hij had interessante dingen te vertellen.

We stopten langs de weg om wat te eten. De cowboy liep weg om een reserveband te laten repareren, Eddie en ik namen plaats in een soort zelfgebouwd eethuis. Ik hoorde een bulderend gelach, de grootste bulderlach ter wereld, en daarop kwam er een ruwgelooide boer zo uit de pionierstijd met een stel jongens het eethuis binnen; je kon zijn schorre kreten die dag over de hele vlakte, over heel de grauwe wereld horen. Iedereen lachte met hem mee. Hij zat nergens mee en had een geweldig respect voor iedereen. Wauw! zei ik in mezelf, hoor die vent eens lachen. Dit is het Westen, nu ben ik in het Westen. Hij kwam het eethuis binnendreunen en riep om 'Ma', die de lekkerste kersentaarten van heel Nebraska bakte, ik at een stuk met een gigantische bonk ijs erbovenop. 'Hé, Ma, maak me wat eetbaars voor ik domme dingen ga doen en mezelf rauw begin te verslinden of zo.' En met een schallend hahaho plofte hij op een kruk neer. 'Donder er ook maar wat bonen doorheen.' Hier pal naast me zat de ziel van het Westen. Ik wou dat ik heel zijn ruige leven kende, wat hij al die jaren nog meer gedaan had behalve gieren en brullen. Jiehaa, joelde ik inwendig, toen kwam de cowboy terug en reden we verder naar Grand Island.

We waren er binnen de kortste keren. Hij ging zijn vrouw ophalen en verdween wie weet wat voor lot tegemoet, Eddie en ik gingen weer aan de weg staan. We kregen een lift van een stel jonge knapen – koeiendrijvers, opgeschoten boerenjongens in een opgelapte rammelkast – en werden wat verderop in dunne motregen afgezet. Een ouwe man die niets zei – God mag weten waarom hij ons meenam – bracht ons naar Shelton. Hier stond Eddie verloren langs de weg tegenover een starend groepje korte, gezette Omaha-indianen die nergens heen konden en nergens iets te doen hadden. Aan de overkant van de weg lag de spoorlijn en stond de watertoren met SHELTON erop. 'Verrek,' zei Eddie verbaasd, 'ik ben hier eerder geweest. Jaren geleden, in de oorlog, 's avonds, 's avonds laat toen iedereen sliep. Ik liep het perron op om wat te roken, daar stonden we dan midden in het niks, donker als de pest, en toen ik opkeek zag ik de naam Shelton op die watertoren. We waren op weg naar de Stille Oceaan en iedereen, al die stomme piotten lagen te snurken, we bleven er maar een paar minuten staan, om kolen in te nemen of zo, toen gingen we alweer. Shelton, krijg nou de pest! Ik heb sindsdien altijd een hekel gehad aan dit gat!' En in Shelton bleven we steken. Net als in Davenport, Iowa, kwamen er om de een of andere reden alleen boeren langs, en af en toe toeristen, dat is nog erger, ouwe kerels achter het stuur en moeder de vrouw maar bezienswaardigheden aanwijzen of op de kaart turen, en op d'r gemak achteroverleunen om alles met achterdochtige blik te bekijken.

De motregen werd erger en Eddie kreeg het koud; hij had heel weinig kleren aan. Ik viste een geblokt wollen overhemd uit mijn canvas tas en hij trok het aan. Nu voelde hij zich wat beter. Ik was verkouden. Ik kocht hoestpastilles in een gammel indiaans winkeltje. Ik liep naar het kleine houten postkantoortje en schreef mijn tante een kaartje. We liepen terug naar de grijze weg. Daar stond het voor ons op de watertoren: Shelton. De Rock Island

Line raasde langs. We zagen de gezichten van pullmanpassagiers in een waas langsflitsen. De trein jankte weg over de vlakte, onze dromen tegemoet. Het begon harder te regenen.

Een lange, knokige kerel met stetson stopte aan de verkeerde kant van de weg en kwam naar ons toe; hij zag eruit als een sheriff. We bedachten in stilte een goeie smoes. Hij nam er de tijd voor. 'Gaan jullie ergens naartoe, jongens, of zijn jullie maar wat onderweg?' We begrepen zijn vraag niet, het was een verdomd goeie vraag.

'Hoezo?' zeiden wij.

'Nou, ik heb een kleine kermis een paar kilometer verderop en ik zoek een paar knapen die wel willen werken om wat te verdienen. Ik heb een roulettetent en een ringenkraam, je weet wel, van die houten ringen die je om poppen moet gooien om een prijs te winnen. Als jullie voor mij willen werken, krijg je dertig procent van de opbrengst.'

'Met kost en inwoning?'

'Je kan wel een bed krijgen maar geen eten. Je zult in de stad moeten eten. We reizen nogal wat.' We dachten erover na. 'Het is een goed aanbod,' zei hij, en wachtte geduldig tot we een besluit hadden genomen. We voelden ons dwaas en wisten niet wat we moesten zeggen, ik wilde me niet laten ophouden door een of andere kermis. Ik had een ontzettende haast om bij de vriendenploeg in Denver te komen.

Ik zei: 'Ik weet het niet, ik wil zo snel mogelijk opschieten, ik heb er geen tijd voor, denk ik.' Eddie zei hetzelfde en de oude man wuifde, kuierde op zijn gemak terug naar zijn auto en reed weg. Dat was dat. We lachten er een poosje om en bedachten hoe het geweest zou zijn. Ik had visioenen van een donkere stoffige avond op de open vlakte, de gezichten van langsdrentelende boerenfamilies, hun kinderen die alles vol ontzag, met rozerode gezichtjes in zich opnamen, en ik weet zeker dat ik me de duivel in eigen persoon had gevoeld zoals ik ze het geld uit de zakken klopte met al die goedkope kermistrucs. En het reuzenrad dat boven die duistere vlakte rondwentelde, die treurige draaimolenmuziek, godnogantoe, en ik maar hunkeren om mijn doel te bereiken – en in een vergulde woonwagen op een stapel jutezakken slapen.

Eddie bleek een behoorlijk verstrooide reismakker. Er kwam een raar oud vehikel voorbij met een oude man achter het stuur; het was van een soort aluminium, vierkant als een koekblik – ongetwijfeld een caravan, maar dan een bizarre, maffe caravan van eigen boerenfabrikaat. Hij reed heel langzaam en stopte. We renden erheen; hij zei dat hij maar één van ons kon meenemen; zonder een woord te zeggen sprong Eddie erin en rammelde traag uit het zicht, met mijn geblokte wollen hemd aan. Tja, jammer dan, ik kuste het hemd vaarwel; het had toch alleen maar sentimentele waarde. Ik stond nog heel lang, nog uren lang in ons eigen, van god verlaten Shelton, en aldoor dacht ik dat het tegen de avond liep; het was in feite pas vroeg in de middag, maar erg donker. Denver, o, Denver, hoe kwam ik ooit in Denver? Ik wilde het net opgeven en een kop koffie gaan drinken toen er een vrij nieuwe wagen stopte met een jonge vent achter het stuur. Ik rende er als een gek heen.

'Waar ga je naartoe?'

'Naar Denver.'

'Nou, dan kan ik je zo'n honderdvijftig kilometer op weg helpen.'

'Geweldig, geweldig, je hebt me het leven gered.'

'Ik heb vroeger zelf ook gelift, daarom neem ik nu altijd mensen mee.'

'Dat zou ik ook doen als ik een auto had.' En zo praatten we door, hij vertelde me over zijn leven, dat niet erg interessant was, ik sliep wat en werd wakker buiten de stad Gothenburg, waar hij me afzette.

4

Dadelijk zou ik de geweldigste lift van mijn leven krijgen, een vrachtwagen met platte laadbak waar zes of zeven jongens languit op lagen, en de chauffeurs, twee jonge blonde boeren uit Minnesota, namen iedereen mee die ze op die weg tegenkwamen – het was het vriendelijkste, vrolijkste, knapste stel kinkels dat je ooit kon hopen te ontmoeten; allebei gekleed in katoenen hemd en tuinbroek en verder niks; allebei met van die dikke polsen en ernstige gezichten, en een brede glimlach van aangenaam kennismaken voor iedereen die hun pad kruiste. Ik rende naar de wagen en zei: 'Is er nog plaats?' Ze zeiden: 'Ja hoor, spring maar achterop, d'r is voor iedereen plaats.'

Ik was nog niet aan boord toen de wagen al wegscheurde; ik wankelde, een van de meerijders greep me vast en toen zat ik. Iemand gaf een fles zelfgestookt bocht door, het laatste bodempje. Ik nam een flinke slok in de wilde, lyrische motregenlucht van Nebraska. 'Jahoe, daar gaat-ie weer!' riep een knaap met een honkbalpet op, en ze trapten die wagen op zijn kop tot we iedereen op de weg met honderdtien per uur voorbijreden. 'Wij zitten al vanaf Des Moines op die rotbak. Die gasten stoppen nergens. Af en toe moet je om een pispauze schreeuwen, anders moet je maar in de lucht pissen en je goed vasthouden, vriend, vooral goed vasthouden.'

Ik bekeek het gezelschap. Er waren twee boerenjongens uit North Dakota bij met rode honkbalpetten op, de standaardpet van boerenjongens in North Dakota; ze gingen in de oogst werken, hun ouweheer had ze vrijaf gegeven om een zomer het land door te trekken. Er waren twee stadsjongens bij uit Columbus, Ohio, kauwgum kauwende middelbare scholieren die aan football deden, ze knipoogden en zongen tegen de wind in, en zeiden dat ze de hele zomer door de States gingen liften. 'Wij gaan naar LA!' riepen ze.

'Wat gaan jullie daar doen?'

'Jezus, weten wij veel. Wat geeft dat?'

Dan was er een lange magere vent met een gluiperige blik. 'Waar kom je vandaan?' vroeg ik. Ik lag naast hem op de laadbak; je kon niet rechtop zitten zonder eraf te hotsen, de bak had geen opstaande kanten. Hij keerde zich traag naar me toe, deed zijn mond open en zei: 'Mon-ta-na.'

Tot slot waren er Mississippi Gene en zijn beschermeling. Mississippi Gene was een kleine donkere vent die op goederentreinen door het land zwierf, een *hobo* van een jaar of dertig maar met zo'n jong uiterlijk dat je niet precies kon zeggen hoe oud hij was. Hij zat met gekruiste benen op de planken en keek honderden kilometers lang zonder iets te zeggen over de velden; ten slotte keerde hij zich op een gegeven moment naar mij en zei: 'Waar ga jij naartoe?'

Ik zei dat ik naar Denver ging.

'Daar heb ik een zuster wonen maar ik heb haar in geen jaren gezien.' Hij sprak melodieus en langzaam. Hij was geduldig. Zijn beschermeling was een lange blonde knul van zestien, eveneens in hobovodden, dat wil zeggen, ze droegen oude kleren die zwart waren geworden van het roet langs de spoorlijnen en het vuil in de goederenwagons, het op de grond slapen. De blonde jongen was ook stil en scheen ergens voor op de loop, de politie te oordelen naar de manier waarop hij recht voor zich uit keek en zorgelijk piekerend zijn lippen bevochtigde. De Magere uit Montana sprak ze nu en dan aan met een sardonische, insinuerende glimlach. Ze schonken geen aandacht aan hem. De Magere was één en al insinuatie. Ik was bang voor de vasthoudende leipe grijns waarmee hij je recht aankeek en halfmaf bleef fixeren.

'Heb jij geld?' zei hij tegen mij.

'Welnee man, misschien net genoeg voor een halflitertje whisky tot ik in Denver aankom. Jij?'

'Ik weet wel waar ik eraan kan komen.'

'Waar dan?'

'Waar niet? Je kan altijd een vent in een steeg achternalopen, niet dan?'

'Ja, dat zal wel, ja.'

'Daar schrik ik niet voor terug als ik echt om poen zit te springen. Ik ben op weg naar mijn vader in Montana. Ik moet in Cheyenne van deze kar af en op een andere manier verder zien te komen. Die gekken gaan naar Los Angeles.'

'Rechtstreeks?'

'In één ruk door – als je naar LA wilt zit je goed.'

Ik overwoog dit even; de gedachte de hele nacht door Nebraska en Wyoming te razen, dan 's morgens door de woestijn van Utah en hoogstwaarschijnlijk 's middags al door de woestijn van Nevada, om binnen afzienbare tijd daadwerkelijk in Los Angeles te arriveren, bracht me er bijna toe mijn plannen te wijzigen. Maar ik moest naar Denver. Ik moest ook in Cheyenne van deze wagen af, en vandaar honderdvijftig kilometer zuidwaarts naar Denver liften.

Ik was blij toen de twee boerenjongens uit Minnesota die de wagen bestuurden, besloten in North Platte te stoppen om te eten; ik wilde ze eens goed bekijken. Ze kwamen de cabine uit en glimlachten tegen ons allemaal. 'Pispauze!' zei de een. 'Etenstijd!' zei de ander. Maar zij waren de enigen in het gezelschap die geld hadden om eten te kopen. We slenterden met z'n allen achter ze aan een restaurant binnen dat door een stel vrouwen werd gerund, en zaten het uit met een hamburger en een kop koffie terwijl zij een enorm maal verstouwden alsof ze bij moeder thuis in de keuken zaten. Het waren broers; ze vervoerden landbouwwerktuigen van Los Angeles naar Minnesota en verdienden er goed aan. En tijdens hun lege rit naar de Westkust namen ze iedereen langs de weg mee. Ze hadden het nu een keer of vijf gedaan; ze zagen het helemaal zitten. Ze vonden alles prachtig en bleven glimlachen. Ik probeerde een praatje met ze te maken – een onbenullige poging om goeie maatjes te worden met de kapiteins van ons schip – en de enige respons die ik kreeg waren twee zonnig glimlachende gezichten met grote witte tanden erin van al dat maïs kanen.

Iedereen was met ze naar het restaurant gegaan behalve de twee hobo's, Gene en zijn jonge metgezel. Toen we terugkwamen zaten ze nog steeds verloren, troosteloos op de vrachtwagen. Nu begon het donker te worden. De chauffeurs rookten een sigaretje; ik greep mijn kans en ging een fles whisky kopen om warm te blijven in de langsgierende koude nachtlucht. Ze glimlachten toen ik het ze vertelde. 'Vooruit, opschieten dan.'

'Jullie krijgen ook een flinke neut, hoor!' verzekerde ik hun.

'O, nee hoor, wij drinken nooit, ga nou maar gauw.'

De Magere en de twee scholieren zwierven met me door de straten van North Platte tot ik een whiskywinkel had gevonden. Ze legden wat bij, de Magere ook, en daarmee kocht ik een liter.

Lange, norse kerels sloegen ons gade vanuit gebouwen met valse voorgevels; de hoofdstraat werd geflankeerd door huizen als vierkante dozen. Achter elke trieste straat een immens panorama van de vlakte. Ik voelde iets nieuws in de atmosfeer hier in North Platte, ik wist niet wat het was. Vijf minuten later wist ik het wel. We klommen weer op de wagen en raasden verder. Het werd snel donker. We namen allemaal een teug en toen ik opeens weer keek, begonnen de groene akkers langs de Platte te verdwijnen en verscheen in hun plaats, zo ver je kijken kon, een wijde vlakke woestenij van zand en salie. Ik was ontzet.

'Wat krijgen we nou?' riep ik tegen de Magere.

'Nou beginnen de woeste gronden, jongen. Geef me nog een slok.'

'Jiehaa!' riepen de scholieren. 'Vaarwel, Columbus. Wat zouden Sparkie en de jongens wel niet zeggen als ze hier waren. Pauw!'

De chauffeurs voorin hadden gewisseld; de verse broer reed plankgas. De weg veranderde ook: hobbelig in het midden, zachte bermen en greppels van ruim een meter diep aan weerskanten, zodat de wagen hotsend over de weg heen en weer slingerde – wonderbaarlijk genoeg alleen als er geen tegenliggers waren en ik dacht dat we met zijn allen een salto mortale gingen maken. Maar het waren geweldige chauffeurs. Zoals die vrachtwagen het smalle stuk Nebraska afraffelde – het smalle stuk boven Colorado! Al gauw besefte ik dat ik eindelijk echt boven Colorado zat, ik was nog niet officieel in Colorado, maar een paar honderd kilometer naar het zuidwesten lag Denver. Ik slaakte een kreet van vreugde. We gaven de fles door. De grote schittersterren verschenen aan de hemel, de ver terugwijkende zandheuvels vervaagden. Ik voelde me een pijl die linea recta naar Denver kon zoeven.

Plotseling keerde Mississippi Gene zich naar mij in zijn geduldige, mijmerende kleermakerszit, deed zijn mond open en zei dicht naar me toe leunend: 'Die vlakte hier doet me aan Texas denken.'

'Kom je uit Texas?'

'Nee hoor, ik kom uit Green-vell Muzz-sippy.' Zo zei hij het.

'Waar komt die jongen vandaan?'

32

'Hij zat een beetje in de problemen in Mississippi, dus toen heb ik aangeboden hem te helpen. Dat jong is nog nooit alleen op pad geweest. Ik zorg zo goed mogelijk voor hem, het is nog maar een kind.' Gene was blank maar hij had iets van de wijze, vermoeide oude neger in zich, en ergens leek hij ook heel erg op Elmer Hassel, de New Yorkse dopeverslaafde, maar dan een treinende Hassel, een avonturier die het land elk jaar in beide richtingen overstak, in de winter naar het zuiden en in de zomer weer naar het noorden, louter omdat hij nergens kon blijven zonder er genoeg van te krijgen; omdat hij alleen overal heen kon bleef hij maar doorrijden onder de sterren, voornamelijk de sterren aan de Westelijke hemel.

'Ik ben een paar keer in Ogden geweest. Als je wilt doorrijden naar Ogden heb ik daar wel een paar vrienden waar we onderdak kunnen krijgen.'

'Ik ga van Cheyenne door naar Denver.'

'Waarom rij je niet in één ruk door, man, een lift als deze krijg je niet elke dag.'

Dat was ook een aanlokkelijk aanbod. Wat was er in Ogden te doen? 'Ogden? Wat is daar te doen?'

'Het is de stad waar de meeste jongens doorheenkomen en waar ze mekaar altijd treffen; je komt er iedereen tegen.'

Een paar jaar eerder had ik gevaren met een lange, grofgebouwde vent uit Louisiana die Big Slim Hazard werd genoemd, William Holmes Hazard, een hobo die doelbewust voor dat bestaan had gekozen. Als klein jongetje had hij een hobo bij zijn moeder zien aankloppen om een stuk pastei, ze had het hem gegeven en toen de hobo de weg afliep had het jongetje gezegd: 'Mam, wat is dat voor een man?' 'O, dat is een hobo.' 'Ik wil later ook hobo worden, mam.' 'Stil toch, dat is geen leven voor een Hazard.' Maar hij was die dag nooit vergeten en later werd hij na een korte footballcarrière aan de universiteit van Louisiana inderdaad hobo. Big Slim en ik hadden ettelijke nachten verhalen uitgewisseld terwijl we ons tabakssap in papieren bekertjes spogen. Iets in Gene's voorkomen deed me zo ondubbelzinnig aan Big Slim Hazard denken dat ik zei: 'Heb jij toevallig ooit ergens een vent ontmoet die Big Slim Hazard heet?'

Hij zei: 'Bedoel je die lange vent die zo ontzettend kon lachen?'
'Ja, dat klinkt in de richting. Hij kwam uit Ruston, Louisiana.'
'Ja. Louisiana Slim wordt hij soms genoemd. Jazeker, of ik Big
Slim ontmoet heb.'
'En werkte hij vroeger op de olievelden in Oost-Texas?'
'In Oost-Texas, ja. En nu is-ie koeiendrijver.'
Dat klopte precies; toch kon ik nog steeds niet geloven dat
Gene Slim echt gekend kon hebben, de Slim naar wie ik al jaren
met een half oog bleef uitkijken. 'En werkte hij vroeger op sleep-
boten in New York?'
'Tja, dat zou ik niet weten.'
'Je hebt hem zeker alleen in het Westen gekend.'
'Ja. Ik ben nooit in New York geweest.'
'Potverdomme, het verbaast me dat je hem kent. Dit is zo'n
groot land. Toch wist ik dat je hem gekend moest hebben.'
'Jazeker, ik ken Big Slim behoorlijk goed. Altijd royaal als hij
geld heeft. Een keiharde, oersterke kerel ook; ik heb hem op het
emplacement van Cheyenne een keer een agent tegen de grond
zien slaan, met één klap.' Dat was Big Slim, zo te horen: hij oefende die ene vuistslag altijd in de lucht; hij leek op Jack Dempsey,
maar dan een jonge Jack Dempsey die aan de drank was.
'Potverdomme!' riep ik in de wind en nam nog een slok, en nu
voelde ik me best goed. Elke slok werd weggeblazen door de wind
die over de open vrachtwagen loeide, de kwaaie uitwerking werd
weggeblazen en de goeie uitwerking zonk in mijn maag. 'Oho,
Cheyenne, daar kom ik aan!' zong ik. 'Denver, Denver, kijk 's wie
er is!'
De Magere keerde zich naar mij en wees naar mijn schoenen
met het commentaar: 'Als je die dingen in de grond stopt, gaat er
dan wat groeien, denk je?' – dit zonder een zweem van een glimlach, natuurlijk. De andere jongens hoorden hem en lachten. Het
waren de leipste schoenen in heel Amerika; ik had ze speciaal
meegenomen omdat ik geen zweetvoeten wilde krijgen langs die
hete wegen, en afgezien van de regen in Bear Mountain bleken het
de beste schoenen die ik op mijn reis had kunnen dragen. Dus
lachte ik maar met ze mee. De schoenen waren onderhand be-

hoorlijk afgetrapt, de reepjes gekleurd leer staken omhoog als stukjes verse ananas en mijn tenen kwamen erdoor. Afijn, we namen nog maar een slok en lachten. Als in een droom zoefden we door kleine gehuchten rond kruispunten die pats-boem uit het duister opdoken, langs lange rijen lummelende boerenknechten en cowboys in de nacht. Ze zagen ons met één hoofdbeweging passeren, en vanuit het alweer aanhoudende duister aan de andere kant van het gehucht zagen wij ze op hun dijen kletsen – we waren een raar stel.

Er waren in dit jaargetijde een hoop mannen in deze streek, het was oogsttijd. De jongens uit Dakota werden ongedurig. 'Ik denk dat we bij de volgende pispauze maar moeten afstappen; zo te zien is er hier een hoop werk.'

'Je hoeft enkel naar het noorden te trekken als het hier afgelopen is,' adviseerde de Magere, 'je gaat gewoon de oogst achterna tot je in Canada uitkomt.' De jongens knikten maar wat; ze hadden niet veel fiducie in zijn adviezen.

Intussen zat de jonge blonde voortvluchtige nog in dezelfde houding; nu en dan leunde Gene uit zijn boeddhistische trance boven de langsschietende donkere vlakte opzij en fluisterde hij de jongen iets vriendelijks in het oor. De jongen knikte. Gene ontfermde zich over hem, hield een oogje op zijn buien en angsten. Ik vroeg me af waar ze in vredesnaam heen gingen en wat ze gingen doen. Ze hadden geen sigaretten. Ik gaf mijn hele pakje aan ze weg, zo graag mocht ik ze. Ze waren dankbaar en beleefd. Ze vroegen er nooit om, ik bleef ze aanbieden. De Magere had zelf sigaretten maar hij gaf zijn pakje niet door. We zoefden weer door zo'n bebouwd kruispunt, passeerden nog een rij lange hoekige in jeans gestoken mannen op een kluitje in het flauwe licht als motten in de woestijn, en reden de ontstellende duisternis alweer binnen, de sterren boven ons waren zuiver en helder vanwege de steeds ijler wordende lucht nu we de lange helling van het westelijk plateau opreden, met een stijging van een voet per kilometer, zeggen ze, en nergens werden laaghangende sterren door bomen aan het zicht onttrokken. Eén keer zag ik een humeurige bleekneuzige koe in de salie langs de weg staan terwijl we langsflitsten.

Het was of we in een trein zaten, zo gestaag ging het rechtdoor.

We naderden geleidelijk aan een stad en minderden vaart, de Magere zei: 'Ah, pispauze,' maar de Minnesotanen stopten niet en reden er regelrecht doorheen. 'Verdomme, ik hou het niet meer,' zei de Magere.

'Doe het over de rand,' zei iemand.

'Dat zal ik ook doen ook,' zei hij en langzaam, terwijl wij allemaal toekeken, kroop hij op zijn heup naar de achterkant van de laadbak en hield zich zo goed en zo kwaad als het ging vast tot zijn benen over de rand bengelden. Iemand tikte op de achterruit van de cabine om de gebroeders hierop attent te maken. Die brede glimlach gleed weer over hun gezicht toen ze omkeken. En net toen de Magere klaar was om te beginnen in die toch al precaire situatie, begonnen ze met honderdtien per uur te zigzaggen. Hij viel even achterover; we zagen een fontein als van een walvis; hij worstelde zich weer overeind. Ze maakten een zwieper en wham, hij viel opzij en zeek zich onder. In het gedaver hoorden we hem zwakjes vloeken, als het gemopper van iemand ver weg in de heuvels. 'God... godver...' Hij had er geen weet van dat we het expres deden, hij bleef gewoon grimmig als Job doorploeteren. Toen hij klaar was, zo ongeveer dan, was hij zeiknat, en nu moest hij weer moeizaam met een doodellendig smoel terugkruipen, en iedereen maar lachen, behalve de droevige blonde jongen. De Minnesotanen in de cabine bulderden het uit. Ik gaf hem de fles om het goed te maken.

'Krijg nou de tering,' zei hij, 'deden ze dat expres dan?'

'Jazeker.'

'Nou, ik mag doodvallen, dat had ik niet door. Ik weet wel dat ik het in Nebraska ook gedaan heb en toen had ik er niet half zoveel moeite mee.'

Plots kwamen we in de stad Ogallala, en nu riepen de mannen in de cabine: 'Pispauze!' Ze hadden de grootste schik. De Magere bleef gemelijk bij de wagen staan, vol spijt over zijn gemiste kans. De twee jongens uit Dakota zeiden iedereen gedag en besloten dat hun oogst hier maar moest beginnen. We zagen ze in het donker verdwijnen naar de huisjes aan de rand van de stad waar licht brandde, waar de werkbazen te vinden waren volgens een vent in spijkerbroek die wat naar de nacht stond te kijken. Ik moest sigaretten gaan kopen. Gene en de blonde jongen gingen mee om hun benen te strekken. Ik liep de onwaarschijnlijkste tent ter wereld binnen, een soort eenzame prairiesnackbar voor de plaatselijke tienerjeugd. Er dansten een paar jongens en meisjes op de muziek uit de jukebox. Het was even stil toen wij binnenkwamen. Gene en de blonde jongen stonden er maar wat, ze keken naar niemand; het was hun alleen om sigaretten te doen. Er waren een paar mooie meisjes bij. Een ervan lonkte naar de blonde maar hij zag het niet eens, en als hij het wel gezien had, had het hem niks kunnen schelen, zo hopeloos treurig was hij.

Ik kocht voor elk een pakje; ze bedankten me. De vrachtwagen was klaar om te vertrekken. Het liep nu tegen middernacht en het werd koud. Gene, die vaker het land rondgereisd had dan hij op zijn vingers en tenen kon natellen, zei dat we nu het beste dicht bij mekaar onder het grote dekzeil konden kruipen, anders bevroren we levend. Op die manier, en met de rest van de whisky, hielden we ons warm toen de lucht ijskoud werd en in onze oren neep. De sterren leken feller te schijnen naarmate we verder de hoogvlakte opreden. We waren nu in Wyoming. Plat op mijn rug liggend keek ik recht omhoog naar het magnifieke firmament, ik was verrukt over mijn vorderingen, hoe ver ik uiteindelijk toch nog gekomen was na die trieste Bear Mountain, en ik tintelde van spanning bij de gedachte wat me in Denver allemaal te wachten stond – wat het ook was, wat er ook ging gebeuren. Mississippi Gene begon een liedje te zingen. Hij zong met melodieuze, zachte stem, met een rivieraccent, het was een eenvoudig wijsje: gewoon *I got a pretty girl, she's sweet sixteen, she's the prettiest thing you ever seen*. Hij herhaalde het met andere regels erin, hoe ver hij weg geweest was, hoe graag hij naar haar terug wilde maar dat hij haar nu voorgoed kwijt was.

'Wat een prachtig liedje, Gene,' zei ik.

'Het is het mooiste liedje dat ik ken,' zei hij met een glimlach.

'Ik hoop dat je komt waar je wezen wil, en dat je er gelukkig bent.'

'Ik kom er altijd wel op de een of andere manier.'

De Magere sliep. Hij werd wakker en zei tegen me: 'Hé, zwart-kop, als jij en ik vanavond Cheyenne eens gingen verkennen voor je doorgaat naar Denver?'

'Mij best.' Ik was zo dronken dat ik overal voor te porren was.

Toen de vrachtwagen de buitenwijken van Cheyenne binnen-reed, zagen we de hoge rode lichten van het plaatselijke radiosta-tion, en ineens hotsten we door een grote menigte die over beide stoepen voortstroomde: 'Jemiskremis, het is Wildwestweek,' zei de Magere. Grote troepen zakenlieden, dikke zakenlieden met laarzen aan en stetsons op en struise echtgenotes in cowgirluit-monstering aan hun arm, dromden joelend over de houten stoe-pen van oud-Cheyenne; verderop blonken de lange ketens boule-vardlichten van het moderne centrum, maar het festival speelde zich in de oude stad af. Er werd met losse flodders geschoten. De saloons stonden tot aan de stoep vol. Ik was stomverbaasd en tege-lijkertijd vond ik het belachelijk: op mijn eerste reis naar het Wes-ten zag ik tot wat voor absurditeiten het zich verlaagd had om zijn trotse traditie hoog te houden. We moesten van de wagen sprin-gen en afscheid nemen. De Minnesotanen gingen hier geen tijd verspillen. Het was spijtig ze te zien verdwijnen, ik realiseerde me dat ik geen van hen ooit zou terugzien, maar zo was het nu een-maal. 'De oren vriezen je vannacht van je kop,' waarschuwde ik. 'En morgenmiddag branden ze eraf in de woestijn.'

'Dat is mij best zolang we die kouwe nacht maar doorkomen,' zei Gene. De wagen vertrok en baande zich een weg door de me-nigte, niemand besteedde aandacht aan die vreemde kerels onder het dekzeil, die als baby'tjes vanonder hun dekentje de stad inke-ken. Ik keek de wagen na tot hij in de nacht verdween.

5

Samen met de Magere ging ik de bars af. Ik had zowat zeven dol-lar, en ik was zo dom daarvan die avond vijf dollar te verbrassen. Eerst mengden we ons onder al die als cowboys uitgedoste toeristen, oliebaronnen en veekoningen in bars en portieken, op de stoepen; toen schudde ik de Magere een poosje door elkaar, want hij zwabberde een beetje daas van al die glazen whisky en bier door de straat; zo'n soort drinker was hij: zijn ogen werden glazig en binnen de kortste keren begon hij verhalen op te hangen tegen een volslagen vreemde. Ik ging een chilitent binnen, de serveerster was een Mexicaanse en heel mooi. Ik at wat en daarna schreef ik een klein liefdesgedichtje achterop de rekening. De tent was verlaten; iedereen was ergens anders aan het drinken. Ik zei haar de rekening om te draaien. Ze las het en lachte. Het was een klein gedichtje hoe graag ik wilde dat ze met me meeging om naar de nacht te kijken.

'Dat zou ik dolgraag willen, Chiquito, maar ik heb al een afspraak met mijn vriend.'

'Kun je hem niet lossen?'

'Nee, nee, kan ik niet,' zei ze treurig, en ik vond het prachtig zoals ze het zei.

'Ik kom wel weer eens langs,' zei ik, en zij zei: 'Je komt maar, jongen.' Toch bleef ik er nog rondhangen, alleen maar om naar haar te kijken; ik nam nog een kop koffie. Haar vriend kwam nors binnen en wilde weten wanneer ze vrij was. Ze redderde rond om de zaak snel te sluiten. Ik moest opstappen. Ik glimlachte tegen haar toen ik wegging. Buiten ging het nog even wild toe als tevoren, behalve dat de bulkende dikzakken nog zatter werden en nog harder joelden. Het was een rare boel. Indiaanse stamhoofden met grote verentooien liepen heel plechtstatig tussen die verhitte dronken koppen rond. Ik zag de Magere voortwaggelen en voegde me bij hem.

Hij zei: 'Ik heb net een ansicht naar mijn pa in Montana geschreven. Kun jij een brievenbus vinden om hem te posten, denk je?' Het was een vreemd verzoek; hij gaf me de ansicht en waggelde door de klapdeurtjes van een saloon. Ik liep met de kaart naar de brievenbus en bekeek hem vluchtig. 'Beste Pa, ik kom woensdag thuis. Alles gaat goed met me en hopelijk met u ook. Richard.' Het gaf me een andere kijk op hem: hoe liefhebbend en beleefd hij tegen zijn vader was. Ik ging de bar in en voegde me bij hem. We

39

papten met twee meisjes aan, een knap jong blondje en een dikke brunette. Het waren domme, vervelende grieten, maar we wilden ze versieren. We namen ze mee naar een vervallen nachtclub die al dichtging, en daar gaf ik op twee dollar na al mijn geld uit aan whisky voor hen en bier voor ons. Ik begon dronken te worden en gaf er niks om; alles was mij best. Mijn hele wezen concentreerde zich doelgericht op het blondje. Ik wilde haar met al mijn kracht binnendringen. Ik omarmde haar en wilde het haar vertellen. De nachtclub ging dicht en we drentelden met ons allen de vervallen stoffige straten in. Ik keek op naar de hemel, de prachtige heldere sterren waren er nog, ze gloeiden fel. De meisjes wilden naar het busstation, dus gingen we met ons allen, maar ze wilden er kennelijk een of andere zeeman ontmoeten die daar op ze wachtte, hij was een neef van het dikke meisje en had nog een paar vrienden bij zich. Ik zei tegen het blondje: 'Wat nu?' Ze zei dat ze naar huis wilde, in Colorado, net over de grens onder Cheyenne. 'Ik breng je wel met de bus,' zei ik.

'Nee, de bus stopt op de snelweg en dan moet ik helemaal alleen door die rotprairie. Ik heb de hele middag al naar die rotzooi gekeken, ik ben niet van plan er vannacht ook nog doorheen te lopen.'

'Ach, kom op, ga mee een fijne wandeling maken tussen de prairiebloemen.'

'Er zijn daar geen bloemen,' zei ze. 'Ik wil naar New York. Ik heb hier schoon genoeg van. Je kunt nergens heen behalve naar Cheyenne en in Cheyenne is niks te doen.'

'In New York is ook niks te doen.'

'Kom nou,' zei ze met krullende lippen.

Het busstation stond tot de deuren vol. Allerlei mensen wachtten op bussen of hingen maar wat rond; er waren een hoop indianen bij die alles met hun stenen ogen in zich opnamen. Het meisje bevrijdde zich van mijn geprat en voegde zich bij de zeeman en de anderen. De Magere zat op een bank te dutten. Ik ging zitten. De vloeren van busstations zijn overal in het land hetzelfde, altijd bezaaid met peuken en fluimen, ze ademen een sfeer van treurnis die alleen busstations hebben. Even was het hier niet anders dan in Newark, behalve dan de enorme uitgestrektheid buiten waar ik zo van hield. Ik had er spijt van zoals ik de zuiverheid van mijn hele trip had geschonden door niet elke cent te bewaren, door hier rond te lummelen en niet echt op te schieten, met die vervelende griet rond te hannesen en al mijn geld op te maken. Het brak me zuur op. Ik had zo lang niet geslapen dat ik te moe werd om te vloeken en te kankeren en maar ergens ging slapen; met mijn canvas tas als hoofdkussen ging ik ineengerold op de bank liggen en sliep zo tot acht uur 's morgens tussen het dromerig gemurmel en gedruis van het busstation en de honderden voorbijgangers.

Ik werd wakker met een enorme hoofdpijn. De Magere was verdwenen – naar Montana, denk ik. Ik liep naar buiten. En daar zag ik voor het eerst ver weg in de blauwe lucht de grootse besneeuwde toppen van de Rocky Mountains. Ik haalde diep adem. Ik moest onmiddellijk naar Denver. Ik ontbeet eerst, een bescheiden eitje met toast en koffie, daarna maakte ik dat ik de stad uitkwam naar de grote weg. Het Wildwestfestival was nog aan de gang; er was een rodeo, en het gejoel en gehos zou zo weer van voren af aan beginnen. Ik keerde de hele toestand de rug toe. Ik wilde naar mijn vriendenploeg in Denver. Ik stak een spoorbrug over en kwam bij een stel schuurtjes aan een splitsing waarvan beide wegen naar Denver leidden. Ik nam de weg die het dichtst langs de bergen liep zodat ik ze goed kon bekijken en stak mijn duim op. Ik kreeg meteen een lift van een jonge vent uit Connecticut die in zijn ouwe brik het land rondreed, hij was schilder; zijn vader was hoofdredacteur van een krant in het Oosten. Hij praatte en praatte; ik was misselijk van de drank en de hoogte. Op een gegeven moment moest ik bijna mijn hoofd door het raampje steken. Maar tegen de tijd dat hij me in Longmont, Colorado, afzette voelde ik me weer normaal en was ik hem zelfs over mijn eigen trip gaan vertellen. Hij wenste me geluk.

Het was prachtig in Longmont. Onder een ontzaglijk oude boom lag een groen gazon dat bij een benzinestation hoorde. Ik vroeg de pompbediende of ik er kon slapen en hij zei van ja, dus spreidde ik een wollen overhemd uit en ging er met mijn gezicht opzij op liggen, één elleboog naar buiten, één oog nog even op scherp voor die besneeuwde Rockies in de hete zon. Ik sliep twee verrukkelijke uren, met als enig ongerief nu en dan een Colorado-mier. Nu ben ik in Colorado, dacht ik aldoor verheugd. Godverdikke, godverdikke, het gaat echt lukken! En na een verkwikkende slaap vol bedompte dromen over mijn vroegere leven in het Oosten stond ik op, waste me in het herentoilet van het benzinestation en zette er fit en fris als een hoentje de pas in, pakte nog even een voedzame dikke milkshake in een wegrestaurant om de brand in mijn geteisterde maag te blussen.

Die shake werd me trouwens geserveerd door een hele knappe Coloradienne, en ze deed niets dan glimlachen; ik was haar dankbaar, het maakte alles goed na gisteravond. Ik zei tegen mezelf: 'Poeh, wat moet dat in Dénver worden!' Ik stapte de hete weg op en zat meteen al in een splinternieuwe wagen met een Denverse zakenman van een jaar of vijfendertig achter het stuur. Hij reed honderdtien. Ik tintelde over mijn hele lijf; ik telde de minuten en trok de kilometers af. Vlak voor me uit, voorbij het golvende goud van de tarwevelden onder de verre sneeuwtoppen van Estes, zou ik eindelijk Denver ontwaren. In gedachten zag ik mezelf die avond al in een bar in Denver, met de hele ploeg, en in hun ogen zou ik een vreemde rafelige profeet zijn die het hele land doorgelopen was om het duistere Woord te verkondigen, en het enige Woord dat ik te verkondigen had was: 'Wauw!' De man en ik hadden een lang, geestdriftig gesprek over onze respectievelijke plannen met het leven, en voor ik het wist reden we over de fruitveilingen buiten Denver; ik zag schoorstenen, rook, emplacementen, rode bakstenen gebouwen, in de verte de grijze gebouwen van het centrum, ik was in Denver. Hij zette me in Larimer Street af. Ik banjerde met een gemeen verknipte grijns van vreugde tussen de ouwe zwervers en verloederde cowboys door Larimer Street.

6

In die tijd kende ik Dean niet zo goed als nu, ik wilde voor alles Chad King opzoeken, en dat deed ik dan ook. Ik belde naar zijn huis en sprak zijn moeder – ze zei: 'Goh, Sal, wat doe jij in Denver?' Chad is een slanke blonde vent met een vreemd medicijnmansgezicht dat goed past bij zijn interesse voor antropologie en prehistorische indianen. Zijn neus is licht gekromd, roomblank haast onder een vlammend gouden haardos; hij heeft het knappe uiterlijk en de charme van zo'n blitser uit het Westen die in nachtclubs danst en een beetje aan football heeft gedaan. Er weerklinkt een vibrerend geneuzel als hij spreekt. 'Wat ik altijd zo goed vond van die Prairie-indianen, Sal, was dat ze zich altijd zo vreselijk geneerden als ze eerst hadden opgeschept over het aantal scalpen dat ze hadden. In *Life in the Far West* van Ruxton wordt een van die indianen vuurrood omdat hij zoveel scalpen heeft en rent dan als een gek de prairie in om zich in verborgen afzondering te verlustigen in zijn heldendaden. God, wat moest ik daarom lachen.'

Chads moeder spoorde hem op in de lome Denverse namiddag, hij was bezig met zijn indiaanse mandenvlechterij in het plaatselijke museum. Ik belde hem daar; hij kwam me ophalen in zijn oude Ford coupé waarmee hij trips naar de bergen maakte om er indiaanse voorwerpen op te graven. In spijkerbroek en met een brede grijns op zijn gezicht stapte hij het busstation binnen. Ik zat er op mijn tas op de grond met dezelfde zeeman te praten met wie ik in het busstation van Cheyenne had gezeten; ik vroeg hem wat er met dat blondje was gebeurd. Hij baalde zo dat hij geen antwoord gaf. Chad en ik stapten in zijn kleine coupé en toen moest hij eerst landkaarten gaan halen in het staatsgebouw, daarna moest hij bij een oude leraar langs, enzovoorts – het enige dat ik wilde was bier drinken. En in mijn achterhoofd spookte de wilde gedachte: Waar zit Dean op dit moment en wat voert hij uit? Chad had om de een of andere vreemde reden besloten zijn vriendschap met Dean te verbreken, hij wist niet eens waar hij woonde.

'Is Carlo Marx in de stad?'

'Ja.' Maar met hem praatte hij ook niet meer. Chad King was begonnen zich van onze groep te distantiëren. Ik zou die middag bij hem thuis een tukje gaan doen. Het scheen dat Tim Gray een appartement voor me had op Colfax Avenue, dat Roland Major er al woonde en mijn komst afwachtte. Ik bespeurde een soort samenzwering in de atmosfeer, en die samenzwering had de groep in twee partijen gesplitst: Chad King, Tim Gray en Roland Major hadden samen met de Rawlinsen min of meer afgesproken Dean Moriarty en Carlo Marx te negeren. En ik zat midden in deze interessante vete.

Het was een vete met een sociale achtergrond. Dean was de zoon van een wijndrinker, een van de ergste dronken lorren van Larimer Street, Dean was in feite praktisch in Larimer Street en omgeving grootgebracht. Hij verscheen op zijn zesde jaar al voor het gerecht om zijn vader vrij te pleiten. Hij bedelde aan de ingang van steegjes in Larimer Street en bracht het geld stiekem naar zijn vader, die met een ouwe gabber tussen de gebroken flessen op hem wachtte. Toen Dean ouder werd begon hij in de biljartcafés van Glenarm Street rond te hangen, hij vestigde een Denvers record auto's stelen en ging naar de tuchtschool. Van zijn elfde tot zijn zeventiende zat hij meestal in een tuchthuis. Zijn specialiteit was auto's stelen om achter de meiden aan te gaan die 's middags van de middelbare school thuiskwamen en met ze de bergen in te rijden voor een nummertje, dan terug naar de stad om waar mogelijk in een hotelbadkuip te slapen. Zijn vader, ooit een respectabele en hardwerkende blikslager, was aan de wijn geraakt, wat nog erger is dan whisky, en deed nu niets anders dan 's winters op goederentreinen naar Texas trekken en 's zomers terugrijden naar Denver. Dean had broers aan zijn overleden moeders kant – zij was gestorven toen hij nog klein was – maar die mochten hem niet. Deans enige kameraden waren de jongens in het biljartcafé. Carlo en Dean, die de geweldige energie had van een nieuw soort Amerikaanse heilige, waren dat seizoen de extremisten van de Denverse underground, samen met de biljarters, en als prachtig symbool hiervan woonde Carlo in een kelderappartement in Grant Street, waar het hele stel menige avond doorbracht die tot de volgende ochtend duurde – Carlo, Dean, ikzelf, Tom Snark, Ed Dunkel en Roy Johnson. Over die anderen later meer.

Mijn eerste middag in Denver slief ik in de kamer van Chad King terwijl zijn moeder beneden doorging met het huishouden en Chad in de bibliotheek werkte. Het was een julimiddag en heet hier op de hoogvlakte. Zonder die uitvinding van Chad Kings vader had ik geen oog dichtgedaan. Chads vader was een goeie aardige man van in de zeventig, oud en zwak, mager en afgeleefd; langzaam, traag genietend vertelde hij verhalen, goeie verhalen ook, over zijn jeugd in de jaren tachtig op de prairies van North Dakota, waar hij zich vermaakte door op ongezadelde paarden achter coyotes aan te jagen met een knuppel. Later werd hij onderwijzer op een plattelandsschool in Oklahoma op zijn smalst, en ten slotte een zakenman die van alle markten in Denver thuis was. Hij had zijn oude kantoor nog boven een garage verderop in de straat – het cilinderbureau stond er nog, met talloze bestofte paperassen vol vervlogen spanning en geldelijk gewin. Hij had een speciaal soort airconditioning ontworpen. Hij had een gewone ventilator in een raam geïnstalleerd en liet op de een of andere manier koud water door spiralen voor de rondwentelende ventilatorbladen stromen. Het resultaat was volmaakt – binnen één meter voor de ventilator – daarna veranderde het water kennelijk in stoom in de hitte en beneden was het even warm in huis als altijd. Maar ik lag pal onder die ventilator op Chads bed, aangestaard door een grote buste van Goethe, en viel heel comfortabel in slaap om twintig minuten later stervenskoud wakker te worden. Ik trok een deken over me heen en nog had ik het koud. Ik had het ten slotte zo koud dat ik niet kon slapen en ging naar beneden. De ouweheer vroeg me hoe zijn uitvinding werkte. Ik zei dat hij verdomd goed werkte, en met de nodige beperkingen meende ik dat ook. Ik mocht de man wel. Hij was verschraald van nostalgie. 'Ik heb ooit een vlekkenwater ontwikkeld dat sindsdien is nagemaakt door grote firma's in het Oosten. Ik probeer er nu al verscheidene jaren geld voor te vangen. Had ik maar genoeg geld om een goeie advocaat in de arm te nemen…' Maar het was te laat om een goeie advocaat in de arm te nemen, en nu zat hij ontmoedigd thuis. 's Avonds aten we een heerlijk maal dat zijn moeder had gekookt, een hert dat Chads oom in de bergen had geschoten. Maar waar was Dean?

De komende tien dagen waren, om met W.C. Fields te spreken, 'doortrokken van exquis gevaar' – en krankzinnig. Ik trok in bij Roland Major in het werkelijk sjieke appartement dat eigendom was van Tim Gray's ouwelui. We hadden ieder een slaapkamer, er was een keukentje met eten in de ijskast, en een reusachtige woonkamer waar Major in zijn zijden kamerjas zijn laatste Hemingwayaanse korte verhaal zat te scheppen – hij was een cholerische, roodaangelopen, pafferige alleshater die de warmste en charmantste glimlach ter wereld op zijn gezicht kon toveren wanneer het ware leven hem 's nachts goedgunstig toelachte. Zo zat hij aan zijn bureau en ik sprong maar over het dikke zachte tapijt rond, met alleen mijn kaki broek aan. Hij had net een verhaal geschreven over een vent die voor het eerst in Denver is. Hij heet Phil. Zijn reisgenoot is een mysterieuze, stille figuur die Sam heet. Phil gaat Denver verkennen en krijgt er te maken met een stel artistieke types. Hij komt terug naar de hotelkamer. Hij zegt luguber: 'Ze zitten hier ook, Sam.' Sam kijkt alleen maar treurig uit het raam. 'Ja,' zegt Sam, 'dat weet ik.' Het punt was dat Sam niet hoefde te gaan kijken om dat te weten. Die artistieke types zaten over het hele land en zogen Amerika het bloed uit de aderen. Major en ik waren dikke vrienden; hij vond dat ik in de verste verte geen artistiekeling was. Major hield van goede wijnen, net als Hemingway. Hij haalde herinneringen op aan zijn recente reis naar Frankrijk. 'Ah, Sal, als je samen met mij ergens hoog in Baskenland kon zitten met een koele fles Poignon Dix-neuf, dan zou je weten dat er nog andere dingen zijn dan goederentreinen.'

'Dat weet ik ook wel. Ik ben gewoon gek van goederentreinen en ik hou van de namen zoals Missouri Pacific, Great Northern, Rock Island Line. Godsamme, Major, als ik je alles kon vertellen wat me is overkomen terwijl ik hierheen liftte.'

De Rawlinsen woonden een paar straten verderop. Het was een verrukkelijke familie – een vrij jonge moeder, mede-eigenares van een aftands spookhotel, met vijf zoons en twee dochters. De wildste van het stel was Ray Rawlins, een jeugdvriend van Tim Gray.

Ray kwam binnenvallen om me op te halen en we konden meteen met elkaar overweg. We gingen uit drinken in de bars op Colfax Avenue. Een van Ray's zusters was een knappe blonde die Babe heette – een tennissende, surfende wildwestpoes. Zij was de vriendin van Tim Gray. Major, die slechts op doorreis in Denver was en in grootse stijl in het appartement vertoefde, ging met Tim Gray's zus Betty. Ik was de enige die geen meisje had. Ik vroeg iedereen: 'Waar is Dean?' Ze gaven glimlachend negatieve antwoorden.

Toen gebeurde het eindelijk. De telefoon ging en het was Carlo Marx. Hij gaf me het adres van zijn kelderappartement. Ik zei: 'Wat doe jij in Denver? Ik bedoel, wat dóe je hier? Wat is er gaande?'

'O, wacht maar tot ik het je vertel.'

Ik haastte me naar hem toe. Hij werkte 's avonds in May's Warenhuis; de maffe Ray Rawlins had hem daar vanuit een bar gebeld, hij had de portier overgehaald Carlo te zoeken met het verhaal dat er iemand was gestorven. Carlo dacht meteen dat ik het was. Rawlins zei aan de telefoon: 'Sal is in Denver,' en gaf hem mijn adres en telefoonnummer.

'En waar is Dean?'

'Dean is in Denver. Moet je maar horen.' En hij vertelde me dat Dean de liefde bedreef met twee meisjes tegelijk, met Marylou, zijn eerste vrouw, die in een hotelkamer op hem wachtte, en met Camille, een nieuwe vriendin, die in een hotelkamer op hem wachtte. 'Tussen die twee door rent hij naar mij voor ons eigen onafgemaakte project.'

'En wat is dat voor een project?'

'Dean en ik zijn een geweldig seizoen ingegaan samen. We proberen in absolute openhartigheid en absolute volledigheid te communiceren over alles wat er in ons hoofd omgaat. We hebben benzedrine moeten nemen. We zitten in kleermakerszit tegenover elkaar op het bed. Ik heb Dean eindelijk bijgebracht dat hij kan doen wat hij maar wil, burgemeester van Denver worden, met een miljonaire trouwen, de grootste dichter worden sinds Rimbaud. Maar hij rent aldoor weg om naar skelterraces te gaan kijken. Ik ga maar met hem mee. Hij staat er opgewonden te roepen en te springen. Weet je, Sal, Dean is echt bezeten van dat soort dingen.' Marx bromde 'Hmm' ergens diep in zijn ziel en dacht hierover na.

'Wat is het schema?' zei ik. Er was altijd een schema in Deans leven.

'Het schema is als volgt: Ik ben een half uur geleden van mijn werk thuisgekomen. Intussen neukt Dean Marylou in het hotel zodat ik tijd heb om me te verkleden. Om precies één uur rent hij van Marylou naar Camille – natuurlijk weten ze geen van tweeën wat er gaande is – en neukt haar één keer, zodat ik de tijd heb om om halftwee te arriveren. Dan gaat hij met mij mee – daarvoor moet hij eerst soebatten bij Camille, die al een hekel aan mij begint te krijgen – en komen we hiernaartoe om tot zes uur 's morgens te praten. Meestal wordt het later, maar het begint vreselijk ingewikkeld te worden en hij zit steeds in tijdnood. Dan gaat hij om zes uur terug naar Marylou – en morgen moet hij de hele dag rennen en vliegen om de noodzakelijke papieren te regelen voor hun scheiding. Marylou is er helemaal voor, maar ze staat erop intussen te blijven neuken. Ze zegt dat ze van hem houdt – en Camille ook.'

Daarna vertelde hij me hoe Dean Camille had ontmoet. Roy Johnson, een van de biljarters, had haar in een bar gevonden en meegenomen naar een hotel; zijn trots won het van zijn gezonde verstand en hij nodigde het hele stel uit erheen te komen om haar te zien. Iedereen zat er met Camille te praten. Dean deed niks als uit het raam kijken. Toen het hele stel vertrok, keek Dean Camille alleen even aan, wees op zijn pols, gebaarde 'vier' (bedoelend dat hij om vier uur terug zou zijn) en ging weg. Om drie uur ging de deur voor Roy Johnson op slot. Om vier uur ging hij voor Dean open. Ik wilde er meteen op uit om die gek te zien. Hij had ook beloofd dat hij wat voor me zou versieren; hij kende alle meisjes in Denver.

Carlo en ik liepen door krottige straten in de Denverse nacht. De lucht was zacht, de sterren waren zo prachtig, al die hobbelige steegjes zo veelbelovend, dat ik me in een droom waande. We kwamen bij het logement aan waar Dean met Camille zat te kibbelen. Het was een oud rood bakstenen gebouw omringd door houten garages en oude bomen die boven schuttingen uitstaken. We gingen een beklede trap op. Carlo klopte; daarop schoot hij naar achteren om zich te verbergen; Camille mocht hem niet zien. Dean deed spiernaakt open. Ik zag een brunette op het bed, één prachtige romige dij in zwarte kant, ze keek licht verwonderd op.

'Héhé, Sal!' zei Dean. 'Zo hé – uh – um – ja, oké, daar ben je dan – ouwe rotzak, dus je bent eindelijk toch nog op weg gegaan. Oké, goed, luister – we moeten – ja, ja, dat moet meteen, ja, nu meteen! Zeg, Camille –' Hij wendde zich abrupt tot haar. 'Sal is hier, dit is mijn ouwe makker uit New York, het is zijn eerste avond in Denver en het is absoluut noodzakelijk dat ik hem mee uitneem om een meisje voor hem te regelen.'

'Maar hoe laat ben je dan terug?'

'Het is nu' (op zijn horloge kijkend) 'precies één uur veertien. Ik ben om precies dríe uur veertien terug voor ons mijmeruurtje samen, een heerlijk mijmeruurtje, schat, dan moet ik, zoals je weet; zoals ik je al gezegd heb en zoals we hebben afgesproken, naar die éénbenige advocaat voor de papieren – midden in de nacht, hoe vreemd het ook lijkt en zoals ik je al uitgebreid heb uitgelegd.' (Dit was een dekmantel voor zijn ontmoeting met Carlo, die zich nog steeds verborgen hield.) 'Dus moet ik mij op dit eigenste moment aankleden, mijn broek aantrekken en terugkeren in het leven, dat wil zeggen, het leven buiten, de straat en wat al niet, zoals we hebben afgesproken, het is nu één uur víjftien en de tijd vliegt, de tijd vliegt –'

'Oké, goed dan, Dean, maar zorg alsjeblieft dat je om drie uur terug bent.'

'Zoals ik al zei, schat, en denk erom, niet drie uur maar drie uur veertien. Zijn we het helemaal eens, tot in het diepste, prachtigste diepste van onze ziel, lieve schat van me?' Hij liep naar haar toe en kuste haar diverse malen. Aan de muur hing een naakttekening van Dean, compleet met enorme leuter, van de hand van Camille. Ik stond versteld. Het was zo waanzinnig allemaal.

We renden de nacht in; Carlo voegde zich in de steeg bij ons.

We liepen verder door het smalste, vreemdste, bochtigste straatje dat ik ooit gezien heb, diep in het hart van de Mexicaanse wijk van Denver. We praatten met luide stemmen in de slapende stilte. 'Sal,' zei Dean, 'ik heb nu, op dit eigenste ogenblik, de ideale meid voor jou – als ze vrijaf heeft' (hij keek op zijn horloge). 'Een serveerster, Rita Bettencourt, lekker stuk, een beetje gefrustreerd door seksuele problemen die ik heb proberen op te lossen, maar dat red jij wel, denk ik, te gekke ouwe mafkees dat je bent. Daar gaan we nu dus subiet naartoe – we moeten bier meebrengen, nee, hebben ze zelf en, goddomme!' zei hij in zijn handpalm stompend. 'Ik moet en zal haar zus Mary vannacht pakken.'

'Wat?' zei Carlo. 'Ik dacht dat wij gingen praten.'

'Ja ja, daarna.'

'O, die Denverse depressies!' riep Carlo ten hemel.

'Is hij niet de tofste, aardigste knul in de hele wereld?' zei Dean, en gaf me een por in mijn ribben. 'Kíjk eens naar hem. Kíjk toch eens naar hem!' En Carlo begon zijn apendans door de straten des levens zoals ik hem overal in New York zo vaak had zien doen.

En het enige dat ik kon zeggen was: 'Nou; wat gaan we in godsnaam doen hier in Denver?'

'Sal, morgen weet ik waar ik een baantje voor je kan vinden,' zei Dean, nu weer op zijn zakelijke toon. 'Ik bel je zodra ik een uur bij Marylou weg kan, dan kom ik linea recta naar dat appartement van jullie om Major gedag te zeggen en jou per tram (verdomme, dat ik ook geen auto heb) mee te nemen naar de Camargomarkt, alwaar je meteen aan de slag kunt en aanstaande vrijdag je loonzakje in ontvangst kunt nemen. We zijn in feite allemaal volkomen blut. Ik heb weken geen tijd gehad om te werken. Vrijdagavond moeten wij buiten enige twijfel met ons drieën – het ouwe drietal: Carlo, Dean en Sal – naar de skelterraces, en daarvoor kunnen we meerijden met een kennis van me hier in de stad…' enzovoorts enzoverder de nacht in.

We kwamen bij het huis waar de serverende zusters woonden. Die voor mij was nog aan het werk; de zus die Dean wilde was thuis. We namen plaats op haar sofa. Volgens ons schema zou ik nu Ray Rawlins bellen. Ik belde. Hij kwam meteen naar ons toe.

Zodra hij binnenkwam, trok hij zijn overhemd en hemd uit en begon hij de hem volslagen onbekende Mary Bettencourt te omhelzen. Er rolden flessen over de vloer. Het werd drie uur. Dean holde de deur uit voor zijn mijmeruurtje met Camille. Hij was op tijd terug. De andere zus kwam thuis. Nu moesten we voor ons allen een auto hebben, we maakten ook te veel lawaai. Ray Rawlins belde een maat van hem die een auto had. Hij kwam. We persten ons met z'n allen in de wagen; Carlo probeerde op de achterbank zijn geboekte praatsessie met Dean te houden, maar het ging te chaotisch toe. 'Laten we met z'n allen naar mijn appartement gaan!' riep ik. Dat deden we; zodra de auto stopte sprong ik eruit en ging op het gazon op mijn hoofd staan. Al mijn sleutels vielen op de grond; ik heb ze nooit teruggevonden. We renden schreeuwend het gebouw in. Roland Major versperde ons de weg in zijn zijden kamerjas.

'Dit soort toestanden laat ik niet toe in Tim Gray's appartement!'

'Wat?' riepen wij allemaal. Er ontstond verwarring. Rawlins lag met een van de serveersters in het gras te rollen. Major wilde ons niet binnenlaten. We bezwoeren hem dat we Tim Gray zouden bellen om het met hem te checken en dat we hem ook voor het feest zouden uitnodigen. In plaats daarvan vlogen we met z'n allen terug naar een van de trefpunten in het centrum. Plots stond ik zonder geld alleen op straat. Mijn laatste dollar was op.

Ik liep acht kilometer over Colfax Avenue naar mijn comfortabele bed in het appartement. Major moest voor me opendoen. Ik vroeg me af of Dean en Carlo nu met hun openhartigheid bezig waren. Daar kwam ik later wel achter. De nachten in Denver zijn koel en ik sliep als een blok.

8

Toen ging iedereen plannen maken voor een geweldige tocht naar de bergen. Dit begon 's morgens, samen met een telefoontje dat de zaken nog ingewikkelder maakte – mijn oude liftmakker Eddie had in een blinde gok opgebeld; hij had een paar van de namen onthouden die ik had genoemd. Nu kon ik mijn hemd terugkrijgen. Eddie zat met zijn meisje op een adres vlak bij Colfax Avenue. Hij vroeg of ik wist waar je aan werk kon komen en ik zei dat hij maar langs moest komen, met het idee dat Dean het wel zou weten. Dean arriveerde in grote haast terwijl Major en ik vlug ontbeten. Dean wilde niet eens gaan zitten. 'Ik heb duizendenéén dingen te doen, ik heb in feite nauwelijks tijd om met je naar Camargo te gaan, maar kom op dan, man.'

'Wacht even op mijn liftmakker, Eddie.'

Major vond ons haastig gedoe erg vermakelijk. Hij was naar Denver gekomen om op zijn gemak te schrijven. Hij deed erg uit de hoogte tegen Dean. Dean schonk er geen aandacht aan. Major praatte in deze trant tegen Dean: 'Wat hoor ik, Moriarty, slaap jij met drie meisjes tegelijk?' Dean schuifelde wat op het kleed en zei: 'Tja, tja, dat kun je zo hebben,' en keek op zijn horloge. Major snoof. Ik voelde me een onbenul dat ik zo nodig met Dean weg moest – Major bleef erbij dat hij een stomme klootzak was. Dat was hij natuurlijk niet, en dat wilde ik iedereen op de een of andere manier bewijzen.

We ontmoetten Eddie. Dean schonk aan hem ook geen aandacht, en we reden in de middaghitte per tram naar de andere kant van Denver om werk te zoeken. Ik had er helemaal geen zin in. Eddie praatte aan een stuk door, zoals altijd. Op de markt vonden we een man die bereid was ons alle twee aan te nemen; het werk begon om vier uur 's morgens en duurde tot zes uur 's avonds. De man zei: 'Ik hou van knapen die van werken houden.'

'Dan hebt u aan mij een goeie,' zei Eddie, maar ik was niet zo zeker van mezelf. 'Dan slaap ik gewoon niet,' besloot ik. Er waren zoveel andere interessante dingen te doen.

Eddie verscheen de volgende morgen op zijn werk; ik niet. Ik had een bed en Major bevoorraadde de ijskast, in ruil daarvoor kookte ik en waste af. Intussen raakte ik overal bij betrokken. Op een avond was er een groot feest bij de Rawlinsen thuis. Moeder Rawlins was op reis. Ray Rawlins belde iedereen die hij kende en vroeg ze whisky mee te brengen; daarna werkte hij de meisjes in zijn adresboekje af. Hij liet mij grotendeels het woord doen. Er kwamen een heleboel meisjes. Ik belde Carlo om te horen wat Dean op dat moment uitvoerde. Dean zou om drie uur 's morgens naar Carlo komen. Ik ging er na het feest naartoe.

Carlo's kelderapparatement was in Grant Street in een oud bak- stenen logement vlak bij een kerk. Je ging een steegje in en een paar stenen treden af, deed een ouwe kale deur open en liep door een soort kelder tot je bij zijn planken deur aankwam. Het leek de kamer van een Russische heilige: een bed, een brandende kaars, stenen muren waar het vocht afdroop en een of andere maffe zelf- gemaakte icoon. Hij las me zijn poëzie voor. De titel was 'Denver- se Depressies'. Carlo werd 's morgens wakker en hoorde de 'vul- gaire duiven' in de straat buiten zijn cel met elkaar kletsen; hij zag de 'droeve nachtegalen' op de takken knikkebollen en ze deden hem aan zijn moeder denken. Er daalde een grijze lijkwade over de stad neer. De bergen, de magnifieke Rockies die je van overal in de stad in het westen kunt zien, waren van 'papier-maché'. Het hele universum was waanzinnig en maf en uiterst vreemd. Hij be- schreef Dean als een 'kind van de regenboog' die zijn pijn in ge- kweld priapisme met zich meedroeg. Hij noemde hem 'Eddie Oe- dipus', die 'kauwgum van de ruiten moest krabben'. Hij zat in zijn kelder te peinzen boven een reusachtig dagboek waarin hij alles bijhield wat er dagelijks gebeurde – alles wat Dean deed en zei.

Dean arriveerde stipt volgens schema. 'Alles is voor mekaar,' kondigde hij aan. 'Ik ga van Marylou scheiden en met Camille trouwen en met haar in San Francisco wonen. Maar dat komt pas als jij en ik, mijn beste Carlo, eerst naar Texas zijn geweest om die Ouwe Bull Lee eens mee te maken, die krankzinnige gozer die ik nooit heb ontmoet en waar jullie me alle twee al zoveel over ver- teld hebben, dan ga ik daarna door naar San Fran.'

Toen kwamen ze ter zake. Ze gingen in kleermakerszit op het bed zitten en keken elkaar recht aan. Ik hing onderuit in een stoel en volgde het hele gebeuren van nabij. Ze begonnen met een ab- stracte gedachte en bespraken die; ze herinnerden elkaar aan een ander abstract punt dat ze in alle drukte hadden vergeten; Dean verontschuldigde zich maar beloofde dat hij er zonder moeite op terug kon komen, met illustraties en al.

Carlo zei: 'En net toen we Wazee Street overstaken wilde ik je vertellen wat ik vond van jouw opgefokte gedrag over die skelter-races en op datzelfde moment, weet je nog dat je toen die ouwe zwerver in zijn flodderige broek aanwees en zei dat hij precies op je vader leek?'

'Ja ja, natuurlijk weet ik dat nog; dat niet alleen, het bracht bij mij ook een hele reeks gedachten op gang, iets volkomen te geks waar ik je over moest vertellen, ik was het vergeten, je hebt me er net weer aan herinnerd…' en daarmee waren er twee nieuwe onderwerpen geboren. Ze bespraken ze uitgebreid. Toen vroeg Carlo aan Dean of hij eerlijk was en met name of hij diep in zijn hart eerlijk tegen hém was.

'Waarom begin je daar weer over?'

'Er is nog één laatste ding dat ik wil weten –'

'Maar – hé, Sal, jij zit te luisteren, we vragen het aan Sal. Wat zou hij ervan zeggen?'

En ik zei: 'Dat laatste kun je niet krijgen, Carlo. Dat laatste kan niemand ooit krijgen. We blijven ons hele leven hopen dat we het ooit voorgoed te pakken zullen krijgen.'

'Nee, nee, nee, dat is je reinste lulkoek, romantische, Wolfeaanse kak!'

En Dean zei: 'Dat bedoelde ik helemaal niet, maar Sal mag er zijn eigen mening over hebben; in feite gaat er, vind je ook niet, Carlo, dat er een zekere waardigheid van uitgaat zoals hij ons een beetje zit te bekijken, die rare gozer is het hele land overgestoken – de ouwe Sal laat niks los, onze Sal laat niks los.'

'Het is niet zo dat ik niks los wil laten,' protesteerde ik. 'Ik weet gewoon niet waar jullie heen willen of wat jullie ermee moeten. Ik weet wel dat geen mens jullie kan volgen.'

'Alles wat jij zegt is negatief.'

'Wat willen jullie er dan mee?'

'Vertel het hem.'

'Nee, vertel jij het hem maar.'

'Er is niets te vertellen,' zei ik en lachte. Ik had Carlo's hoed op. Ik trok hem diep in mijn ogen. 'Ik wil slapen,' zei ik.

'Die arme Sal wil altijd maar slapen.' Ik zweeg. Ze begonnen weer. 'Toen jij die stuiver van me leende om de rekening te betalen voor die halve kippen –'

'Welnee, man, voor die chili con carne! Weet je nog wel, in de Texas Star?'

'Ik was in de war met dinsdag. Toen je die stuiver leende zei je, luister nou, toen zei je: "Carlo, dit is de laatste keer dat ik bij je aanklop," alsof, echt waar, alsof je bedoelde dat ik met je had afgesproken dat je niet meer bij mij zou aankloppen.'

'Nee, nee, nee, dat bedoelde ik niet – ga nu even mee terug, als je zo goed wilt zijn, mijn beste vriend, naar de avond dat Marylou in haar kamer zat te huilen en ik me tot jou wendde en met mijn extra dik opgelegde oprechtheid waarvan we allebei wisten dat hij gespeeld was maar die toch zijn functie had, dat wil zeggen, door mijn toneelspel liet ik merken dat – wacht even, dat bedoel ik niet.'

'Natuurlijk bedoel je dat niet! Dat komt omdat je vergeet – maar ik zal ophouden je te beschuldigen. Ik zei ja…' En zo gingen ze de hele nacht door. Bij het eerste ochtendlicht keek ik op. Ze waren de laatste kwesties van die ochtend aan het afronden. 'Toen ik tegen je zei dat ik moest slapen *vanwege* Marylou, dat wil zeggen, omdat ik haar vanmorgen om tien uur zie, gebruikte ik mijn besliste toon niet met betrekking tot wat jij net zei over de overbodigheid van slaap maar louter, denk erom, *louter en alleen* vanwege het feit dat ik absoluut, simpelweg, heel eenvoudig zonder maren nu moet slapen, ik bedoel, mijn ogen vallen dicht, man, ze zijn roodgloeiend, ze doen pijn, ze zijn moe, doodaf…'

'Och arm,' zei Carlo.

'We moeten nu gewoon gaan slapen. Laten we de motor afzetten.'

'Je kunt de motor niet afzetten!' riep Carlo luidkeels. De eerste vogels begonnen te zingen.

'Goed, als ik mijn hand opsteek,' zei Dean, 'houden we op met praten, dan weten we allebei heel zuiver en zonder geouwehoer dat we simpelweg gaan ophouden met praten, en gewoon gaan slapen.'

'Zo kun je de motor niet afzetten.'

'Zet de motor af,' zei ik. Ze keken me aan.

'Hij was aldoor wakker, hij heeft al die tijd zitten luisteren. Wat dacht je ervan, Sal?' Ik vertelde ze dat ik dacht dat ze een stel verbazingwekkende maniakken waren en dat ik de hele nacht naar ze had zitten luisteren als iemand die naar het mechaniek van een uurwerk keek dat helemaal tot aan de top van de Berthoud Pass oprees en toch was samengesteld uit de kleinste onderdeeltjes van het meest verfijnde uurwerk ter wereld. Ze glimlachten. Ik wees met mijn vinger naar ze en zei: 'Als jullie zo doorgaan worden jullie allebei gek, maar hou me intussen op de hoogte van de ontwikkelingen.'

Ik stapte naar buiten en nam een tram naar mijn appartement, Carlo's bergen van papier-maché werden rood nu de grote zon van de oostelijke vlakten oprees.

9

's Avonds kreeg ik het druk met die tocht naar de bergen en ik zag Dean en Carlo vijf dagen niet. Babe Rawlins kon de wagen van haar baas het weekeinde gebruiken. We namen kostuums mee die we voor de ramen van de auto hingen en vertrokken naar Central City, Ray Rawlins achter het stuur, Tim Gray onderuit op de achterbank en Babe voorin. Het was de eerste keer dat ik de Rockies van nabij zag. Central City is een oude mijnstad die ooit de rijkste vierkante mijl ter wereld werd genoemd, toen er een ware zilverlaag was gevonden door de ouwe gieren die de heuvels afschuimden. Ze werden op slag rijk en lieten midden tussen hun hutjes op de steile helling een prachtige kleine opera bouwen. Lillian Russell had er opgetreden, er kwamen operasterren uit Europa. Toen werd Central City een spookstad, tot de energieke Kamer-van-Koophandeltypes van het nieuwe Westen besloten de boel nieuw leven in te blazen. Ze knapten het operagebouw op, en elke zomer kwamen er sterren van de Metropolitan Opera optreden. Het was een geweldige vakantie voor iedereen. Er kwamen toeristen uit alle windstreken, zelfs filmsterren uit Hollywood. We reden de berg op en troffen de smalle straatjes tjokvol artistiek uitgedoste toeristen. Ik dacht aan Majors Sam, Major had gelijk. Major was er zelf ook, hij trakteerde iedereen op zijn brede joviale glimlach en riep heel oprecht ooh en aah over alles wat hij zag. 'Sal,' riep hij, mijn arm omklemmend, 'kijk die ouwe stad eens. Bedenk eens hoe het hier honderd jaar – wat, nog geen tachtig, zestig jaar geleden was; ze hadden een opera!'

'Jawel,' zei ik, een van zijn romanfiguren imiterend, 'maar *ze* zijn hier ook.'

'De klootzakken,' vloekte hij. Maar hij verdween om zich te amuseren, met Betty Gray aan zijn arm.

Betty Gray was een ondernemend blondje. Ze wist een oud mijnwerkershuis aan de rand van de stad waar wij jongens het weekeinde konden slapen; we hoefden het alleen maar schoon te maken. We konden er ook enorme feesten houden. Het was een oud krot, binnen overdekt met een duimdikke laag stof; het had een veranda en een waterput achterin de tuin. Tim Gray en Ray Rawlins stroopten hun mouwen op en begonnen met de schoonmaak, een groot karwei dat de hele middag en een gedeelte van de avond vergde. Maar ze hadden een emmer vol flesjes bier dus dat zat wel goed.

Ikzelf zou die middag te gast zijn bij de operavoorstelling, met Babe aan mijn arm. Ik droeg een kostuum van Tim. Maar een paar dagen geleden was ik als een schooier in Denver aangekomen; nu zat ik strak in het pak, met een mooie goedgeklede blondine aan mijn arm maakte ik buiginkjes voor notabelen en stond ik in de foyer onder kroonluchters te babbelen. Ik vroeg me af wat Mississippi Gene zou zeggen als hij me hier zag.

De opera was *Fidelio*. 'Ach, hoe somber!' riep de bariton terwijl hij onder een kreunende steen uit de kerker oprees. Ik moest erom huilen. Zo zie ik het leven ook. Ik had zo'n belangstelling voor de opera dat ik de verwikkelingen van mijn krankzinnige leven een poosje vergat en opging in de geweldige droeve klanken van Beethoven en de warme Rembrandttinten van het verhaal.

'En, Sal, wat vond je van de productie van dit jaar?' vroeg Denver D. Doll me buiten op straat trots. Hij was lid van de operavereniging.

'Somber, ach, hoe somber,' zei ik. 'Zonder meer geweldig.'

'Dan moet je nu kennis gaan maken met de leden van het gezelschap,' vervolgde hij op zijn officiële toon, maar gelukkig vergat hij dit in de drukte en verdween.

Babe en ik gingen terug naar het mijnwerkershuisje. Ik trok mijn deftige plunje uit en ging de jongens helpen met schoonmaken. Het was een enorm karwei. Roland Major zat midden in de voorkamer die al schoongemaakt was en weigerde te helpen. Op een tafeltje voor zich had hij zijn flesje bier en zijn glas. Terwijl wij met emmers water en bezems ronddraafden, haalde hij herinneringen op. 'Ah, kon je maar eens meekomen om onder het genot van een glas Cinzano naar de musici van Bandol te luisteren, dat is pas leven. En Normandië in de zomer, de klompen, de fijne oude calvados. Kom op, Sam,' zei hij tegen zijn onzichtbare makker. 'Haal de wijn uit het water om te kijken of hij genoeg is afgekoeld terwijl wij zaten te vissen.' Regelrecht uit Hemingway allemaal.

We riepen naar meisjes die op straat langskwamen. 'Kom ons helpen opruimen. Iedereen is uitgenodigd voor ons feest vanavond.' Ze hielpen ons mee. We hadden een enorme ploeg voor ons aan het werk. Tot slot kwamen de leden van het operakoor, meest jongelui, ook een handje helpen. De zon ging onder.

Na die dag van arbeid besloten Tim, Rawlins en ik ons wat op te knappen voor de grote avond. We liepen naar het pension aan de andere kant van de stad waar de operasterren logeerden. Ver weg in de nacht hoorden we de avondvoorstelling beginnen. 'Kon niet beter,' zei Rawlins. 'We pikken even een paar van die scheerapparaten en handdoeken mee om ons wat op te frissen.' We pakten ook haarborstels, eau de cologne en scheerlotion en stapten aldus beladen de badkamer in. We gingen allemaal zingend in bad. 'Is dit niet geweldig?' zei Tim Gray aldoor. 'Dat gebruikt zomaar de badkamer van de operasterren, compleet met handdoeken, scheerlotion en elektrische scheerapparaten.'

Het was een prachtige avond. Central City ligt op drie kilometer hoogte; eerst word je dronken van de hoogte, dan word je moe, dan kruipt er koorts in je ziel. We naderden de lichtjes rond het operagebouw door de smalle donkere straat; toen sloegen we rechtsaf en kwamen we bij een paar ouderwetse saloons met klapdeurtjes. De meeste toeristen waren naar de opera. We begonnen met een paar extra grote glazen bier. Er stond een pianola. De achterdeur bood uitzicht op een panorama van berghellingen in het maanlicht. Ik slaakte een kreet. Het feest kon beginnen.

We haastten ons terug naar ons mijnwerkershuisje. Er werden druk voorbereidingen getroffen voor het grote feest. De meisjes, Babe en Betty, maakten wat bonen met knakworst klaar, daarna begonnen we te dansen en gingen we serieus aan het bier. Na de opera dromden er hele groepen jonge meisjes binnen. Rawlins, Tim en ik likten onze lippen af. We grepen ze beet en dansten. Er was geen muziek, we dansten gewoon zonder. Het werd vol. Er kwamen nu mensen met flessen. We renden naar de kroeg en renden weer terug. Het ging steeds wilder toe. Ik wou dat Dean en Carlo er waren – toen realiseerde ik me dat ze niet in het gezelschap zouden passen en zich onbehaaglijk zouden voelen. Ze waren als de man onder die steen in de sombere kerker die uit de onderwereld oprees, de morsige subcultuur van Amerika, een nieuwe generatie van beatniks waar ik me geleidelijk bij aansloot.

De jongens van het koor kwamen opdagen. Ze begonnen 'Sweet Adeline' te zingen. Ze zongen ook dingen als 'Tap hem nog 's vol', 'Waarom hangt je gezicht op halfzeven?' en 'Fi-de-lio!' in reusachtige lange baritonuithalen. 'Ach, ach, hoe somber!' zong ik. De meisjes waren fantastisch. Ze gingen mee de achtertuin in om een beetje te vrijen. Er stonden bedden in de andere kamers, de niet schoongemaakte, stoffige kamers, en daar zat ik met een meisje op een bed te praten toen er plots een grote invasie plaatsvond van jonge plaatsaanwijzers van de opera die de meisjes zomaar zonder de gebruikelijke avances beetgrepen en begonnen te zoenen. Dronken, ordeloze, overspannen tieners – ze bedierven ons feest. Binnen vijf minuten waren alle meisjes verdwenen en werd het een grootscheeps hengstenbal met een hoop gebral en geknal met bierflessen.

Ray, Tim en ik besloten de kroegen af te gaan. Major was verdwenen, Babe en Betty waren verdwenen. We strompelden de nacht in. De kroegen stonden van de bar tot de muur propvol operagangers. Major schreeuwde over de hoofden heen. De gretige, gebrilde Denver D. Doll schudde iedereen de hand met de woorden: 'Goedemiddag, hoe maakt u het?' En toen het middernacht was geworden zei hij: 'Goedemiddag, hoe maakt ú het?' Op een gegeven moment zag ik hem ergens heen gaan met een hooggeplaatst personage. Hij kwam terug met een vrouw van middelbare leeftijd; een minuut later stond hij op straat met een paar jonge plaatsaanwijzers te praten. 'Gelukkig nieuwjaar, beste jongen.' Hij was niet gewoon dronken, hij was dronken van wat hij zo graag om zich heen had: een gezellig drukke menigte. Iedereen kende hem. 'Gelukkig nieuwjaar,' riep hij en soms: 'Gelukkig kerstfeest.' Hij bleef het zeggen. Met Kerstmis zei hij: 'Zalig pasen.'

Er was een tenor in de bar die bij iedereen in hoog aanzien stond; Denver Doll had erop aangedrongen dat ik kennis met hem maakte en ik probeerde het te ontlopen; hij heette D'Annunzio of zoiets. Zijn vrouw was bij hem. Ze zaten stuurs aan een tafeltje. Er stond ook een of andere Argentijnse toerist aan de bar. Rawlins gaf hem een zet om ruimte te maken; de man draaide zich met een grauw om. Rawlins gaf me zijn glas en sloeg hem met één klap tegen de koperen stang. De man was even buiten kennis. Er klonken kreten; Tim en ik marcheerden Rawlins naar buiten. Er heerste zo'n opschudding dat de sheriff zich niet eens een weg door de menigte kon banen naar het slachtoffer. Niemand kon Rawlins identificeren. We gingen naar andere kroegen. Major kwam door een donkere straat aangewaggeld. 'Stront aan de knikker? Als er geknokt moet worden roep je me maar.' Groot gelach alom. Ik vroeg me af wat de Geest van de Berg hiervan dacht, ik keek op en zag dennen tegen de maan, ik zag geesten van oude mijnwerkers en bleef er even over mijmeren. Heel de donkere oostelijke wand van de Waterscheiding was vannacht vervuld van stilte en het gefluister van de wind, behalve in het ravijn waar wij bulderend tekeergingen; aan de andere kant van de Waterscheiding lag de grote westelijke helling, en het grote plateau dat zich uitstrekte tot Steamboat Springs en vandaar afliep tot in de woestijnen van oostelijk Colorado en Utah; alles nu in duister gehuld terwijl wij diep in de bergen verscholen ziedden en tierden – doldrieste dronken

Amerikanen in een machtig land. We stonden op het dak van Amerika en het enige dat we konden doen was roepen, denk ik – we riepen door de nacht, over de prairies naar het oosten, waar een oude witharige man waarschijnlijk naar ons onderweg was met het Woord, en elk ogenblik kon arriveren om ons tot zwijgen te brengen.

Rawlins wilde met alle geweld terug naar de bar waar hij had gevochten. Tim en ik voelden er niets voor maar bleven bij hem. Hij liep naar D'Annunzio, de tenor, en gooide hem een whisky-soda in zijn gezicht. We sleepten hem naar buiten. Een bariton van het koor sloot zich bij ons aan en we gingen naar een normaal café. Hier schold Ray de serveerster voor hoer uit; er stond een rij nors kijkende kerels langs de bar; ze haatten toeristen. Een van hen zei: 'Jullie kunnen beter binnen tien tellen wegwezen, jongens.' Dat waren we. We wankelden terug naar het huis en gingen slapen.

De volgende morgen werd ik wakker en draaide me om; er rees een grote stofwolk van de matras op. Ik rukte aan het raam; het was vastgespijkerd. Tim Gray lag ook in het bed. We hoestten en niesden. Ons ontbijt bestond uit dood bier. Babe kwam terug van haar hotel en we zochten onze spullen bij elkaar om te vertrekken.

Alles leek om ons heen in te storten. Toen we naar de auto liepen gleed Babe uit en viel vlak op haar gezicht. De stakker was helemaal van streek. Haar broer Tim en ik hielpen haar overeind. We stapten in de auto; Major en Betty stapten ook in. De sombere terugrit naar Denver begon.

Ineens kwamen we de berg af en keken we uit over de oceanisch wijde vlakte rond Denver; er steeg een hitte van op als van een oven. We begonnen te zingen. Ik popelde om door te reizen naar San Francisco.

10

Die avond trof ik Carlo en tot mijn verbazing vertelde hij me dat hij met Dean in Central City was geweest.

'Wat hebben jullie daar gedaan?'

'O, wat kroegen afgerend, toen gapte Dean een auto en zijn we met honderdvijftig per uur over die bochtige bergwegen teruggereden.'

'Ik heb jullie niet gezien.'

'Wij wisten niet dat jij er ook was.'

'Afijn, man, ik ga naar San Francisco.'

'Dean heeft Rita voor je geregeld voor vanavond.'

'Nou, dan stel ik het nog even uit.' Ik had geen geld. Ik stuurde mijn tante een luchtpostbrief om haar te vragen me vijftig dollar te sturen en zei dat het de laatste keer was dat ik haar om geld zou vragen; daarna zou ze van mij geld terugkrijgen, zodra ik op dat schip zat.

Toen ging ik naar Rita Bettencourt en nam haar mee terug naar het appartement. Ik kreeg haar de slaapkamer in na een lang gesprek in de donkere voorkamer. Ze was een lief meisje, eenvoudig en eerlijk, en vreselijk bang voor seks. Ik zei haar dat het iets heel moois was. Ik wilde het haar bewijzen. Ze liet me het bewijzen, maar ik was te ongeduldig en bewees niets. Ze zuchtte in het donker. 'Wat wil je van het leven?' vroeg ik, dat vroeg ik meisjes toen aldoor.

'Ik weet het niet,' zei ze. 'Gewoon als serveerster werken en me zien te redden.' Ze gaapte. Ik legde mijn hand over haar mond en zei haar dat ze niet zo moest gapen. Ik vertelde haar hoe opwindend ik het leven vond, en de dingen die we samen allemaal konden doen; dat zei ik, terwijl ik van plan was over twee dagen uit Denver te vertrekken. Ze draaide zich vermoeid van me af. We lagen op onze rug en keken naar het plafond, ons afvragend wat God bezielde toen Hij het leven zo treurig gemaakt had. We maakten vage plannen elkaar in Frisco te ontmoeten.

Mijn tijd in Denver zat er bijna op, ik voelde het toen ik haar naar huis bracht, op de terugweg ging ik voor een oude kerk bij een stel hobo's op het gras liggen, en hun gesprekken gaven me het verlangen weer op weg te gaan. Nu en dan stond een van hen op om een dubbeltje te bietsen van een voorbijganger. Ze praatten over de oogst die verder naar het noorden opschoof. Het was zacht, warm weer. Ik wilde Rita weer ophalen en haar nog veel meer vertellen, en deze keer echt met haar vrijen, haar mannen-vrees tot bedaren brengen. De jongens en meisjes in Amerika maken er zo'n trieste boel van met elkaar; de verlichte trend gebiedt dat ze meteen toegeven aan seks, zonder eerst fatsoenlijk met elkaar te praten. Ik bedoel geen flirtend gebabbel, maar een direct gesprek tot in elkaars ziel, want het leven is heilig en elk moment is kostbaar. Ik hoorde de locomotief van de *Denver and Rio Grande* naar de bergen weghuilen. Ik wilde mijn ster verder volgen.

Major en ik zaten somber te praten in de nachtelijke uren. 'Heb jij ooit *Green Hills of Africa* gelezen? Het is Hemingway's beste boek.' We wensten elkaar geluk. We zouden elkaar in Frisco ontmoeten. Ik zag Rawlins op straat onder een donkere boom zitten. 'Tot kijk, Ray. Wanneer zien we elkaar weer?' Ik ging op zoek naar Carlo en Dean – nergens te vinden. Tim Gray stak een hand in de lucht en zei: 'Dus je gaat ervandoor, Jo?' Wij noemden elkaar Jo. 'Ja, Jo,' zei ik. De komende paar dagen zwierf ik door Denver. Het leek of elke schooier in Larimer Street Deans vader kon zijn; Old Dean Moriarty, noemden ze hem, de Blikslager. Ik ging het Windsor Hotel binnen, waar vader en zoon samen hadden gewoond en waar Dean op een nacht angstaanjagend was gewekt door de man zonder benen die de kamer met hen deelde, de man op die rolplank; hij kwam op zijn gruwzame wieltjes over de vloer aanknoersen om de jongen te bevoelen. Ik zag het kranten verkopende dwergvrouwtje met haar korte beentjes op de hoek van Curtis Street en 15th Avenue. Ik liep langs de trieste nachtkroegen in Curtis Street; jonge knapen in jeans en rode overhemden; pindadoppen, bioscoopgevels, spuitsalons. Achter de glinsterende straten lag duisternis, en achter het duister het Westen. Ik moest vertrekken.

Bij het ochtendgloren vond ik Carlo. Ik las een stuk in zijn reusachtige dagboek en sliep wat, en in de miezerende, grauwe ochtend verscheen de éénmeternegentig lange Ed Dunkel met Roy Johnson, een knappe vent, en Tom Snark, de manke meesterpikeur. Ze zaten opgelaten glimlachend te luisteren toen Carlo Marx hun zijn apocalyptische, waanzinnige poëzie voorlas. Ik hing onderuitgezakt in mijn stoel, totaal op. 'O vogels van Denver!' riep Carlo. We stapten een voor een naar buiten en liepen door een typisch Denverse kasseiensteeg, tussen traag rokende vuilverbrandingsovens. 'Ik hoepelde vroeger in deze steeg,' had Chad King me verteld. Ik wilde het hem zien doen; ik wilde het Denver van tien jaar geleden zien, toen ze allemaal nog kinderen waren en in het zonnige kersenbloesemlicht van een lentemorgen in de Rockies door blije stegen vol toekomst hoepelden – het hele stel. Terwijl Dean haveloos en smerig, manisch gepreoccupeerd in zijn eentje rondscharrelde.

Roy Johnson en ik liepen door de motregen; ik ging bij het huis van Eddie's vriendin langs om mijn geblokte wollen overhemd op te halen, het overhemd van Shelton, Nebraska. Het was er, één heel overhemd in een dikke, trieste knoedel. Roy Johnson zei dat hij me in San Francisco zou ontmoeten. Iedereen ging naar Frisco. Ik ging mijn geld ophalen, het was aangekomen. De zon brak door en Tim Gray ging met me mee in de trolleybus naar het busstation. Ik kocht mijn kaartje naar San Fran, wat me de helft van mijn vijftig dollar kostte, en stapte om twee uur 's middags in. Tim Gray zwaaide me uit. De bus gleed de hoog geflankeerde, gretige straten van Denver uit. 'Godsamme, ik moet beslist terugkomen om te kijken wat hier nog meer gaat gebeuren!' beloofde ik mezelf. Dean had in een telefoongesprek op de valreep gezegd dat hij en Carlo misschien naar me toe zouden komen aan de Westkust; ik dacht hierover na, en realiseerde me dat ik Dean al die tijd niet meer dan vijf minuten had gesproken.

II

Ik kwam twee weken te laat bij Remi Boncoeur aan. De busrit van Denver naar Frisco was weinig opzienbarend al maakte ik inwendig hele luchtsprongen naarmate we Frisco dichter naderden. Weer door Cheyenne, in de middag ditmaal, dan westwaarts over de bergketen; rond middernacht bij Creston over de Waterscheiding, dan bij het aanbreken van de dag Salt Lake City – een stad van gazonsproeiers, de meest onwaarschijnlijke plek waar Dean geboren had kunnen worden; dan onder de hete zon Nevada in, bij het vallen van de avond Reno met zijn twinkelende Chinese straten; dan omhoog de Sierra Nevada in, pijnbomen, sterren, berghutten voor die romances in Frisco – een klein meisje vraagt jengelend aan haar moeder: 'Mammie, wanneer zijn we weer thuis in Truckee?' Dan Truckee, weer thuis in Truckee, en bergaf naar de vlakte van Sacramento. Plotseling besefte ik dat ik in Californië was. Warme palmenlucht – lucht die je kan zoenen – palmbomen. Over een supersnelweg langs de trapsgewijs neerstromende Sacramento Rivier; daarna weer de heuvels in; omhoog en omlaag; dan plotseling de brede watervlakte van de baai (het was net voor zonsopgang) met de slaperige lichtjes van Frisco in lange slingers aan de overkant. Over de Oakland Bay Bridge rijdend viel ik voor het eerst sinds Denver diep in slaap; zodat ik er in het busstation op de hoek van Market Street en 4th Avenue ruw aan werd herinnerd dat ik nu éénenvijftighonderd kilometer van mijn tantes huis in Paterson, New Jersey, was. Ik wankelde als een afgetakelde geest naar buiten en daar was Frisco – lange fletse straten met tramkabels versluierd in een waas van witte mist. Ik strompelde een paar straten verder. Bizarre zwervers (op de hoek van Mission Street en 3rd Avenue) vroegen me om dubbeltjes in het ochtendgrauw. Ik hoorde ergens muziek. 'Tjongejonge, dat zal me wat worden hier! Maar nu moet ik eerst Remi Boncoeur zien te vinden.'

Mill City, waar Remi woonde, was een verzameling van houten keten in een vallei, een barakkenkamp dat tijdens de oorlog was gebouwd voor de arbeiders van de marinewerf; het was in een canyon, een hele diepe ook, waarvan alle hellingen dicht bebost waren. Er waren speciale winkels, kapperszaken en kleermakerswerkplaatsen voor de bewoners van het kamp. Ze zeggen dat het de enige gemeenschap in Amerika was waar blanken en zwarten vrijwillig samenleefden; het was waar, en zo'n wilde, vrolijke bende ben ik sindsdien nooit meer tegengekomen. Op de deur van Remi's keet zat het briefje dat hij er drie weken eerder opgeprikt had.

Sal Paradise! (in reusachtige blokletters) Als er niemand thuis is klim je maar door het raam naar binnen.

Was getekend,
Remi Boncoeur.

Het briefje was nu verweerd en grijs geworden.

Ik klom naar binnen en daar lag hij met zijn vriendin Lee Ann te slapen – in een bed dat hij van een koopvaardijschip had gestolen, zoals hij me later vertelde; stel je voor, de machinist van een koopvaarder klimt midden in de nacht stiekem met een bed over de reling, en hangt dan zwoegend aan de riemen om het naar de wal te roeien. Dit verklaart nauwelijks wat voor iemand Remi Boncoeur is.

De reden dat ik nader zal ingaan op alles wat er in San Fran gebeurde is dat het met alle andere dingen samenhangt. Remi en ik hadden elkaar jaren geleden op de voorbereidingsschool leren kennen; maar wat ons werkelijk met elkaar verbond was mijn voormalige vrouw. Remi had haar het eerst ontmoet. Hij kwam op een avond mijn kamer binnen en zei: 'Opstaan, Paradise, bezoek van de oude maestro.' Ik stond op en liet wat geld op de vloer vallen toen ik mijn broek aantrok. Het was vier uur 's middags; ik deed niets dan slapen op dat college. 'Oké, oké, je hoeft niet zo met geld te smijten. Ik heb een volkomen te gekke chick ontmoet en ik ga vanavond meteen met haar naar de Lion's Den.' Hij troonde me mee om kennis met haar te maken. Een week later ging ze met mij. Remi was een lange, donkere, knappe Fransman (hij zag eruit als een twintigjarige Marseillaanse zwarthandelaar); omdat hij Fransman was moest hij nodig van dat opgefokte Amerikaanse slang praten; hij sprak perfect Engels en perfect Frans. Hij had een voorkeur voor snelle pakken, een beetje aan de studentikoze kant misschien, en hield ervan met blonde stukken op stap te gaan en dan een hoop geld uit te geven. Hij heeft het me nooit kwalijk genomen dat ik er met zijn vriendin vandoor was gegaan; het was louter iets dat ons met elkaar verbond; die vent was loyaal en zijn affectie voor mij was echt, God mag weten waarom.

Toen ik hem die morgen in Mill City trof zat hij net in zo'n beroerde rotperiode die elke vent van een jaar of vijfentwintig een keer moet doormaken. Hij zat maar op een schip te wachten en om intussen aan de kost te komen werkte hij als speciale bewaker op de kazerne aan de overkant van de canyon. Zijn vriendin Lee Ann had een scherpe tong en schold hem dagelijks de huid vol. Ze legden de hele week elke cent opzij en gingen dan 's zaterdags uit om in drie uur vijftig ballen op te maken. Remi liep thuis in korte broek rond, met een maffe legerpet op zijn kop. Lee Ann had constant krulspelden in. Aldus uitgedost gingen ze de hele week tegen elkaar tekeer. Ik heb van mijn leven nooit zoveel horen snauwen. Maar op zaterdagavond gingen ze gracieus tegen elkaar glimlachend, als een succesvol paar in een Hollywoodfilm de stad in.

Remi werd wakker en zag me door het raam binnenkomen. Zijn enorme lach, welhaast de grootste schaterlach ter wereld, schalde in mijn oren. 'Aaaah, die Paradise, die komt door het raam binnen, hij volgt de instructies letterlijk op. Waar heb je gezeten, je bent twee weken te laat!' Hij gaf me een klap op mijn rug, porde Lee Ann in haar ribben, leunde lachend en huilend tegelijk tegen de muur, sloeg zo hard op de tafel dat heel Mill City het kon horen, en zijn loeiende langgerekte Aaaaah! galmde door de canyon. 'Paradise!' brulde hij. 'De enige echte onmisbare Paradise.'

Ik was net door het kleine vissersplaatsje Sausalito gekomen en het eerste dat ik zei was: 'Er wonen vast een hoop Italianen in Sausalito.'

'Er wonen vast een hoop Italianen in Sausalito!' riep hij luid. 'Aaaaah!' Hij gaf zichzelf een stomp, viel op het bed neer, rolde haast op de vloer. 'Hoorde je wat Paradise zei? Er wonen vast een hoop Italianen in Sausalito! Aaahaaa! Hoewaa! Haahie!' Hij werd rood als een biet van het lachen. 'O, ik besterf het zowat, Paradise, jij bent de grootste komiek die er in de hele wereld rondloopt, en daar ben je dan, eindelijk is hij hier, hij kwam door het raam binnen, je hebt het gezien, Lee Ann, hij hield zich aan de instructies en kwam door het raam binnen. Ahaa! Ahoe!'

Het gekke was dat er naast Remi een neger, ene meneer Snow, woonde die kon lachen zoals, ik zweer het op de bijbel, zoals er werkelijk geen mens op deze hele wereld kan lachen. Meneer

Snow begon zijn gelach onder het avondeten, als zijn vrouw ter-loops iets zei; hij kwam kennelijk stikkend overeind, leunde tegen de muur, sloeg zijn ogen ten hemel en begon; hij waggelde door de deur naar buiten en leunde tegen de huizen van buren; dronken van het lachen wankelde hij in de schemer door heel Mill City en verhief zijn gierend triomfgeschal tot de demon die hem ertoe ge-prikkeld moest hebben. Ik weet niet of hij zijn avondeten ooit he-lemaal naar binnen kreeg. De mogelijkheid bestaat dat Remi dit onbewust had overgenomen van de verbazingwekkende meneer Snow. En Remi had wel werkproblemen en een beroerd liefdesle-ven met een vrouw met een vlijmende tong, hij had in elk geval geleerd beter te lachen dan bijna wie ook ter wereld, en ik zag al wat een lol we nog in Frisco zouden beleven.

Het was als volgt geregeld: Remi sliep met Lee Ann in het bed aan de ene kant van de kamer, ik sliep op het veldbed bij het raam. Ik mocht Lee Ann met geen vinger aanraken. Remi hield meteen een toespraak dienaangaande. 'Laat ik jullie niet zien rotzooien als je denkt dat ik niet kijk. Je kunt de oude maestro geen nieuwe deuntjes leren. Dat is een oorspronkelijk spreekwoord van mij.' Ik keek Lee Ann aan. Het was een brok van een meid, een honing-bruin lekker dier, maar in haar ogen blonk haat tegen ons alle twee. Haar ambitie was een rijke man te trouwen. Ze kwam uit een klein plaatsje in Oregon. Ze betreurde de dag waarop ze zich met Remi had ingelaten. Hij had tijdens een van zijn dikdoenerige weekends honderd dollar aan haar uitgegeven zodat zij dacht dat ze een vent met een erfenis had gevonden. In plaats ervan zat ze nu in deze keet, en bij gebrek aan beter moest ze er blijven ook. Ze had een baan in Frisco; ze moest elke dag op de kruising in de Greyhoundbus stappen om naar de stad te gaan. Ze kon het Remi niet vergeven.

Ik zou thuis blijven om een schitterend oorspronkelijk verhaal te schrijven voor een filmstudio in Hollywood. Remi zou met dat kleinood onder zijn arm per Stratocruiser naar LA vliegen en ons allemaal rijk maken; Lee Ann zou met hem meegaan; hij ging haar voorstellen aan de vader van zijn vriend, een beroemde regisseur en intieme vriend van W.C. Fields. Dus bleef ik de eerste week in de keet in Mill City en schreef fanatiek aan een somber verhaal over New York dat naar mijn idee wel in de smaak zou vallen bij een regisseur in Hollywood, maar de moeilijkheid was dat het te triest was. Remi kon er nauwelijks doorheen komen en nam het een paar weken later maar mee naar Hollywood. Lee Ann vond alles zo vervelend en had zo'n hekel aan ons dat ze de moeite niet nam het te lezen. Ik zat talloze regenachtige uren koffie drinkend te pennen. Ten slotte vertelde ik Remi dat het zo niet ging; ik wilde een baantje; ik moest bij hun aankloppen voor sigaretten. Er gleed een schaduw van teleurstelling over Remi's gezicht – hij was altijd teleurgesteld over de raarste dingen. Hij had een hart van goud.

Hij organiseerde hetzelfde werk voor me als hij deed, bewaker op de kazerne. Ik werkte de nodige formaliteiten af, en tot mijn verbazing namen de smeerlappen me nog aan ook. Ik werd beëdigd door de plaatselijke politiecommissaris, kreeg een penning en een knuppel en was nu agent van de speciale politie. Ik vroeg me af wat Dean en Carlo en Old Bull Lee hiervan zouden zeggen. Ik moest een marineblauwe broek hebben voor bij mijn zwarte jack en smerispet; de eerste twee weken moest ik Remi's broek dragen; omdat hij zo lang was en een flinke buik had van al het eten dat hij in zijn verveling verstouwde, flodderde ik de eerste avond als Charlie Chaplin naar mijn werk. Remi gaf me een zaklantaarn en zijn .32 automatic.

'Hoe kom je aan dat pistool?' vroeg ik.

'Op weg naar de Westkust vorige zomer sprong ik in North Platte, Nebraska, uit de trein om even mijn benen te strekken, en daar zag ik in een etalage dit unieke pistooltje, ik kocht het meteen en haalde de trein nog maar net.'

Ik probeerde hem te vertellen wat North Platte voor mij betekende, hoe ik er die whisky had gekocht met de jongens, hij sloeg me op mijn schouder en zei dat ik de raarste figuur was die er op deze wereld rondliep.

Gewapend met de zaklantaarn om mijn pad te verlichten beklom ik de steile zuidwand van de canyon, kwam bij een snelweg waar hele stromen auto's op weg naar Frisco door de nacht gleden en klauterde aan de andere kant bijna vallend omlaag tot onderin een ravijn met een kleine boerderij aan een kreek waar elke avond dezelfde rothond tegen me begon te blaffen. Vandaar een snelle wandeling over een zilverige, stoffige weg onder de inktzwarte bomen van Californië – een weg zoals in *The Mark of Zorro*, zoals alle wegen die je in B-westerns ziet. Ik haalde daar altijd mijn pistool te voorschijn en speelde wildwest in het donker. Dan moest ik nog een heuvel op en was ik op de kazerne. De kazerne fungeerde als tijdelijk verblijf voor bouwvakkers overzee. De mannen waren op doorreis en wachtten hier op hun schip. De meesten waren ergens voor op de loop – meestal de politie. Er waren harde binken bij uit Alabama, gluiperige figuren uit New York, allerlei volk uit alle windstreken. En omdat ze donders goed wisten hoe vreselijk het zou zijn een heel jaar op Okinawa te werken, dronken ze stevig. De speciale bewakers moesten erop toezien dat ze de kazerne niet afbraken. Wij hadden ons hoofdkwartier in het hoofdgebouw, niet meer dan een houten geval met afgeschotte kantoortjes. Daar zaten we geeuwend, wat aan ons pistool sjorrend rond een cilinderbureau, en de ouwe smerissen vertelden verhalen.

Het was een afschuwelijk stel, mannen met een echte smerisziel, behalve Remi en ik. Remi deed het alleen maar om in leven te blijven, en ik ook, maar deze lieden wilden arrestaties verrichten en complimentjes krijgen van de politiecommissaris in de stad. Ze zeiden zelfs dat je ontslagen werd als je niet minstens één keer per maand iemand arresteerde. Ik slikte bij het vooruitzicht iemand te moeten arresteren. In feite was ik even dronken als wie dan ook in die kazerne toen op een avond de pleuris uitbrak.

Het was een avond waarop het rooster zodanig was ingedeeld dat ik zes uur lang alleen was – de enige smeris op het hele terrein; en die avond scheen iedereen op de kazerne dronken te zijn. Het was omdat hun schip de volgende morgen zou vertrekken. Ze dronken als zeelui op de avond voor het anker gelicht wordt. Ik zat in het kantoor met mijn voeten op het bureau een avonturenromannetje over Oregon en het Noorden te lezen toen ik me plotseling realiseerde dat de gewoonlijk rustige nacht gonsde van leven. Ik ging naar buiten. In praktisch elke barak op die pokkenkazerne brandde licht. Er klonk geschreeuw, er braken flessen. Het was er-op of eronder. Ik pakte mijn zaklantaarn, liep naar de lawaaiigste deur en klopte aan. Iemand deed hem zo'n tien centimeter open.

'Wat moet jij hier?'

Ik zei: 'Ik bewaak deze kazerne vannacht en jullie horen je zo rustig mogelijk te houden' – of zo'n soort domme opmerking. Ze knalden de deur voor mijn neus dicht. Ik stond naar het hout pal voor mijn ogen te kijken. Het was net een western; nu was het moment aangebroken waarop ik assertief moest optreden. Ik klopte weer. Ditmaal deden ze de deur wijd open. 'Luister eens, jongens,' zei ik, 'ik voel er niks voor jullie te komen lastigvallen, maar ik raak mijn baan kwijt als jullie te veel lawaai maken.'

'Wie ben je dan wel?'

'Ik ben de bewaker hier.'

'Ik heb je nooit eerder gezien.'

'Nou, hier is mijn penning.'

'Wat moet je met dat schietijzer op je reet?'

'Dat is niet van mij,' zei ik verontschuldigend. 'Dat heb ik maar geleend.'

'Neem een borrel, godnogantoe.' Dat leek me wel wat. Ik nam er twee.

Ik zei: 'Oké, jongens? Zullen jullie je nu rustig houden, jongens? Anders krijg ik gedonder, weet je.'

'Niks aan de hand, jongen,' zeiden ze. 'Ga jij je ronde nou maar doen. En kom nog een borrel halen als je zin hebt.'

Zo ging ik alle deuren af, en weldra was ik even dronken als de rest. Bij zonsopgang moest ik de Amerikaanse vlag hijsen aan een twintig meter hoge mast, en die ochtend hees ik hem ondersteboven, ging naar huis en kroop in bed. Toen ik 's avonds terugkwam zaten de vaste bewakers grimmig in het kantoor.

'Hé, joh, wat was dat vannacht voor een kabaal hier? We hebben klachten gekregen van mensen in die huizen helemaal aan de overkant van de canyon.'

'Ik weet het niet,' zei ik. 'Zo te horen is het nu behoorlijk rustig.'

'Het hele regiment is vertrokken. Jij werd verondersteld hier vannacht orde te houden – de commissaris is laaiend. En nog wat – weet je dat je de gevangenis in kunt gaan wegens het onderste-boven hijsen van de Amerikaanse vlag aan een overheidsmast?'

'Ondersteboven?' Ik was ontzet; dat had ik me natuurlijk niet gerealiseerd. Ik deed het elke morgen zonder erbij na te denken.

'Jazeker, jongen,' zei een dikke smeris die tweeëntwintig jaar bewaker op Alcatraz was geweest. 'Voor zoiets kun je de gevange-nis ingaan.' De anderen knikten grimmig. Ze zaten altijd maar wat op hun luie reet; ze waren trots op hun werk. Ze speelden met hun wapens en praatten erover. Ze popelden om op iemand te schie-ten. Op Remi en mij.

De smeris die bewaker op Alcatraz was geweest had een bier-buik en was een jaar of zestig, hij was gepensioneerd maar kon niet buiten de atmosfeer die heel zijn leven zijn dorre ziel had gevoed. Elke avond reed hij in zijn Ford '35 naar zijn werk, stak precies op tijd zijn kaart in de klok en ging aan het cilinderbureau zitten. Hij zwoegde moeizaam op het eenvoudige formulier dat we allemaal iedere nacht moesten invullen: rondes, tijden, wat er gebeurd was enzovoorts. Daarna leunde hij achterover en vertelde verhalen. 'Je had hier twee maanden geleden moeten zijn toen ik en Sledge' (dat was een andere smeris, een jonge vent die Texas Ranger wilde worden maar zich tevreden moest stellen met zijn huidige lot) 'een dronken vent arresteerden in Barak G. Jongejonge, dat had je moeten zien, het bloed spatte in het rond. Ik zal je vanavond wel meenemen om je de vlekken op de muur te laten zien. We stuiter-den hem van de ene muur tegen de andere. Eerst gaf Sledge hem een dreun, dan ik, toen zakte hij in mekaar en ging hij mooi rustig mee. Die vent zwoer dat hij ons zou vermoorden als hij uit de ge-vangenis kwam – hij kreeg dertig dagen. Dat is nu zéstig dagen ge-leden, en we hebben hem nog niet gezien.' Dat was de moraal van het verhaal. Ze hadden hem zo bang gemaakt dat hij het lef niet had ze te komen vermoorden.

De smeris vertelde door, haalde genietend herinneringen op aan de gruwelen van Alcatraz. 'We marcheerden ze als een pelo-ton soldaten naar het ontbijt. Geen vent die er uit de pas liep. Alles liep daar op rolletjes. Dat had je eens moeten zien. Ik ben er tweeëntwintig jaar bewaker geweest. Nooit geen problemen gehad. Die gasten wisten dat het menens was. Een hoop lui die gevangenen bewaken worden weekhartig, en dat zijn meestal degenen die moeilijkheden krijgen. Neem jou bijvoorbeeld – zoals ik jou bezig heb gezien lijk je me een beetje te toegéfelijk met die mannen.' Hij stak zijn pijp in de hoogte en keek me scherp aan. 'Daar maken ze misbruik van, weet je.'

Dat wist ik. Ik zei hem dat ik niet geschikt was om smeris te zijn.

'Goed, maar naar dat werk heb je gesollicitéérd. Jij moet eens besluiten wat je nu eigenlijk wil, anders wordt het nooit wat met jou. Het is je plicht. Je bent beëdigd. Er is geen middenweg met dit soort dingen. De orde moet gehandhaafd worden.'

Ik wist niet wat ik moest zeggen; hij had gelijk; maar het enige dat ik wilde was in de nacht wegsluipen en verdwijnen, kijken wat alle anderen overal in het land uitvoerden.

De andere smeris, Sledge, was een lange gespierde vent met zwart stekelhaar en een zenuwtrek in zijn hals – als een bokser die steeds de ene vuist in de andere slaat. Hij tuigde zich op als een Texas Ranger van weleer. Hij droeg een revolver laag op zijn dij aan een patroongordel, hij had een gevlochten zweepje bij zich, overal bengelde leer, hij leek wel een wandelende folterkamer – glimmende schoenen, lang afhangend jack, lefhoed, de hele boel behalve de rijlaarzen. Hij liet me altijd grepen zien – pakte me onder mijn kruis beet en tilde me behendig op. Wat pure kracht betrof had ik hem in diezelfde greep zo tegen het plafond kunnen smijten, en dat wist ik heel goed; maar ik liet niets merken uit vrees dat hij een worstelduel zou verlangen. Een worstelduel met zo'n vent zou uitlopen op een schietpartij. Ik weet zeker dat hij een betere schutter was dan ik; ik had nooit van mijn leven een pistool gehad. Ik vond het al eng zo'n ding te laden. Hij wilde dolgraag arrestaties verrichten. Op een nacht hadden we samen dienst en kwam hij rood van woede binnen.

'Ik heb een paar jongens daar gezegd dat ze zich rustig moeten houden en ze maken nog steeds lawaai. Ik heb het ze twee keer gezegd. Ik geef iedereen twee kansen. Geen drie. Kom mee, ik ga terug om ze te arresteren.'

'Laat mij ze dan een derde kans geven,' zei ik. 'Ik ga wel met ze praten.'

'Niks ervan, ik heb nog nooit iemand meer dan twee kansen gegeven.' Ik zuchtte. Daar had je het gedonder. We gingen naar de kamer van de boosdoeners, Sledge deed de deur open en beval iedereen naar buiten te komen. Het was gênant. We stonden allemaal te blozen. Dit is Amerika ten voeten uit. Iedereen doet wat hij denkt dat er van hem verwacht wordt. Een stel mannen zit 's nachts luid te praten en te drinken – nou en? Maar Sledge wilde iets bewijzen. Hij zorgde dat hij mij bij zich had voor het geval ze hem zouden aanvliegen. Dat had gekund. Het waren allemaal broers, allemaal uit Alabama. We liepen terug naar het kantoor, Sledge voorop en ik achteraan.

Een van de jongens zei tegen mij: 'Zeg tegen die teringlijer met zijn grasnek dat hij het een beetje geschikt houdt. Straks worden we nog ontslagen en gaan we helemaal niet naar Okinawa.'

'Ik praat wel met hem.'

'Laat het toch zitten,' zei ik in het kantoor tegen Sledge. Hij zei voor iedereen hoorbaar, en blozend: 'Ik geef niemand meer dan twee kansen.'

'Kom nou toch,' zei de man uit Alabama, 'wat maakt het uit? Dadelijk worden we nog ontslagen.' Sledge zei niets en vulde de arrestatieformulieren in. Hij arresteerde er maar één; hij belde de patrouillewagen in de stad. Ze kwamen hem ophalen. De andere broers liepen nors weg. 'Wat zal ma ervan zeggen?' zeiden ze. Een van hen liep naar me terug. 'Zeg maar tegen die Texaslijer dat hij goed voor zijn kloten krijgt als mijn broer morgenavond nog niet uit de gevangenis is.' Ik vertelde dit in neutrale bewoordingen aan Sledge, hij zei niets. De broer kwam er genadig af en er gebeurde niets. De hele ploeg ging scheep; er arriveerde een nieuwe wilde meute. Als Remi Boncoeur er niet geweest was, had ik het in die baan geen twee uur volgehouden.

Maar Remi Boncoeur en ik hadden menige nacht samen dienst, en dan was het altijd raak. We deden op ons gemak onze eerste ronde, waarbij Remi alle deuren probeerde om te zien of ze op slot waren, in de hoop een open deur aan te treffen. Hij zei vaak: 'Ik heb al jaren het idee om een hond af te richten tot een meesterdief die de kamers van die lui binnengaat om het geld uit hun zakken te stelen. Ik zou hem leren alleen groene briefjes mee te nemen; ik zou hem er de hele dag aan laten ruiken. Als het menselijkerwijs mogelijk was zou ik hem leren alleen briefjes van twintig mee te nemen.' Remi zat vol waanzinnige plannen; hij praatte wekenlang over die hond. Maar één keer trof hij een deur niet op slot. Ik had het er niet op en slenterde verder door de gang. Remi deed de deur behoedzaam open. Hij kwam oog in oog te staan met de kazerneopzichter. Remi haatte het gezicht van die man. Hij vroeg mij: 'Hoe heet die Russische schrijver ook weer waar jij het altijd over hebt – die kranten in zijn schoen stopte en met een hoge zije rondliep die hij in een vuilnisbak had gevonden?' Dit was een overdreven versie van wat ik Remi over Dostojevski had verteld. 'O ja, zo heet hij – zo heet die vent – Dostijeski. Een vent met een kop als die opzichter kan maar één naam hebben – Dostijeski.' De enige deur die hij ooit niet op slot aantrof was die van Dostijeski. D. lag te slapen toen hij iemand aan zijn deurknop hoorde morrelen. Hij stapte uit bed. Hij kwam in zijn pyjama naar de deur en keek tweemaal zo lelijk als normaal. Toen Remi de deur opendeed zag hij een afgeleefd gezicht dat etterde van haat en doffe woede.

'Wat heeft dat te betekenen?'

'Ik probeerde alleen maar of de deur open was. Ik dacht dat het de – uh – de bezemkast was. Ik zocht een dweil.'

'Hoezo zocht jij een dweil?'

'Nou – uh.'

Ik stapte naar voren en zei: 'Er heeft iemand boven in de gang gekotst. We moeten het opdweilen.'

'Dit is níet de bezemkast. Dit is míjn kámer. Nog zo'n incident en ik laat een onderzoek naar jullie instellen en je vliegt eruit! Heb je dat goed begrepen?'

'Er heeft boven iemand gekotst,' zei ik weer.

'De bezemkast is daar in de gang. Daar.' Hij wees en wachtte tot we een dweil gingen halen; we deden het en liepen er dwaas mee naar boven.

Ik zei: 'Godverdomme, Remi, je brengt ons steeds weer in

moeilijkheden. Schei toch eens uit. Waarom moet je aldoor stelen?'

'De maatschappij is me nog het een en ander verschuldigd, dat is alles. Je kunt de ouwe maestro geen nieuwe deuntjes leren. Als je zo blijft praten ga ik jou Dostijeski noemen.'

Remi was net een klein jongetje. Ergens in zijn verleden, in zijn eenzame schooltijd in Frankrijk, hadden ze hem alles afgenomen; zijn stiefouders stuurden hem gewoon naar kostscholen en lieten hem daar aan zijn lot over; hij werd er gekoeioneerd en steeds weer van school getrapt; terwijl hij 's nachts langs de Franse wegen liep formuleerde hij vervloekingen met zijn onnozele woordenschat. Hij was vast van plan alles terug te krijgen dat hij had verloren; zijn verlies was zonder einde; dit gedoe zou eeuwig blijven doorgaan.

De kantine van de kazerne was ons doelwit. We keken rond om zeker te zijn dat niemand ons gadesloeg, vooral om te kijken of er een van onze collega's rondsloop om ons te bespieden; dan ging ik op mijn hurken zitten, Remi zette een voet op elke schouder en ging de hoogte in. Hij maakte het raam open, dat nooit op slot zat omdat hij daar 's avonds voor zorgde, kroop er doorheen en belandde op het aanrecht. Ik was wat leniger, ik sprong gewoon omhoog en klauterde naar binnen. Vervolgens gingen we naar het buffet. Hier realiseerde ik een droom die ik sinds mijn prille jeugd koesterde, ik nam het deksel van het chocoladeijs, stak mijn hand er tot mijn pols in om een bonk ijs naar boven te halen en begon te likken. Dan pakten we ijsbekers en plempten die vol, goten er chocoladesiroop en soms ook aardbeien overheen en liepen daarmee de keukens rond, maakten ijskasten open om te zien wat we in onze zakken mee naar huis konden nemen. Ik scheurde vaak een stuk rosbief af en wikkelde het in een servet. 'Je weet wat president Truman gezegd heeft,' placht Remi te zeggen. 'We moeten de kosten van het levensonderhoud drukken.'

Op een avond wachtte ik een hele poos terwijl hij een enorme doos vulde met levensmiddelen. Toen konden we hem niet door het raam krijgen. Remi moest alles uitpakken en naderhand weer in de doos doen. Later die nacht, toen zijn dienst erop zat en ik al leen op het terrein was, gebeurde er iets eigenaardigs. Ik liep een eindje over het oude pad door de canyon in de hoop er een hert te ontmoeten (Remi had er herten gezien, zo'n wilde streek was het zelfs in 1947 nog), toen ik een angstaanjagend geluid in het donker hoorde. Er klonk een gehijg en gesnuif of er een rinoceros in het donker op me afkwam. Ik greep mijn pistool. Er doemde een lange gestalte op in het duister van de canyon; hij had een reusachtig hoofd. Plotseling realiseerde ik me dat het Remi was met een enorme doos levensmiddelen op zijn schouder. Hij kreunde en steunde onder het reusachtige gewicht. Hij had ergens de sleutel van de kantine gevonden en zijn levensmiddelen door de voordeur naar buiten gekregen. Ik zei: 'Remi, ik dacht dat je thuis was; wat ben je in godsnaam aan het doen?'

Hij zei: 'Paradise, ik heb je al diverse keren verteld wat president Truman heeft gezegd: "We moeten de kosten van het levensonderhoud drukken."' En ik hoorde hem hijgend en snuivend in het donker verdwijnen. Ik heb die vreselijke route door bergen en dalen naar onze keet al beschreven. Hij verborg de levensmiddelen in het hoge gras en kwam weer naar me toe. 'Sal, ik red het alleen niet. Ik ga het over twee dozen verdelen en jij moet me helpen.'

'Maar ik heb dienst.'

'Ik hou de boel wel in de gaten terwijl jij weg bent. De situatie wordt aan alle kanten beroerder. We moeten er maar het beste van zien te maken, zo simpel is dat.' Hij veegde zijn gezicht af. 'Poe! Ik heb het je keer op keer gezegd, Sal, we zijn vrienden en we staan er samen voor. Het is nu eenmaal niet anders. De Dostijeski's en de smerissen, de Lee Anns, alle rotzakken van de hele wereld hebben het op ons voorzien. Het is aan ons om te zorgen dat niemand ons een loer draait. Ze hebben nog allerlei gore streken achter de hand. Vergeet dat niet. Je kunt de ouwe maestro geen nieuwe deuntjes leren.'

Ten slotte vroeg ik: 'Komt er ooit nog wat van dat aanmonsteren?'

We waren nu al tien weken zo bezig. Ik verdiende vijfenvijftig dollar per week en maakte daarvan gemiddeld veertig naar mijn tante over. Ik had al die tijd maar één avond in San Francisco doorgebracht. Mijn leven werd begrensd door de keet, Remi's geharrewar met Lee Ann en de nachten op de kazerne.

Remi was in het donker verdwenen om nog een doos te halen. Ik ploeterde met hem over dat ouwe Zorropad. We stapelden de levensmiddelen torenhoog op Lee Anns keukentafel. Ze werd wakker en wreef zich de ogen uit.

'Je weet wat president Truman heeft gezegd!' Ze was verrukt. Ik begon plots te beseffen dat iedereen in Amerika een geboren dief is. Ik begon zelf ook de smaak te pakken te krijgen. Ik ging zelfs deuren proberen. De andere smerissen kregen argwaan; ze zagen het in onze ogen; ze voelden met een feilloos instinct aan wat er in ons omging. In hun jarenlange ervaring hadden ze lieden als Remi en ik goed leren kennen.

Overdag gingen Remi en ik er met het pistool op uit om kwartels te schieten in de heuvels. Remi besloop de klukkende beestjes tot binnen een meter en knalde een schot af. Hij miste. Zijn ontzettende schaterlach galmde over de bossen van Californië en heel Amerika.

'Het is tijd dat jij en ik naar de Bananenkoning gaan kijken.'

Het was zaterdag; we knapten ons op en gingen naar het busstation op de kruising. We reden naar San Francisco en wandelden door de straten. Overal waar we kwamen schalde Remi's luide schaterlach. 'Je moet een verhaal schrijven over de Bananenkoning,' waarschuwde hij me. 'Je gaat de ouwe maestro geen kunstje flikken en over iets anders schrijven. De Bananenkoning, dat is jouw onderwerp. Daar staat de Bananenkoning.' De Bananenkoning was een oude man die op de hoek met bananen ventte. Ik kon er niet koud of warm van worden. Maar Remi bleef me in de ribben porren en sleurde me zelfs bij mijn kraag mee. 'Wanneer je over de Bananenkoning schrijft, schrijf je over de menselijke kanten van het leven.' Ik zei hem dat die Bananenkoning me geen bal kon schelen. 'Totdat je leert het belang van de Bananenkoning in te zien weet je absoluut niets over de menselijke aspecten van dit bestaan,' zei Remi nadrukkelijk.

Er lag een roestige ouwe vrachtschuit in de baai die als boei werd gebruikt. Remi had veel zin erheen te roeien, dus op een middag maakte Lee Ann een lunchpakket klaar en gingen we erheen in een gehuurde roeiboot. Remi had wat gereedschap meegebracht. Lee Ann trok al haar kleren uit en ging bovenop de brug liggen zonnen. Ik keek naar haar vanaf het achterdek. Remi verdween benedendeks in het ketelruim, waar ratten rondscharrelden, en ging daar kloppend en hamerend op zoek naar koperen voeringen die er niet waren. Ik zat in de afgetakelde officiersmess. Het schip was heel oud en prachtig ingericht, met krullen in het houtwerk en ingebouwde zeemanskisten. Dit was de geest van het San Francisco van Jack London. Ik zat te dagdromen aan de zonovergoten messtafel. In de kombuis renden ratten rond. Ooit had een blauwogige kapitein hier gedineerd.

Ik voegde me bij Remi onder in de buik van het schip. Hij rukte aan alles wat los- en vastzat. 'Niks. Ik dacht dat er koper zou zijn, ik dacht dat ik op zijn minst een paar ouwe steeksleutels zou vinden. Dit schip is kaalgeplukt door een stel dieven.' Het had jaren in de baai gelegen. Het koper was gestolen door een matroos die al lang geen matroos meer was.

Ik zei tegen Remi: 'Ik zou dolgraag een nacht op dit ouwe schip slapen als de mist komt opzetten en die schuit ligt te kraken en je het zware BEUH van de brulboeien kunt horen.'

Remi was met stomheid geslagen; zijn bewondering voor mij verdubbelde. 'Sal, ik betaal je vijf dollar als je daar het lef voor hebt. Besef je niet dat hier misschien wel de geesten van oude zeekapiteins rondspoken? Ik geef je niet alleen vijf dollar, ik roei je erheen en geef je een lunchpakket en dekens en een kaars mee.'

'Afgesproken!' zei ik. Remi holde weg om het Lee Ann te vertellen. Ik wilde zo van een mast bovenop haar duiken, maar ik hield mijn belofte aan Remi. Ik wendde mijn ogen van haar af.

Intussen ging ik nu vaker naar Frisco; ik probeerde al het mogelijke om een meisje te versieren. Ik zat zelfs een hele nacht, tot het ochtendgloren, met een meisje op een bank in het park, zonder succes. Het was een blondje uit Minnesota. Er waren flikkers bij de vleet. Ik ging diverse keren met mijn pistol op zak naar San Fran en toen ik in een bar in de wc door zo'n flikker werd benaderd, haalde ik het pistool te voorschijn en zei: 'Hè? hè? Wat zei je daar?' Hij maakte dat hij wegkwam. Ik heb nooit begrepen waarom ik dat deed; ik kende overal in het land flikkers. Het kwam gewoon door mijn eenzame bestaan in San Francisco en het feit dat ik een pistool had. Ik moest het iemand laten zien. Ik liep langs een juwelierszaak en voelde plots de neiging de ruit stuk te schieten, de mooiste ringen en armbanden weg te grissen en ermee vandoor te gaan om ze aan Lee Ann te geven. Dan konden we erna samen naar Nevada vluchten. Het was tijd dat ik uit Frisco wegging als ik niet gek wilde worden.

Ik schreef lange brieven naar Dean en Carlo, die nu in Old Bulls huisje in de bayou in Texas zaten. Ze zeiden dat ze klaar waren om me in San Fran te komen opzoeken zodra dit en dat was geregeld. Intussen ging het helemaal fout tussen Remi, Lee Ann en mij. De septemberregens kwamen, en daarmee begonnen de tirades. Remi was samen met haar naar Hollywood gevlogen, met mijn trieste dwaze filmscript, en er was niets van terecht gekomen. De beroemde regisseur was dronken en besteedde geen aandacht aan ze; ze hingen wat in zijn huis in Malibu Beach rond; ze kregen ruzie in het bijzijn van andere gasten; toen vlogen ze maar weer terug.

De grote klapper kwam op de renbaan. Remi had al zijn geld opgespaard, zo'n honderd dollar, hij stak mij in zijn goeie goed, nam Lee Ann aan zijn arm en aldus togen we naar de Golden Gate-renbaan bij Richmond aan de overkant van de baai. Dat die vent een hart van goud heeft bleek weer toen hij de helft van onze gestolen levensmiddelen in een enorme bruine papieren zak stopte en die meenam voor een weduwe die hij in Richmond wist te wonen in een barakkenkamp dat veel weg had van het onze, vol wapperend wasgoed in de Californische zon. We gingen met hem mee. We zagen haar trieste, haveloze kindertjes. De vrouw bedankte Remi. Ze was de zus van een zeeman die hij vaag kende. 'Geen dank, mevrouw Carter,' zei Remi zo elegant en beleefd als hij zijn kon. 'Er is nog meer dan genoeg over.'

We gingen verder naar de renbaan. Hij zette ongelofelijke bedragen in van wel twintig dollar, en vóór de zevende race was hij blut. Hij zette onze laatste twee dollar etensgeld ook nog in en verloor weer. We moesten liftend terug naar San Francisco. Ik stond weer langs de weg. Een voorname heer gaf ons een lift in zijn sjieke slee. Ik zat naast hem voorin. Remi probeerde een verhaal op te hangen dat hij zijn portefeuille achter de hoofdtribune had verloren. 'De waarheid is,' zei ik, 'dat we al ons geld hebben vergokt, en om te voorkomen dat we weer van de renbaan naar huis moeten liften, gaan we voortaan naar een bookmaker, wat jij, Remi?' Remi werd vuurrood. De man gaf ten slotte toe dat hij als functionaris aan de renbaan verbonden was. Hij zette ons voor het elegante Palace Hotel af; we zagen hem tussen de kroonluchters verdwijnen, met zijn zakken vol geld, zijn hoofd hoog opgeheven.

'Ahoe! Ahaa!' schaterde Remi in de schemerige straten van Frisco. 'Paradise krijgt een lift van de renbaandirecteur en zwéért dat hij voortaan naar bookmakers gaat. Lee Ann, Lee Ann!' Hij gaf haar een stomp en sjorde haar heen en weer. 'Die vent is zonder meer de grootste komiek die er op de wereld rondloopt! Er wonen vast een hoop Italianen in Sausalito. Aahoe!' Hij omhelsde een lantaarnpaal om uit te lachen.

Die avond begon het te regenen terwijl Lee Ann ons allebei giftige blikken toewierp. Geen cent in huis. De regen roffelde op het dak. 'Het blijft de hele week zo,' zei Remi. Hij had zijn prachtige kostuum uitgetrokken; hij liep weer in zijn miserabele korte broek, met T-shirt en vechtpet. Zijn grote bruine droeve ogen staarden naar de planken vloer. Het pistool lag op de tafel. We hoorden hoe meneer Snow zich ergens in de regenachtige avond kapot stond te lachen.

'Ik word doodziek van die kloothommel,' snauwde Lee Ann. Ze zocht ruzie. Ze begon Remi te stangen. Hij bladerde in zijn zwarte boekje met de namen van mensen, meest zeelui, die hem geld schuldig waren. Naast hun namen schreef hij vervloekingen in rode inkt. Ik vreesde de dag waarop ik in dat boekje terecht zou komen. Ik had de laatste tijd zoveel geld naar mijn tante overgemaakt dat ik maar vier of vijf dollar per week aan eten uitgaf. De woorden van president Truman indachtig bracht ik voor nog een paar dollar aan levensmiddelen mee. Maar Remi vond mijn bijdrage niet voldoende; daarom was hij ertoe overgegaan de kruideniersrekeningen, de lange kassabonnen met alle prijzen erop, in de wc aan de muur te hangen zodat ik de boodschap duidelijk doorkreeg. Lee Ann was ervan overtuigd dat Remi geld achterhield, en dat ik hetzelfde deed, trouwens. Ze dreigde hem te verlaten.

Remi krulde zijn lip. 'Waar denk je dan heen te gaan?'

'Naar Jimmy.'

'Naar Jímmy? Een kassier van de renbaan? Hoor je dat, Sal? Lee Ann gaat een kassier van de renbaan aan de haak slaan. Zorg dat je een bezem meeneemt, schat, die paarden krijgen deze week massa's haver te vreten van mijn honderd dollar.'

De zaak begon te escaleren; de regen dreunde neer. Lee Ann woonde hier het eerst, dus beval ze Remi zijn spullen te pakken en te verdwijnen. Hij begon te pakken. Ik zag mezelf al helemaal alleen in dit verregend kot met die ongetemde feeks. Ik probeerde te bemiddelen. Remi gaf Lee Ann een zet. Ze deed een graai naar het pistool. Remi gaf mij het pistool en zei me het te verbergen; er zat een clip met acht patronen in. Lee Ann begon te krijsen, ten slotte trok ze haar regenjas aan en stapte de modder in om een agent te halen, en wat voor een agent: onze eigen ouwe Agent Alcatraz. Gelukkig was hij niet thuis. Ze kwam drijfnat terug. Ik verschool me in mijn hoekje met mijn hoofd tussen mijn knieën. Goddomme, wat deed ik hier vijfduizend kilometer van huis? Waarom was ik hier gekomen? Waar was mijn *Slow Boat to China*?

'En nog eens wat, lelijke vuilak,' krijste Lee Ann. 'Vanavond was de laatste keer dat ik die vieze varkenshersens met ei voor jou klaargemaakt heb, en die vieze lamskerrie zodat jij je gore lijf dik kan vreten met je kapsones.'

'Best hoor,' was het enige dat Remi kalm zei. 'Het is mij allemaal best. Toen ik met jou ging samenwonen verwachtte ik geen rozegeur en maneschijn, en ik ben nu ook niet verbaasd. Ik heb geprobeerd het een en ander voor je te doen – ik heb mijn best gedaan voor jullie alle twee; jullie hebben me allebei laten vallen. Ik ben vreselijk, vreselijk teleurgesteld in jullie allebei,' vervolgde hij volkomen oprecht. 'Ik dacht dat het iets zou worden met ons samen, iets moois, iets blijvends, ik heb mijn best gedaan, ik ben naar Hollywood gevlogen, ik heb Sal aan een baan geholpen, ik heb prachtige jurken voor je gekocht, ik heb geprobeerd je in contact te brengen met de beste mensen in San Francisco. Jullie weigerden, jullie hebben allebei geweigerd mij ook maar een klein beetje tegemoet te komen. Ik hoefde er niets voor terug te hebben. Nu vraag ik jullie één laatste gunst, daarna zal ik jullie nooit meer om een gunst vragen. Mijn stiefvader komt volgende week zaterdagavond naar San Francisco. Het enige dat ik van jullie vraag is dat jullie met me meekomen en proberen te doen alsof alles is zoals ik hem heb geschreven. Met andere woorden, jij, Lee Ann, bent mijn vriendin en jij, Sal, bent mijn vriend. Ik heb een lening van honderd dollar geregeld voor zaterdagavond. Ik zal zorgen dat mijn vader een fijne avond heeft en kan vertrekken zonder dat hij één enkele reden heeft om over mij in te zitten.'

Dit verbaasde me. Remi's stiefvader was een vooraanstaande arts die in Wenen, Parijs en Londen had gepraktizeerd. Ik zei: 'Wil je me vertellen dat je honderd dollar aan je stiefvader gaat uitgeven? Hij heeft meer geld dan jij ooit bij elkaar zult krijgen! Je steekt je in de schulden, man!'

'Dat geeft niet,' zei Remi rustig, met verslagenheid in zijn stem. 'Ik vraag jullie nog maar één ding – dat jullie op zijn minst probéren te doen alsof alles in orde is en probéren een goede indruk te maken. Ik hou van mijn stiefvader en ik heb respect voor hem. We moeten hem met egards behandelen.' Er waren momenten waarop Remi werkelijk de hoffelijkheid zelve was. Lee Ann was onder de indruk, en verheugde zich erop zijn stiefvader te ontmoeten; ze dacht dat hij misschien een goede partij zou zijn, al was zijn zoon het niet.

Het werd zaterdagavond. Ik had mijn smerisbaan al opgezegd, net voor ik ontslag zou krijgen omdat ik niet genoeg arrestaties had verricht, en dit zou mijn laatste zaterdagavond worden. Remi en Lee Ann ontmoetten zijn stiefvader eerst in zijn hotelkamer; ik had reisgeld bij me en werd flink zat in de bar beneden. Toen ging ik naar ze toe, hartstikke te laat. Zijn vader deed de deur open, een voorname, rijzige heer met een pince-nez. 'Ah,' zei ik toen ik hem zag. 'Monsieur Boncoeur, hoe maakt u het? *Je suis haut!*' riep ik, wat op zijn Frans moest betekenen: ik heb de hoogte, ik heb gedronken; maar het betekent helemaal niets in het Frans. De dokter stond perplex. Ik had het al voor Remi verknold. Hij keek me blozend aan.

We gingen allemaal uit eten in een sjiek restaurant – Alfred's in North Beach, waar de arme Remi een dikke vijftig dollar aan ons vijven uitgaf, drankjes, de hele boel. En nu kwam het ergste. Wie zat er in Alfred's aan de bar, niemand minder dan mijn oude vriend Roland Major! Hij was net uit Denver aangekomen en had een baan gevonden bij een krant. Hij was lam. Hij had zich niet eens geschoren. Hij rende op me toe en gaf me een klap op mijn rug terwijl ik net een whisky-soda aan mijn lippen zette. Hij plofte naast dr. Boncoeur neer en leunde over diens soep om met mij te praten. Remi was zo rood als een biet.

'Waarom stel je je vriend niet aan ons voor, Sal?' zei hij zwakjes glimlachend.

'Roland Major van de San Francisco *Argus*,' probeerde ik met een ernstig gezicht te zeggen. Lee Ann was razend op me.

Major begon tegen monsieur le docteur te kletsen. 'Hoe vindt u het om Franse les te geven op een middelbare school?' riep hij.

'Pardon, maar ik geef geen Franse les op een middelbare school.'

'O, ik dacht dat u Franse les gaf.' Hij was opzettelijk onbeschoft. Ik herinnerde me de avond in Denver toen hij ons geen feest wilde laten houden, maar ik vergaf het hem.

Ik vergaf iedereen, ik gaf het op, ik werd dronken. Ik begon tegen de jonge vrouw van de dokter over maanlicht en vogelgefluit te babbelen. Ik dronk zoveel dat ik om de twee minuten naar de wc moest, en daarvoor moest ik over dr. Boncoeurs schoot klauteren. Het werd een puinhoop. Mijn verblijf in San Francisco liep ten einde. Remi zou me nooit meer aankijken. Het was vreselijk, want ik hield echt van Remi en ik was een van de weinige mensen op de wereld die wisten wat een eerlijke fantastische kerel hij was. Het zou hem jaren kosten om hier overheen te komen. Wat een doffe ellende was dit alles vergeleken bij wat ik hem vanuit Paterson had geschreven, toen ik mijn rode Route 6 dwars door Amerika uitstippelde. Ik zat hier aan het uiteinde van Amerika – aan de rand van het land – en nu kon ik alleen maar terug. Ik nam me voor er op zijn minst een rondreis van te maken: daar en op dat moment besloot ik naar Hollywood te gaan en vandaar via Texas terug te reizen om de bayoubende op te zoeken; verder kon het me allemaal niks meer verdommen.

Major werd het restaurant uitgegooid. Het diner was toch afgelopen, dus ging ik maar met hem mee; dat wil zeggen: Remi stelde het voor, en ik ging met Major mee om nog wat te drinken. We zaten aan een tafeltje in de Iron Pot en Major zei: 'Sam, ik ben niet erg gecharmeerd van die nicht daar aan de bar.' Dit met luide stem.

'Nee, Jake?' zei ik.

'Nee, Sam,' zei hij, 'ik denk dat ik hem maar een opdaver ga geven.'

'Nee, Jake,' zei ik, de imitatie van Hemingway voortzettend. 'Mik van hier af en kijk wat er gebeurt.' Uiteindelijk stonden we zwaaiend op een straathoek.

De volgende morgen, terwijl Remi en Lee Ann nog sliepen, en ik met een zekere droefheid naar de grote stapel wasgoed keek die Remi en ik zouden wassen in de Bendix in het schuurtje achterin (wat altijd zo'n vrolijke zonnige bezigheid was geweest tussen de negerinnen terwijl meneer Snow zich ergens kapot stond te lachen), besloot ik te vertrekken. Ik liep de veranda op. 'Nee, barst maar,' zei ik tegen mezelf, 'ik heb mezelf beloofd dat ik niet zou vertrekken voor ik die berg had beklommen.' Het was de grote helling van de canyon die op mysterieuze wijze naar de Stille Oceaan leidde.

Dus bleef ik nog een dag. Het was zondag. Er daalde een grote hittegolf op ons neer, het was een prachtige dag, de zon werd om drie uur rood. Ik ging de helling op en bereikte om vier uur de top. Overal om me heen stonden al die heerlijke Californische populieren en eucalyptussen te soezen. Vlak bij de top waren er geen bomen meer, alleen stenen en gras. Bovenop de kust graasden koeien. Daar lag de Stille Oceaan, achter een laatste heuvelrug, blauw en uitgestrekt, met een grote muur van wit die kwam aanrollen van het legendarische 'aardappelveld' waar de nevels van Frisco ontstaan. Over een uur zou die mist door de Golden Gate naar binnen glijden om de romantische stad in witte sluiers te hullen, en een jonge man zou met zijn meisje aan de hand langzaam over een lang wit trottoir omhooglopen met een fles California Tokay in zijn zak. Dat was Frisco; en mooie vrouwen die in witte deuropeningen op hun mannen wachten; de Coit Tower, de Embarcadero, Market Street, elf druk gonzende heuvels.

Ik draaide rond tot ik duizelig werd; ik dacht dat ik om zou vallen zoals in een droom, zo de afgrond in. O, waar is het meisje dat ik bemin? dacht ik, en keek overal, zoals ik in de nietige wereld daar beneden overal had gekeken. Voor me uit lag de grote ruige bultige massa van mijn continent Amerika; ergens ver weg aan de overkant spuwde het sombere, waanzinnige New York zijn wolken van stof en bruine walm de lucht in. Het Oosten heeft iets bruins en heiligs; Californië is wit als wasgoed en leeg in het hoofd – dat dacht ik toen tenminste.

12

Remi en Lee Ann sliepen nog toen ik 's morgens stilletjes mijn spullen pakte en door het raam glipte zoals ik gekomen was en met mijn canvas tas uit Mill City vertrok. En ik heb nooit die nacht op het oude spookschip – de Admiral Freebee – doorgebracht, en Remi en ik waren elkaar kwijt.

In Oakland dronk ik een pilsje tussen de schooiers in een saloon met een wagenwiel ervoor, ik was weer onderweg. Ik liep dwars door heel Oakland naar de weg naar Fresno. In twee ritten was ik in Bakersfield, zeshonderdvijftig kilometer verder naar het zuiden. De eerste was een wilde rit met een potige blonde knaap in een opgefokte ouwe brik. 'Zie je die teen?' zei hij terwijl hij de barrel naar de honderddertig sleurde en iedereen op de weg voorbijreed. 'Moet je kijken.' Hij zat dik in het verband. 'Die is me vanmorgen net geamputeerd. De klootzakken wilden me in het ziekenhuis houden. Ik pakte mijn tas in en ging ervandoor. Wat is een teen nou helemaal?' Ja, wat, zei ik in mezelf, kijk jij maar uit; ik zette me schrap. Je hebt nooit zo'n idioot achter het stuur gezien. Hij was binnen de kortste keren in Tracy. Tracy is een spoorstad; remmers zitten er hun gemelijke prak te eten in eethuisjes langs de spoorlijn. Er huilen treinen door de vallei. De zon gaat traag en rood onder. Alle magische namen van de vallei rolden langs – Manteca, Madera, enzovoorts. Weldra viel de schemer, een druivenschemer, paarse schemer boven mandarijnbomen en lange meloenenvelden; de zon de kleur van geperste druiven, met scheuten rode bourgogne erdoor, de velden de kleur van liefde en Spaanse geheimzinnigheid. Ik stak mijn hoofd uit het raampje en nam diepe teugen van de geurige lucht. Het was een fantastisch moment. De wildeman was remmer bij de Southern Pacific en woonde in Fresno; zijn vader was ook remmer. Hij was zijn teen kwijtgeraakt op het emplacement van Oakland, bij het omgooien van een wissel, ik begreep niet precies hoe. Hij reed het gonzende Fresno binnen en zette me aan de zuidkant af. Ik kocht gauw even een Coke in een winkeltje langs het spoor; er kwam een melancholieke Armeense jongen langs de rode wagons aanlopen en op hetzelfde moment huilde er een locomotief, ik zei tegen mezelf: Ja, ja, de stad van Saroyan.

Ik moest naar het zuiden; ik ging aan de weg staan. Een man in een splinternieuwe pick-up nam me mee. Hij kwam uit Lubbock, Texas, en zat in de caravanhandel. 'Wil je een caravan kopen?' vroeg hij me. 'Dan kom je maar langs, hoor.' Hij vertelde verhalen over zijn vader in Lubbock. 'Op een keer had mijn pa de ontvangsten van die dag bovenop de brandkast laten liggen, hij was het glad vergeten. En wat gebeurt er – er komt 's nachts een inbreker, met snijbrander en alles, hij breekt die kast open en rommelt wat in de paperassen, trapt een paar stoelen omver en gaat weer weg. En die duizend dollar lag daar zomaar bovenop de brandkast, wat zeg je me daarvan?'

Hij zette me ten zuiden van Bakersfield af, en toen begon mijn avontuur. Het werd koud. Ik trok de dunne militaire regenjas aan die ik in Oakland voor drie dollar had gekocht en stond langs de weg te huiveren. Ik stond voor een motel in barokke Spaanse stijl dat glinsterde als een sieraad. De wagens suisden voorbij op weg naar LA. Ik gebaarde verwoed. Het was te koud. Ik stond er tot middernacht, twee uur aan een stuk, en deed niks als vloeken. Het was weer net als in Stuart, Iowa. Er zat niets anders op dan ruim twee dollar aan een bus uit te geven voor de resterende kilometers naar Los Angeles. Ik liep langs de weg terug naar het busstation in Bakersfield en ging daar op een bank zitten.

Ik had mijn kaartje gekocht en zat op de bus naar LA te wachten toen ik plotseling een ontzettend knap Mexicaans grietje in lange broek door mijn blikveld zag schuiven. Ze kwam uit een van de bussen die net met diep zuchtende luchtremmen waren binnengekomen; de passagiers stapten uit voor een rustpauze. Haar borsten staken recht naar voren; haar smalle flanken zagen er verrukkelijk uit; ze had lang, glanzend zwart haar en haar ogen waren levensgroot blauw met verlegen spikkeltjes erin. Ik wou dat ik bij haar in de bus zat. Er stak een pijnscheut door mijn hart, zoals altijd als ik een aantrekkelijk meisje zag dat de andere kant opging in deze veel te grote wereld. De omroeper kondigde het vertrek van de bus naar LA aan. Ik pakte mijn tas en stapte in, en wie zat daar in haar eentje: het Mexicaanse meisje. Ik plofte aan de andere kant van het gangpad naast haar neer en begon meteen te prakkizeren hoe ik dit moest aanpakken. Ik was zo eenzaam, zo treurig, zo moe, zo beverig, zo kapot, zo afgedraaid dat ik moed vatte, de moed die je nodig hebt om een vreemd meisje te benaderen, en tot actie overging. En nog zat ik eerst vijf minuten in het donker op mijn dijen te stompen terwijl de bus over de weg rolde.

Doe het nou, doe het nou, het is nu of nooit! Stommeling, zeg dan wat tegen haar! Wat mankeert je? Heb je onderhand nog niet genoeg van jezelf? En voor ik wist wat ik deed boog ik me over het gangpad naar haar toe (ze probeerde in haar stoel te slapen) en zei: 'Juffrouw, wilt u mijn regenjas misschien als kussen gebruiken?'

Ze keek met een glimlach op en zei: 'Nee, dank u, dank u wel.'

Ik leunde trillend achterover; ik stak een peuk op. Ik wachtte tot ze naar me opzijkeek, met een droeve vlugge verliefde blik, en meteen stond ik op en boog me over haar heen. 'Mag ik bij u komen zitten, juffrouw?'

'Als u wilt.'

Dat deed ik. 'Waar ga je naartoe?'

'LA.' Ik hield van de manier waarop ze 'LA' zei; ik hou van de manier waarop iedereen aan de Westkust 'LA' zegt; het is uiteindelijk hun enige echte gouden stad.

'Daar ga ik ook naartoe!' riep ik uit. 'Ik ben blij dat ik naast je mag zitten, ik was erg eenzaam en ik heb ontzettend veel gereisd.' Daarop begonnen we aan ons verhaal. Haar verhaal was als volgt: Ze had een man en een kind in Sabinal, ten zuiden van Fresno. De man sloeg haar, daarom had ze hem verlaten, ze ging nu een poosje bij haar zus in LA wonen. Ze had haar zoontje bij haar familie achtergelaten, druivenplukkers die in een huisje in de wijngaarden woonden. Ze kon niets anders doen dan piekeren tot ze er gek van werd. Ik had zin haar meteen te omhelzen. We praatten en praatten. Ze zei dat ze het fijn vond met me te praten. Al gauw zei ze dat ze wou dat zij ook naar New York kon gaan. 'Misschien kan dat ook wel!' lachte ik. De bus kreunde de Grapevine Pass op en toen daalden we af naar de brede waaiers van licht. Zonder uitgesproken goedvinden begonnen we elkaars hand vast te houden, en op dezelfde manier ontstond woordeloos, heel mooi en zuiver het besluit dat zij me zou vergezellen als ik in LA mijn hotelkamer binnenstapte. Mijn hele wezen hunkerde naar haar; ik legde mijn hoofd in haar prachtige haar. Haar smalle schouders maakten me wild; ik drukte haar steeds dichter tegen me aan. Ze vond het heerlijk.

'Ik hou van de liefde,' zei ze en sloot haar ogen. Ik beloofde haar dat onze liefde iets prachtigs zou zijn. Ik verlustigde me in haar. Ons levensverhaal was verteld; we vergleden tot stilzwijgen en gedachten vol heerlijke verwachting. Zo eenvoudig was het. En alle andere meisjes op de wereld, of ze nu Peach, Betty, Marylou, Rita, Camille of Inez heetten, ze konden me allemaal gestolen worden; dit was mijn meisje, ze was helemaal mijn type en dat zei ik ook tegen haar. Ze bekende dat ze me in het busstation naar haar had zien kijken. 'Ik dacht dat je zo'n nette student was.'

'O, maar ik ben ook een student!' verzekerde ik haar. De bus arriveerde in Hollywood. In het gore, grauwe ochtendlicht, zoals het ochtendlicht waarin Joel McCrea Veronica Lake in een eet-huisje ontmoette in de film *Sullivan's Travels*, lag ze op mijn schoot te slapen. Ik keek gretig uit het raam: gepleisterde huizen, palmen en drive-ins, de hele waanzinnige bedoening, het chaotische be-loofde land, het fantastische uiteinde van Amerika. We stapten uit in Main Street, waar alles er net zo uitziet als wanneer je in Kansas City, Chicago of Boston uit de bus stapt – bakstenen gebouwen, vuil, langsslenterende figuren, gierende trams in het troosteloze ochtendgrauw, de hoerige geur van een grote stad.

En toen sloegen de stoppen in mijn brein door, ik weet niet waarom. Ik kreeg ineens dwaze paranoïde visioenen dat Teresa, of Terry – zo heette ze – een ordinair hoertje was dat de bussen af-werkte om gozers geld afhandig te maken met afspraakjes zoals het onze in LA, waar ze de sukkel eerst meenam voor een ontbijt in een café waar haar pooier op haar wachtte, dan naar een bepaald hotel dat hij binnen kon komen met zijn pistool of wat ook. Ik heb haar dit nooit bekend. We ontbeten en een pooier bleef ons gade-slaan; ik verbeeldde me dat Terry stiekem naar hem lonkte. Ik was moe en voelde me vreemd en verloren in een ver, afschuwwek-kend oord. Die onzinnige angst ging mijn gedachten beheersen en maakte dat ik me kleinzielig, laaghartig ging gedragen. 'Ken je die vent?' zei ik.

'Welke vent bedoel je, schat?' Ik liet het rusten. Ze deed alles even talmend en langzaam; ze deed heel lang over haar eten; ze kauwde traag en staarde in het niets, ze rookte een sigaret en bleef maar praten, en ik was een hologige geest die al haar bewegingen met argwaan volgde, denkend dat ze tijd probeerde te winnen. Het was niets dan een koortsaanval. Ik zweette terwijl we hand in hand door de straat liepen. Het eerste hotel dat we probeerden had een kamer vrij, en voor ik het wist draaide ik de deur achter me op slot en zat zij op het bed haar schoenen uit te trekken. Ik kuste haar bedeesd. Ze kon er beter niets van weten. Ik wist dat we whisky nodig hadden om onze zenuwen tot bedaren te brengen, vooral ik. Ik rende naar buiten en zwierf in wilde haast twaalf blokken af tot ik een halfje whisky vond in een krantenkiosk. Ik rende vol energie terug. Terry was in de badkamer haar gezicht aan het opknappen. Ik schonk een groot waterglas vol en we namen een paar teugen. O, het was heerlijk, verrukkelijk, het was mijn naargeestige tocht helemaal waard. Ik stond achter haar voor de spiegel en zo dansten we wat in de badkamer. Ik begon over mijn vrienden in het Oosten te vertellen.

Ik zei: 'Ik ken een geweldige meid die je echt zou moeten ontmoeten. Ze heet Dorie, ze heeft rood haar en is éénmetertachtig lang. Als je naar New York komt kan zij je wel aan werk helpen.'

'Wie is die rooie van éénmetertachtig lang?' vroeg ze achterdochtig. 'Waarom vertel je mij over haar?' In haar eenvoudige ziel kon ze mijn blije, nerveuze gepraat niet peilen. Ik hield erover op. Ze begon dronken te worden daar in de badkamer.

'Kom mee naar bed!' zei ik aldoor.

'Een lange rooie, hè? En ik dacht nog wel dat je een nette student was, ik zag je daar zitten in je leuke trui en ik zei bij mezelf: Hmm, wat een aardige knul. Maar nee! Nee hoor! Nee hoor! Je moet nodig net zo'n vuile pooier zijn als de rest!'

'Waar heb je het in vredesnaam over?'

'Vertel mij niet dat die lange rooie geen hoerenmadam is, want zodra ik over haar hoorde wist ik al dat het een hoerenmadam is, en jij, jij bent gewoon net zo'n pooier als alle andere mannen die ik tegenkom, jullie zijn allemaal pooiers.'

'Luister eens, Terry, ik ben geen pooier. Ik zweer je op de bijbel dat ik geen pooier ben. Waarom zou ik een pooier zijn? Ik ben alleen in jou geïnteresseerd.'

'Al die tijd dacht ik dat ik een nette jongen had ontmoet. Ik was zo blij, ik omarmde mezelf en dacht: hmm, een echte nette jongen in plaats van zo'n pooier.'

'Terry,' pleitte ik met heel mijn hart. 'Luister nou naar me en begrijp me alsjeblieft, ik ben geen pooier.' Een uur geleden dacht ik dat zij een hoer was. Wat een treurnis. Onze geesten, elk met zijn eigen portie krankzinnigheid, waren uiteengegaan. O, dat gruwelijke leven, ik bleef jammeren en smeken, toen werd ik kwaad en besefte ik dat ik zat te soebatten met een stomme Mexicaanse trut, en zei dat ook tegen haar; voor ik het wist pakte ik haar rode pumps, smeet ze tegen de badkamerdeur en vertelde haar dat ze kon vertrekken. 'Vooruit, opgedonderd!' Ik zou gaan slapen en de hele boel maar vergeten; ik had mijn eigen leven, mijn eigen eindeloos trieste, rafelige bestaan. Er heerste een doodse stilte in de badkamer. Ik trok mijn kleren uit en ging naar bed.

Terry kwam te voorschijn met tranen van spijt in haar ogen. In haar eenvoudige, vreemde kleine brein had ze besloten dat een pooier niet met de schoenen van een vrouw smijt en haar niet vertelt dat ze kan vertrekken. Eerbiedig en liefjes zwijgend trok ze al haar kleren uit en schoof haar nietige lichaam naast me tussen de lakens. Het was donker als een druiventros. Ik zag het litteken van een keizersnede op haar arme buik; haar heupen waren zo smal dat ze geen kind kon baren zonder opengejaapt te worden. Haar benen waren net stokjes. Ze was maar éénmetervijfenveertig. Ik vrijde met haar in de zoete stilte van die vermoeide ochtend. Zo vonden twee uitgeputte engelen, verloren gestrand op een richel ergens in LA, samen het intiemste en verrukkelijkste in het leven, vielen toen in slaap en sliepen tot laat in de middag.

13

De daaropvolgende vijftien dagen deelden we lief en leed. Toen we wakker werden besloten we samen naar New York te liften; zij werd mijn vriendin in de stad. Ik voorzag al wilde verwikkelingen met Dean en Marylou en iedereen – een nieuw seizoen, een nieuw begin. Eerst moesten we werken om genoeg geld te verdienen voor de reis. Terry wilde meteen op weg met de twintig dollar die ik nog overhad. Ik voelde er niet voor. En ik bleef twee dagen lang over het probleem nadenken, stomme idioot die ik was, terwijl we in cafetaria's en bars de 'gevraagd'-advertenties doorlazen in de raarste kranten die ik ooit van mijn leven gezien had, tot mijn twintig dollar was geslonken tot iets meer dan tien. We waren heel gelukkig in ons hotelkamertje. Ik stond midden in de nacht op omdat ik niet kon slapen, trok de deken over de bruine naakte schouder van mijn lief en bekeek het nachtelijke LA. Wat een woeste, hete, met sirenes doorstreepte nachten! Recht tegenover het hotel was iets aan de hand. Een oud gammel vervallen logement was het tafereel van een of andere tragedie. De patrouillewagen stond beneden in de straat en de smerissen ondervroegen een oude man met grijs haar. Binnen klonk gesnik. Ik hoorde alles, begeleid door het zoemen van de neonletters aan mijn hotel. Nooit in mijn leven heb ik me zo treurig gevoeld. LA is de eenzaamste en wreedste van alle Amerikaanse steden; in New York wordt het 's winters gruwelijk koud maar hier en daar in bepaalde straten is er een gevoel van bizarre kameraadschap. LA is een wildernis.

South Main Street, waar Terry en ik hotdogs etend gingen wandelen, was een fantastische kermis van lichtjes en wilde toestanden. Op bijna elke straathoek stonden gelaarsde smerissen mensen te fouilleren. De hipste figuren van het hele land dromden hier over de trottoirs – dit alles onder die zachte Zuid-Californische sterren, die verloren gaan in de bruine gloed boven het reusachtig woestijnkampement dat LA eigenlijk is. De geur van dope, weed, marihuana dus, dreef je tegemoet, samen met de lucht van chili con carne en bier. De fantastische wilde sound van de bop sloeg uit de biertenten naar buiten, maakte medleys met allerlei soorten cowboymuziek en boogie-woogie in de Amerikaanse nacht. Iedereen zag eruit als Hassel. Te gekke negers met kleurige wollen mutsen en puntbaardjes liepen lachend langs; en langharige afgepeigerde beatniks zo van Route 66 uit New York; bepakte ouwe woestijnratten op weg naar een bank in het park voor het Plaza; methodistische dominees met rafelige mouwen; nu en dan een natuurprofeet met baard en sandalen. Ik wilde met iedereen kennismaken, met iedereen praten, maar Terry en ik waren te druk bezig wat poen bij elkaar te scharrelen.

We gingen naar Hollywood om te kijken of er werk was in de drugstore op de hoek van Sunset Boulevard en Vine Street. Dat was me nog eens een straathoek! Hele gezinnen, per rammelkast uit het achterland gearriveerd, stonden met wijdopen ogen op het trottoir naar een of andere filmster uit te kijken, en die filmster kwam maar niet opdagen. Toen er een limousine langsreed renden ze gretig naar de stoeprand en bukten om te kijken: er zat een of ander figuur met donkere bril in met een flonkerende blondine.

'Don Ameche! Don Ameche!' 'Nee, nee, George Murphy! George Murphy!' Ze drentelden rond, keken elkaar aan. Er liepen knappe flikkers rond die naar Hollywood waren gekomen om filmcowboy te worden, ze bevochtigden hun wenkbrauwen nog maar eens met een aanstellerig vingertje. Er wiegden te gek mooie meiden in lange broeken voorbij, ze waren gekomen om filmsterretjes te worden en kwamen uiteindelijk in drive-inbioscopen terecht. Terry en ik probeerden werk te vinden in die drive-ins. Het werd nergens wat. Hollywood Boulevard was één groot, krijsend inferno van auto's; er was minstens elke minuut een kleine aanrijding; iedereen ijlde voort naar de verste palm – daarachter lag de woestijn, de leegte. Er stonden Hollywoodse patsers voor sjieke restaurants, ze stonden er precies zo te argumenteren als de New Yorkse patsers voor Jacob's Beach op Broadway, alleen droegen ze hier lichte kostuums en was hun jargon oubolliger. Lange, skeletachtige predikanten huiverden langs. Dikke krijsende vrouwen staken rennend de boulevard over om in de rij te gaan staan voor de quizshows. Ik zag Jerry Colonna een auto kopen bij Buick Motors; hij stond aan de andere kant van de enorme spiegelruit aan zijn knevel te frunniken. Terry en ik aten wat in een cafetaria die van binnen was ingericht als een grot, overal spuitende metalen tieten en grote onpersoonlijke stenen billen van godheden en een zepige Neptunus. De gasten aten luguber dampende gerechten rond de watervallen, hun gezichten zeegroen van droefenis. Alle smerissen in LA zagen eruit als knappe gigolo's; ze waren duidelijk naar LA gekomen om het te maken in de filmbusiness. Iedereen was hier gekomen om het te maken in de filmbusiness, zelfs ik. Terry en ik konden uiteindelijk alleen nog proberen werk te zoeken tussen de gesjochte serveersters en bordenwassers in South Main Street die er rond voor uitkwamen dat ze aan de grond zaten, en zelfs daar werd het niks. We hadden nog tien dollar.

'Nou, ik ga mijn kleren bij mijn zus ophalen, man, en dan gaan we naar New York liften,' zei Terry. 'Vooruit, man. Kom op. "Als je niet kunt swingen leer ik het je wel even:"' Dat laatste was een liedje van haar dat ze aldoor zong. We gingen haastig naar het huis van haar zus tussen de splinterige Mexicaanse krotten ergens achter Alameda Avenue. Ik wachtte in een donker steegje achter Mexicaanse keukens omdat haar zus mij niet mocht zien. Er renden honden langs. Kleine lantaarns verlichtten de rattengangetjes. Ik hoorde Terry en haar zus ruziën in de zachte warme nacht. Ik was overal op voorbereid.

Terry kwam naar buiten en leidde me bij de hand naar Central Avenue, de kleurlingenhoofdstraat van LA. En wat een wilde bedoening is het daar, allemaal kippenhokken waar nauwelijks een jukebox in past, en uit die jukeboxen loeit niks als blues, bop en swing. We gingen de vuile trappen van een huurkazerne op en kwamen bij de kamer van Terry's vriendin, Margarina, die nog een rok en een paar schoenen van Terry had. Margarina was een mooie mulattin; haar man was zo zwart als de schoppenaas en heel vriendelijk. Hij ging meteen een halfje whisky kopen om me behoorlijk te onthalen. Ik probeerde mee te betalen, maar dat wilde hij niet hebben. Ze hadden twee kleine kinderen. De kinderen sprongen op het bed rond; het was hun speelterrein. Ze sloegen hun armen om me heen en keken me nieuwsgierig aan. Het wild gonzende nachtleven van Central Avenue – het nachtleven van Hamps 'Central Avenue Breakdown' – jankte en dreunde maar door. Ze zongen op de gangen, ze zongen uit de ramen, zo van bekijk het maar wat kan ons het verdommen. Terry kreeg haar kleren en we namen afscheid. We gingen zo'n kippenhok binnen en draaiden platen op de jukebox. Een paar negers fluisterden wat in mijn oor over dope. Eén dollar. Ik zei oké, kom op ermee. De contactman kwam binnen en gebaarde me mee te komen naar het toilet in de kelder, waar ik wat dom stond te dreutelen toen hij zei: 'Raap op, man, raap op.'

'Raap wat op?'

Hij had mijn dollar al. Hij was te bang om naar de vloer te wijzen. Het was geen vloer, enkel beton. Er lag iets dat eruitzag als een klein bruin drolletje. Hij was belachelijk voorzichtig. 'Ik moet uitkijken, het is hier een beetje link deze week.' Ik raapte het drolletje, een in bruin vloei gedraaide sigaret, op en liep terug naar Terry. We gingen meteen naar onze hotelkamer om high te worden. Er gebeurde niets. Het was gewone shag. Ik wou dat ik wat verstandiger met mijn geld omging.

95

Terry en ik moesten nu echt voor eens en voor altijd besluiten wat we gingen doen. We besloten met ons resterende geld naar New York te liften. Ze haalde die avond vijf dollar op bij haar zuster. We hadden nu krap aan dertien dollar. Dus voor de dagelijkse kamerhuur weer betaald moest worden pakten we onze spullen en namen een bus naar Arcadia, waar de Santa Anita-renbaan onderaan de besneeuwde bergtoppen ligt. Het was avond. Voor ons uit lag het Amerikaanse continent. Hand in hand liepen we diverse kilometers over de weg om uit de bewoonde wijken te komen. Het was zaterdagavond. We stonden met onze duim omhoog onder een lantaarnpaal toen er plotseling auto's vol jongelui met vliegende wimpels langsraasden. 'Aahaa, aahaa! We hebben gewonnen! We hebben gewonnen!' riepen ze allemaal. Toen jouwden ze ons uit, ze vonden het reuze vermakelijk een vent met zijn meisje langs de weg te zien. Er kwamen tientallen van die auto's langs, vol jonge gezichten en 'schorre jonge keelstemmen', zoals dat heet. Ik haatte ze stuk voor stuk. Wat dachten ze wel, een lifter langs de weg uit te jouwen omdat zij toevallig middelbareschoolbroekies waren met ouders die elke zondagmiddag het mes in de rosbief zetten? Wat dachten ze wel, de spot te drijven met een meisje dat in armelijke omstandigheden was beland met een man die haar wilde beminnen? Wij vielen niemand lastig. En we kregen niet één lift. We moesten teruglopen naar de stad en hadden nog het meest behoefte aan koffie, maar ongelukkig genoeg was de enige tent die nog open was een schoolcafetaria en daar zaten al die jongelui, ze herkenden ons. Nu zagen ze dat Terry een Mexicaanse was, zo'n heethoofdig Mexicaans kreng; en haar vent een nog erger stuk tuig.

Ze stapte met haar knappe neusje in de hoogte naar buiten en toen zwierven we samen in het donker door de greppels langs de wegen. Ik droeg de tassen. We ademden dampwolken in de koude nachtlucht. Ten slotte besloot ik me nog één nacht met haar voor de wereld te verschuilen, morgen zouden we wel verder zien. We gingen naar een motel en huurden een comfortabele kleine suite voor ongeveer vier dollar – douche, badhanddoeken, wandradio, de hele boel. We lagen dicht in elkaars armen: We voerden lange serieuze gesprekken en namen een bad, we bespraken het een en ander met het licht aan en dan met het licht uit. Er werd iets bewezen, ik probeerde haar van iets te overtuigen en zij aanvaardde wat ik zei, we bezegelden het pact in het donker, ademloos, dan tevreden als lammetjes.

De volgende morgen gingen we stoutmoedig van start met ons nieuwe plan. We gingen met de bus naar Bakersfield om daar druiven te plukken. Na een paar weken zouden we op de goeie manier naar New York gaan, met de bus. Het werd een heerlijke middag, die busrit naar Bakersfield met Terry: we leunden ontspannen achterover, praatten wat, keken naar het voorbijglijdende landschap en maakten ons nergens zorgen over. We arriveerden laat in de middag in Bakersfield. Ons plan was alle fruitgroothandelaren in de stad af te gaan. Terry zei dat we in tenten vlakbij het werk konden wonen. Het idee in een tent te wonen en druiven te plukken in de koele Californische ochtend leek mij wel wat. Maar er was nergens werk, en veel verwarring, iedereen deed ons talloze tips aan de hand en het leverde allemaal niets op. Desondanks aten we ergens Chinees en gingen inwendig versterkt weer op pad. We staken de spoorlijn van de Southern Pacific over naar het Mexicaanse kwartier. Terry rebbelde met haar volksgenoten en vroeg naar werk. Het was nu avond en de smalle Mexicaanse straat was één schelle gloeilampenzee: bioscoopingangen, fruitstalletjes, speelhallen, bazars en honderden wrakkige vrachtwagens en bemodderde rammelkasten langs de stoepen. Hele Mexicaanse plukkersfamilies drentelden popcorn etend rond. Terry praatte met iedereen. Ik begon wanhopig te worden. Wat ik nu nodig had – wat Terry nu ook nodig had – was een borrel, dus kochten we een liter Californische port voor vijfendertig cent en liepen naar het emplacement om daar wat te drinken. We vonden een plek waar hobo's kratten hadden aangesleept om rond een vuur te zitten. Daar gingen we zitten en dronken onze wijn. Links van ons stonden de goederenwagons triest en roetig onder de maan; recht voor ons uit de lichtjes en vliegveldbakens van het eigenlijke Bakersfield; rechts van ons een reusachtige aluminium nissenhut. O, het was een mooie avond, een warme avond, een avond om wijn te drinken, een maanavond, een avond om je meisje te omarmen en wat te praten en eens op de grond te kitsen met een gevoel of je op weg naar de hemel bent. Dat deden we dan ook. Die kleine lustte wel een slokje en dronk gelijk met mij op, ze dronk me zelfs voorbij en bleef tot midden in de nacht doorpraten. We kwamen niet meer van die kratten overeind. Nu en dan liepen er wat zwervers langs, en Mexicaanse moeders met kinderen, er kwam een patrouillewagen aanrijden en de smeris stapte uit om te pissen, maar het grootste gedeelte van de tijd waren we alleen en we vervlochten onze zielen steeds hechter tot het vreselijk moeilijk zou zijn om afscheid te nemen. Om middernacht kwamen we overeind en slenterden naar de snelweg.

Terry had een nieuw plan. We zouden naar haar woonplaats Sabinal liften en daar in de garage van haar broer gaan wonen. Het was mij allemaal best. Aan de weg zei ik Terry op mijn tas te gaan zitten zodat ze eruitzag als een vrouw in nood, en meteen stopte er een vrachtwagen, we renden er blij grinnikend naartoe. De chauffeur was een beste man; zijn vrachtwagen was niet zo'n beste. Hij kroop briesend door de vallei omhoog. We kwamen in de kleine uurtjes voor zonsopgang in Sabinal aan. Ik had de fles leeggedronken terwijl Terry sliep en was nu goed lam. We stapten uit en zwalkten over het stille lommerrijke pleintje van het Californische stadje – een halte aan de Southern Pacific-spoorlijn. We gingen op zoek naar de vriend van haar broer, die ons wel zou vertellen waar hij zat. Niemand thuis. Bij het ochtendgloren lag ik plat op mijn rug op het gazon van het pleintje en zei steeds opnieuw: 'Jij gaat me niet vertellen wat hij daar in Weed heeft uitgevoerd, hè? Wat voerde hij uit daar in Weed? Dat ga jij me niet vertellen, hè? Wat voerde hij uit daar in Weed?' Dit was uit de film *Of Mice and Men*, als Burgess Meredith het tegen de voorman van de ranch heeft. Terry lachte. Wat ik ook deed, zij vond alles best. Wat haar betrof kon ik er zo blijven liggen en zo blijven doorgaan tot de dames buitenkwamen om naar de kerk te gaan. Maar ten slotte besloot ik dat alles weldra dik voor elkaar zou zijn dankzij haar broer, dus nam ik haar mee naar een oud hotel aan de spoorlijn voor een comfortabel bed.

Terry stond vroeg in de heldere, zonnige morgen op en ging op zoek naar haar broer. Ik sliep tot de middag; toen ik uit het raam keek zag ik ineens een goederentrein van de Southern Pacific voorbijkomen met honderden hobo's onderuitgezakt op de platte wagons, ze rolden vrolijk voort met een knapzak als hoofdkussen en hun neus in een stripverhaal, sommigen sabbelden ook nog op lekkere Californische druiven die ze langs de spoorlijn hadden geplukt. 'Donders!' riep ik. 'Hoewaah! Dit is echt het beloofde land.' Ze kwamen allemaal uit Frisco; over een week zouden ze allemaal weer in dezelfde grootse stijl terugrijden.

Terry arriveerde met haar broer, zijn vriend en haar kind. Haar broer was een vrijgevochten Mexicaanse bink met een gigantische dorst, een geweldige knaap. Zijn maat was een dikke vette Mexicaan die bijna accentloos Engels sprak en luidruchtig en al te druk zijn best deed om aardig te zijn. Ik zag dat hij een oogje op Terry had. Haar zoontje heette Johnny, zeven jaar, donkere ogen, een lief joch. Nou, daar waren we dan, klaar om alweer een wilde dag te beginnen.

Haar broer heette Rickey. Hij had een Chevy '38. We klommen erin en reden een onbekende bestemming tegemoet. 'Waar gaan we naartoe?' vroeg ik. De vriend deed het woord – hij heette Ponzo, zo noemde iedereen hem. Hij stonk. Ik kwam erachter waarom. Hij verkocht mest aan boeren; hij had een vrachtwagen. Rickey had altijd wel drie of vier dollar op zak en leefde van de ene dag in de andere. Hij zei aldoor: 'Welja, man, daar gaat-ie dan – dagadiedan, dagadiedan!' En daar ging hij dan. Hij reed dik honderd kilometer per uur in dat ouwe lijk, en we gingen naar Madera voorbij Fresno een paar boeren af voor mest.

Rickey had een fles drank bij zich. 'Vandaag drinken, morgen werken. Dagadiedan – neem een slok, man!' Terry zat achterin met haar zoontje; ik keek achterom en zag de blos van vreugde op haar gezicht nu ze weer thuis was. Het prachtige groene landschap van oktobers Californië flitste in dolle vaart voorbij. Ik zat weer vol pep en was overal voor te vinden.

'Waar gaan we nou naartoe, man?'

'We gaan een boer zoeken die wat mest heeft liggen. Dan rijden we er morgen met de vrachtwagen heen om het op te halen. We maken een bom geld, man. Maak jij je maar geen zorgen.'

'We doen alles samen!' schreeuwde Ponzo. Dat zag ik wel – overal waar ik kwam werd alles samen gedaan. We raasden door de wilde straten van Fresno en verder omhoog door de vallei naar een stel boeren op achterafweggetjes. Ponzo stapte uit en voerde verwarde gesprekken met oude Mexicaanse boeren; het leverde niets op, natuurlijk.

'Wij moeten hoognodig wat drinken!' riep Rickey, dus wij naar een saloon aan een kruising. Amerikanen zitten op zondagmiddag altijd in saloons aan kruisingen te drinken; ze brengen hun kinderen mee; ze kwebbelen en kibbelen wat met een pilsje; alles kits. Tegen de avond beginnen de kinderen te dreinen en zijn hun ouders dronken. Dan zigzaggend terug naar huis. Ik heb overal in Amerika in zulke saloons aan kruisingen met hele families zitten drinken. De kinders eten popcorn en chips en spelen achter het huis. Zo ging het nu ook. Rickey en ik en Ponzo en Terry zaten te drinken en met de muziek mee te brullen; kleine Johnny scharrelde met andere kinderen bij de jukebox rond. De zon begon rood te worden. Er was niets bereikt. Wat viel er hier te bereiken? '*Mañana*,' zei Rickey. 'Mañana maken we het, man; neem nog een pils, man, *dagadiedan*, man, dagadiedan!'

We wankelden naar buiten en stapten in de auto; nu naar een bar aan de snelweg. Ponzo was een grote, luidruchtige schreeuwerd die iedereen in de San Joaquin Valley kende. Van die bar aan de snelweg ging ik met hem alleen in de auto op zoek naar een boer; in plaats ervan kwamen we in de Mexicaanse wijk van Madera terecht en gingen daar te gek op de meiden, we probeerden er een paar te versieren voor hem en Rickey. En toen de paarse schemer al over het druivenland neerdaalde, zag ik mezelf ineens verdoofd in de auto zitten terwijl hij met een oude Mexicaan aan de keukendeur stond te redekavelen over de prijs van een watermeloen die de oude man in zijn achtertuin had gekweekt. We kochten de watermeloen, aten hem ter plekke op en gooiden de schillen op de ongeplaveide stoep voor het huis van de oude man. Er trippelden allerlei mooie meisjes door de donker wordende straat. Ik zei: 'Waar zijn we in godsnaam?'

'Maak je geen zorgen, man,' zei dikke Ponzo. 'Morgen maken we een bom geld; vanavond zitten we nergens mee.' We reden terug, pikten Terry en haar broer en het kleine jong op en reden onder de snelweglichten in de nacht naar Fresno. We rammelden allemaal van de honger. We hotsten over de spoorlijnen in Fresno en kwamen in de wilde straten van de Mexicaanse wijk terecht. Rare Chinezen hingen er uit de ramen en bekeken het zondagavondgebeuren; groepen Mexicaanse chicks wiegden in strakke broeken voorbij; er daverde mambo uit jukeboxen; er hingen lichtjes aan slingers zoals op Allerheiligen. We gingen een Mexicaans restaurant binnen en aten taco's en opgerolde tortilla's met fijngeprakte kievitsbonen erin; het smaakte heerlijk. Ik pakte het laatste knisperende briefje van vijf waarmee ik naar de kust van New Jersey moest komen en betaalde voor Terry en mij. Nu had ik nog vier dollar. Terry en ik keken elkaar aan.

'Waar gaan we vannacht slapen, liefje?'

'Ik weet het niet.'

Rickey was dronken; het enige dat hij nu nog zei was: 'Dagadiedan, man, dagadiedan,' met een milde, vermoeide stem. Het was een lange dag geworden. We wisten geen van allen wat er gaande was, of wat de Goede Heer met ons voorhad. De arme kleine Johnny viel op mijn arm in slaap. We reden terug naar Sabinal. Onderweg stopten we abrupt bij een café aan Highway 99. Rickey wilde nog een laatste pilsje. Achter het café stonden caravans en tenten en een paar wrakkige motelkamers. Ik informeerde naar het tarief, het was twee dollar. Ik vroeg Terry wat zij ervan dacht, en ze vond het best want we zaten nu met dat joch en moesten voor een goeie slaapplaats zorgen. Dus na een paar pilsjes in het café, waar chagrijnige Okies op de muziek van een cowboyband rondwankelden, gingen Terry en ik met Johnny naar de motelkamer en maakten ons klaar om onder zeil te gaan. Ponzo bleef ronddrentelen; hij had geen slaapplaats. Rickey sliep bij zijn vader thuis in de schuur in de wijngaard.

'Waar woon jij, Ponzo?' vroeg ik.

'Nergens, man. Ik woon eigenlijk bij dikke Rosey maar ze heeft me er gisteravond uitgeschopt. Ik haal mijn vrachtauto, dan ga ik daar vannacht in slapen.'

Er tinkelden gitaren. Terry en ik staarden samen naar de sterren en kusten elkaar. 'Mañana,' zei ze. 'Morgen komt alles voor mekaar, denk je ook niet, hè, lieve Sal?'

'Welja, meid, mañana.' Het was altijd mañana. De komende week was dat het enige dat ik hoorde: mañana, een prachtig woord dat waarschijnlijk hemel betekent.

Kleine Johnny sprong met kleren en al in bed en viel in slaap; er stroomde zand uit zijn schoenen, zand uit Madera. Terry en ik moesten midden in de nacht ons bed uit om het zand van de lakens te vegen. De volgende morgen stond ik op, waste me en liep een eindje door de omgeving. We zaten acht kilometer van Sabinal in de katoenvelden en wijngaarden. Ik vroeg de grote dikke vrouw die eigenares was van het kamp of er nog tenten vrij waren. De goedkoopste, één dollar per dag, was vrij. Ik viste een dollar uit mijn zak en trok erin. Er stond een bed in en een fornuis en er hing een gebarsten spiegel aan een paal – geweldig. Ik moest me bukken om naar binnen te gaan, en toen ik het deed zag ik binnen mijn lief en mijn lieve kleine jongetje. We wachtten tot Rickey en Ponzo met de vrachtwagen arriveerden. Ze arriveerden met flessen bier en begonnen zich in de tent te bedrinken.

'Hoe zit het met die mest?'

'Te laat vandaag. Morgen, man, morgen maken we een bom geld; vandaag drinken we een paar biertjes. Wat jij, ook een biertje?' Ik had geen aansporing nodig. 'Dagadiedan – dagadiedan!' riep Rickey. Ik begon te beseffen dat onze plannen om geld te verdienen met die mestwagen nooit van de grond zouden komen. De vrachtwagen stond bij de tent geparkeerd. Hij rook net als Ponzo.

Die avond gingen Terry en ik naar bed in de heerlijke nachtlucht onder onze bedauwde tent. Ik maakte me net gereed om te gaan slapen toen ze zei: 'Wil je nu met me vrijen?'

Ik zei: 'En Johnny dan?'

'Hij vindt het niet erg. Hij slaapt.' Maar Johnny sliep niet en hij zei niets.

De jongens kwamen de volgende dag met de mestwagen terug en gingen op whisky uit; ze kwamen terug en maakten er een feest van in de tent. Die avond zei Ponzo dat het buiten te koud was en sliep hij op de vloer in onze tent, in een groot dekzeil gehuld en naar koeiestront geurend. Terry had een hekel aan hem; ze zei dat hij met haar broer omging om dicht bij haar te kunnen zijn.

Het enige dat dit alles zou opleveren was dat Terry en ik van honger omkwamen, dus liep ik de volgende morgen de omgeving af om te vragen of er werk was in de katoenpluk. Iedereen zei me naar de boerderij aan de overkant van de snelweg te gaan. Dat deed ik, de boer zat met zijn vrouwvolk in de keuken. Hij kwam naar buiten, aanhoorde mijn verhaal en waarschuwde me dat hij maar drie dollar per honderd pond geplukte katoen betaalde. Ik zag mezelf minstens driehonderd pond per dag plukken en nam het werk aan. Hij diepte wat lange canvas zakken uit de schuur op en zei dat het plukken bij zonsopgang begon. Ik rende opgetogen terug naar Terry. Er reed een druivenwagen over een hobbel op de weg en er vielen grote trossen op de warme teer. Ik raapte ze op en nam ze mee naar huis. Terry was blij. 'Johnny en ik komen je wel helpen.'

'Nah!' zei ik. 'Niks ervan.'

'Katoenplukken is heel moeilijk, zie je. Ik zal je laten zien hoe het moet.'

We aten de druiven op en toen Rickey 's avonds met een brood en een pond hamburgers kwam aanzetten hadden we een picknick. In een grotere tent naast ons woonde een hele katoenplukkersfamilie, het waren Okies, rondtrekkende landarbeiders. De grootvader zat de hele dag in een stoel, hij was te oud om te werken; de zoon en dochter en hun kinderen staken elke dag in een lange rij de snelweg over om op het veld van onze boer te werken. De volgende dag ging ik bij het krieken van de dag met ze mee. Ze zeiden dat de katoen 's morgens vroeg zwaarder was van de dauw, zodat je dan meer kon verdienen dan 's middags. Niettemin werkten ze de hele dag van zonsopgang tot zonsondergang. De grootvader was met de hele familie in een aftandse vrachtwagen uit Nebraska hierheen gekomen tijdens de grote droogte in de jaren dertig – de stofstormen waar die cowboy uit Montana me over verteld had. Sindsdien waren ze in Californië gebleven. Ze hielden van werken. In die tien jaar had de zoon van de oude man zijn aantal kinderen uitgebreid tot vier, waarvan sommigen nu oud genoeg waren om zelf katoen te plukken. En in die periode waren ze van haveloze armoede en slavenarbeid opgeklommen tot een glimlachend, respectabel bestaan in betere tenten, meer niet. Ze waren uitermate trots op hun tent.

'Gaan jullie ooit terug naar Nebraska?'

'Huh! Er is daar niks te makken. Wij willen een caravan kopen.'

We bukten ons en begonnen katoen te plukken. Het was geweldig. Aan het eind van het veld stonden de tenten, en daarachter strekten de dorre bruine katoenvelden zich zo ver het oog reikte uit tot aan de bruine arroyo's en heuvels, met erachter de besneeuwde Sierra in de blauwe ochtendtucht. Dit was stukken beter dan bordenwassen in South Main Street. Maar ik wist niets van katoenplukken. Ik deed er te lang over om het witte bolletje van het knisperige hart los te maken; de anderen deden het in één vlugge beweging. Bovendien begonnen mijn vingertoppen te bloeden; ik moest handschoenen hebben, of meer ervaring. Er werkte een oud negerechtpaar met ons mee. Ze plukten hun katoen met hetzelfde door God gezegende geduld als hun voorvaderen in het Alabama van voor de Burgeroorlog; blauw en gebukt schoven ze gestaag door de rijen, hun zakken zwollen. Mijn rug begon pijn te doen. Maar het was heerlijk om geknield in die aarde weg te duiken. Als ik zin had om te rusten deed ik het, met mijn gezicht op dat kussen van bruine vochtige aarde. Vogels begeleidden het werk met hun gezang. Ik dacht dat ik mijn roeping had gevonden. Johnny en Terry kwamen wuivend dwars door het veld naar me toe in de slome middaghitte en hielpen mee. Ik mag doodvallen als die kleine Johnny niet rapper was dan ik! – en Terry werkte natuurlijk twee keer zo snel. Ze werkten voor me uit en lieten hopen schone katoen achter voor in mijn zak – Terry de hopen van een echte arbeider, Johnny kleine kinderhoopjes. Ik stopte ze verdrietig in de zak. Wat was ik voor een ouwe zak dat ik mezelf niet eens kon redden, laat staan voor hen kon zorgen? Ze werkten de hele middag met me mee. Toen de zon rood werd sjokten we samen terug. Aan het eind van het veld laadde ik mijn vracht op een weegschaal; hij woog vijftig pond en ik kreeg anderhalve dollar. Daarna leende ik een fiets van een van de Okies en reed over de 99 naar een levensmiddelenwinkel aan een kruising, kocht er blikken kant-en-klare spaghetti met gehaktballetjes, brood, boter, koffie en koek en reed met de zak op het stuur terug. Er zoefde verkeer langs naar LA, de auto's naar Frisco zaten me op mijn staart; ik deed niks als vloeken. Ik keek op naar de donkere hemel en bad God om een beter bestaan en een betere kans om iets te doen voor de kleine mensen die ik liefhad. Niemand schonk enige aandacht aan me daarboven. Ik had beter moeten weten. Terry was degene die me weer moed gaf; ze warmde het eten op het fornuis in de tent, en het werd een van de heerlijkste maaltijden die ik ooit heb gegeten, zo moe en uitgehongerd was ik. Zuchtend als een ouwe zwarte katoenplukker leunde ik achterover op het bed en rookte een sigaret. Er blaften honden in de koele nacht. Rickey en Ponzo kwamen 's avonds niet meer langs. Dat was mij best. Terry rolde zich naast me op en Johnny ging op mijn borst zitten, ze tekenden dieren in mijn aantekenboekje. Het licht van onze tent brandde de vreselijke vlakte in. Het cowboygejengel in het café droeg ver over de velden, niets dan droefenis. Het was mij allemaal best. Ik kuste mijn lief en we deden het licht uit.

's Morgens hing de tent door van de dauw; ik stond op en liep met mijn handdoek en tandenborstel naar het openbare toilet van het motel om me te wassen; toen kwam ik terug, trok mijn broek aan, die vol scheuren zat van het knielen in de aarde en 's avonds door Terry was versteld, zette de rafelige strohoed op die oorspronkelijk dienst gedaan had als Johnny's speelgoedhoed, en stak de snelweg over met mijn canvas katoenzak.

Elke dag verdiende ik ongeveer anderhalve dollar. Het was net genoeg om 's avonds op de fiets eten te gaan kopen. De dagen gleden voorbij. Ik vergat het Oosten en Dean en Carlo en die stomme rotweg. Johnny en ik speelden aldoor samen; hij genoot als ik hem in de lucht gooide en op het bed liet stuiteren. Terry zat kleren te verstellen. Ik leidde een aards bestaan, precies zoals ik het me in Paterson in mijn dromen had voorgesteld. Er gingen geruchten dat Terry's echtgenoot weer in Sabinal was en het op mij had voorzien; ik lustte hem rauw. Op een avond gingen de Okies in het café door het lint, ze bonden een man aan een boom vast en sloegen hem met stokken tot pulp. Ik sliep toen het gebeurde en wist het alleen van horen zeggen. Van toen af aan nam ik een grote stok mee in de tent voor het geval ze dachten dat wij Mexicanen hun caravankamp verziekten. Ze dachten dat ik een Mexicaan was, natuurlijk; en ergens ben ik dat ook.

Maar het was nu oktober en het werd 's nachts veel kouder. De Okies hadden een houtkachel en waren van plan de winter te blijven. Wij hadden niets, bovendien moest de tenthuur betaald worden. Terry en ik kwamen tot de bittere conclusie dat we moesten vertrekken. 'Ga terug naar je familie,' zei ik. 'Jezus, je kunt niet met een klein joch als Johnny in tenten blijven rondhangen; de arme dreumes heeft het koud.' Terry huilde omdat ik kritiek had op haar moederinstinct; dat bedoelde ik helemaal niet. Toen Ponzo op een grauwe middag met zijn vrachtwagen arriveerde, besloten we de situatie met haar familie te bespreken. Maar ik mocht niet gezien worden en moest me schuilhouden in de wijngaard. We gingen op weg naar Sabinal; de vrachtwagen kreeg pech, en tegelijkertijd begon het verschrikkelijk te regenen. We zaten in de oude vrachtwagen te vloeken. Ponzo stapte uit en ploeterde in de regen. Hij was uiteindelijk best een goeie vent. We beloofden elkaar dat we hem nog één keer flink zouden raken. We gingen een gammele bar in de Mexicaanse wijk van Sabinal binnen en goten ons een uur lang vol. Ik had genoeg van mijn gezwoeg in de katoen. Ik voelde mijn eigen leven aan me trekken. Ik stuurde mijn tante een kaartje en vroeg om nog vijftig dollar.

We reden naar het huisje van Terry's familie. Het stond aan de oude weg die door de wijngaarden leidde. Het was donker toen we er aankwamen. Ze zetten me een halve kilometer van het huis af en reden verder tot voor de deur. Er viel licht door de deuropening naar buiten; Terry's zes andere broers speelden gitaar en zongen. De ouweheer zat wijn te drinken. Ik hoorde kreten en geruzie boven het zingen uit. Ze noemden haar een hoer omdat ze haar waardeloze echtgenoot had verlaten en naar LA was gegaan en Johnny bij hen had achtergelaten. De ouwe schreeuwde. Maar de droefgeestige dikke bruine moeder had het laatste woord, zoals bij alle grote Fellah-volkeren op de wereld, en Terry mocht weer thuiskomen. De broers begonnen vrolijke, snelle liedjes te zingen. Ik dook ineen in de koude regenvlagen en bekeek alles vanuit de treurige oktoberse wijngaarden in de vallei. In mijn hoofd speelde het geweldige 'Lover Man', zoals Billie Holiday het zingt; ik had mijn eigen concert daar tussen de struiken. *'Someday we'll meet, and you'll dry all my tears, and whisper sweet, little things in my ear, hugging and a-kissing, oh what we've been missing, Lover Man, oh where can you be...* ' Het gaat niet zozeer om de tekst als om de geweldige harmonische melodie en de manier waarop Billie het zingt, als een vrouw die haar man bij zacht lamplicht over zijn haren streelt. De wind loeide. Ik kreeg het koud.

Terry en Ponzo kwamen terug en we rammelden in de ouwe vrachtwagen naar Rickey. Rickey woonde nu bij Ponzo's vrouw, Dikke Rosey; we toeterden voor hem in de krottige steegjes. Dikke Rosey schopte hem de deur uit. Het ging aan alle kanten mis. Die nacht sliepen we in de vrachtwagen. Terry hield me natuurlijk dicht tegen zich aan en zei dat ik niet weg moest gaan. Ze zei dat ze druiven zou gaan plukken en genoeg geld zou verdienen voor ons alle twee; intussen kon ik even voorbij hun huis in de schuur van boer Heffelfinger gaan wonen. Ik zou niks anders hoeven doen als de hele dag in het gras liggen en druiven eten. 'Lijkt je dat wat?'

's Morgens kwamen haar neven ons in een andere vrachtwagen ophalen. Ik realiseerde me plotseling dat duizenden Mexicanen in de omgeving van Terry en mij wisten en dat het een smeuïg, romantisch gespreksonderwerp moest zijn. De neven waren heel beleefd, heel charmant eigenlijk. Ik stond minzaam glimlachend op de vrachtwagen en vertelde ze wat wij in de oorlog deden en waar het allemaal om draaide. Er waren in totaal vijf neven, en ze waren allemaal even aardig. Ze schenen tot de leden van Terry's familie te behoren die niet overal een troep van maakten zoals haar broer. Maar ik was erg gesteld op die wilde Rickey. Hij garandeerde me dat hij me in New York zou komen opzoeken. Ik zag hem al in New York, alles tot mañana uitstellend. Hij lag die dag ergens dronken in een veld.

Ik stapte op de kruising uit, de neven reden Terry naar huis. Ze gebaarden van voor het huis dat de kust veilig was; haar vader en moeder waren niet thuis, ze waren druiven aan het plukken. Zodoende hadden we die middag het rijk alleen. Het was een houten huisje met vier kamers; ik kon me niet voorstellen hoe de hele familie hierin kon wonen. Er zwermden vliegen rond het aanrecht. Er waren geen horren, net als in het liedje: '*The window she is broken and the rain she is coming in.*' Terry was nu echt thuis en rommelde met potten en pannen. Haar twee zusjes giechelden tegen me. De kleintjes schreeuwden buiten op de weg.

Toen de zon rood door de wolken van mijn laatste middag in de vallei brak, bracht Terry me naar de schuur van Boer Heffelfinger. Heffelfinger had een welvarende boerderij verderop aan de weg. We zetten wat kratten tegen elkaar, ze bracht me dekens uit het huis en zo zat ik hier eersteklas, afgezien van een grote harige tarantella die zich in de nok van het dak schuilhield. Terry zei dat hij me niks zou doen als ik hem niet lastigviel. Ik lag er op mijn rug naar te kijken. Ik liep naar buiten de begraafplaats op en klom in een boom. In de boom zittend zong ik 'Blue Skies'. Terry en Johnny zaten in het gras; we aten druiven. In Californië kauw je het sap uit de druiven en dan spuug je de velletjes uit, pure luxe. De avond viel. Terry ging thuis eten en kwam om negen uur terug naar de schuur met heerlijke tortilla's en geprakte bonen. Ik stak een houtvuur aan op de cementen vloer van de schuur om licht te maken. We vrijden op de kratten. Terry stond op en ging regelrecht terug naar huis. Haar vader ging tegen haar tekeer; ik kon hem vanuit de schuur horen. Ze had een cape voor me achtergelaten om warm te blijven; ik sloeg hem om mijn schouders en sloop in het maanlicht door de wijngaard om te kijken wat er aan de hand was. Ik kroop naar het einde van een rij en knielde in de warme aarde. Haar vijf broers zongen melodieuze Spaanse liedjes. De sterren bogen zich over het kleine dak; er steeg rook uit de kachelpijp die als schoorsteen diende. Ik rook bonenpuree en pepers. De ouweheer gromde wat. De broers bleven gewoon doorjodelen. De moeder zweeg. Johnny en de kinderen giechelden in de slaapkamer. Een Californisch huisgezin; ik verborg me tussen de wijnranken en dronk alles in. Ik voelde me de koning te rijk; ik was op avontuur in die waanzinnige Amerikaanse nacht.

Terry kwam naar buiten en sloeg de deur met een klap achter zich dicht. Ik sprak haar aan op de donkere weg. 'Wat is er?'

'Ah, we hebben aldoor ruzie. Hij wil dat ik morgen ga werken. Hij zegt dat het uit moet zijn met dat gescharrel. Ik wil met je mee naar New York, Sallie.'

'Ja, maar hoe?'

'Dat weet ik niet, schat. Ik zal je missen. Ik hou van je.'

'Maar ik moet echt weg.'

'Ja, ja. We gaan nog één keer bij elkaar liggen, dan ga je weg.'

We liepen terug naar de schuur; ik vrijde met haar onder de tarantella. Wat deed die tarantella daar? We sliepen een poosje op de kratten terwijl het vuur doofde. Ze ging om middernacht terug naar huis; haar vader was dronken; ik hoorde hem brullen; toen viel hij in slaap en heerste er stilte. De sterren ontfermden zich over het slapende land.

's Morgens stak boer Heffelfinger zijn hoofd door het paardenhek en zei: 'Hoe gaat het, jongeheer?'

'Prima. Ik hoop dat het in orde is dat ik hier zit.'

'Welja, jongen. Ga jij met dat Mexicaanse sletje?'

'Het is een hele fijne meid.'

'En een hele knappe ook. Volgens mij is de stier over het hek gesprongen. Ze heeft blauwe ogen.' We praatten over zijn boerderij.

Terry bracht me mijn ontbijt. Ik had mijn tas gepakt en was klaar om naar New York af te reizen, zodra ik mijn geld had opgehaald in Sabinal. Ik wist dat het onderhand voor me klaar zou liggen. Ik zei Terry dat ik wegging. Ze had er de hele nacht over nagedacht en zich erbij neergelegd. In de wijngaard kuste ze me zonder emotie en liep weg tussen de rijen. Na twaalf passen draaiden we ons om, want liefde is een duel; we keken elkaar voor de laatste keer aan.

'Tot ziens in New York, Terry,' zei ik. Ze zou over een maand met haar broer naar New York rijden. Maar we wisten allebei dat het er niet van zou komen. Na zo'n dertig meter draaide ik me om en keek naar haar. Ze liep gewoon verder naar het huisje, met mijn ontbijtbord in haar hand. Ik boog mijn hoofd en keek haar na. Nou, jammer dan, ik was weer onderweg.

Ik liep over de snelweg naar Sabinal, at onderweg zwarte walnoten van de walnotenbomen. Ik ging naar het spoor van de Southern Pacific en balanceerde over de rails. Ik kwam langs een watertoren en een fabriek. Dit was een soort eindpunt. Ik ging naar het telegraafkantoor van de spoorwegmaatschappij voor mijn postwissel uit New York. Het was gesloten. Ik vloekte en ging op de stoep zitten wachten. De loketbediende kwam terug en liet me binnen. Het geld was gearriveerd; mijn tante had onze luie niksnut weer uit de brand geholpen. 'Wie wordt er volgend jaar honkbalkampioen?' zei de uitgemergelde oude bediende. Ik realiseerde me plotseling dat het herfst was en dat ik terugging naar New York.

Ik liep langs het spoor in het langgerekte sombere oktoberlicht van de vallei, hopend dat er een goederentrein van de Southern Pacific langs zou komen zodat ik me kon aansluiten bij de druiven smullende hobo's en samen met hen stripverhalen kon lezen. Hij kwam niet. Ik liep naar de snelweg en kreeg meteen een lift. We gierden met een bloedgang over de weg. De chauffeur was violist in een Californische cowboyband. Hij had een splinternieuwe wagen en reed honderddertig kilometer per uur. 'Ik drink niet als ik rij,' zei hij en reikte me een halfje whisky aan. Ik nam een teug en hield hem de fles voor. 'Wat kan het ook verdommen,' zei hij en nam een slok. We reden de ruwweg vierhonderd kilometer van Sabinal naar LA in de verbazingwekkende tijd van vier uur rond. Hij zette me pal voor Columbia Pictures in Hollywood af; ik was net op tijd om naar binnen te rennen en mijn afgewezen script op te halen. Daarna kocht ik mijn buskaartje naar Pittsburgh. Ik had niet genoeg geld om helemaal naar New York te gaan. Daar zou ik wel wat op vinden als ik eenmaal in Pittsburgh was.

De bus vertrok om tien uur, zodat ik nog vier uur de tijd had om in mijn eentje in Hollywood rond te kijken. Eerst kocht ik een brood en salami en maakte tien boterhammen voor de trip naar de andere kant. Ik had nog één dollar over. Ik ging achter op een parkeerterrein in Hollywood op het lage betonnen muurtje zitten en maakte de boterhammen klaar. Terwijl ik met dit absurde karwei zat te hannesen, doorstaken grote jupiterlampen van een Hollywoodpremière de hemel, die gonzende hemel van de Westkust. Overal om me heen weerklonk het rumoer van die waanzinnige stad aan de goudkust. Dit was mijn carrière in Hollywood – dit was mijn laatste avond in Hollywood en ik zat achter de plee van een parkeerterrein met mijn boterhammen op schoot mosterd te smeren.

14

Bij het ochtendgloren suisde mijn bus door de woestijn van Arizona – Indio, Blythe, Salome (waar ze danste); de wijde dorre vlakten die uitlopen op de Mexicaanse bergen in het zuiden. Toen zwenkten we noordwaarts naar de bergen van Arizona, Flagstaff, steden aan afgronden. Ik had een boek bij me dat ik in een kiosk in Hollywood had gestolen, *Le Grand Meaulnes* van Alain Fournier, maar ik las liever het Amerikaanse landschap waar we doorheen reden. Elke bobbel en helling, elk vlak gedeelte maakte mijn hunkering geheimzinniger. In inktzwarte duisternis doorkruisten we New Mexico; in het ochtendgrauw kwamen we door Dalhart, Texas; heel de fletse zondagmiddag reden we in Oklahoma door de ene vlakke stad na de andere; bij het vallen van de duisternis waren we in Kansas. De bus denderde verder. Ik ging in oktober naar huis. Iedereen gaat in oktober naar huis.

We arriveerden om twaalf uur 's middags in St. Louis. Ik wandelde een eindje langs de Mississippi en keek naar de boomstammen die uit Montana in het noorden kwamen aangedreven – een lange odyssee van stammen door ons droomcontinent. Oude stoomboten, de krullen in het houtwerk door weer en wind nog krulliger geworden, lagen met ratten aan boord in de modder. Stapels middagwolken verhieven zich boven de vallei van de Mississippi. De avond daverde de bus door de maïsvelden van Indiana; de maan verlichtte de spookachtig samendrommende kolven; het was bijna Allerheiligen. Ik maakte kennis met een meisje en we zaten de hele weg naar Indianapolis te vrijen. Ze was bijziend. Toen we uitstapten om te eten moest ik haar bij de hand naar de toonbank van de cafetaria leiden. Zij betaalde voor mijn eten; mijn boterhammen waren allemaal op. In ruil daarvoor vertelde ik haar lange verhalen. Ze kwam uit de staat Washington, waar ze de afgelopen zomer appels had geplukt. Ze woonde op een boerderij in het noorden van de staat New York. Ze nodigde me uit haar daar te komen opzoeken. We spraken in ieder geval af elkaar in een hotel in New York City te ontmoeten. Ze stapte in Columbus, Ohio, uit en ik sliep de hele rit naar Pittsburgh. Ik was zo moe als ik in jaren en jaren niet geweest was. Ik moest nog vijfhonderdvijfentachtig kilometer naar New York liften en ik had nog een dubbeltje op zak. Ik liep acht kilometer om Pittsburgh uit te komen en twee wagens, een appelwagen en een grote oplegger, brachten me naar Harrisburg in de zachte nazomerse, regenachtige avond. Ik ging meteen door. Ik wilde naar huis.

Het was de avond van de Geest van de Susquehanna. De Geest was een verschrompeld oud mannetje met een papieren knapzak die beweerde dat hij op weg was naar 'Canadie'. Hij liep heel vlug en beval me hem te volgen, hij zei dat er verderop een brug was waar we de rivier konden oversteken. Hij was een jaar of zestig; hij praatte onafgebroken over de maaltijden die hem waren voorgezet, hoeveel boter ze hem hadden gegeven voor op zijn pannenkoeken, hoeveel extra sneeën brood, hoe oude mannen hem vanuit het portiek van een tehuis in Maryland hadden geroepen en hadden uitgenodigd het weekeind te blijven, hoe hij er voor zijn vertrek een lekker warm bad had genomen; hoe hij in Virginia een gloednieuwe hoed langs de weg had gevonden, ja, de hoed die hij nu ophad; hoe hij in elke stad naar het Rode Kruis stapte en daar zijn conduitestaat van de Eerste Wereldoorlog liet zien; dat het Rode Kruis in Harrisburg haar naam onwaardig was; hoe hij zich redde in deze harde wereld. Maar voorzover ik het kon bekijken was hij gewoon een semi-respectabele landloper die te voet door heel de Oostelijke wildernis trok, de vestigingen van het Rode Kruis afschuimde en af en toe in een hoofdstraat om dubbeltjes bedelde. We waren allebei zwervers. We liepen tien kilometer langs de sombere Susquehanna. Het is een angstaanjagende rivier, met dichtbegroeide rotswanden langs beide oevers die als harige spoken over de onbekende wateren hangen. Dit alles omhuld door een inktzwarte nacht. Soms rijst er van de spoorlijnen aan de overkant een grote rode vlam van een locomotief op die de lugubere rotswanden verlicht. Het mannetje zei dat hij een mooie riem in zijn knapzak had en we bleven even staan zodat hij hem kon opdiepen. 'Ik heb hier ergens een hele mooie riem – die heb ik uit Frederick, Maryland. Hè, verdomme, heb ik dat ding dan toch in Fredericksburg op de toonbank laten liggen?'

'In Frederick, bedoel je.'

'Nee, nee, in Fredericksburg, Virgínia!' Hij had het aldoor over Frederick, Maryland en Fredericksburg, Virginia. Hij liep midden op de weg, zo het aanstormende verkeer tegemoet, en werd diverse keren bijna aangereden. Ik ploeterde door de greppel voort. Ik verwachtte de arme ouwe gek elk ogenblik morsdood door de nachtlucht te zien vliegen. We hebben die brug nooit gevonden. Ik liet hem onder een spoorbrug achter en omdat ik zweette van het lopen, deed ik mijn overhemd uit en trok in plaats ervan twee truien aan; een café verlichtte mijn trieste gehannes. Er kwam een heel gezin over de donkere weg aanlopen, ze vroegen zich af wat ik hier deed. Het raarst van al was nog dat er een tenorsaxofonist wat prima blues blies daar in die boerentent midden in Pennsylvania; ik luisterde en kreunde. Het begon hard te regenen. Iemand gaf me een lift terug naar Harrisburg en vertelde me dat ik op de verkeerde weg zat. Plots zag ik de kleine landloper met zijn duim omhoog onder een treurige lantaarn staan – arm verloren klein mannetje, ooit een klein jongetje, nu een gebroken geest in een berooide wildernis. Ik vertelde mijn chauffeur over hem en hij stopte om het tegen de oude man te zeggen.

'Luister eens, ouwetje, zo ga je naar het westen in plaats van het oosten.'

'Hé,' zei de kleine geest. 'Vertel mij niet dat ik hier de weg niet weet. Ik loop hier al jaren rond. Ik ben op weg naar Canadie.'

'Maar deze weg gaat niet naar Canada, deze weg gaat naar Pittsburgh en Chicago.' Het oude mannetje kreeg genoeg van ons en liep weg. Het laatste dat ik van hem zag was de kleine knapzak die wit dansend oploste in het duister van de droefgeestige Alleghenies.

Ik dacht dat heel de wildernis van Amerika in het Westen lag, tot de Geest van de Susquehanna me corrigeerde. O ja, er is wel degelijk een wildernis in het Oosten; het is dezelfde wildernis waar Ben Franklin als postmeester doorheen sjokte in de dagen van de ossenkar, nog dezelfde wildernis als toen George Washington driest tegen de Indianen ten strijde trok, toen Daniel Boone in Pennsylvania bij lamplicht verhalen vertelde en beloofde dat hij de Doorgang zou vinden, toen Bradford zijn weg aanlegde en mannen de beest uithingen in blokhutten. Voor dit kleine mannetje was er geen wijde open ruimte zoals in Arizona, louter de dichtbegroeide wildernis van oostelijk Pennsylvania, Maryland en Virginia, de achterafwegen, zwartgeteerde slingerwegen langs sombere rivieren als de Susquehanna en de Monongahela, de Potomac, de Monocacy.

Die nacht in Harrisburg moest ik op het station op een bank slapen; 's morgens vroeg gooide de stationschef me eruit. Is het niet zo dat je het leven begint als een onnozel lief jongetje dat alles onder zijn vaders dak gelooft? Dan komt de dag van de Laodiceeërs, de dag waarop je weet dat je een miserabel wrak bent, arm, blind en naakt, met het aangezicht van een gruwzaam rouwende geest trek je sidderend door dit nachtmerriebestaan. Ik strompelde afgetobd het station uit; ik had het niet meer in de hand. Het enige dat ik van de morgen zag was een wit als het wit van een graftombe. Ik stierf van de honger. Het enige dat ik aan calorieën bij me had was een restantje van de hoestpastilles die ik maanden geleden in Shelton, Nebraska, had gekocht; ik zoog erop om de suiker die erin zat. Ik had geen ervaring met bietsen. Ik wankelde de stad uit, had nauwelijks de kracht om de stadsgrens te halen. Ik wist dat ik opgepakt zou worden als ik nog een nacht in Harrisburg doorbracht. Vervloekte rotstad! De lift die ik vervolgens kreeg was met een magere, hologige man die geloofde in beheerst hongeren voor de gezondheid. Toen ik hem tijdens onze rit naar het oosten vertelde dat ik stierf van de honger, zei hij: 'Mooi, mooi zo, dat is heel goed voor je. Ik heb zelf in drie dagen niet gegeten. Ik word honderdvijftig jaar.' Hij was een bottenzak, een slappe ledenpop, een gebroken tak, een maniak. Ik had evengoed een lift kunnen krijgen van een welvarende dikke vent die zei: 'Laten we bij dit restaurant maar even stoppen voor een bord bonen met karbonade.' Maar nee, ik moest die ochtend nodig een lift krijgen van een maniak die geloofde in beheerst hongeren voor de gezondheid. Na honderdvijftig kilometer gaf hij toe en pakte wat boterhammen met boter van de achterbank. Ze lagen verborgen tussen zijn verkoopmonsters. Hij verkocht loodgietersartikelen in heel Pennsylvania. Ik verslond de boterhammen. Plotseling begon ik te lachen. Ik zat helemaal alleen in de wagen, terwijl hij klanten afging in Allenstown, en ik bleef maar lachen. Bah, ik was doodziek van het leven. Maar die idioot reed me helemaal naar huis naar New York.

Plotseling stond ik op Times Square. Ik had twaalfduizend kilometer over het Amerikaanse continent rondgereisd en stond weer op Times Square; en nog midden in het spitsuur ook, met mijn onschuldige reizigersogen bezag ik de gierende waanzin, het fantastisch oproer van New York, waar miljoenen en nog eens miljoenen eeuwig om de dollars knokken in die krankzinnige droom – graaien en grijpen, geven en nemen, zuchten en sterven, en dat alles louter om begraven te worden in de afschuwelijke grafsteden voorbij Long Island City. Hier stonden de hoogste torens van het land – aan de andere kant van het land, de geboorteplaats van het Papieren Amerika. Ik stond aan de ingang van een metrostation en probeerde de moed op te brengen een mooie lange peuk op te rapen, maar telkens als ik me bukte draafden er drommen mensen langs en werd hij aan het zicht onttrokken, ten slotte werd hij platgetrapt. Ik had geen geld om met de bus naar huis te gaan. Paterson is een aardig kilometertje van Times Square. Zie je mij al die laatste kilometers door de Lincoln Tunnel of over de Washington Bridge naar New Jersey sjokken? Het liep tegen de avond. Waar was Hassel? Ik speurde het plein af naar Hassel; hij was er niet, hij zat op Riker's Island achter de tralies. Waar was Dean? Waar was iedereen? Waar speelde het leven zich af? Ik had een thuis, een plek om mijn hoofd te ruste te leggen en te overdenken wat ik ver- loren had, en op de een of andere manier ook gewonnen, dat wist ik zeker. Ik moest twee dubbeltjes zien te bietsen voor de bus. Ten slotte benaderde ik een Griekse geestelijke die om de hoek op straat stond. Nerveus een andere kant opkijkend gaf hij me een kwartje. Ik rende meteen naar de bus.

Toen ik thuiskwam at ik de ijskast leeg. Mijn tante kwam haar bed uit en keek me aan. 'Arme kleine Salvatore,' zei ze in het Itali- aans. 'Je bent mager, je bent mager geworden. Waar heb je al die tijd gezeten?' Ik had twee overhemden en twee truien aan; in de canvas tas zaten mijn gescheurde katoenplukkersbroek en de rafe- lige resten van mijn huaraches. Mijn tante en ik besloten een nieu- we elektrische koelkast te kopen van het geld dat ik haar uit Cali- fornië had gestuurd; het zou de eerste zijn in de familie. Ze ging naar bed, en laat die nacht kon ik niet slapen en zat ik maar wat in bed te roken. Mijn half voltooide manuscript lag op het bureau. Het was oktober, ik was weer thuis, weer aan het werk. De eerste koude windvlagen rammelden aan het raam, ik was net op tijd te- rug. Dean was naar mijn huis gekomen en had er diverse nachten geslapen om op me te wachten; hij had hele middagen met mijn tante zitten praten terwijl zij een groot kleed weefde van alle kle- ren die er in de loop der jaren in mijn familie waren gedragen, en nu was het klaar en lag het in mijn slaapkamer, even ingewikkeld en rijk geschakeerd als de verstreken tijd zelf; toen was Dean twee dagen voor mijn aankomst vertrokken en waarschijnlijk had hij er- gens in Pennsylvania of Ohio mijn weg gekruist op zijn reis naar San Francisco. Hij had er zijn eigen leven; Camille had net een ap- partement gekregen. Het was nooit bij me opgekomen haar op te zoeken terwijl ik in Mill City was. Nu was het te laat en was ik Dean ook nog misgelopen.

DEEL TWEE

I

Het duurde meer dan een jaar voor ik Dean weer zag. Ik was al die tijd thuisgebleven, maakte mijn boek af en ging toen studeren op een beurs voor veteranen. Met Kerstmis 1948 gingen mijn tante en ik beladen met geschenken naar mijn broer in Virginia. Dean en ik hadden elkaar geschreven en hij zei dat hij weer naar het Oosten kwam; ik vertelde hem dat hij me dan tussen Kerstmis en Nieuwjaar in Testament, Virginia, kon vinden. Op een dag zaten we met al onze Zuidelijke familieleden in de zitkamer in Testament; schrale mannen en vrouwen met die Zuidelijke aarde in hun blik praatten met gedempte zeurderige stemmen over het weer, de oogst, de gebruikelijke, eentonige opsomming wie er een baby had gekregen, wie een nieuw huis enzovoorts, toen er een bemodderde Hudson '49 op de zandweg voor het huis stopte. Ik had geen idee wie het was. Een vermoeide jonge vent, gespierd en slordig uitgedost in een T-shirt, ongeschoren stoppels, rode ogen, kwam naar het portiek en belde aan. Ik deed open en besefte plots dat het Dean was. Hij was helemaal van San Francisco naar het huis van mijn broer Rocco in Virginia gekomen, en in een verbazingwekkend korte tijd ook, want ik had nog maar net mijn laatste brief verstuurd waarin ik had geschreven waar ik zat. Ik zag twee slapende gedaanten in de auto. 'Godallemachtig! Dean! Wie zijn dat in de auto?'

'Hallo-hallo, man, dat is Marylou. En Ed Dunkel. We moeten ons onmiddellijk ergens opfrissen, we zijn doodop.'

'Maar hoe ben je hier zo snel gekomen?'

'Oho, man, die Hudson wil wel!'

'Hoe kom je eraan?'

'Van mijn spaargeld gekocht. Ik heb bij het spoor gewerkt, vier-honderd dollar per maand.'

Het volgende uur heerste er opperste verwarring. Mijn Zuide-lijke familieleden hadden geen idee wat er gaande was of wie die Dean, Marylou en Ed Dunkel waren; ze zaten ze maar dom aan te gapen. Mijn tante en mijn broer Rocky gingen de keuken in om te beraadslagen. Er waren in totaal elf mensen in het kleine typisch Zuidelijke huisje. Dat niet alleen, mijn broer had ook juist beslo-ten te verhuizen en de helft van zijn meubilair was al verdwenen; hij ging dichter bij het centrum van Testament wonen met zijn vrouw en baby. Ze hadden een nieuw bankstel gekocht en het ou-de ging naar het huis van mijn tante in Paterson, al hadden we nog niet besloten hoe. Toen Dean dit hoorde bood hij meteen zijn diensten aan met de Hudson. Hij en ik zouden de meubels in twee snelle trips naar Paterson vervoeren en mijn tante op de laatste reis meenemen. Het zou ons een hoop geld en moeite besparen. Iedereen ging akkoord. Mijn schoonzus bereidde een vorstelijk maal en de drie moegebeukte reizigers gingen ervoor zitten. Ma-rylou had sinds Denver niet geslapen. Ik vond dat ze er ouder en mooier uitzag.

Ik hoorde dat Dean heel gelukkig met Camille in San Francisco had gewoond sinds die herfst van 1947, hij had werk gevonden bij het spoor en verdiende een hoop geld. Hij was vader geworden van een schattig klein meisje, Amy Moriarty. Toen ging hij op een dag gewoon over straat lopend ineens op tilt. Hij zag een Hudson '49 te koop en rende naar de bank om zijn hele poet op te nemen. Hij kocht de wagen ter plekke. Ed Dunkel was erbij. Nu waren ze platzak. Dean kalmeerde de bezorgde Camille en zei haar dat hij in een maand terug zou zijn. 'Ik ga naar New York en kom met Sal terug.' Ze was niet bijster ingenomen met dat vooruitzicht.

'Maar waar is dit allemaal voor nodig? Waarom doe je me dit aan?'

'Er is niks aan de hand, niks aan de hand, schatje – uh – um – Sal heeft me gesmeekt hem te komen halen, het is absoluut noodzake-lijk dat ik – laten we al die verklaringen nu maar achterwege laten

– en ik zal je zeggen waarom… nee, luister nou, dan zal ik je zeggen waarom.' Hij vertelde haar waarom, en het sloeg natuurlijk nergens op.

Lange Ed Dunkel werkte ook bij het spoor. Hij en Dean waren net tijdelijk ontslagen vanwege hun korte diensttijd omdat het personeel drastisch werd ingekrompen. Ed had een meisje ontmoet dat Galatea heette, ze woonde in San Francisco en leefde van haar spaargeld. Die twee onbekommerde schoften besloten het meisje mee te nemen naar het Oosten en haar voor de kosten te laten opdraaien. Ed bleef maar smeken en soebatten; ze ging niet mee tenzij hij met haar trouwde. In een wervelwind van enkele dagen, waarin Dean van hot naar her rende voor de benodigde papieren, was Ed Dunkel met Galatea getrouwd, en een paar dagen voor Kerstmis rolden ze met honderdtien per uur San Francisco uit, op weg naar LA en de sneeuwvrije zuidelijke route. In LA pikten ze bij een reisbureau een zeeman op en namen hem mee voor vijftien dollar benzinegeld. Hij moest naar Indiana. Ze namen ook een vrouw met haar achterlijke dochtertje mee naar Arizona voor vier dollar benzinegeld. Dean zette het achterlijke meisje bij hem voorin en zag haar helemaal zitten, zei hij: 'Niet te kort, man! wat een te gek lief klein ding. We praatten wat af samen, over branden en dat de woestijn in een paradijs veranderde en over haar papegaai die in het Spaans kon vloeken.' Na aflevering van die passagiers koersten ze verder naar Tucson. De hele weg bleef Galatea Dunkel, Eds nieuwe vrouw, klagen dat ze zo moe was en in een motel wilde slapen. Als het zo doorging zouden ze lang voor Virginia al haar geld hebben uitgegeven. Twee avonden dwong ze hen te stoppen en tien dollar aan een motel te verspillen. Toen ze in Tucson aankwamen was ze blut. Dean en Ed wisten in een hotelhal aan haar te ontglippen en hervatten de reis alleen, met de zeeman, en zonder enige gewetenswroeging.

Ed Dunkel was een lange, kalme, onnadenkende vent die volkomen bereid was om alles te doen wat Dean hem vroeg; en op dit ogenblik had Dean het te druk voor scrupules. Hij raasde door Las Cruces, New Mexico, toen hij plotseling een explosieve drang voelde zijn lieve eerste vrouw Marylou weer te zien. Ze zat in

Denver. Hij boog ondanks zwakke protesten van de zeeman af naar het noorden en zoefde 's avonds Denver binnen. Hij rende de stad af en vond Marylou in een hotel. Er volgden tien uren van wilde liefde. Alles begon van voren af aan met nieuwe voornemens: ze zouden bij elkaar blijven. Marylou was het enige meisje van wie Dean ooit echt had gehouden. Hij was ziek van spijt toen hij haar gezicht weer zag en zoals altijd smeekte hij aan haar voeten geknield om de vreugde die zij hem kon schenken. Zij begreep Dean; ze streelde zijn haren; ze wist dat hij gek was. Om de zeeman te sussen installeerde Dean hem met een meisje in een hotelkamer boven de bar waar de oude biljartploeg altijd zat te drinken. Maar de zeeman weigerde het meisje, hij liep weg de nacht in en ze zagen hem niet meer terug; hij was kennelijk op een bus naar Indiana gestapt.

Dean, Marylou en Ed Dunkel gierden over Colfax Avenue oostwaarts naar de vlakten van Kansas. Ze werden onderweg overvallen door grote sneeuwstormen. 's Nachts in Missouri moest Dean zijn hoofd in een sjaal gewikkeld uit het raam steken en zo met een sneeuwbril op, als een monnik in dat manuscript vol sneeuw turend, verderrijden want de voorruit was overdekt met een duimdikke laag ijs. Zonder erbij na te denken reed hij door de geboortestreek van zijn voorvaderen. 's Morgens slipte de wagen op een ijzige helling en klapte in een sloot. Een boer bood aan ze te helpen. Ze hadden weer oponthoud toen ze een lifter oppikten die hun een dollar beloofde als ze hem lieten meerijden naar Memphis. In Memphis ging hij zijn huis binnen, scharrelde er rond om die dollar te zoeken, werd intussen dronken en zei dat hij hem niet kon vinden. Ze reden verder door Tennessee; de lagers waren naar de knoppen door dat ongeluk. Dean had aldoor honderdvijftig gereden; nu moest hij kalm aan honderd blijven rijden anders tolde dadelijk de hele motor de berg af. Ze reden midden in de winter door de Great Smoky Mountains. Toen ze bij mijn broer aanbelden hadden ze dertig uur niets gegeten – behalve wat snoep en kaaskoekjes.

Ze aten gulzig terwijl Dean met een boterham in zijn hand en voorovergebogen voor de grote grammofoon rondspringend naar een waanzinnig bopalbum luisterde dat ik net had gekocht, *The Hunt*, met Dexter Gordon en Wardell Gray op volle toeren voor een krijsend publiek, wat die plaat een fantastisch wild scheurend geluid gaf. De Zuiderlingen keken elkaar vol ontzag, hoofdschuddend aan. 'Wat heeft die Sal toch voor vrienden?' zeiden ze tegen mijn broer. Hij wist er niets op te antwoorden. Zuiderlingen houden helemaal niet van dat opgefokte gedoe, het manische gedrag van mensen als Dean. Hij schonk totaal geen aandacht aan ze. Deans manie had zich ontvouwen tot een bizarre bloem. Ik besefte dit niet tot hij en ik met Marylou en Ed Dunkel naar buiten stapten voor een ritje in de Hudson, toen we voor het eerst alleen waren en vrijuit konden praten. Dean omklemde het stuurwiel, schakelde naar de twee, peinsde een ogenblik traag voortrollend, scheen toen plots iets te besluiten en joeg de wagen plankgas over de weg in een furie van vastbeslotenheid.

'Oké, kinders,' zei hij terwijl hij langs zijn neus wreef en bukkend naar de handrem tastte, sigaretten uit het dashboardkastje pakte en aldus alle kanten op deinend doorreed. 'Het is nu tijd om te besluiten wat wij de komende week gaan doen. Dat is essentieel. Essentieel dus. Ahum!' Hij ontweek een muilezelwagen; er zat een oude neger op de traag voortsjokkende kar. 'Ja ja!' riep Dean. 'Ja ja! Bekijk die vent even! Denk eens even na over zijn ziel – sta daar eens even bij stil, ja?' Hij minderde vaart zodat we allemaal konden omkijken om die ouwe zwarte gabber te zien voortkreunen. 'O ja, ik zie hem helemaal zitten; er gaan gedachten door dat brein waar ik mijn laatste arm voor zou geven; ja, even in zijn ziel klimmen om te kijken wat die ouwe dibbes allemaal zit te prakkedenken over de raapsteeltjes en achterham van dit jaar. Dat weet jij niet, Sal, maar ik heb ooit een heel jaar bij een boer in Arkansas gewoond, toen ik elf was. Ik moest allemaal afschuwelijke karweitjes opknappen, een keer moest ik een dood paard villen. Ben niet meer in Arkansas geweest sinds Kerstmis negentiendrieënveertig, vijf jaar geleden, toen Ben Gavin en ik met een pistool achternagezeten werden door de eigenaar van een auto die wij probeerden te stelen; ik vertel je dit allemaal om je te laten zien dat ik recht van spreken heb over het Zuiden. Ik ben – ik bedoel, ik heb het Zuiden helemaal door, man, ik ken het van binnen en van buiten – ik zag het dus helemaal voor me wat jij me erover schreef in je brieven. O ja, man, o ja hoor,' zei hij in gedachten afdwalend, hield toen helemaal op met praten en stampte de wagen plotseling weer diep over het stuurwiel gebogen naar de honderd. Hij tuurde vastberaden voor zich uit. Marylou glimlachte sereen. Dit was de nieuwe en volledige Dean, tot volle wasdom gerijpt. Ik zei bij mezelf: Heregod, wat is hij veranderd. De woede spatte uit zijn ogen als hij over dingen vertelde die hij haatte; om plaats te maken voor een warme gloed van blijdschap als hij plots weer goeie zin had; al zijn spieren trilden en sidderden van leven. 'O, man, ik zou je dingen kunnen vertellen,' zei hij in mijn ribben porrend: 'O ja, man, we moeten absoluut tijd maken om – wat is er met Carlo gebeurd? Wij krijgen onze Carlo allemaal te zien, hoor, schatten, morgenvroeg al. Goed, Marylou, wij gaan wat brood en vlees inslaan om een lunchpakket klaar te maken voor New York. Hoeveel geld heb jij, Sal? We laden alles op de achterbank, de meubelen van mevrouw P. bedoel ik, en gaan knus met zijn allen voorin zitten en mekaar verhalen vertellen terwijl we naar New York suizen. Marylou, jij komt met je mooie dijen naast mij zitten, dan Sal, dan Ed bij het raam, grote Ed moet de tocht buitenhouden, dus krijgt hij deze keer de plaid. En dan gaan we allemaal flink aan het leven want het is nu of nooit en *later is het te laat!*' Hij wreef verwoed over zijn kaak, zwiepte de wagen opzij en passeerde drie vrachtwagens, raasde het centrum van Testament binnen en keek naar alle kanten, zag alles binnen een boog van 180 graden rond zijn oogbollen zonder zijn hoofd te bewegen. En wham, binnen de kortste keren had hij een plek gevonden en stond de wagen geparkeerd. Hij sprong uit de auto. Verwoed dringend stormde hij het station binnen; wij volgden schaapachtig. Hij kocht sigaretten. Hij was totaal krankzinnig geworden in zijn bewegingen; hij scheen alles tegelijk te doen: zijn hoofd knikt van ja en schudt van nee; handen rukkerig, druk bezig; gauw even lopen en weer zitten, benen over elkaar, andersom over elkaar, dan komt hij alweer handenwrijvend overeind, wrijft over zijn gulp, kijkt aan zijn broek sjorrend op en zegt: 'Umm,' en plots vernauwen zijn ogen zich tot spleetjes om alle kanten op te turen; intussen port hij me aldoor in mijn ribben en praat praat praat hij tegen me.

Het was heel koud in Testament; het had onverwacht gesneeuwd. Hij stond in de lange grauwe hoofdstraat die langs de spoorlijn loopt, met alleen een T-shirt aan en een afgezakte broek met loshangende riem, alsof hij op het punt stond hem uit te trekken. Hij stak zijn hoofd door het raampje naar binnen om met Marylou te praten; hij stapte achteruit, wapperde met zijn handen. 'O ja, dat weet ik! Ik ken jou, ik kén jou, schatje!' Zijn lach klonk maniakaal; hij begon zacht en eindigde heel hoog, precies als de lach van een maniak in een hoorspel, maar dan sneller, tsjirpend haast. Een tel later praatte hij alweer op zakelijke toon. Onze rit naar het centrum was zonder doel, maar daar vond hij wel wat op. Hij kreeg ons allemaal aan het rennen, Marylou moest boodschappen doen voor die lunch, ik moest een krant gaan halen voor het weerbericht, Ed ging sigaren kopen. Dean rookte graag sigaren. Hij rookte er een terwijl hij pratend de krant las. 'Aha, onze hoogedele Amerikaanse labbekakken daar in Washington zijn voornemens verdere ongemakken – ah – hum! – aho – hups! hups!' Hij stoof weg om naar een zwart meisje te kijken dat juist voor het station langssliep. 'Kijk me dat even,' zei hij met een slappe vinger wijzend, zichzelf met een leipe grijns bevingerend, 'wat een te gek zwart mokkel. Aah! Hmm!' We stapten in de wagen en vlogen terug naar het huis van mijn broer.

Ik was bezig aan een rustige kerst op het platteland, realiseerde ik me toen we weer binnenkwamen en ik de kerstboom zag en de cadeaus, toen ik de roosterende kalkoen rook en luisterde naar de gesprekken van mijn familie, maar nu had het virus me weer te pakken, het virus heette Dean Moriarty en ik ging weer een flink stuk onderweg.

2

We laadden het meubilair van mijn broer achterin de auto en gingen bij het vallen van de avond op weg, met de belofte dat we binnen dertig uur terug zouden zijn – dertig uur voor zestienhonderd kilometer heen en terug. Maar zo wilde Dean het nu eenmaal. Het werd een zware tocht, en we hadden het geen van allen in de gaten; de verwarming deed het niet met het gevolg dat de voorruit beslagen raakte met ijs; Dean stak aldoor honderd kilometer per uur rijdend een hand naar buiten om met een lap een gat schoon te vegen waardoor hij de weg kon zien. 'O, heilig kijkgat!' In de ruime Hudson was plaats genoeg om met ons vieren voorin te zitten. We hadden een deken over onze knieën. De radio deed het niet. De wagen was gloednieuw, pas vijf dagen geleden gekocht, en er was al van alles kapot. Er was ook nog maar één termijn afbetaald. Zo gingen we naar Washington, noordwaarts over de 301, een rechte tweebaansweg zonder veel verkeer. Dean praatte, niemand anders zei iets. Hij gebaarde heftig, leunde soms helemaal naar mij opzij om zijn woorden kracht bij te zetten, soms had hij zijn handen van het stuur en toch schoot de wagen als een pijl recht vooruit, niet één keer afwijkend van de witte streep midden op de weg die zich maar bleef ontrollen en ons linker voorwiel streelde.

Een volkomen zinloze reeks gebeurtenissen had Dean hierheen gebracht, en ik ging ook zonder enige reden met hem op pad. Ik had in New York colleges gevolgd en scharrelde er wat met Lucille, een prachtige Italiaanse schattebout met goudbruin haar met wie ik in feite wilde trouwen. Ik kon geen meisje ontmoeten zonder tegen mezelf te zeggen: Hoe zou het zijn om haar als vrouw te hebben? Ik vertelde Dean en Marylou over Lucille. Marylou wilde alles over Lucille weten, ze wilde haar ontmoeten. Al pratend gleden we door Richmond, Washington, Baltimore, dan over een slingerende landweg naar Philadelphia. 'Ik wil met een meisje trouwen,' vertelde ik hun, 'zodat ik mijn ziel bij haar te ruste kan leggen tot we allebei oud worden. Dit kan niet eeuwig zo doorgaan – die wilde toestanden, al dat rennen en vliegen. We moeten uiteindelijk ergens uitkomen, iets bereiken.'

'O jee, ja, man,' zei Dean. 'Ik hoor jou al jaren over je húis en trouwen en al dat heerlijks en prachtigs in je ziel.' Het was een treurige nacht; het was ook een vrolijke nacht. In Philadelphia gingen we een snackbar binnen en kochten er hamburgers met onze laatste dollar etensgeld. De buffetbediende hoorde ons over geld praten – dit om drie uur in de morgen – en bood ons de hamburgers gratis aan, plus extra koffie, als we allemaal meehielpen met de afwas daar zijn vaste hulp niet was komen opdagen. We gingen er grif op in. Ed Dunkel zei dat hij een oude meester was in het bordenwassen en plompte zijn lange armen in het sop. Dean stond een beetje met een theedoek te hannesen, Marylou idem dito. Uiteindelijk begonnen ze tussen de potten en pannen te flikflooien; ze trokken zich terug in een donkere hoek van de bijkeuken. De buffetbediende vond het allang best zolang Ed en ik de afwas deden. We waren er in een kwartier mee klaar. Toen de ochtend aanbrak zoefden we door New Jersey met de grote metropoliswalm van New York voor ons uit in de sneeuwige verte. Dean had een trui rond zijn hoofd om zijn oren warm te houden. Hij zei dat we een bende Arabieren waren die New York gingen opblazen. We suisden door de Lincoln Tunnel en gingen even langs Times Square; Marylou wilde het zien.

'Verdomme, ik wou dat we Hassel konden vinden. Goed uitkijken allemaal, kijk of je hem ziet.' We speurden de trottoirs af. 'Die maffe ouwe Hassel. O, je had hem eens moeten zien daar in Texas.'

Dus nu had Dean vanaf Frisco via Arizona en Denver zo'n zeseneenhalfduizend kilometer afgelegd in minder dan vier dagen, met nog talloze avonturen er tussendoor, en dit was nog maar het begin.

3

We gingen naar mijn huis in Paterson om te slapen. Ik werd als eerste wakker, laat in de middag. Dean en Marylou sliepen in mijn bed, Ed en ik in het bed van mijn tante. Deans gehavende scharnierloze koffer lag wijdopen op de vloer, zijn sokken hingen eruit. Er was telefoon voor me in de drugstore beneden. Ik rende de trap af; telefoon uit New Orleans. Het was Old Bull Lee, die naar New Orleans was verhuisd. Old Bull Lee met zijn hoge zeurende stem had een klacht. Kennelijk was er net een meisje, ene Galatea Dunkel, bij hem thuis aangekomen, op zoek naar ene Ed Dunkel; Bull had geen idee wie die lui waren. Galatea was een vasthoudend verliezer. Ik zei Bull haar gerust te stellen, dat Dunkel met Dean bij mij was en dat we haar hoogst waarschijnlijk op weg naar de Westkust in New Orleans zouden oppikken. Toen kwam die meid zelf aan de telefoon. Ze wilde weten hoe het met Ed ging. Ze zat er vreselijk over in of hij wel gelukkig was.

'Hoe ben je van Tucson naar New Orleans gekomen?' vroeg ik. Ze zei dat ze een telegram naar huis had gestuurd om geld en met de bus was gegaan. Ze was vastbesloten Ed weer te pakken te krijgen want ze hield van hem. Ik ging naar boven en vertelde dit aan Lange Ed. Hij zat met een bezorgd gezicht in zijn stoel, een engel van een vent, eigenlijk.

'Oké, jongens,' zei Dean plots ontwakend en al uit bed springend, 'wat wij nu moeten doen is eten, en wel nu meteen. Marylou, snuffel even in de keuken rond om te kijken wat er is. Sal, jij gaat met mij naar beneden Carlo bellen. Ed, kijk jij of je het huis een beetje kunt opruimen.' Ik volgde Dean, die al naar beneden draafde.

De vent van de drugstore zei: 'Er was net weer telefoon – deze keer uit San Francisco – voor ene Dean Moriarty. Ik zei dat hier niemand woonde die zo heette.' Het was die lieve Camille, ze had Dean gebeld. De drugstorebaas, Sam, een lange, rustige vriend van me, keek me aan en krabde achter zijn oor. 'Jemig, runnen jullie een internationaal hoerensyndicaat of zo?'

Dean giechelde maniakaal. 'Ik mag jou wel, man!' Hij sprong in de telefooncel en belde Camille in San Francisco op haar kosten. Daarna belden we Carlo op Long Island en zeiden dat hij moest komen. Carlo arriveerde twee uur later. Intussen maakten Dean en ik ons gereed samen terug te rijden naar Virginia om de rest van het meubilair op te halen en mijn tante mee terug te nemen. Carlo Marx kwam, met poëzie onder zijn arm, ging in een luie stoel zitten en sloeg ons met schitterende kraalogen gade. Het eerste halfuur weigerde hij iets te zeggen, hij liet zich in elk geval niet vastpinnen. Hij was gekalmeerd sinds zijn Denverse Depressies; dit vanwege zijn Dakarse Depressies. In Dakar had hij, nu met baard, door de achterbuurten gezworven en hadden kleine kindertjes hem naar een tovenaar gebracht die hem de toekomst voorspelde. Hij had foto's bij zich van bizarre achterafstraatjes met grashutten, swingend Dakar. Hij zei dat hij op de terugreis bijna overboord was gesprongen zoals Hart Crane. Dean zat op de vloer met een speeldoosje en luisterde in opperste verwondering naar het wijsje, 'A Fine Romance' – 'Al die kleine klingelende diedeldingelbelletjes! Ah! Luister! We buigen ons allemaal voorover en kijken binnen in dat speeldoosje tot we het geheim kennen – Tingdiedelding, hiehie!' Ed Dunkel zat ook op de vloer; hij had mijn drumstokken in zijn handen; opeens begon hij heel lichtjes een ritme met het speeldoosje mee te tikken, zo zacht dat we het nauwelijks konden horen. Iedereen hield de adem in om te luisteren. 'Tik... tek... tik-tik... tek-tek.' Dean plooide een hand om zijn oor; zijn mond hing open; hij zei: 'Ah! Hiehie!'

Carlo bezag dit malle gedoe met toegeknepen ogen. Ten slotte kletste hij op zijn knie en zei: 'Ik heb iets te zeggen.'

'Wat? Wat?'

'Wat is het doel van deze reis naar New York? Met wat voor voze zaken hou je je nu weer bezig? Ik bedoel, waar gaat gij heen, man? Waar gaat gij heen, Amerika, in uw glanzend automobiel, in de nacht?'

'Waar gaat gij heen?' herhaalde Dean met open mond. We zaten met onze mond vol tanden; we hadden niets meer te zeggen. We konden alleen maar vertrekken. Dean sprong op en zei dat we klaar waren om terug te rijden naar Virginia. Hij nam een douche, ik kookte een grote rijstschotel met alles wat er nog in huis was, Marylou stopte zijn sokken, en toen waren we klaar om te vertrekken. Dean, Carlo en ik scheurden naar New York. We beloofden Carlo dat we hem binnen dertig uur weer zouden ontmoeten, op tijd voor de jaarwisseling. Het was avond. We lieten hem op Times Square achter en reden door de prijzige tunnel terug naar New Jersey en dan de grote weg op. Dean en ik reden om beurten en waren binnen tien uur weer in Virginia.

'Dit is de eerste keer in jaren dat we alleen zijn en de kans hebben om eens goed te praten,' zei Dean. En hij praatte de hele nacht door. Als in een droom zoefden we weer door het slapende Washington en de wildernis van Virginia, staken bij het aanbreken van de dag de Appomattox over en stopten om acht uur 's morgens bij mijn broer voor de deur. En al die tijd was Dean ontzettend geestdriftig over alles wat hij zag en alles waar hij over praatte, over elk detail van elk verstrijkend ogenblik. Hij was uitzinnig van waarachtig geloof. 'En natuurlijk kan niemand ons nu nog vertellen dat er geen God is. We hebben alle stadia doorlopen. Weet je nog, Sal, toen ik voor de eerste keer in New York was en wilde dat Chad King me alles over Nietzsche leerde? Zie je wel hoe lang dat geleden is? Het is allemaal dik in orde, God bestaat, wij weten van tijd. Sinds de Grieken is alles op de verkeerde uitgangspunten gebaseerd. Je komt er niet met geometrie en geometrische denksystemen. Het gaat allemaal híerom!' Hij borg een vinger in zijn vuist; de wagen gleed kaarsrecht langs de streep. 'En dat niet alleen, wij begrijpen alle twee dat ik onmogelijk de tijd heb om nu uit te leggen waarom ik weet en waarom jij weet dat God bestaat.' Op een gegeven ogenblik mopperde ik over de problemen in het leven – dat mijn familie zo arm was, dat ik zo graag iets wilde doen voor Lucille, die ook arm was en een dochtertje had. 'Problemen, kijk, dat is de generaliserende term voor datgene waarin God bestaat. Het gaat erom je niet te laten opnaaien. Mijn hoofd gonst ervan!' riep hij, zijn schedel omklemmend. Hij draafde als Groucho Marx de auto uit om sigaretten te halen – die fanatieke, laagbijdegrondse loop met wapperende jaspanden, behalve dat hij geen jaspanden had. 'Ja, Sal, sinds Denver is er een hoop – o, de dingen die er gebeurd zijn – ik heb ontzettend veel nagedacht. Ik zat vroeger aldoor in het tuchthuis, ik was een jong broekie dat zich nodig moest bewijzen, – auto's stelen als psychologische expressie van mijn positie, flink duur doen. Al mijn gevangenisproblemen zijn nou zo'n beetje achter de rug. Voorzover ik het kan bekijken ga ik nooit meer de gevangenis in. Verder kan ik nergens wat aan doen.' We passeerden een jongetje dat stenen gooide naar de auto's op de weg. 'Stel je voor,' zei Dean, 'op een dag gooit hij bij iemand een steen door de voorruit, die vent krijgt een ongeluk en gaat dood – allemaal vanwege dat kleine jochie. Begrijp je wat ik bedoel? God bestaat zonder scrupules. Ik weet absoluut zeker dat er aan alle kanten voor ons gezorgd wordt terwijl wij hier rijden – dat zelfs jij met je angst voor dat stuurwiel' (ik had een hekel aan autorijden en reed voorzichtig) – 'die wagen blijft gewoon vanzelf doorrijden en jij raakt niet van de weg af en ik kan rustig slapen. Bovendien kennen wij Amerika, we zijn hier thuis; ik kan overal in Amerika heen gaan en overal krijgen wat ik hebben wil want het is overal hetzelfde, ik ken de mensen, ik weet wat ze doen. We geven en nemen en zigzaggen alle kanten op door die ongelofelijk gecompliceerde heerlijkheid.' De dingen die hij zei waren geenszins duidelijk, maar wat hij bedoelde te zeggen werd op de een of andere manier heel zuiver duidelijk. Hij gebruikte het woord 'zuiver' nogal eens. Ik had nooit durven dromen dat Dean nog eens een mysticus zou worden. Dit was het eerste begin van zijn mysticisme, dat zou leiden tot die vreemde, rommelige W.C. Fieldsachtige heiligheid in zijn latere jaren.

Zelfs mijn tante luisterde met een nieuwsgierig half oor naar hem toen we nog diezelfde avond met het meubilair achterin weer noordwaarts naar New York raasden. Nu mijn tante in de wagen zat, begon Dean over zijn werk in San Francisco. We behandelden elk detail van alles wat een remmer moet doen, bij elk emplacement dat we passeerden demonstreerde hij het een of ander, op een gegeven ogenblik sprong hij zelfs uit de auto om me te laten zien hoe een remmer het veilig sein geeft bij de wissel van een zijspoor. Mijn tante retireerde naar de achterbank en viel in slaap. Om vier uur 's morgens in Washington belde Dean Camille nog eens op haar kosten. Kort hierna, toen we Washington uitreden, werden we ingehaald door een patrouillewagen met loeiende sirene en kregen we een boete wegens te hard rijden hoewel we maar zo'n vijftig reden. Het kwam door de Californische nummerplaat. 'Jullie denken zeker dat je hier zo hard kunt rijden als je maar wilt omdat je uit Californië komt,' zei de smeris.

Ik ging met Dean mee naar het bureau en we probeerden de politie uit te leggen dat we geen geld hadden. Ze zeiden dat Dean de nacht in de cel zou moeten doorbrengen als we het geld niet bij elkaar kregen. Mijn tante had het natuurlijk wel, het was vijftien dollar; ze had twintig dollar in totaal, niets aan de hand. Terwijl wij met de smerissen stonden te redetwisten liep een van hen in feite naar buiten en gluurde stiekem naar mijn tante, die in een deken gehuld achterin de auto zat. Ze zag hem.

'Maak je geen zorgen, ik ben geen gangsterliefje. Als je de wagen wilt doorzoeken, ga je je gang maar. Ik ben op weg naar huis met mijn neef, en deze meubels zijn niet gestolen; ze zijn van mijn nichtje, ze heeft net een baby gekregen en gaat verhuizen.' Daar had onze Sherlock Holmes niet van terug en hij liep overdonderd terug naar het bureau. Mijn tante moest de boete voor Dean betalen anders zouden we in Washington blijven steken; ik had geen rijbewijs. Hij beloofde dat hij het terug zou betalen, en tot aangename verrassing van mijn tante deed hij het ook, precies anderhalf jaar later. Mijn tante was een respectabele vrouw die lelijk zat opgescheept met deze trieste wereld, een wereld die ze maar al te goed kende. Ze vertelde ons over de smeris. 'Hij verschool zich achter die boom, om te kijken wat voor iemand ik was. Ik zei tegen hem – ik zei dat hij de wagen wel mocht doorzoeken als hij wilde. Ik hoef me nergens voor te schamen.' Ze wist dat Dean zich wel over het een en ander kon schamen, en ik ook, dankzij mijn omgang met Dean, en Dean en ik aanvaardden dit somber.

Mijn tante zei op een gegeven moment dat de wereld geen vrede zou kennen voor de mannen zich aan de voeten van hun vrouwen wierpen en om vergiffenis vroegen. Maar dat wist Dean al; hij had het er vaak over gehad. 'Ik blijf Marylou smeken om een vreedzame fijne verstandhouding van zuivere liefde die voorgoed zo blijft zonder al dat gedonder – ze begrijpt me wel; haar brein is bezeten van iets anders – ze zit me op mijn huid; ze zal nooit begrijpen hoeveel ik van haar hou, ze wordt mijn ondergang.'

'De waarheid is dat wij onze vrouwen niet begrijpen; we geven hun de schuld maar we hebben het allemaal aan onszelf te wijten,' zei ik.

'O, maar zo simpel ligt het niet,' waarschuwde Dean. 'Die vrede komt plotseling, we zullen het niet beseffen als het zover is – snap je wat ik bedoel, man?' Koppig, mistroostig stuurde hij de wagen door New Jersey; bij het aanbreken van de dag reed ik Paterson binnen terwijl hij achterin lag te slapen. We kwamen om acht uur thuis, waar Marylou en Ed Dunkel peuken uit asbakken zaten te roken. Ze hadden sinds Dean en ik waren vertrokken niet meer gegeten. Mijn tante ging boodschappen doen en maakte een geweldig ontbijt klaar.

4

Nu was het tijd dat het Westelijke drietal een nieuw onderkomen zocht op Manhattan zelf. Carlo had een etage in York Avenue; ze trokken er die avond in. We sliepen de hele dag, Dean en ik, en werden wakker terwijl een enorme sneeuwstorm Oudejaarsavond 1948 aankondigde. Ed Dunkel zat in mijn luie stoel over zijn vorige Oudejaarsavond te vertellen. 'Ik zat in Chicago. Ik was blut. Ik zat bij het raam in mijn hotelkamer in North Clark Street en er steeg een verrukkelijke geur mijn neusgaten in van de bakkerij beneden. Ik had geen stuiver maar ik ging naar beneden en praatte met het meisje. Ze gaf me gratis brood en koffiekoeken. Ik ging terug naar mijn kamer en at ze op. Ik bleef de hele avond op mijn kamer. In Farmington, Utah, waar ik was gaan werken met Ed Wall – je weet wel, Ed Wall, de zoon van die veeboer in Denver – op een keer lag ik daar in bed en zag ik plotseling mijn overleden moeder in de hoek staan met allemaal licht om haar heen. Ik zei: "Moeder!" Toen was ze weer verdwenen. Ik heb aldoor visioenen,' zei Ed Dunkel knikkend.

'Hoe moet dat nou met Galatea?'

'O, dat zien we wel. Als we in New Orleans aankomen. Denk je ook niet?' Hij begon mij ook al om advies te vragen; hij had aan één Dean niet genoeg. Maar hij was al weer verliefd op Galatea nu hij erover nadacht.

'Wat ben je van plan te gaan doen, Ed?' vroeg ik.

'Ik weet het niet,' zei hij. 'Ik doe maar wat. Het leven is een kick.' Hij herhaalde het nog eens, in het voetspoor van Dean. Hij had geen doel. Hij zat maar herinneringen op te halen aan die avond in Chicago met de warme koffiekoeken in die eenzame kamer.

Buiten wervelde de sneeuw rond. Er was een groot feest in New York; we gingen er allemaal naartoe. Dean pakte zijn kapotte koffer in en zette hem in de auto, daarna gingen we met zijn allen op weg naar het grote gebeuren. Mijn tante was gelukkig met het vooruitzicht dat mijn broer haar de volgende week zou komen opzoeken; ze zat met haar krant te wachten op de Nieuwjaarsuitzending vanaf Times Square om twaalf uur. We scheurden New York binnen en zwierden over het ijs. Ik was nooit bang als Dean reed; hij had een wagen onder alle omstandigheden onder controle. De radio was gerepareerd en nu joegen wilde bopklanken ons door het donker. Ik wist niet waar dit allemaal toe zou leiden; het kon me niet schelen.

Zo ongeveer op dat moment begon iets eigenaardigs me dwars te zitten. Het was dit: ik was iets vergeten. Ik stond op het punt een besluit te nemen toen Dean kwam opdagen, en nu was het wel totaal uit mijn gedachten verdreven, maar mijn brein had het nog op het puntje van zijn tong. Ik bleef met mijn vingers knippen in mijn pogingen me te herinneren wat het was. Ik zei er zelfs iets over. Ik wist niet eens of het een echt besluit was of zomaar een idee dat ik was vergeten. Het zat me dwars en bracht me in verwarring, ik werd er neerslachtig van. Het had iets te maken met de Gesluierde Reiziger. Carlo Marx en ik zaten een keer knie aan knie, op twee stoelen tegenover elkaar te praten toen ik hem een droom vertelde over een vreemde Arabische figuur die me door de woestijn achtervolgde; ik probeerde hem af te schudden; ten slotte werd ik juist voor ik de Beschermende Stad bereikt had ingehaald. 'Wie is die figuur?' zei Carlo. We dachten erover na. Ik opperde dat ik het zelf was, gehuld in een lijkwade. Dat was het niet. Iets, iemand, een of andere geest achtervolgde ons allemaal door de woestijn des levens en zou ons te pakken krijgen voor we de hemel bereikten. Nu ik erop terugkijk, is het enkel de dood, natuurlijk: de dood zal ons voor de hemelpoort inhalen. Het enige waar wij tijdens ons leven echt naar hunkeren, waarvoor wij zuchtend en kreunend allerlei misselijke ellende verduren, is de herinnering aan een verloren geluk dat we waarschijnlijk in de baarmoeder hebben ervaren en alleen kunnen hervinden in de dood (al vinden we het vreselijk dat te erkennen). Maar wie wil er sterven? In de maalstroom van gebeurtenissen bleef ik hier in mijn achterhoofd aan denken. Ik vertelde het aan Dean en hij herkende het onmiddellijk als louter het eenvoudige verlangen naar het zuivere doodzijn; en aangezien wij geen van allen ooit in het leven terugkeren wilde hij er, terecht, niets mee te maken hebben; ik was het met hem eens.

We gingen op zoek naar mijn New Yorkse vriendenploeg. Daarin bloeien ook krankzinnige bloemen. We gingen eerst bij Tom Saybrook langs. Tom is een sombere, knappe vent, aardig, gul, meegaand; alleen krijgt hij af en toe ineens een depressieve aanval en dan gaat hij er vandoor zonder een woord tegen iemand te zeggen. Deze avond was hij overgelukkig. 'Sal, waar heb je die zonder meer fantastische mensen gevonden? Zulke mensen ben ik nog nooit tegengekomen.'

'Ik heb ze in het Westen gevonden.'

Dean ging er eens lekker tegenaan; hij zette een jazzplaat op, greep Marylou beet, omarmde haar stevig en reed op de maat van de muziek tegen haar op. Ze duwde even hard terug. Het was een echte liefdedans. Ian McArthur arriveerde met een hele bende vrienden. Het Nieuwjaarsweekend begon, en duurde drie dagen en drie nachten. We stapten met hele groepen in de Hudson en zeilden zo door de besneeuwde New Yorkse straten van het ene feest naar het andere. Ik nam Lucille en haar zus mee naar het grootste feest. Toen Lucille mij met Dean en Marylou zag, gleed er een schaduw over haar gezicht – ze voelde de gekte die van hen op mij oversloeg.

'Ik mag je niet als je bij hun bent.'

'Ach, wat geeft het, het is maar gekkigheid. We leven maar één keer. We hebben een hoop plezier.'

'Nee, het is zielig, en ik moet er niets van hebben.'

Toen begon Marylou me op te vrijen; ze zei dat Dean bij Camille ging wonen en wilde dat ik met haar meeging. 'Ga met ons mee terug naar San Francisco. Dan gaan we samenwonen. Ik pas echt goed bij jou.' Maar ik wist dat Dean van Marylou hield, ik wist ook dat Marylou dit deed om Lucille jaloers te maken; ik moest er niets van hebben. Maar toch, ik likte mijn lippen om dat wulpse blonde stuk. Toen Lucille zag dat Marylou me naar hoeken mee-troonde en op me inpraatte en zoenen aan me opdrong, accep-teerde ze Deans uitnodiging met de auto ergens heen te gaan; maar ze zaten alleen wat te praten en dronken de goedkope Zui-delijke whisky die ik in het handschoenenkastje had achtergelaten. Het werd een bende, alles liep fout. Ik wist dat mijn affaire met Lucille niet lang meer zou duren. Ik moest zijn zoals *zij me wilde zien*. Ze was getrouwd met een havenarbeider die haar slecht be-handelde. Ik was bereid met haar te trouwen en de zorg voor haar kleine dochtertje op me te nemen als ze van haar man ging schei-den; maar er was niet eens genoeg geld voor een scheiding, de hele toestand was hopeloos, bovendien zou Lucille me nooit begrijpen omdat ik te veel dingen wil en helemaal in de war en gefrustreerd raak terwijl ik van de ene vallende ster naar de andere ren tot ik er-bij neerval. Dat is het nachtleven, dat krijg je ervan. Ik had nie-mand iets te bieden behalve mijn eigen verwarring.

Het waren reusachtige feesten; er waren minstens honderd mensen in een kelderappartement in de buurt van West 90th Street. De mensenmassa stroomde over tot in de kelderruimten rond de verwarmingsketel. In elke hoek, op elk bed en elke bank was het een en ander gaande – het was geen orgie maar gewoon een Nieuwjaarsfeest met woest geschreeuw en wilde radiomuziek. Er was zelfs een Chinees meisje. Dean draafde als Groucho Marx van groep naar groep, hij zag iedereen zitten. Van tijd tot tijd ren-den we naar de auto om meer mensen op te halen. Damion kwam. Damion is de held van mijn New Yorkse groep, zoals Dean de hoofdfiguur is van de Westelijke groep. Ze hadden meteen een hekel aan elkaar. Damions meisje gaf Damion opeens een rechtse zwieper op zijn kaak. Hij wankelde op zijn benen. Ze sleurde hem naar huis. Een paar wilde vrienden uit de krantenwereld kwamen zo van kantoor met flessen aanzetten. Buiten woedde een ontzet-tende, fantastische sneeuwstorm. Ed Dunkel ontmoette de zus van Lucille en verdween met haar; ik heb vergeten te zeggen dat

Ed Dunkel heel goed met vrouwen overweg kan. Hij is éénmeternegentig lang, aardig, innemend, meegaand, minzaam, een verrukkelijke vent. Hij helpt vrouwen in hun jas. Dat is de goeie aanpak. Om vijf uur 's morgens renden we met zijn allen door de achtertuin van een huurkazerne en klommen door het raam een appartement binnen waar een enorm feest aan de gang was. Bij het ochtendgloren zaten we weer bij Tom Saybrook thuis. Er zaten mensen te tekenen en dood bier te drinken. Ik sliep op de bank met een meisje in mijn armen dat Mona heette. Er kwamen hele drommen binnen uit de campusbar van de Columbia Universiteit. Het hele leven, het hele leven met al zijn gezichten dromde hier samen in deze ene vochtige ruimte. Het feest werd voortgezet bij Ian MacArthur. Ian MacArthur is een geweldig aardige vent die met verrukking door zijn brillenglazen de wereld intuurt. Hij begon op alles 'Ja!' te zeggen, zoals Dean destijds deed, en is er nooit meer mee opgehouden. Onder de wilde klanken van Dexter Gordon en Wardell Gray in *The Hunt* gooiden Dean en ik Marylou over de bank naar elkaar toe, en ze was bepaald geen klein poppetje. Dean liep zonder hemd rond, enkel in zijn lange broek, op blote voeten; tot het tijd was weer in de wagen te springen om meer mensen aan te voeren. Er was van alles gaande. We vonden de doldrieste, extatische Rollo Greb en brachten een avond door in zijn huis op Long Island. Rollo woont in een mooi huis bij zijn tante; als ze doodgaat is het huis helemaal van hem. Intussen weigert ze tegemoet te komen aan zijn wensen en heeft ze een hekel aan zijn vrienden. Hij kwam met dat vrijgevochten stel, Dean, Marylou, Ed en ik, aanzetten en begon een roerig feest. De vrouw bleef boven rondscharrelen; ze dreigde de politie te bellen. 'Ach, hou je kop, oud zeikwijf!' riep Greb. Ik vroeg me af hoe hij zo met haar kon samenleven. Hij had meer boeken dan ik ooit van mijn leven gezien heb – twee bibliotheken, twee kamers rond alle vier de muren van vloer tot plafond afgeladen met boeken als de Apocriefe Zus-en-zo in tien delen. Hij draaide opera's van Verdi en mimede erbij in zijn pyjama met een grote scheur op zijn rug. Hij zat helemaal nergens mee. Hij is een groot geleerde die met originele zeventiende-eeuwse muziekmanuscripten onder zijn arm luid roepende langs de kaden van New York wankelt. Hij kruipt als een grote spin door de straten. Zijn opwinding pulseerde in demonische lichtstoten uit zijn ogen. Hij rolde in spastische extase met zijn hoofd. Hij lispelde, kronkelde, fladderde, kreunde en jammerde, viel in wanhoop achterover. Hij kon bijna geen woord uitbrengen in zijn ziedende levenslust. Dean stond met gebogen hoofd voor hem, zei aldoor 'Ja... Ja... Ja.' Hij nam me mee naar een hoek. 'Die Rollo Greb is de geweldigste, meest fantastische figuur van allemaal. Dat probeerde ik je te vertellen – zo wil ik ook zijn. Ik wil net zo zijn als hij. Hij zit nooit ergens mee, hij gaat alle kanten op, hij gooit het er allemaal uit, hij heeft kijk op tijd en ritme, hij hoeft enkel op en neer te deinen. Man, die vent heeft het helemaal! Kijk, zie je, als je aldoor doet als hij krijg je het uiteindelijk helemaal door.'

'Wat?'

'HET! HET! Ik vertel het je nog – er is nu geen tijd, we hebben nu geen tijd.' Dean holde terug om nog wat meer naar Rollo Greb te kijken.

George Shearing, de grote jazzpianist, zei Dean, was precies zoals Rollo Greb. Dean en ik gingen midden in dat lange, waanzinnige weekend naar Shearing in Birdland. Het was er verlaten, we waren de eerste klanten, dit om tien uur 's avonds. De blinde Shearing verscheen, werd bij de hand naar zijn toetsen geleid. Hij was een gedistingeerd uitziende Engelsman met een stijve witte boord, wat vlezig, blond, met het verfijnde air van een Engelse zomeravond, dat tot uiting kwam in het eerst zoet kabbelende nummer dat hij speelde terwijl de bassist eerbiedig zijn kant opleunend het ritme tokkelde. De drummer, Denzil Best, zat er roerloos bij, petste enkel vanuit zijn polsen de brushes omlaag. Toen begon Shearing te deinen; er gleed een glimlach over zijn extatische gezicht; hij begon op de pianokruk heen en weer te deinen, eerst traag, toen ging het ritme omhoog en begon hij snel te deinen, zijn linkervoet sprong op de maat op en neer, zijn nek begon scheef te wiebelen, hij boog zijn gezicht tot vlak boven de toetsen en veegde zijn haar achterover, zijn gekamde haar viel uit elkaar, hij begon te zweten. De muziek versnelde. De bassist dook over zijn bas en trok erop los, sneller en sneller, het leek enkel sneller, steeds sneller te gaan. Shearing begon zijn akkoorden te spelen; ze rolden in grote brede golven uit de piano, je zou denken dat de goeie man geen tijd had om ze er allemaal uit te krijgen. Ze bleven maar aanrollen, als een zee. De mensen begonnen hem aan te vuren. Dean zweette; het zweet stroomde in zijn boord. 'Dat is hem! Daar zit hij! Dat is onze God! Shearing is God! Ja! Ja! Ja!' En Shearing was zich bewust van die gek achter hem, hij hoorde alle kreten en godslasterlijke uitroepen van Dean, hij voelde hem al kon hij hem niet zien. 'Zo is dat!' zei Dean. 'O, ja hoor.' Shearing glimlachte, en deinde. Shearing kwam van de piano overeind, hij droop van het zweet; dit was zijn grote periode, in 1949, voor hij koel en commercieel ging spelen. Toen hij weg was wees Dean naar de lege pianokruk. 'Daar zat God,' zei hij. Op de piano lag een saxofoon; de gouden gloed wierp een vreemde reflectie over de woestijnkaravaan op de muur achter de drums. God was verdwenen; dit was de stilte na zijn vertrek. Het was een regenachtige avond, de mythe van een regenachtige avond. Deans ogen rolden haast uit zijn hoofd van ontzag. Deze waanzin zou nergens toe leiden. Ik wist niet wat er met me aan de hand was, en plots realiseerde ik me dat het enkel de dope was die we hadden gerookt; Dean had wat gekocht in New York. Het gaf me het idee dat alles op het punt stond te gebeuren – zo'n moment waarvan je weet dat het definitief, allesbeslissend is.

5

Ik verliet het hele gezelschap en ging naar huis om uit te rusten. Mijn tante zei ik dat ik mijn tijd verknoeide met Dean en zijn consorten. Ik wist dat dat niet waar was. Je leeft zoals je leeft, en soort zoekt soort. Ik wilde nog één magnifieke trip naar de Westkust maken en op tijd terugkomen voor het voorjaarssemester op school. En het zou me een trip worden! Ik ging alleen mee voor de rit, om te kijken wat Dean nog meer ging doen en ten slotte, daar ik wist dat Dean in Frisco weer terug zou gaan naar Camille, ook omdat ik een affaire wilde met Marylou. We maakten ons gereed om het kreunende continent opnieuw over te steken. Ik nam mijn veteranenuitkering op en gaf Dean achttien dollar om naar zijn vrouw over te maken; ze zat te wachten tot hij thuiskwam en ze was blut. Wat Marylou in gedachten had weet ik niet. Ed Dunkel ging, zoals altijd, gewoon mee.

Er volgden nog lange, bizarre dagen in Carlo's appartement voor we weggingen. Hij liep in zijn badjas rond en hield semi-ironische redevoeringen: 'Goed, ik wil jullie je hoogverheven geneugten niet ontnemen, maar volgens mij wordt het tijd dat jullie eens besluiten wat je bent en wat je gaat doen.' Carlo werkte als typist op een kantoor. 'Ik wil weten wat het tot doel heeft de hele dag in huis rond te hangen. Wat al dat geprat moet voorstellen en wat je van plan bent te gaan doen. Dean, waarom heb jij Camille verlaten en ben je met Marylou op pad gegaan?' Geen antwoord – gegiechel. 'Marylou, waarom zwerf jij aldus door het land en wat zijn je vrouwelijke bedoelingen met betrekking tot de lijkwade?' Zelfde antwoord. 'Ed Dunkel, waarom heb jij je nieuwe vrouw in Tucson in de steek gelaten en waarom zit je hier op je grote dikke reet? Waar woon je? Wat doe je voor werk?' Ed Dunkel boog zijn hoofd in oprechte verwarring. 'Sal – hoe komt het dat jij bent afgegleden tot dit gelanterfanter en wat heb je met Lucille gedaan?' Hij trok zijn badjas recht en ging pal tegenover ons zitten. 'De dagen van gramschap moeten nog komen. De ballon zal jullie niet veel langer in de lucht houden. En dat niet alleen, het is ook nog een abstracte ballon. Jullie vliegen dadelijk wel naar de Westkust, maar straks komen jullie weer aangestrompeld om je steen te zoeken.'

In die tijd had Carlo zich een toon eigengemaakt die naar hij hoopte klonk als De Stem van Steen, zoals hij het noemde; het idee was mensen met een schok bewust te maken van de Steen. 'Jullie broeden drakeneieren uit,' waarschuwde hij ons, 'er loert kolder bij jullie op zolder.' Zijn bezeten ogen glinsterden ons toe. Sinds de Dakarse Depressies had hij een verschrikkelijke periode doorgemaakt die hij de Heilige, ofwel Harlemse, Depressies noemde, toen hij midden in de zomer in Harlem woonde en, als hij 's nachts in zijn eenzame kamer wakker werd, 'de grote machine' van de hemel hoorde neerdalen; toen hij in 125th Street 'onder water' tussen alle andere vissen doorliep. Het was een mallemolen van schitterende ideeën die zijn geest verlichtte. Hij nam Marylou op schoot en beval haar slap achterover te leunen. Hij zei tegen Dean: 'Waarom blijf je niet eens gewoon rustig zitten? Waarom moet je aldoor in het rond springen?' Dean draafde rond, deed suiker in zijn koffie, zei: 'Ja! Ja! Ja!' Ed Dunkel sliep 's nachts op kussens op de vloer, Dean en Marylou hadden Carlo uit zijn bed verdreven; Carlo zat 's nachts in de keuken boven zijn niertjesragout de voorspellingen van de steen te prevelen. Ik kwam overdag langs en sloeg het hele gebeuren gade.

Ed Dunkel zei tegen me: 'Gisteravond ben ik helemaal naar Times Square gelopen en net toen ik er aankwam realiseerde ik me plotseling dat ik een geest was – het was mijn geest die daar over de stoep liep.' Hij vertelde me die dingen zonder commentaar, nadrukkelijk knikkend. Tien uur later zei Ed midden in het gesprek van een ander: 'Ja, het was mijn geest die daar over de stoep liep.'

Opeens boog Dean zich ernstig naar mij toe en zei: 'Sal, ik moet je iets vragen – het is heel belangrijk voor me – ik vraag me af hoe je het zult opnemen – we zijn vrienden, ja toch?'

'Ja, natuurlijk, Dean.' Hij bloosde bijna. Ten slotte kwam hij ermee voor de draad: hij wilde dat ik het eens met Marylou deed. Ik vroeg hem niet waarom, want ik wist wel dat hij wilde zien hoe Marylou met een andere man was. We zaten in Ritzy's Bar toen hij dit idee opperde; we hadden een uur over Times Square rondgelopen, op zoek naar Hassel. Ritzy's Bar is de penozebar van de straten rond Times Square; de naam verandert elk jaar. Als je daar binnenstapt zie je niet één meisje, zelfs niet aan de tafeltjes, louter een hele massa jonge kerels in alle soorten penozekledij, van knalrode overhemden tot snelle pakken met brede revers en ruime broeken. Het is ook een trefpunt voor de businessjongens – de knapen die hun geld verdienen aan de trieste ouwe homo's op nachtelijk 8th Avenue. Dean liep er met toegeknepen ogen naar binnen om alle gezichten een voor een op te nemen. Er waren uitbundige zwarte nichten bij, norse gewapende lieden, zeelui die zo een mes zouden trekken, magere, in zichzelf gekeerde junkies en hier en daar een goedgeklede rechercheur van een jaar of veertig die zich voor bookmaker uitgaf en er half uit interesse en half voor zijn werk rondhing. Het was typisch een plek waar Dean met zo'n voorstel zou komen. In Ritzy's Bar worden allerlei snode plannen uitgebroed – je voelt het in de atmosfeer – gecombineerd met allerlei vreemde seksuele praktijken. De kastenkraker stelt de penozegast niet alleen een pakhuis in 14th Street voor, maar ook dat ze met elkaar naar bed gaan. Kinsey heeft een hoop tijd in Ritzy's Bar doorgebracht en sommige van de jongens daar geïnterviewd; ik was er de avond dat zijn assistent kwam, in 1945. Hassel en Carlo werden toen geïnterviewd.

Dean en ik reden terug naar het appartement en troffen Marylou in bed. Dunkel zwierf door New York zijn eigen geest achterna. Dean vertelde haar wat we hadden besloten. Ze vond het een fijn idee. Ikzelf was er niet zo zeker van. Ik moest nu bewijzen dat ik het ook zou doen. Het bed was het sterfbed van een zware kerel geweest en hing diep door in het midden. Daar lag Marylou, met Dean en mij aan weerskanten op de omhoogstekende matrasranden balancerend, niet wetend wat we moesten zeggen. Ik zei: 'Ach nee, dat maak ik niet.'

'Vooruit, man, je hebt het beloofd!' zei Dean.

'En Marylou?' zei ik. 'Toe, Marylou, wat vind jij ervan?'

'Doe het maar,' zei ze.

Ze omhelsde me en ik probeerde te vergeten dat Dean erbij was. Telkens als ik besefte dat hij vlakbij was in het donker en aandachtig naar elk geluidje luisterde, kon ik alleen maar lachen. Het was vreselijk.

'We moeten ons alle drie ontspannen,' zei Dean.

'Ik red het zo niet, hoor. Waarom ga je niet even naar de keuken?'

Dean ging. Marylou was een verrukkelijke meid, maar ik fluisterde: 'Wacht tot we echt samen zijn in San Francisco; zo voel ik er niet voor.' Ik had gelijk, dat wist zij ook wel. Drie kinderen der aarde probeerden iets te beslissen in de nacht en heel het gewicht van de afgelopen eeuwen doemde in het donker voor ze op. Er heerste een vreemde rust in het appartement. Ik liep naar Dean en zei hem naar Marylou te gaan; daarna installeerde ik me op de bank. Ik hoorde Dean gelukzalig babbelen en als een bezetene op en neer gaan. Alleen iemand die vijf jaar in de gevangenis heeft gezeten is in staat tot zulke hulpeloze, maniakale uitersten: smachtend aan de poort tot de zoete bron, bezeten van een volkomen lichamelijke verwezenlijking van het primaire levensgeluk, blind terugverlangend naar de plek waar hij vandaan kwam. Dat is het gevolg van jarenlang achter de tralies naar seksfoto's kijken, naar de benen en borsten van vrouwen in populaire tijdschriften kijken, terwijl je de harde hoeken van de stalen gangen vergelijkt met de zachte rondingen van de vrouw die er niet is. De gevangenis is de plek waar je jezelf het recht toekent om te leven. Dean had het gezicht van zijn moeder nooit gezien. Elke nieuwe vriendin, elke nieuwe vrouw, elk nieuw kind was een aanwinst in zijn desolate armoede. Waar was zijn vader? – Dean Moriarty, de ouwe schooier, de ouwe blikslager die met goederentreinen meereed en keukenhulpje was in kookhokken langs het spoor, die struikelend, vallend door donkere dronkemansstegen waggelde en op bergen kolen lag te creperen, zijn gele tanden een voor een in goten overal in het Westen achterliet. Dean had alle recht van de wereld om de heerlijke dood van volledige liefde te sterven bij zijn Marylou. Ik wilde er niet tussen komen, ik wilde hem alleen maar volgen.

Carlo kwam bij het aanbreken van de ochtend terug en trok zijn badjas aan. Hij sliep in die tijd helemaal niet meer. 'Getver!' schreeuwde hij. Hij werd gek van de jamtroep op de vloer, de overal rondslingerende broeken en jurken, peuken, vuile borden, opengeslagen boeken – wat een vergaderplaats. De wereld draaide elke dag kreunend rond en wij bleven maar afgrijselijk met de nachten in de weer. Marylou zag bont en blauw van een ruzie met Dean over het een of ander; zijn gezicht zat vol schrammen. Het was tijd om te vertrekken.

We reden met een heel stel, met wel tien vrienden naar mijn huis om mijn tas op te halen en Old Bull Lee in New Orleans te bellen vanuit de bar waar Dean en ik elkaar jaren geleden voor het eerst hadden gesproken toen hij bij mij aan de deur kwam om schrijver te worden. We hoorden Bulls zeurende stem drieduizend kilometer ver weg. 'Zeg, jongens, wat moet ik met die Galatea Dunkel? Ze is hier nu twee weken, ze houdt zich in haar kamer schuil en weigert met mij of Jane te praten. Is die Ed Dunkel daar bij jullie? Breng hem in godsnaam hier en zorg dat ik van haar afkom. Ze slaapt in onze beste slaapkamer en ze is door haar geld heen. Het is hier geen hotel.' Hij stelde Bull gerust met een hoop kreten en geroep – Dean, Marylou, Carlo, Dunkel, ik, Ian MacArthur en zijn vrouw, Tom Saybrook en God mag weten wie nog meer stonden allemaal bier drinkend rond de telefoon te schreeuwen tegen de verbijsterde Bull, die bovenal een hekel had aan wanorde. 'Nou,' zei hij, 'misschien wordt het allemaal wat duidelijker als jullie hier zijn, als jullie hier ooit aankomen.' Ik nam afscheid van mijn tante met de belofte dat ik over twee weken terug zou zijn en ging weer op weg naar Californië.

6

Het begin van onze reis was gehuld in motregen en mysterie. Ik zag al dat het één groot epos van mist en nevel zou worden. 'Hoehoe!' riep Dean. 'Daar gaat-ie dan!' Hij boog zich over het stuur en gaf een dot gas; hij was weer in zijn element, dat kon iedereen zien. We waren allemaal opgetogen, we beseften allemaal dat we de chaos en onzin achterlieten en onze enige nobele functie van dat moment vervulden: *beweging*. En of er ook beweging in zat! We flitsten langs de mysterieuze witte borden in de nacht ergens in New Jersey met ZUID (met pijl) en WEST (met pijl) en volgden de pijl naar het zuiden. New Orleans! De naam gloeide in ons brein. Van de gore sneeuw in de 'Kouwe potenstad', zoals Dean New York noemde, helemaal naar het groeiende groen en de rivierlucht van het oude New Orleans onderin de drassige bodem van Amerika; dan naar het westen. Ed zat achterin; Marylou, Dean en ik zaten voorin en praatten heel genoeglijk over het goede, vreugdevolle leven. Dean raakte plots in een milde stemming. 'Moet je nou eens kijken, godverdikke, we moeten toch met zijn allen toegeven dat alles prima voor mekaar is en dat we helemaal nergens over in hoeven te zitten, we zouden ons in feite eens moeten realiseren wat het voor ons betekent om te BESEFFEN dat we ECHT helemaal NERGENS over inzitten. Heb ik gelijk of niet?' We gaven hem allemaal gelijk. 'Daar gaan we, we zijn bij mekaar... Wat was dat voor gedoe in New York? Laten we mekaar vergeven.' We hadden allemaal ruzie gehad over het een of ander. 'Dat ligt nu achter ons, in kilometers en intentie. Nu zijn we op weg naar New Orleans om Old Bull Lee even te checken, o ja, dat zal me een kick worden en hoor die ouwe tenorsaxofonist eens toeteren' – hij draaide het geluid harder tot de wagen ervan sidderde – 'luister eens hoe hij zijn verhaal vertelt en echte ontspanning en kennis overbrengt.'

We deinden allemaal eensgezind op de muziek. De zuiverheid van de weg. De witte streep midden over de weg bleef zich ontrollen en als een richtsnoer langs onze linker voorband strijken. Dean boog zijn gespierde nek naar voren, hij had enkel een T-shirt aan in de koude winternacht, en joeg de wagen over de weg. Hij stond erop dat ik door Baltimore reed om te oefenen in druk verkeer; dat was mij best, behalve dat hij en Marylou per se moesten sturen terwijl ze zaten te zoenen en te rotzooien. Het was waanzinnig; de radio daverde op vol vermogen. Dean drumde op het dashboard tot er een grote deuk in kwam; ik deed hetzelfde. Die arme Hudson – mijn *Slow Boat to China* – kreeg een geduchte aframmeling.

'Man, man, wat een kick!' riep Dean. 'Oké, Marylou, moet je luisteren, schat, je weet dat ik sodemieters goed tot alles tegelijk in staat ben met mijn onbeperkte energie – dus moeten wij in San Francisco bij mekaar blijven. Ik weet een prima plek voor je – aan het eind van het rangeerterrein – dan ben ik net effe minder dan om de twee dagen thuis en wel twaalf uur aan één stuk, jongejonge, je weet wat wij in twaalf uur allemaal kunnen klaarmaken, schat. Intussen blijf ik gewoon bij Camille wonen alsof er niks aan de hand is, ze komt er niks van te weten, zie je. Dat lukt best, we hebben het eerder bij de hand gehad.' Marylou vond het prima, ze wilde Camille echt kapotmaken. De afspraak was dat Marylou in

Frisco op mij zou overschakelen, maar nu begon ik te beseffen dat ze bij mekaar zouden blijven en dat ik het straks mooi in mijn eentje kon uitzoeken daar aan de andere kant van het continent. Maar waarom over die dingen piekeren als je heel dat gouden land voor je hebt en allerlei onvoorziene gebeurtenissen je nog zullen verrassen zodat je blij bent dat je leeft en dit allemaal mee mag maken?

We arriveerden bij het ochtendgloren in Washington. Het was de dag van Harry Trumans inauguratie voor zijn tweede ambtstermijn. Rijen tentoongesteld oorlogsmaterieel omzoomden Pennsylvania Avenue toen wij er in onze geteisterde slee langskwamen. We zagen B-29's, torpedoboten, stukken geschut, allerlei oorlogstuig dat er moordlustig uitzag in het besneeuwde gras; helemaal aan het eind lag een gewone kleine reddingsloep die er zielig en dwaas uitzag. Dean minderde vaart om te kijken. Hij bleef vol ontzag zijn hoofd schudden. 'Wat zijn die lieden van plan? Harry ligt hier ergens in de stad te slapen… goeie ouwe Harry… komt ook uit Missouri, net als ik… Dat is vast zijn eigen boot.'

Dean ging op de achterbank liggen slapen en Dunkel reed. We gaven hem specifieke instructies het rustig aan te doen. We lagen nog niet te snurken of hij joeg de wagen met rotte lagers en al naar de honderdveertig, en pleegde toen ook nog even een driedubbele inhaalmanoeuvre pal op de plek waar een smeris met een automobilist stond te argumenteren – hij reed over de vierde baan van een vierbaansweg, tegen het verkeer in. Uiteraard kwam de smeris ons met loeiende sirene achterna. We werden aangehouden. Hij vertelde ons hem te volgen naar de politiepost. Daar was een gemene rotsmeris die Dean meteen al niet mocht; hij rook aan alle kanten dat hij in de gevangenis had gezeten. Hij stuurde zijn handlangers naar buiten om mij en Marylou apart te ondervragen. Ze wilden weten hoe oud Marylou was, om te kijken of ze ons een ontvoering in de maag konden splitsen. Maar ze had haar huwelijksakte bij zich. Toen namen ze mij apart en vroegen wie er met Marylou sliep. 'Haar man,' zei ik heel eenvoudig. Ze waren nieuwsgierig. Er zat een luchtje aan. Ze gingen amateuristisch op de Sherlock-Holmestoer door dezelfde vragen twee keer te stellen, met het idee dat wij ons zouden verspreken. Ik zei: 'Die twee jongens gaan weer bij het spoor werken in Californië, zij is de vrouw van de kleinste, en ik ben een vriend, ik heb twee weken vakantie van het college.'

De smeris glimlachte en zei: 'O ja? Is dat echt je eigen portefeuille?'

Uiteindelijk gaf de rotsmeris binnen Dean een boete van vijfentwintig dollar. We zeiden dat we maar veertig dollar hadden voor de hele reis naar de kust; ze zeiden dat ze daar niks mee te maken hadden. Toen Dean protesteerde, dreigde de rotsmeris hem terug te brengen naar Pennsylvania met een speciale aanklacht.

'Wat voor aanklacht?'

'Dat doet er niet toe. Breek daar je hoofd maar niet over, praatjesmaker.'

We moesten ze de vijfentwintig dollar betalen. Maar eerst bood Ed Dunkel, de boosdoener, nog aan de gevangenis in te gaan. Dean overwoog dit. De smeris werd razend; hij zei: 'Als jij je makker de gevangenis in laat gaan neem ik jou subiet mee terug naar Pennsylvania. Heb je dat?' We wilden alleen maar weg. 'Nog één snelheidsovertreding in Virginia en je bent je wagen kwijt,' zei de rotsmeris ten afscheid. Dean had een rood hoofd gekregen. We reden zwijgend weg. Het was praktisch een uitnodiging tot stelen ons dat reisgeld af te nemen. Ze wisten dat we platzak waren en geen familie hadden om langs te gaan of een telegram te sturen om geld. De Amerikaanse politie houdt zich bezig met psychologische oorlogvoering tegen de Amerikanen die hen niet kunnen bang maken met imponerende papieren en dreigementen. Het is een Victoriaanse politiemacht; ze turen door dompige raampjes naar buiten en willen het naadje van de kous weten, ze kunnen naar eigen goeddunken misdaden fabriceren waar er geen misdaden zijn. 'Negen soorten misdaad, één soort verveling,' zei Louis-Ferdinand Céline. Dean was zo kwaad dat hij naar Virginia terug wilde om die smeris dood te schieten zodra hij een pistool had.

'Pennsylvania!' snoof hij. 'Ik wou dat ik wist wat die aanklacht was! Landloperij waarschijnlijk; jatten eerst al je geld af en dan pakken ze je op landloperij. Die gasten hebben het zo verdomde makkelijk. Ze schieten je nog te barsten ook als je wat te klagen hebt.' Er zat niets anders op dan weer in een goede stemming zien te komen en de hele boel maar te vergeten. Toen we door Richmond heen waren begonnen we het te vergeten, en al gauw was alles weer in orde.

Nu hadden we nog vijftien dollar voor de hele trip. We zouden lifters moeten meenemen om kwartjes van ze te bietsen voor benzine. In de wildernis van Virginia zagen we plots een man langs de weg lopen. Dean bracht de wagen gierend tot stilstand. Ik keek achterom en zag dat het maar een schooier was die waarschijnlijk geen cent had.

'We nemen hem gewoon voor de kick mee!' lachte Dean. Het was een haveloze, gebrilde, krankzinnige figuur, die al lopend een modderige paperback las die hij in een draineerbuis langs de weg had gevonden. Hij stapte in en ging stug door met lezen; hij was ongelofelijk smerig en zat onder de korsten. Hij zei dat hij Hyman Solomon heette en dat hij de hele vs rondliep en soms bij joden aanklopte of tegen de voordeur trapte om geld te eisen: 'Geef me geld om te eten, ik ben een jood.'

Hij zei dat het heel goed werkte en dat hij er recht op had. We vroegen hem wat hij las. Dat wist hij niet. Hij nam de moeite niet naar de titelpagina te kijken. Hij keek alleen maar naar de woorden, alsof hij de ware thora had gevonden op de plek waar hij thuishoorde, in de wildernis.

'Zie je wel, zie je wel?' kraaide Dean in mijn ribben porrend. 'Ik zei je toch dat het een kick zou zijn? Ik kick op iedereen, man!' We namen Solomon helemaal mee naar Testament. Mijn broer zat inmiddels in zijn nieuwe huis aan de andere kant van de stad. We stonden weer in de lange, grauwe straat met de spoorlijn in het midden waar sombere Zuiderlingen nors langs ijzerhandels en rommelwinkels stapten.

Solomon zei: 'Ik zie dat jullie wat geld nodig hebben om je reis te vervolgen. Wacht op mij, dan ga ik even wat dollars bietsen bij een joodse familie en rij ik tot Alabama met jullie mee.' Dean was buiten zichzelf van vreugde; hij en ik renden weg om brood en smeerkaas te kopen voor een lunch in de auto. Marylou en Ed wachtten in de auto. We bleven twee uur in Testament op Hyman Solomon wachten; hij was ergens in de stad poen aan het regelen, maar we zagen hem nergens. De zon kleurde rood, het werd laat.

Solomon kwam niet meer opdagen, we scheurden uit Testament weg. 'Zie je nou wel dat God bestaat, Sal, we blijven iedere keer weer in die stad steken, wat we ook doen, is jou die vreemde bijbelse naam al opgevallen, en dan die bijbelse figuur die ons hier weer liet stoppen, alles staat overal met mekaar in verband alsof alle mensen op de hele wereld door regen met mekaar in contact worden gebracht in een soort kettingreactie...' Dean ratelde maar door; hij kon zijn geluk niet op. Hij en ik zagen het hele land plots als een oester voor ons opengaan; en daar lag de parel, daar lag de parel. We raasden verder naar het zuiden. We pikten nog een lifter op. Dit keer was het een trieste jonge knaap die zei dat hij een tante met een kruidenierswinkel had in Dunn, North Carolina, vlakbij Fayetteville. 'Kun je een dollar van haar bietsen als we daar aankomen? Mooi! Prima! Daar gaat-ie!' In een uur, bij het vallen van de avond, waren we al in Dunn. We reden naar de plek waar volgens die knaap de kruidenierszaak van zijn tante was. Het was een triest straatje dat doodliep tegen een fabrieksmuur. Er was wel een kruidenierswinkel maar geen tante. We vroegen ons af waar die knul het over had. We vroegen hem waar hij heen ging; dat wist hij niet. Hij had ons maar wat op de mouw gespeld; ooit, in een avontuur ergens in een achterafstraatje, had hij die kruidenierswinkel in Dunn gezien, en het was het eerste verhaal dat in zijn chaotische, koortsige brein opkwam. We kochten een hotdog voor hem, maar Dean zei dat we hem niet mee konden nemen omdat we ruimte nodig hadden om te slapen en voor lifters die een beetje benzine voor ons konden betalen. Het was triest maar waar. We lieten hem in de avondschemer in Dunn achter.

Ik reed door South Carolina tot voorbij Macon, Georgia, terwijl Dean, Ed en Marylou sliepen. Ik had mijn eigen gedachten helemaal alleen in de nacht en ik hield de wagen pal aan de witte streep over de heilige weg. Wat deed ik hier? Waar ging ik naartoe? Ik zou het spoedig weten. Voorbij Macon werd ik doodmoe en wekte ik Dean om het over te nemen. We stapten uit om een luchtje te scheppen en plots waren we allebei dronken van vreugde in het besef dat overal om ons heen in het donker welig groen gras geurde met het aroma van verse mest en warm water. 'We zijn in het Zuiden! We hebben de winter achtergelaten!' Een vaag ochtendlicht verlichtte groene loten langs de weg. Ik haalde diep adem; ergens in het donker huilde een locomotief, op weg naar Mobile. Net als wij. Ik trok mijn overhemd uit en jubelde. Vijftien kilometer verderop reed Dean met afgezette motor een benzinestation binnen, zag dat de bediende vast achter zijn bureau zat te slapen, vulde stilletjes de benzinetank, zorgde dat de bel niet ging, en gleed steels als een straatjongen weg met vijf dollar benzine in de tank voor onze pelgrimstocht.

Ik sliep in en werd wakker bij wilde uitbundige muziek en de pratende stemmen van Dean en Marylou terwijl er een groots groen landschap voorbijgleed. 'Waar zijn we?'

'We zijn net langs het topje van Florida gekomen, man – Flomaton, heet het.' Florida! We gleden verder omlaag naar de kustvlakte en Mobile; voor ons rezen enorme wolkenmassa's op boven de Golf van Mexico. Maar tweeëndertig uur geleden hadden we iedereen gedag gezegd in de gore sneeuw van het Noorden. We stopten bij een benzinestation, waar Dean en Marylou paardjerijdend rond de pompen stoeiden, terwijl Dunkel naar binnen ging en zonder een centje pijn drie pakjes sigaretten pikte. We zaten totaal zonder. Nu we over de lange weg over het getijdenbassin Mobile binnenreden, trokken we allemaal onze winterkleren uit en genoten van de Zuidelijke temperatuur. Hier begon Dean zijn levensverhaal te vertellen en reed hij, toen hij voorbij Mobile op een kruispunt vol harrewarrende auto's stuitte, niet voorzichtig om de blokkade heen maar stoof hij zonder af te remmen gestaag honderdtien kruisend over de opritten van een tankstation. We lieten een kielzog van wijdopen monden achter. Hij ging ook gewoon door met zijn verhaal. 'Eerlijk waar, ik begon op mijn negende, met een meisje dat Millie Mayfair heette achter de garage van Rod in Grant Street – dezelfde straat waar Carlo in Denver woonde. Mijn vader werkte toen nog zo'n beetje in die smederij. Ik weet nog dat mijn tante uit het raam riep: "Wat doen jullie daar achter die garage?" O, Marylou mijn lief, had ik je toen maar gekend! Oho! Wat zal jij een lekkertje geweest zijn op je negende!' Hij giechelde maniakaal; hij stak zijn vinger in haar mond en likte hem af; hij pakte haar hand en wreef hem over zichzelf. En zij zat er maar met die serene glimlach.

Lange Ed Dunkel zat uit het raampje te kijken en in zichzelf te praten. 'Ja, man, die avond dacht ik dat ik een geest was.' Hij vroeg zich ook af wat Galatea Dunkel in New Orleans tegen hem zou zeggen.

Dean vertelde verder. 'Een keer ben ik op een goederentrein helemaal van New Mexico naar LA gereden – ik was elf jaar, ik was mijn vader op een rangeerspoor kwijtgeraakt, we waren met een heel stel hobo's, ik zat bij een vent die Dikke Red heette, mijn vader lag dronken in een wagon – toen begon de trein te rijden – Dikke Red en ik misten hem en ik zag mijn vader maanden niet terug. Toen ben ik met een goederentrein helemaal naar Californië gereden, we vlogen over de rails, een eersteklastrein was dat, een zogenaamde woestijnexpres. De hele weg zat ik op de koppeling – je kunt je voorstellen hoe gevaarlijk dat was, ik was maar een jochie, ik wist niet beter – ik had een brood onder mijn ene arm en de andere had ik om de remstang gehaakt. Dit is geen sprookje, het is echt waar. Toen ik in LA aankwam had ik zo'n trek in melk en room dat ik in een zuivelhandel ging werken en het eerste dat ik daar deed was twee liter zware room opdrinken en ik kotste het meteen weer uit.'

'Arme Dean,' zei Marylou, en gaf hem een zoen. Hij keek trots voor zich uit. Hij hield van haar.

Plotseling reden we langs de blauwe wateren van de Golf, en op hetzelfde moment begon er een onwijs programma op de radio; het was de *Chicken Jazz 'n Gumbo disc-jockeyshow* uit New Orleans, allemaal waanzinnige jazzplaten, zwarte muziek, met een discjockey die aldoor zei: 'Nergens mee zitten, mensen, nooit nergens mee zitten!' Verheugd zagen we New Orleans voor ons uit in de nacht. Dean wreef boven het stuurwiel in zijn handen. 'Nou gaan we het beleven, jongens.' In de avondschemer reden we de gonzende straten van New Orleans binnen. 'O, ruik die mensen eens!'

riep Dean met zijn hoofd uit het raampje, druk snuffelend. 'Ah! God ja! Ik ruik leven!' Hij zwierde rond een trolleybus. 'Jaja.' De wagen sprong vooruit terwijl hij overal naar meisjes speurde. 'Kijk háár!' De lucht in New Orleans was zo zoel dat hij in zachte shawls gehuld leek; je rook de rivier, je kon de mensen echt ruiken, en modder, en melasse, we snoven alle mogelijke tropische uitwasemingen op met neuzen die abrupt waren weggerukt uit de droge ijslucht van de Noordelijke winter. We dansten op onze stoelen. 'En die daar!' riep Dean naar een andere vrouw wijzend. 'O, ik hou zoveel van vrouwen! Vrouwen zijn heerlijk! Ik ben gek op vrouwen!' Hij spuwde uit het raampje; hij kreunde; hij omklemde zijn schedel. Er rolden dikke zweetkralen over zijn voorhoofd van pure opwinding en uitputting.

De wagen hotste de pont naar Algiers op en plots staken we per boot de Mississippi over. 'Nu moeten wij allemaal uitstappen om de rivier en de mensen hier te bekijken en eens goed aan de wereld te ruiken,' zei Dean met zijn zonnebril en sigaretten rommelend, als een duveltje uit een doosje uit de auto springend. Wij volgden hem. We leunden op de reling en keken naar de brede bruine vader van alle wateren die uit het midden van Amerika kwam aanschuiven als een stroom van gebroken zielen – met boomstammen uit Montana, modder uit Dakota en de dalen van Iowa, dingen die al waren verdronken in Three Forks, waar het mysterie in ijs begon. New Orleans week rokerig terug aan de ene oever; aan de andere botste het oude slaperige Algiers met zijn kromgetrokken steigers tegen ons op. Negers zwoegden in de hete middag, ze stookten de ketels roodgloeiend, onze autobanden gingen ervan stinken. Dean keek gretig naar ze, hupte op en neer in de hitte. Hij rende de dekken rond en de trappen op met zijn flodderige broek halverwege zijn buik. Ineens zag ik hem reikhalzend op de hoogste brug. Ik dacht dat hij zo op vleugels zou wegvliegen. Ik hoorde zijn waanzinnige lach over de hele boot – 'Hiehiehiehiehiehiehie!' Marylou was bij hem. Hij werkte in een mum het hele schip af, kwam met een volledig rapport terug, sprong in de wagen toen iedereen net toeterend begon te rijden en daarop schoven we alweer van boord, passeerden in een krappe ruimte gauw even twee, drie wagens en stoven door Algiers.

'Waarheen? Waarheen?' riep Dean.

We besloten ons eerst wat op te knappen bij een benzinestation en te informeren waar Bull precies woonde. Er speelden kleine kindertjes in de doezelige zonsondergang boven de rivier. Er kwamen meisjes voorbij met halsdoekjes om en katoenen bloesjes aan, meisjes met blote benen. Dean rende de straat op om alles te zien. Hij keek om zich heen en knikte, wreef over zijn buik. Lange Ed zat achterin de auto met zijn hoed over zijn ogen en glimlachte om Dean. Ik zat op de bumper. Marylou was naar het damestoilet. Van beboste oevers waar minuscule mannetjes met lange stokken visten, van uitgestrekte lome zijarmen langs het roodwordende land kronkelde de grote gebochelde rivier zich met wild springende hoofdstroom, naamloos ruisend als een grote slang rond Algiers. Het slaperige schiereilandje Algiers met zijn bijen en krottige huisjes leek voorbestemd op een dag weggespoeld te worden. De zon zakte scheef weg, hier en daar plensde een tor, het water zuchtte ontzaglijk.

We reden naar het huis van Old Bull Lee buiten de stad aan de rivierdijk. Het stond aan een weg door een moerassig veld. Het huis was een vervallen oud krot met doorgezakte veranda's erom en treurwilgen op het erf; het gras was een meter hoog, oude schuttingen hingen scheef, oude schuurtjes stonden langzaam in te storten. Er was niemand te zien. We reden het erf op en zagen wastobbes op de achterveranda. Ik stapte uit en liep naar de hordeur. Jane Lee stond in de deuropening en keek met afgeschermde ogen naar de zon. 'Jane,' zei ik. 'Ik ben het. We zijn er.'

Dat wist ze. 'Ja, dat weet ik. Bull is er nu niet. Is dat een brand daarginds?' We keken allebei in de richting van de zon.

'Bedoel je de zon?'

'Natuurlijk bedoel ik de zon niet – ik hoorde sirenes ergens die kant op. Zie jij geen rare gloed?' Het was in de richting van New Orleans; de wolken zagen er vreemd uit.

'Ik zie niets,' zei ik.

Jane snoof. 'Dezelfde ouwe Paradise.'

Zo begroetten we elkaar na vier jaar; Jane had vroeger bij mij en mijn vrouw in New York gewoond. 'Is Galatea Dunkel hier?'

vroeg ik. Jeanne speurde nog steeds naar die brand; in die tijd at ze drie buisjes benzedrine per dag. Haar ooit mooie, mollige, Germaanse gezicht was nu benig, rood en schraal. Ze had in New Orleans polio gekregen en hinkte een beetje. Dean en de anderen kwamen schaapachtig uit de auto en deden maar zo'n beetje of ze thuis waren. Galatea verscheen uit haar voorname afzondering achter het huis om haar kwelgeest tegemoet te treden. Galatea was een serieus meisje. Haar gezicht was bleek en behuild. Lange Ed haalde een hand door zijn haren en zei hallo. Ze keek hem met vaste blik aan.

'Waar heb jij gezeten? Waarom heb je me dit aangedaan?' Ze wierp Dean een vuile blik toe; ze wist wel uit welke hoek de wind waaide. Dean schonk absoluut geen aandacht aan haar; hij wilde nu eten; hij vroeg Jane of er iets in huis was. Het gedonder begon meteen al.

Toen de arme Bull in zijn Texaanse Chevy arriveerde trof hij zijn huis bezet door een bende maniakken; maar hij begroette me met een warme vriendelijkheid die ik heel lang niet in hem had gezien. Hij had dit huis in New Orleans gekocht met geld dat hij had verdiend met het telen van zwartoogbonen in Texas met een oude studiegenoot wiens vader, een krankzinnige pareselijder, was gestorven en een vermogen had nagelaten. Bull kreeg zelf maar vijftig dollar per week van zijn eigen familie, dat was lang niet slecht maar hij gaf bijna zoveel per week uit aan zijn drugsverslaving – zijn vrouw was ook niet goedkoop, zij werkte per week zo'n tien dollar aan benzedrine naar binnen. Hun kruideniersrekening was de laagste in het hele land; ze aten bijna nooit, de kinderen ook niet – het scheen ze niet te deren. Ze hadden twee fantastische kinderen: Dodie, die acht jaar was, en de kleine Ray van één jaar. Ray rende spiernaakt over het erf, een kind van de regenboog. Bull noemde hem het 'kleine monster', naar W.C. Fields. Bull kwam het erf oprijden, vouwde zich knook voor knook uit de wagen en kwam vermoeid aanlopen, een lange vent met bril, vilten hoed, voddig jasje, mager, bizar, laconiek. Hij zei: 'Hé, Sal, ben je daar eindelijk; kom binnen dan drinken we wat.'

Het zou de hele nacht vergen alles over Old Bull Lee te vertellen; laten we nu enkel zeggen dat hij een leermeester was, en het mag ook gezegd dat hij alle recht had om leermeester te zijn want hij bracht al zijn tijd door met leren; en de dingen die hij leerde beschouwde hij als 'de feiten des levens', zoals hij ze dan ook noemde; dingen die hij niet uit noodzaak leerde maar omdat hij het wilde. Hij heeft zijn lange magere lijf door heel de Verenigde Staten en het grootste deel van Europa en Noord-Afrika gesleept, louter om te kijken wat er gaande was; in Joegoslavië trouwde hij in de jaren dertig met een Wit-Russische gravin om haar te helpen de nazi's te ontvluchten; er zijn foto's van hem met het internationale cocaïnegezelschap van de jaren dertig – op elkaars schouders hangende lieden met wilde bossen haar; er zijn andere foto's waarop hij, met panamahoed, de straten van Algiers overziet; die Wit-Russische gravin heeft hij nooit meer teruggezien. Hij was rattenverdelger in Chicago, barman in New York, deurwaarder in Newark. In Parijs zat hij aan cafétafeltjes naar de norse Franse gezichten te kijken. In Athene keek hij van zijn ouzo op naar wat hij de lelijkste mensen ter wereld noemde. In Istanbul baande hij zich een weg door drommen opiumverslaafden en tapijtenventers, op zoek naar zijn feiten. In Engelse hotels las hij Spengler en de Marquis de Sade. In Chicago maakte hij plannen een Turks bad te overvallen, aarzelde net twee minuutjes te lang of hij wat zou drinken en moest ten slotte met een buit van twee dollar maken dat hij wegkwam. Hij deed al die dingen louter om de ervaring. Nu maakte hij tot slot een studie van zijn drugsverslaving. Hij opereerde nu in New Orleans, waar hij met louche figuren door de straten schoof en dealerbars afliep.

Er gaat een vreemd verhaal over zijn studententijd, dat een andere kant van hem laat zien: op een middag had hij vrienden op bezoek voor een cocktail in zijn luxe ingerichte vertrekken toen zijn huisfret plotseling te voorschijn schoot en een elegant gillerig flikkertje in de enkel beet zodat iedereen krijsend naar buiten stoof. Old Bull sprong overeind en greep zijn jachtgeweer. 'Hij ruikt die ouwe rat weer,' zei hij, en knalde een gat in de muur of hij vijftig ratten moest doodschieten. Aan de muur hing een foto van een lelijk huis op Cape Cod. Zijn vrienden zeiden: 'Waarom heb je dat lelijke ding daar hangen?' en Bull zei: 'Ik vind het mooi omdat het zo lelijk is.' Dit typeerde zijn hele leven. Toen ik op een keer in de New Yorkse achterbuurt rond 60th Street bij hem aanklopte, deed hij open met een bolhoed op, een akelig scherp gestreepte broek aan, een vest, en verder niets; hij had een pan vol vogelzaad in zijn handen, hij probeerde het zaad fijn te stampen om er joints van te draaien. Hij experimenteerde ook met het koken van codeïnehoudende hoestsiroop tot het een zwarte massa werd – dat was niet zo'n succes. Hij zat lange uren met Shakespeare – de 'Onsterfelijke Bard', zoals hij hem noemde – op schoot. In New Orleans zat hij nu lange uren met de Mayaanse Codices op schoot, en hoewel hij aan één stuk doorpraatte bleef dat boek aldoor open op zijn schoot liggen. Ik zei een keer: 'Wat gaat er met ons gebeuren als we sterven?' en hij zei: 'Als je sterft ben je gewoon dood, meer niet.' Hij had een partij kettingen in zijn kamer die hij naar zijn zeggen samen met zijn psychoanalist gebruikte; ze experimenteerden met narco-analyse en ontdekten dat Old Bull zeven verschillende persoonlijkheden had, elk ervan erger dan de vorige, tot hij onderaan ten slotte een raaskallende idioot werd die met kettingen in bedwang gehouden moest worden. De hoogste persoonlijkheid was een Engelse Lord, de laagste een idioot. Halverwege was hij een oude neger die met alle anderen in de rij stond te wachten en zei: 'Je hebt rotzakken, en je hebt goedzakken, zo is dat.'

Bull had een sentimentele voorliefde voor de goeie oude tijd in Amerika, met name rond 1910, toen je zonder recept morfine bij de drogist kon krijgen en de Chinezen 's avonds aan hun raam opium rookten in een vrij, ruig en wild land van overvloed en alle mogelijke vormen van vrijheid voor elk en een ieder. Zijn grootste afkeer gold de bureaucratie in Washington; dan progressief links; dan de smerissen. Hij deed niets dan praten en anderen onderrichten. Jane zat aan zijn voeten; ik ook; Dean ook; Carlo Marx had ook aan zijn voeten gezeten. We hadden allemaal van hem geleerd. Hij was een kleurloze, doodgewone vent die je op straat niet zou opmerken, tenzij je beter oplette en zijn krankzinnige, benige kop zag met die eigenaardig jeugdige uitdrukking – een plattelandsdominee vol fenomenaal exotisch vuur en mysterie. Hij had medicijnen gestudeerd in Wenen; hij had antropologie gestudeerd, hij had alles gelezen; nu wijdde hij zich aan zijn levenswerk, de bestudering van de dingen zelf in de straten van het leven en de nacht. Hij zat in zijn stoel; Jane bracht drankjes, martini's. De zonneschermen naast zijn stoel waren altijd neergelaten, dag en nacht; dit was zijn hoek in huis. Op zijn schoot lagen de Mayaanse Codices en een luchtpistool dat hij nu en dan ophief om op benzedrinebuisjes aan de andere kant van de kamer te mikken. Ik rende aldoor rond om nieuwe buisjes klaar te zetten. We schoten er allemaal mee terwijl we zaten te praten. Bull was nieuwsgierig naar de reden voor deze reis. Hij keek ons glurend aan en stiet lucht door zijn neus omlaag, *szumpf*, een geluid als in een lege tank.

'Goed, Dean, blijf nu eens even stilzitten en vertel me waarom je het land doorkruist.'

Dean kon enkel blozen en zei: 'Tja, je weet hoe het is.'

'Waarom ga jij naar de Westkust, Sal?'

'Het is maar voor een paar dagen. Ik ga weer naar school.'

'En die Ed Dunkel, wat is dat voor een figuur?' Op dat ogenblik was Ed in de slaapkamer bezig zich met Galatea te verzoenen; hij had er niet veel tijd voor nodig. We wisten niet wat we Bull over Ed Dunkel moesten vertellen. Nu hij zag dat wij niets over onszelf wisten, haalde hij drie sticks voor de dag en nodigde ons uit wat te roken, het eten was zo klaar.

'Een betere eetlustopwekker dan wat ook ter wereld. Ik at een keer een walgelijke hamburger aan een kraam terwijl ik stoned was, en het leek of ik nog nooit zoiets heerlijks had gegeten. Ik ben net vorige week uit Houston teruggekomen, ik moest Dale spreken over onze zwartoogbonen. Op een ochtend lag ik daar in een motel te slapen toen ik ineens uit mijn bed werd geknald. In de kamer ernaast had een of andere stomme idioot net zijn vrouw doodgeschoten. Iedereen stond er verbijsterd bij te kijken, die vent stapte gewoon in zijn wagen en reed weg, liet zijn jachtgeweer op de grond liggen voor de sheriff. Ze kregen hem uiteindelijk in Houma te pakken, dronken als een kanon. Een mens is ongewapend niet meer veilig in dit land tegenwoordig.' Hij schoof zijn jasje opzij en liet ons zijn revolver zien. Toen trok hij de la open en liet ons de rest van zijn arsenaal zien. In New York had hij ooit een machinepistool onder zijn bed: 'Ik heb nu iets veel beters – een Duits Scheintot-gaspistool; kijk eens wat een prachtding, ik heb alleen maar één patroon. Met dat ding kan ik honderd man uitschakelen en dan heb ik ruim de tijd om weg te komen. Ik heb alleen maar één patroon.'

'Ik hoop dat ik niet in de buurt ben als je hem gaat uitproberen,' zei Jane vanuit de keuken. 'Hoe weet jij dat het een gaspatroon is?' Bull snoof; hij reageerde nooit op haar opmerkingen, maar hij hoorde ze wel. Hij had een hoogst eigenaardige relatie met zijn vrouw: ze praatten tot diep in de nacht; Bull hield ervan het woord te voeren, hij dreunde maar door met zijn saaie monotone stem, ze probeerde er wel tussen te komen maar het lukte haar nooit; in de ochtend werd hij moe en dan praatte Jane en luisterde hij snuivend, steeds lucht door zijn neus omlaag stotend, *szumpf*. Ze hield krankzinnig veel van die man, maar dan in een soort extatische trance; ze deden niet aan liefkozen en aanhalig gevlei, ze praatten alleen, in een diepe kameraadschap die geen van ons ooit zou kunnen doorgronden. De eigenaardig onsympathieke koelte tussen hen was in feite een soort humor waarmee ze hun eigen subtiele vibraties met elkaar deelden. Liefde kan alles; Jane week nooit meer dan enkele meters van Bulls zijde en miste geen woord van wat hij zei, en hij praatte heel zacht.

Dean en ik begonnen druk over een wilde nacht in New Orleans te roepen en wilden dat Bull ons de stad liet zien. Hij zette een domper op ons enthousiasme. 'New Orleans is een hele saaie stad. Het is bij de wet verboden de zwarte wijken in te gaan. De bars zijn ondragelijk vervelend.'

Ik zei: 'Er moeten toch ideale bars in die stad zijn.'

'De ideale bar bestaat niet in Amerika. Een ideale bar is iets dat wij niet meer kennen. In 1910 was een bar een plek waar mannen tijdens of na hun werk bijeenkwamen, en er was alleen een lange bar met koperen stangen, kwispedoors, een pianola voor de muziek, een paar spiegels en vaten met whisky van tien cent per glas en bier van vijf cent per pul. Nu zie je niks als chroom, dronken vrouwen, flikkers, vijandige barkeepers en eigenaars die maar angstvallig bij de deur rondhangen, bezorgd om hun leren stoelen en hun vergunning; er is alleen maar een hoop gebral op het verkeerde moment en doodse stilte als er een vreemdeling binnenstapt.'

We bleven over bars redetwisten. 'Goed,' zei hij, 'dan neem ik je vanavond mee naar New Orleans om je te laten zien wat ik bedoel.' Hij nam ons opzettelijk mee naar de saaiste bars. We lieten Jane alleen met de kinderen; het avondeten was achter de rug, ze zat de vacatures door te nemen in de New Orleans *Times-Picayune*. Ik vroeg haar of ze werk zocht; ze zei alleen maar dat het de interessantste rubriek in de krant was. Bull reed met ons de stad in en bleef maar doorpraten. 'Rustig maar, Dean, we komen er wel, hoop ik; hop, daar is de pont al, je hoeft ons niet de rivier in te rijden.' Hij hield zich vast. Dean was nog erger geworden, vertrouwde hij mij toe. 'Volgens mij is hij op weg naar een ideale eindbestemming: psychotische dwangneurose met een flinke scheut psychopathische onverantwoordelijkheid en gewelddadigheid.' Hij keek vanuit zijn ooghoeken naar Dean. 'Als je met die maniak naar Californië gaat kom je er nooit aan. Waarom blijf je niet bij mij in New Orleans? Dan kunnen we wat op de paarden gokken in Graetna, een beetje ontspannen in de tuin. Ik heb een mooie set werpmessen en ik ben een doel aan het maken. Er zijn ook lekkere malse stukken te vinden hier in de stad, als je daar wat in ziet tegenwoordig.' Hij snoof. We waren op de pont en Dean was uit de wagen gesprongen om over de reling te hangen. Ik volgde hem maar Bull bleef in de wagen zitten en snoof eens, *szumpf*. Die avond lag er een mystieke wade van mist over het bruine water vol donker drijfhout; aan de overkant lag New Orleans hel oranje te gloeien met een paar zwarte schepen aan haar zoom, in spookachtige nevel gehulde schepen met Spaanse balkons en rijk versierde achterplechten, tot je dichtbij kwam en zag dat het gewoon oude vrachtschuiten waren uit Zweden en Panama. Het vuur van de pont gloeide in de nacht; dezelfde negers hanteerden zingend hun kolenschop. De ouwe Slim Hazard had ooit als dekknecht op de pont naar Algiers gewerkt; ik moest ook aan Mississippi Gene denken; en terwijl die rivier maar uit het hart van Amerika bleef aanstromen onder de sterren, wist ik ineens bloedzeker dat alles wat ik ooit had geweten en ooit nog zou weten Eén was. Merkwaardig ook dat dezelfde avond waarop wij met Bull Lee de rivier overstaken, een meisje zelfmoord had gepleegd door overboord te springen; het gebeurde vlak voor of vlak na onze overstek, we zagen het de volgende dag in de krant.

We gingen met Old Bull alle saaie bars van het Franse Kwartier af en reden om middernacht weer naar huis. Die avond nam Marylou alles wat er te krijgen was: weed, downers, pep, drank, ze vroeg Old Bull zelfs om een shot morfine, wat hij haar natuurlijk niet gaf; hij gaf haar wel een martini. Ze zat zo vol met alle mogelijke stoffen dat ze volkomen stagneerde en verdaasd naast me op de veranda stond. Bull had een schitterende veranda. Hij liep rond het hele huis, bij het maanlicht door de wilgen zag het huis eruit als een oude Zuidelijke residentie die betere tijden had gekend. Jane zat binnen in de woonkamer de vacatures door te nemen; Bull was in de badkamer bezig zijn shot te zetten, met zijn oude zwarte stropdas als tourniquet tussen zijn tanden geklemd stak hij de naald in zijn geteisterde arm met wel duizend gaatjes; Ed Dunkel lag breeduit met Galatea op het enorme echtelijke bed dat Old Bull en Jane nooit gebruikten; Dean zat een joint te draaien; Marylou en ik imiteerden de Zuidelijke aristocratie.

'Wel, wel, mejuffrouw Lou, u ziet er zeer bevallig en charmant uit vanavond.'

'O, dank je, Crawford, het is reuze aardig van je om me zo'n compliment te maken.'

Er gingen voortdurend deuren open op de scheve veranda, er kwamen aldoor leden van ons sombere nachtgezelschap naar buiten om te kijken waar iedereen was. Ten slotte wandelde ik in mijn eentje naar de dijk. Ik wilde aan de modderige oever zitten om de Mississippi op me te laten inwerken; in plaats ervan moest ik er met mijn neus tegen een afrastering naar kijken. Als je de mensen van hun rivieren gaat scheiden wat blijft er dan nog over? 'Bureaucratie!' zegt Old Bull; hij zit met Kafka op schoot, de lamp brandt boven zijn hoofd, hij snuift, *szumpf*. Zijn oude huis kraakt. De boomstam uit Montana glijdt langs in de grote zwarte nachtrivier. 'Het is niks als bureaucratie. En bonden! Vakbonden en nog eens vakbonden!' Maar er zou weer duister gelach volgen.

7

Het klonk de volgende ochtend toen ik fris in de vroegte opstond en Old Bull en Dean in de achtertuin aantrof. Dean droeg zijn benzinepompoverall en was Bull aan het helpen. Bull had een enorm groot en dik verrot stuk hout gevonden en rukte desperaat met een klauwhamer aan de spijkers die erin zaten. We staarden naar de spijkers; het waren er duizenden; het waren net wormen.

'Als ik al die spijkers eruit heb ga ik er een plank van maken die *duizend jaar* meegaat!' zei Bull, en al zijn knoken schudden van jongensachtige geestdrift. 'Zeg, Sal, weet je wel dat de planken die ze tegenwoordig maken al na zes maanden breken onder het gewicht van wat prullaria of het gewoon zomaar begeven? Hetzelfde met huizen, en kleren. De rotzakken hebben plastics uitgevonden waarmee ze huizen kunnen bouwen die *eeuwig* overeind blijven staan. En autobanden. Elk jaar rijden miljoenen Amerikanen zich dood op defecte rubberbanden die heet worden op de weg en dan exploderen. Ze zouden banden kunnen maken die nooit kunnen exploderen. Hetzelfde met tandpasta. Ze hebben een soort kauwgum uitgevonden dat ze aan niemand laten zien, als je dat als kind kauwt krijg je je hele verdere leven geen gaatjes. Hetzelfde met kleren. Ze kunnen kleren maken die eeuwig meegaan. Ze maken liever goedkope rommel zodat iedereen moet blijven werken en afklokken en in koppige vakbonden georganiseerd moet blijven ploeteren terwijl het grote graaiwerk in Washington en Moskou plaatsvindt.' Hij hief zijn grote rotte stuk hout op. 'Denk je ook niet dat dit een prachtige plank zal worden?'

Het was vroeg in de morgen; zijn energie was op zijn hoogtepunt. Zijn arme lijf kreeg zoveel junk te verwerken dat hij het grootste deel van zijn dag alleen in die stoel zittend kon doorkomen, met de lamp midden overdag al aan; maar 's morgens was hij fantastisch. We begonnen messen te werpen op het doel. Hij zei dat hij in Tunis een Arabier had gezien die iemand van vijftien meter een mes in zijn oog kon gooien. Dat bracht hem op zijn tante, die in de jaren dertig naar de kasba was geweest. 'Ze was met een groep toeristen onder leiding van een gids. Ze had een diamanten ring aan haar pink. Ze leunde tegen een muur om even uit te rusten en zo'n Arabier rende op haar af en maakte haar die ring met vinger en al afhandig voor ze een kik kon geven, mijn beste jongen. Ze realiseerde zich plotseling dat ze geen pink meer had. Hi-hi-hi-hi-hi!' Wanneer hij lachte perste hij zijn lippen opeen en liet het geluid van heel ver uit zijn buik komen terwijl hij dubbelgevouwen op zijn knieën steunde. Hij lachte een hele poos. 'Hé, Jane!' riep hij vrolijk. 'Ik vertelde Dean en Sal net over mijn tante in de kasba!'

'Ik hoorde je wel,' zei ze vanuit de keukendeur, in die heerlijk warme morgenlucht aan de Golf. Er kwamen prachtige grote wolken overdrijven, valleiwolken die je een idee gaven van de uitgestrektheid van het oude gammele heilige Amerika van monding tot monding, van kaap tot kaap. De ouwe Bull borrelde en bruiste. 'Zeg, heb ik je ooit over Dale's vader verteld? Dat was de raarste ouwe kerel die je ooit van je leven gezien hebt. Hij had parese, daardoor wordt het voorste gedeelte van je hersenen weggevreten en op een gegeven moment ben je niet meer verantwoordelijk voor de dingen die er in je hoofd opkomen. Hij had een huis in Texas en hield de timmerlui vierentwintig uur per dag aan het werk met het aanbouwen van nieuwe vleugels. Hij sprong midden in de nacht zijn bed uit en zei: 'Wat moet ik verdomme met die vleugel; maak hem aan die kant.' Dan konden de timmerlui alles afbreken en weer van voren af aan beginnen. Bij het ochtendgloren zag je ze alweer aan de nieuwe vleugel timmeren. Dan kreeg die ouwe daar ook weer genoeg van en zei hij: "Godverdomme, ik ga naar Maine!" En meteen sprong hij in zijn auto en reed op topsnelheid over de wegen – honderden kilometers lang grote wolken kippenveren in zijn kielzog. Hij stopte in een of andere stad in Texas gewoon midden op straat om even whisky te gaan kopen. Overal om hem heen stonden auto's te toeteren, hij kwam de winkel uitrennen en riep: "Maak govver niezoon hewwie, ztelletje kloodzakken!" Hij sliste; als je parese hebt ga je slissen, zlizzen, bedoel ik. Op een avond stopte hij voor mijn huis in Cincinnati, toeterde en zei: "Kom op, dan gaan we naar Dale in Texas." Hij kwam net terug van Maine. Hij beweerde dat hij een huis gekocht had – o, we hebben ooit een verhaal over hem geschreven op het college – er is een vreselijke scheepsramp, de mensen in het water klampen zich aan de boorden van de reddingsboot vast, en die ouwe staat met een machete op hun vingers te hakken. "Lozlaten, ztelletje kloodzakken, diddiz mijn boot, govverdomme." O, het was een afschuwelijke vent. Ik zou de hele dag over hem kunnen doorgaan. Wat een mooie dag trouwens, hè?'

Dat was het zeker. Er woei een heel zacht briesje vanaf de dijk; het was de lange reis helemaal waard. We liepen achter Bull aan naar binnen om de muur op te meten voor de plank. Hij liet ons de eettafel zien die hij gemaakt had. Het hout was vijftien centimeter dik. 'Deze tafel gaat duizend jaar mee!' zei Bull terwijl hij ons in een maniakale houding zijn lange smalle gezicht toestak. Hij gaf een klap op de tafel.

's Avonds zat hij aan die tafel in zijn eten te pulken, gooide de botjes op de grond voor de katten. Hij had zeven katten. 'Ik hou van katten. Vooral katten die krijsen als je ze boven de badkuip houdt.' Hij stond erop het ons te demonstreren; er was iemand in de badkamer. 'Nou,' zei hij, 'dat kan nu even niet. Moet je horen, ik heb ruzie gehad met de buren.' Hij vertelde ons over zijn buren; het was een enorm gezin met brutale kinderen die over de gammele schutting met stenen naar Dodie en Ray gooiden, en soms ook naar Old Bull. Hij zei ze ermee op te houden; de ouwe kwam naar buiten rennen en riep iets in het Portugees. Bull liep zijn huis in, kwam terug met zijn jachtgeweer en ging er ingetogen op staan leunen; met dat ongelofelijk zeikerige smoel onder die brede hoedrand, quasi-verlegen, stuntelig met zijn hele lijf draaiend stond hij daar te wachten, een groteske, knokige, eenzame clown onder de wolkenmassa's. Voor de Portugezen moet zijn aanblik iets uit een oude boze droom zijn geweest.

We speurden het erf af naar dingen die we konden doen. Er

stond een reusachtige schutting waaraan Bull had gewerkt om hen af te zonderen van die vervelende buren; hij zou nooit voltooid worden, het was een te zware opgave. Hij schudde hem heen en weer om te laten zien hoe stevig hij was. Plots werd hij moe en stil, hij liep naar binnen en verdween in de badkamer voor zijn voormiddagfix. Hij kwam rustig en met glazige ogen weer te voorschijn en ging onder zijn brandende lamp zitten. Het zonlicht duwde zwakjes tegen het neergelaten scherm. 'Zeg, willen jullie mijn orgonenaccumulator eens proberen? Krijg je een beetje pep in je lijf. Ik vlieg erna altijd op topsnelheid naar de dichtstbijzijnde hoerenkast, hor-hor-hor!' Dit was zijn 'lacherige' lach – als hij niet echt lachte. De orgonenaccumulator is een gewone kist, groot genoeg om er op een stoel in te zitten: een laag hout, een laag metaal en dan weer een laag hout vergaren orgonen uit de atmosfeer en houden ze zo lang vast dat het menselijk lichaam meer dan de normale portie kan absorberen. Volgens Reich zijn orgonen vibrerende atmosferische atomen van het levensbeginsel. Mensen krijgen kanker omdat hun orgonenvoorraad opraakt. Old Bull dacht dat zijn orgonenaccumulator beter zou werken als het hout dat hij gebruikte zo organisch mogelijk was, dus bond hij lommerrijke takken en twijgen uit de bayou aan zijn mystieke buitenprivaat. Daar stond het op het hete, vlakke erf, een dicht bebladerde machine met allerlei technische frutsels erop en eraan. Old Bull trok zijn kleren uit en ging erin zitten om wat naar zijn navel te staren. 'Zeg, Sal, laten we na het middageten op de paarden gaan wedden bij die bookmaker in Graetna.' Wat een fantastische figuur. Na het middageten deed hij een dutje in zijn stoel, met zijn luchtpistool op schoot en de kleine Ray slapend om zijn nek gedrapeerd. Het was een mooi gezicht, vader en zoon, een vader die zijn zoon beslist nooit zou vervelen als het erop aankwam nieuwe bezigheden of gespreksonderwerpen te bedenken. Hij schoot wakker en staarde me aan. Het duurde een minuut voor hij me herkende. 'Waarom ga jij naar de Westkust, Sal?' vroeg hij, en viel even weer in slaap.

's Middags reden we naar Graetna, alleen Bull en ik. We zaten in zijn oude Chevy. Deans Hudson was laag en gestroomlijnd; Bulls

Chevy was een hoge rammelkast. Het leek wel 1910. De bookma-kerstent was vlak bij de kade in een grote bar vol chroom en leer die achterin overging in een reusachtige hal waar inzetten en nummers op de wand werden genoteerd. Er hingen allerlei Loui-siaanse figuren met racekrantjes rond. Bull en ik dronken een biertje, Bull kuierde op zijn gemak naar de fruitmachine en gooide er een halve dollar in. De schijven klikten *Jackpot – Jackpot – Jack-pot*, de laatste *Jackpot* bleef even hangen en wipte toen terug op een Kers. Hij had op een haar na honderd dollar of nog meer gewon-nen. 'Verdomme!' riep Bull. 'Ze hebben dat ding zo afgesteld. Dat kon je daarnet duidelijk zien. Ik had de jackpot en toen klikte het mechaniek hem terug. Tja, wat doe je eraan.' We bestudeerden de racekrant. Ik had in jaren niet op paarden gewed en wist me geen raad met al die nieuwe namen. Er was een paard bij dat Big Pop heette en me even in trance bracht, het deed me terugdenken aan mijn vader, die vroeger met me op de paarden wedde. Ik wilde dit net tegen Old Bull zeggen toen hij zei: 'Nou, ik denk dat ik die Ebony Corsair maar eens probeer.'

Toen zei ik het ten slotte: 'Die Big Pop doet me aan mijn vader denken.'

Hij peinsde een ogenblik, zijn heldere blauwe ogen hypnotise-rend op de mijne gericht, zodat ik niet meer wist wat hij dacht of waar hij in gedachten was. Toen liep hij naar het loket en zette in op Ebony Corsair. Big Pop won en betaalde vijftig tegen één.

'Verdomme!' zei Bull. 'Ik had beter moeten weten, ik heb dit eerder meegemaakt. O, leren we het dan nooit?'

'Wat bedoel je?'

'Big Pop, dat bedoel ik. Je had een visioen, jongen, een visióen. Alleen stomme idioten besteden geen aandacht aan visioenen. Hoe weet jij dat je vader, die ouwe paardengokker, niet even met je in contact kwam om te zeggen dat Big Pop de race zou winnen? De naam gaf je dat gevoel, hij greep die naam aan om met je in contact te treden. Daar dacht ik aan toen je het me vertelde. Mijn neef in Missouri wedde een keer op een paard waarvan de naam hem aan zijn moeder deed denken, het paard won en hij ving een enorm bedrag. Vanmiddag gebeurde er hetzelfde.' Hij schudde zijn hoofd. 'Ach, laten we maar gaan. Dit is de laatste keer dat ik op paarden ga gokken als jij in de buurt bent; ik word tureluurs van al die visioenen.' Terwijl we in de auto naar zijn oude huis terugreden zei hij: 'De mensheid zal op een dag beseffen dat we werkelijk in contact staan met de doden en de andere wereld, wat het ook is; we zouden, als we maar genoeg wilskracht aanwendden, nu al kunnen voorspellen wat er de komende honderd jaar gaat gebeuren, en stappen kunnen nemen om allerlei rampen te voorkomen. Wanneer een mens sterft ondergaat hij een mutatie in zijn hersenen waar wij nu nog niets van weten maar op een goeie dag zal het glashelder zijn als die geleerden er eens wat aan gingen doen. Die klootzakken willen nu alleen maar kijken of ze de wereld kunnen opblazen.'

We vertelden het aan Jane. Ze snoof eens. 'Volgens mij is het maar flauwekul,' zei ze. Ze haalde de bezem door de keuken. Bull ging de badkamer in voor zijn namiddagfix.

Dean en Ed Dunkel speelden basketball op de weg met Dodies bal en een emmer die ze aan een lantaarnpaal hadden gespijkerd. Ik ging meedoen. Daarna begonnen we atletische toeren uit te halen. Ik stond stomverbaasd van Dean. Hij liet Ed en mij een ijzeren staaf ter hoogte van onze middels ophouden en sprong er zo overheen, met zijn handen om zijn enkels. 'Vooruit, hoger.' We hielden hem steeds hoger tot we hem op borsthoogte hadden. Hij sprong er nog steeds met gemak overheen. Toen ging hij vérspringen en haalde minstens zes meter. Daarna renden hij en ik om het hardst over de weg. Ik loop de honderd meter in 10,5. Hij vloog me voorbij. Onder het hardlopen had ik een waanzinnig visioen van Dean waarin hij zo zijn hele leven door blijft rennen – benig gezicht vooruitgestoken naar het leven, pompende armen, zweet op het voorhoofd, benen als Groucho Marx rondflitsend terwijl hij zegt: 'Ja, hoor, ja, man, jij kunt heel hard lopen.' Maar niemand kon er zo hard lopen als hij, dat is de zuivere waarheid. Toen kwam Bull naar buiten met een stel messen en begon hij ons te laten zien hoe je een messentrekker in een donker steegje ontwapent. Ik liet hem op mijn beurt een hele goeie truc zien: je laat je voor je tegenstander op de grond vallen, haakt je enkels om zijn benen en klapt hem om zodat hij op zijn handen valt, dan grijp je hem in een dubbele nelson bij de polsen. Hij zei dat het er wel mee door kon. Hij demonstreerde ons wat jioe-jitsoe. De kleine Dodie riep haar moeder de veranda op en zei: 'Moet je die gekke mannen zien.' Het was zo'n schattig bijdehand ding dat Dean zijn ogen niet van haar kon afhouden.

'Poe. Wacht maar tot zij groot is! Zie je haar al door Canal Street schuiven met die mooie ogen van haar! Ah! Oh!' Hij siste tussen zijn tanden.

We hadden een krankzinnige dag in New Orleans met de Dunkels. Dean was die dag helemaal buiten zinnen. Toen hij de goederentreinen van T & NO op het emplacement zag wilde hij me alles tegelijk laten zien. 'Jij bent remmer voor je van mij af bent!' Hij en ik en Ed Dunkel renden over de sporen en sprongen op drie verschillende plaatsen op een goederentrein; Marylou en Galatea zaten in de auto te wachten. We reden zo'n kilometer met de trein mee naar de pieren, zwaaiden naar wisselwachters en seiners. Ze lieten me zien hoe je van een rijdende wagon moet springen; eerst je achterste voet en de trein van je weg laten rijden, dan omdraaien en je andere voet neerzetten. Ze lieten me de koelwagens zien, de ijscompartimenten, goed voor een rit door een winterse nacht als de wagons leeg zijn. 'Weet je nog die rit van New Mexico naar LA?' riep Dean. 'Zo hield ik me toen vast…'

We kwamen een uur te laat bij de meisjes terug en ze waren natuurlijk woedend. Ed en Galatea hadden besloten een kamer in New Orleans te huren en hier te gaan werken. Dat vond Bull best, hij werd doodziek van het hele stel. Zijn invitatie was oorspronkelijk voor mij alleen bedoeld. De voorkamer, waar Dean en Marylou sliepen, zat onder de jam- en koffievlekken, de vloer lag bezaaid met lege bennybuisjes, bovendien was het Bulls werkkamer en kon hij zo niet verder met zijn planken. De arme Jane werd horendol van Deans onafgebroken gespring en gedraaf. We zaten op mijn studietoelage te wachten; mijn tante zou de cheque doorsturen. Dan zouden we met ons drieën vertrekken – Dean, Marylou en ik. Toen de cheque arriveerde realiseerde ik me dat ik het vervelend vond Bulls heerlijke huis zo plotseling te verlaten, maar

Dean barstte van energie en was klaar om te vertrekken.

In een trieste rode avondschemer zaten we ten slotte in de auto en Jane, Dodie, kleine Ray, Bull, Ed en Galatea stonden er glimlachend omheen in het lange gras. Dit was het afscheid. Op het allerlaatste moment rees er een misverstand tussen Dean en Bull over geld; Dean had wat willen lenen; Bull zei dat daarvan geen sprake kon zijn. De sfeer greep terug op zijn dagen in Texas. Dean de oplichter nam mensen geleidelijk aan tegen zich in. Hij giechelde maniakaal en gaf er niks om; hij wreef over zijn gulp, stak zijn vinger in Marylou's jurk, lebberde over haar knie en zei kwijlend: 'O schatje, jij weet net als ik dat alles eindelijk voor mekaar is tussen ons zonder de geringste abstracte omlijning in metafysisch opzicht of wat voor opzicht je ook wenst te specificeren of liefjes wilt opleggen of herintroduceren...' enzovoorts, de wagen suisde al weg, we waren weer op weg naar Californië.

8

Wat is dat gevoel als je van mensen wegrijdt en ze op de vlakte terugwijken tot je kleine vlekjes uiteen ziet gaan? – Het is de te grote wereld die ons overkoepelt, en een afscheid. Maar wij reikhalzen al naar het volgende krankzinnige avontuur onder het hemelgewelf.

We rolden door het zwoele oude licht van Algiers, weer op de pont, weer de bemodderde wrakkige schuiten aan de overkant van de rivier tegemoet, weer door Canal Street en de stad uit; een tweebaansweg naar Baton Rouge in paarse duisternis; dan westwaarts en bij Port Allen de Mississippi over. Port Allen – waar de rivier helemaal van regen en rozen is in een mistig prikkend duister, waar we in een geel nevelschijnsel om een rotonde zwiepten en plots die brede donkere massa onder een brug zagen en opnieuw de eeuwigheid overstaken. Wat is de Mississippi? – een drassige modderkluit in een nacht vol regen, een zacht geplup van druilende oevers in Missouri, samenvloeisels, een voortstromen door een eeuwigdurende bedding, een toevloed van bruin schuim, een reis langs eindeloze dalen en bomen en dijken, omlaag, steeds verder omlaag langs Memphis, Greenville, Eudora, Vicksburg, Natchez, Port Allen, de haven van New Orleans en de delta, langs Potash en Venice de grote nachtelijke Golf in en verder naar buiten.

Met een detectivehoorspel op de radio, en terwijl ik uit het raampje kijkend VERF MET COOPER'S VERF op een bord zag staan en 'Oké, zal ik doen' zei, reden we door het dwaalduister van het vlakke Louisiana – Lawtell, Eunice, Kinder, De Quincy, gammele westelijke stadjes die een sterker bayoukarakter kregen naarmate we de Sabine naderden. In het oude Opelousas ging ik een levensmiddelenwinkel binnen om brood en kaas te kopen terwijl Dean voor benzine en olie zorgde. De winkel was niet meer dan een houten keet; ik hoorde de familie achterin aan hun avondeten. Ik wachtte een minuut; ze bleven doorpraten. Ik pakte brood en kaas en glipte naar buiten. We hadden nauwelijks genoeg geld om Frisco te halen. Intussen had Dean een slof sigaretten uit het benzinestation gegapt en nu waren we goed bevoorraad voor de reis – benzine, olie, sigaretten en eten. Boeven weten van niks. Hij stuurde de wagen kaarsrecht over de weg.

Ergens bij Starks zagen we voor ons uit een grote rode gloed aan de hemel; we vroegen ons af wat het was; een ogenblik later reden we erlangs. Er brandde een vuur ergens achter de bomen; er stonden een hoop wagens langs de snelweg geparkeerd. Het was vast een of andere visbarbecue, maar het kan natuurlijk van alles geweest zijn. Voor Deweyville werd het land vreemd en donker. Plotseling waren we in de moerassen.

'Man, stel je voor dat we hier in die moerasbende een jazztent vonden waar van die grote dikke zwarte kerels de blues op hun gitaar kreunen en slangenbloed drinken en naar ons zitten te gebaren!'

'Ja, man!'

Hier heerste mysterie. De wagen reed over een opgehoogde zandweg met diepe moerassen vol neerhangende ranken aan weerskanten. We passeerden een verschijning; het was een neger in een wit overhemd die met zijn armen naar het inktzwarte firmament opgeheven langs de weg liep. Hij was vast aan het bidden of bezig een vloek af te roepen. We suisden vlak langs hem heen; ik keek door de achterruit om zijn witte ogen te zien. 'Hoehoe!' zei Dean. 'Opgepast. We kunnen hier beter niet stoppen.' Op een gegeven ogenblik waren we op een kruispunt de weg kwijt en stopten we toch. Dean zette de koplampen af. We werden omringd door een groot woud van berankte bomen waarin we de miljoenen gifslangen bijna konden horen rondglibberen. Het enige dat we konden zien was het rode ampèrelichtje op het dashboard van de Hudson. Marylou piepte angstig. We begonnen maniakaal te lachen om haar bang te maken. We waren zelf ook bang. We wilden weg uit dit slangendomein, dit zompig druilende duister, we wilden in vliegende vaart terug naar vertrouwde Amerikaanse bodem, veestadjes, bekend terrein. Er hing een lucht van olie en brak water. Dit was een nachtmanuscript dat wij niet konden lezen. Er krijste een uil. We gokten op een van de zandwegen, en al gauw staken we de kwaaie ouwe Sabine over die verantwoordelijk is voor al die moerassen. Vol verbazing zagen we grote lichtstructuren voor ons uit. 'Texas! Dat is Texas! Beaumont, de oliestad!' Reusachtige olietanks en raffinaderijen doemden als steden op in de naar olie riekende lucht.

'Ik ben blij dat we daar weg zijn,' zei Marylou. 'Zet nu maar weer een detectivehoorspel aan.'

We suisden door Beaumont, staken bij Liberty de Trinity over, dan rechtdoor naar Houston. Nu begon Dean over zijn tijd in Houston in 1947. 'Hassel! Die maffe Hassel! Overal waar ik kom ga ik naar hem op zoek, en ik vind hem nooit. De keren dat hij ons liet wachten hier in Texas! We reden altijd met Bull naar de stad om boodschappen te doen en dan verdween Hassel. We moesten alle spuitsalons in de stad af om hem te zoeken.' We reden Houston binnen. 'Meestal moesten we in het zwarte deel van de stad naar hem op zoek. Man, hij ging met elke mafferik die hij tegenkwam aan de dope. Op een avond waren we hem weer kwijtgeraakt en namen we een hotelkamer. We zouden ijs voor Jane meebrengen omdat het eten begon te bederven. Het kostte ons twee dagen om Hassel te vinden. Ik had zelf ook nog het nodige oponthoud – ik peesde 's middags op de winkelende vrouwen, hierzo, hier in het centrum, bij die supermarkten' – we flitsten erlangs in de lege nacht – 'en ik vond een te gek mooi stom wicht dat niet goed snik was en maar wat rondzwierf, ze probeerde een sinaasappel te stelen. Ze kwam uit Wyoming. Haar lijf was even mooi als haar brein gestoord was. Ze liep wat in zichzelf te babbelen toen ik haar zag en ik nam haar mee naar de hotelkamer. Bull was dronken en probeerde een jong Mexicaans knulletje dronken te voeren. Carlo zat gedichten te schrijven op heroïne. Hassel kwam pas om middernacht bij de jeep aan. We vonden hem slapend op de achterbank. Al het ijs was gesmolten. Hassel zei dat hij een stuk of vijf slaappillen had genomen. Man, was mijn geheugen maar zo goed als mijn verstand, dan kon ik je tot in details vertellen wat we daar allemaal deden. Ah, maar wij zijn tijdsbewust. Alles gaat vanzelf. Als ik mijn ogen dichtdoe rijdt die ouwe kar gewoon vanzelf door.'

Plots joeg er een motorduivel door de lege ochtendstraten van Houston, overal glinsterende noppen en klinknagels, motorbril, snel zwart jack, een Texaanse nachtdichter, meid klemvast als een rugzak achterop, wapperende haren, vooruit maar, op naar Houston, Austin, Fort Worth, Dallas – 'Kansas City, here I come – San Antonio, ah-haaa!' Ze schoten als een stip uit het zicht. 'Poe! Zag je dat te gekke mokkel aan zijn riem? Vooruit, vol gas.' Dean probeerde ze in te halen. 'Zou het niet goed zijn als we met zijn allen samen aan het blowen konden, iedereen lekker ontspannen en relaxed, geen gezeik, nog geen pielig beginnetje van protest of misverstane lijfelijke rampspoed of wat ook. Ah! Maar wij zijn tijdsbewust.' Hij boog zich naar voren en dreef de wagen tot het uiterste.

Voorbij Houston was zijn energie, hoe reusachtig ook, uitgeput en reed ik. Het begon net te regenen toen ik het stuur overnam. Nu waren we op de grote vlakte van Texas en zoals Dean zei: 'Je kunt rijden en nog eens rijden, maar morgenavond zijn we nog steeds in Texas.' De regen striemde omlaag. Ik reed door een gammel veestadje met een modderige hoofdstraat en toen liep de weg ineens dood. 'Hé, wat nu?' Ze sliepen alle twee. Ik keerde en kroop weer door het stadje. Er was geen kip te zien en nergens brandde licht. Ineens verscheen er een ruiter in regenjas in mijn koplampen. Het was de sheriff. Zijn stetson hing druipend neer in de stortbui. 'Welke kant op naar Austin?' Hij vertelde het me beleefd en ik ging weer op weg. Buiten de stad zag ik plots twee koplampen recht in mijn gezicht schijnen in de striemende regen. Hola, dacht ik, ik zit aan de verkeerde kant van de weg; ik zwenkte voorzichtig naar rechts en reed de modder in; ik stuurde de weg weer op. De koplampen kwamen nog steeds recht op me af. Op het allerlaatste moment realiseerde ik me dat de andere chauffeur aan de verkeerde kant van de weg reed en het niet in de gaten had. Ik zwenkte met vijftig per uur de modder in; het was een vlakke berm, geen greppel, goddank. De boosdoener reed achteruit terug in de stortregen. Vier norse landarbeiders, aan hun werk ontsnapt om flink aan de zuip te gaan, allemaal in witte overhemden, vuile bruine armen, zaten me dom in het donker aan te staren. De bestuurder was al even dronken als de rest.

Hij zei: 'Welke kant op naar Houston?' Ik stak mijn duim naar achteren. Ik bedacht plotseling ontzet dat ze dit expres gedaan hadden om me de weg te vragen, zoals een bietser op straat recht op je afkomt om je de weg te versperren. Ze staarden somber naar de vloer van hun auto vol rondrollende lege flessen en rammelden verder. Ik startte de wagen; hij zat een halve meter in de modder. Ik slaakte een zucht in de verregende Texaanse wildernis.

'Dean,' zei ik, 'wakker worden.'

'Wat?'

'We zitten vast in de modder.'

'Wat is er gebeurd?' Ik vertelde het hem. Hij vloekte en tierde. We trokken oude schoenen en truien aan en stommelden uit de auto de stralende regen in. Ik zette mijn rug tegen de achterbumper en tilde en sjorde; Dean schoof kettingen onder de rondsissende banden. In een oogwenk zaten we onder de modder. We wekten Marylou voor al dit gruwelijks en lieten haar gas geven terwijl wij duwden. De geteisterde Hudson bleef maar ploeteren. Plotseling sprong hij naar voren en slierde over de weg. Marylou stopte nog net op tijd, we stapten in. Ziezo – het karwei had een halfuur gevergd, we waren drijfnat en voelden ons doodellendig.

Ik viel met modder overdekt in slaap; toen ik 's morgens wakker werd was de modder hard geworden en lag er sneeuw buiten. We waren in de buurt van Fredericksburg, op de hoogvlakte. Het was een van de ergste winters in de geschiedenis van Texas en heel het Westen, koeien stierven als vliegen in vreselijke sneeuwstormen en het sneeuwde in San Francisco en LA. We voelden ons alle drie ellendig. We wilden dat we weer met Ed Dunkel in New Orleans zaten. Marylou reed; Dean sliep. Ze reed met één hand aan het stuur en tastte met de andere naar mij op de achterbank. Ze koerde beloften over San Francisco. Ik zat me ellendig te bekwijlen. Om tien uur nam ik het stuur over – Dean lag urenlang buiten westen – en reed ettelijke honderden troosteloze kilometers langs sneeuwstruiken en rommelige alsemhellingen. Er kwamen cowboys langs met honkbalpetten op en oorwarmers, op zoek naar koeien. Met tussenpozen verschenen er behaaglijke huisjes met rokende schoorstenen langs de weg. Ik wou dat we er binnen konden stappen voor een glas karnemelk en een bord bonen aan de open haard.

In Sonora bediende ik mezelf weer van gratis brood en kaas terwijl de eigenaar aan de andere kant van de winkel met een grote veeboer stond te kletsen. Dean riep hoera toen hij het hoorde; hij had honger. We konden geen cent aan eten uitgeven. 'Ja ja,' zei Dean terwijl hij naar de veeboeren keek die door de hoofdstraat van Sonora beenden, 'het zijn godver allemaal miljonairs, duizend stuks vee, massa's knechten, bijgebouwen, geld op de bank. Als ik hier woonde werd ik mafkees in de alsem, dan werd ik woestijnkonijn, lekker alsemblaadjes knabbelen en achter de mooie koeienmeisjes aanhupsen – hiehiehiehiehie! Potverdomme nou!' Hij gaf zichzelf een stomp. 'Ja hoor! Zeker te weten! Mooi wel!' We wisten niet meer waar hij het over had. Hij nam het stuur over en vloog door de rest van Texas, zo'n achthonderd kilometer helemaal naar El Paso, hij kwam er in de avondschemer aan en had maar één keer gestopt, vlak bij Ozona, toen hij al zijn kleren uittrok en keffend en springend door de alsem rende. Er schoten auto's langs maar ze zagen hem niet. Hij holde terug naar de wagen en reed verder. 'Oké, Sal, oké, Marylou, ik wil dat jullie doen als ik, ontdoe jezelf van al die klerentroep – wat heb je nou aan kleren? Ik zeg maar zo – laat die zon toch lekker op je bast schijnen. Vooruit!' We reden westwaarts de zon tegemoet; hij scheen door de voorruit naar binnen. 'Leg je buik bloot terwijl we naar de zon toe rijden.' Marylou voldeed aan zijn verzoek; zonder blikken of blozen deed ik hetzelfde. We zaten alle drie voorin. Marylou pakte haar huidcrème en smeerde er ons voor de gein mee in. Af en toe loeide er een grote vrachtwagen langs; de chauffeur in de hoge cabine ving een glimp op van een gouden schoonheid die naakt tussen twee naakte mannen in zat: je zag ze even zwenken terwijl ze al uit onze achterruit verdwenen. Er gleden brede vlakten vol alsem langs, nu zonder sneeuw. Weldra waren we in de oranje rotsen van de Pecos Canyon. De lucht brak open in blauwe verten. We stapten uit om een oude Indiaanse ruïne te bekijken. Dean deed het spiernaakt. Marylou en ik trokken onze jassen aan. We zwierven joelend en roepend tussen de oude stenen rond. Een paar toeristen zagen Dean naakt over de vlakte stappen maar ze konden hun ogen niet geloven en hobbelden verder.

Dean en Marylou parkeerden de wagen vlak bij Van Horn om even te vrijen terwijl ik ging slapen. Ik werd wakker toen we door de ontzagwekkende Rio Grande Valley via Clint en Ysleta naar El Paso reden. Marylou klom op de achterbank, ik klom weer op de voorbank, we reden maar door. Links van ons, aan de overkant van de uitgestrekte Rio Grande, lagen de dieporanje bergen van de Mexicaanse grens, het land van de Tarahumare; er speelde een zachte schemer om de toppen. Recht voor ons uit lagen de verre lichtjes van El Paso en Juárez, breed uitgezaaid in zo'n immense vallei dat je diverse treinen tegelijk allerlei kanten op zag puffen, alsof die vallei de hele wereld omvatte. We daalden erin af.

'Clint, Texas!' zei Dean. Hij had de radio afgestemd op de zender van Clint. Om het kwartier draaiden ze een plaatje; de rest van de tijd waren er reclames voor een schriftelijke middelbareschoolcursus. 'Dat programma wordt over het hele Westen uitgezonden,' riep Dean opgewonden. 'Op de tuchtschool en in de gevangenis luisterde ik er dag en nacht naar, man. We deden die cursus allemaal. Je krijgt een middelbareschooldiploma, of een afschrift ervan, per post thuisgestuurd als je het examen haalt. Alle jonge schurken van het Westen, kan niet schelen wie het is, iedereen geeft zich op een gegeven moment op; je hoort niet anders; je kunt je radio op Sterling, Colorado, of Lusk, Wyoming, afstemmen, kan niet schelen waar je zit, je krijgt altijd weer Clint, Texas, Clint, Texas. En ze draaien niks als cowboygejengel en Mexicaanse muziek, het is zonder meer het ergste programma in de hele Amerikaanse radiogeschiedenis, en niemand die er iets aan kan doen. Ze hebben een enorme zender; ze hebben het hele land in de klauw.' We zagen de hoge antenne achter de houten huisjes van Clint. 'O man, ik zou je dingen kunnen vertellen!' riep Dean, haast met tranen in zijn ogen. Met onze blik vast op Frisco aan de Westkust gericht kwamen we bij donker in El Paso aan, platzak. We moesten absoluut aan geld voor benzine zien te komen, anders kwamen we er niet.

We probeerden van alles. We belden de liftcentrale, maar er ging die avond niemand naar het Westen. Via de liftcentrale kun je met auto's meerijden als je de benzinekosten deelt, een wettelijk toegestane regeling in het Westen. Je ziet er onbetrouwbare types met gebutste koffers staan wachten. We gingen naar het Greyhoundbusstation om iemand over te halen ons zijn reisgeld te geven in plaats van een bus naar de Westkust te nemen. We waren te verlegen om iemand te benaderen. We drentelden verslagen rond. Het was koud buiten. Een student zweette al bij de aanblik van de wulpse Marylou en probeerde onverschillig te kijken. Dean en ik overlegden maar besloten dat we geen pooiers waren. Plotseling sloot een of ander raar dom gozertje dat zo van de tuchtschool kwam zich bij ons aan, en hij en Dean holden weg om een biertje te gaan drinken. 'Kom mee, man, we geven gewoon iemand een dreun op zijn hersens en pakken zijn geld af.'

'Zo mag ik het horen, man!' riep Dean. Ze renden weg. Even maakte ik me zorgen: maar Dean wilde alleen maar even met dat joch in El Paso rondkijken, gewoon voor de kick. Marylou en ik wachtten in de auto. Ze sloeg haar armen om me heen.

Ik zei: 'Toe nou, Lou, wacht tot we in Frisco zijn.'

'Wat kan mij het schelen. Dean laat me straks toch in de steek.'

'Waarom ga je dan niet terug naar Denver?'

175

'Ik weet het niet. Het maakt me niet uit wat ik doe. Kan ik niet met jou mee terug naar de Oostkust?'

'We moeten in Frisco aan geld zien te komen.'

'Ik weet een lunchbar waar je werk kunt krijgen achter de toonbank, dan ga ik als serveerster werken. Ik weet ook een hotel waar we op krediet kunnen logeren. Laten we bij elkaar blijven. O, ik voel me zo treurig.'

'Waarom ben je zo treurig, meid?'

'Over alles. O bah, ik wou dat Dean niet zo geschift was.' Dean kwam knipogend, giechelend terug en sprong in de wagen.

'Wat een waanzinnige gozer, man, hoehoe! Kon ik ook met hem overweg! Vroeger kende ik honderden van die lui, ze zijn allemaal hetzelfde, hun brein werkt volgens een uniform schema, o, dat oneindig netwerk van – geen tijd, geen tijd…' Hij stampte op het gas, boog zich diep over het stuurwiel en scheurde El Paso uit. 'We moeten maar lifters meenemen. Ik weet zeker dat we er wel een paar tegenkomen. Hup hup, daar gaan we! Kijk uit!' riep hij tegen een automobilist, zwiepte om hem heen, ontweek een vrachtwagen en daverde de stad uit. Aan de overkant van de rivier lagen de fonkelende lichtjes van Juárez, en het trieste dorre landschap en de fonkelende sterren van Chihuahua. Marylou keek naar Dean zoals ze die hele trip naar de overkant en terug naar hem had gekeken, vanuit haar ooghoeken – met een sombere, trieste blik, alsof ze zijn hoofd wilde afhakken en in haar kast wilde verbergen, in een jaloerse en spijtige liefde voor de man die zo verbazingwekkend zichzelf bleef in zijn furie, zijn bezeten gesnuif, zijn krankzinnige toeren, het was een glimlach van tedere genegenheid maar ook van sinistere afgunst die mij bang voor haar maakte, ze wist dat haar liefde voor hem nooit vrucht zou dragen want als ze naar zijn langkakige, benige gezicht vol mannelijke, afwezige zelfgenoegzaamheid keek wist ze dat hij al te krankzinnig was. Dean was ervan overtuigd dat Marylou een hoer was; hij vertrouwde me toe dat ze een pathologische leugenares was. Maar als ze hem zo opnam was er ook liefde; en telkens als Dean het merkte keek hij opzij met die brede valse flirtende glimlach met knipperende wimpers en parelwit glinsterende tanden, terwijl hij een ogenblik ervoor nog in zijn eeuwige zelf opgesloten zat te dromen. Dan lachten Marylou en ik alle twee – en Dean verried geen spoor van gêne, er was enkel die leipe blije grijns die zei: We vermaken ons toch prima, of niet dan? En zo was het.

Buiten El Paso zagen we in het donker een kleine ineengedoken gestalte met opgestoken duim. Het was onze beloofde lifter. We stopten en reden achteruit naar hem terug. 'Hoeveel geld heb je bij je, jongen?' De jongen had geen geld; hij was een jaar of zeventien, bleek, een eigenaardig ventje met een onvolgroeide, mismaakte hand, geen koffer. 'Is het geen engel?' zei Dean mij met ernstig ontzag aankijkend. 'Stap in, kerel, we nemen je wel mee –' De jongen rook zijn kans. Hij zei dat hij een tante met een kruidenierswinkel had in Tulare, Californië, zodra we daar aankwamen zou hij ons wat geld geven. Dean rolde over de vloer van het lachen, het was bijna precies hetzelfde als met die knaap in North Carolina. 'Ja ja!' riep hij. 'Zulke tantes hebben we allemaal; nou, vooruit, op naar al die ooms en tantes met kruidenierswinkels langs deze snelweg!!' We hadden een nieuwe passagier, en een prima kereltje ook. Hij zei geen woord, hij luisterde naar ons. Eén minuut van Deans gebazel had hem waarschijnlijk al overtuigd dat hij bij een stel gekken was ingestapt. Hij zei dat hij liftend van Alabama op weg was naar Oregon, waar hij woonde. We vroegen hem wat hij in Alabama had gedaan.

'Ik ben naar mijn oom geweest, hij zei dat hij werk voor me had in een houtzagerij. Dat werk ging niet door, dus nu ga ik weer naar huis.'

'Weer naar huis,' zei Dean, 'weer naar huis, ja ja, dat ken ik, wij brengen je wel naar huis, tot Frisco in ieder geval.' Maar we hadden geen geld. Toen bedacht ik dat ik vijf dollar van mijn oude vriend Hal Hingam in Tucson, Arizona, kon lenen. 'Voor mekaar,' zei Dean onmiddellijk, 'we gaan naar Tucson.' Dat deden we.

We kwamen 's nachts door Las Cruces, New Mexico, en arriveerden bij het ochtendgloren in Arizona. Ik ontwaakte uit een diepe slaap en ontdekte dat ze allemaal als lammetjes lagen te slapen, de auto stond god mag weten waar geparkeerd, ik kon niet door de beslagen raampjes naar buiten kijken. Ik stapte uit. We waren in de bergen: ik zag een hemelse zonsopgang, koele paarse repen lucht, rode berghellingen, smaragdgroene weiden in de dalen, dauw, vervormende wolken; de grond vol holen van wangzakratten, cactusplanten, mesquite. Het was tijd om door te rijden. Ik schoof Dean en de jongen opzij en reed de berg af met de koppeling in en de motor af om benzine te sparen. Op die manier rolde ik Benson, Arizona, binnen. Ik bedacht dat ik nog een zakhorloge had dat Rocco me net voor mijn verjaardag had gegeven, een horloge van vier dollar. Bij het benzinestation vroeg ik de man of hij een lommerd wist in Benson. Hij was pal naast het benzinestation. Ik klopte op de deur, er kwam iemand uit bed en een tel later had ik een dollar voor het horloge. Nu hadden we genoeg benzine tot Tucson. Maar opeens, net toen ik wilde wegrijden, verscheen er een grote smeris met blaffer en hij vroeg me naar mijn rijbewijs. 'Die vent achterin heeft het rijbewijs,' zei ik. Dean en Marylou lagen samen onder de deken te slapen. De smeris beval Dean uit te stappen. Plotseling trok hij zijn revolver en schreeuwde: 'Handen omhoog!'

'Pardon agent,' hoorde ik Dean op zalvende, belachelijke toon zeggen, 'ik moest alleen even mijn gulp dichtknopen, agent.' Zelfs de smeris glimlachte bijna. Dean kwam bemodderd, haveloos, in T-shirt, over zijn buik wrijvend, vloekend de wagen uit, zocht overal naar zijn rijbewijs en de autopapieren. De smeris doorzocht de kofferbak. Alle papieren waren in orde.

'Gewoon even controleren,' zei hij met een brede glimlach. 'Je kunt doorrijden. Benson is geen slechte stad, trouwens; een ontbijt hier zou je prima bevallen.'

'Ja ja ja,' zei Dean, hij schonk absoluut geen aandacht aan hem en reed weg. We slaakten allemaal een zucht van verlichting. De politie wordt achterdochtig als er groepjes jongelui in nieuwe wagens langskomen die geen cent op zak hebben en horloges moeten belenen. 'O, ze moeten zich ook overal mee bemoeien,' zei Dean, 'maar het was wel een veel betere smeris dan die hufter in Virginia. Ze willen graag een grote slag slaan; ze denken dat iedere wagen die hier langskomt vol gangsters uit Chicago zit. Ze hebben niks beters te doen.' We reden door naar Tucson.

Tucson ligt in een schitterend landschap van mesquitebomen langs rivierbeddingen, beheerst door de besneeuwde toppen van de Catalinaketen. De stad was één grote bouwstelling; de mensen hier waren op doorreis, uitbundig, ambitieus, druk, vrolijk; overal waslijnen, caravans; bezige winkelstraten vol spandoeken; heel Californisch allemaal. Fort Lowell Road, waar Hingham woonde, slingerde langs een rivierbedding met prachtige bomen in de vlakke woestijn. We zagen Hingham peinzend op zijn erf zitten. Hij was schrijver; hij was naar Arizona gekomen om in alle rust aan zijn boek te werken. Hij was een lange, magere, verlegen satiricus die met afgewend hoofd tegen je mompelde en altijd gekke dingen zei. Zijn vrouw en kind woonden met hem in een klein adobehuisje dat zijn indiaanse stiefvader had gebouwd. Zijn moeder woonde aan de andere kant van het erf in haar eigen huisje. Het was een geestdriftige Amerikaanse vrouw die dol was op aardewerk, kralen en boeken. Hingham had in brieven uit New York van Dean gehoord. We streken als een zwerm sprinkhanen op hem neer, we hadden allemaal honger, zelfs Alfred, de mismaakte lifter. Hingham droeg een oude trui en rookte een pijp in de klare woestijnlucht. Zijn moeder kwam naar buiten en nodigde ons uit in haar keuken te komen eten. We kookten een grote pan noedels.

Daarna reden we naar een drankwinkel op een kruispunt, waar Hingham een cheque van vijf dollar verzilverde en mij het geld gaf.

Er volgde een kort afscheid. 'Dat was echt heel aangenaam,' zei Hingham een andere kant opkijkend. Achter wat bomen, voorbij een zandvlakte, gloeide een grote rode neonreclame van een café. Daar ging Hingham altijd een biertje drinken als hij het schrijven moe was. Hij was erg eenzaam, hij wilde terug naar New York. Het was triest zijn lange gestalte in het donker te zien terugwijken toen we wegreden, net als die andere gestalten in New York en New Orleans: ze staan onzeker onder een immense hemel, alles om hen heen verdrinkt. Waarheen? Wat nu? Waarvoor? – ga toch slapen. Maar dit dwaze stel ging stug door.

9

Buiten Tucson zagen we weer een lifter langs de donkere weg. Het was een Okie uit Bakersfield, Californië; hij deed ons zijn verhaal. 'Kelere, ik reed met die wagen van de liftcentrale uit Bakersfield weg, heb ik mijn gitaar bij een andere wagen in de kofferbak laten liggen, nooit meer teruggezien – mijn gitaar en mijn cowboyspullen; ik ben muzikant, zie je, ik was op weg naar Arizona om daar op te treden met Johnny Mackaw's Sagebrush Boys. Nou, daar sta ik dan in Arizona, platzak, gitaar gejat. Als jullie me terugbrengen naar Bakersfield ga ik daar wel naar mijn broer voor het geld. Hoeveel moeten jullie hebben?' We wilden alleen maar genoeg benzine om van Bakersfield naar Frisco te komen, zo'n drie dollar. Nu zaten we met zijn vijven in de auto. 'Navond, mevrouwtje,' zei hij, zijn hoed lichtend voor Marylou, en daar gingen we.

Midden in de nacht klommen we op een bergweg boven de lichtjes van Palm Springs uit. Bij het aanbreken van de dag zwoegden we over besneeuwde bergpassen naar Mojave, de toegangspoort tot de geweldige Tehachapi Pass. De Okie werd wakker en vertelde gekke verhalen; de lieve kleine Alfred zat glimlachend te luisteren. De Okie vertelde ons dat hij een man kende die het zijn vrouw had vergeven dat ze hem had neergeschoten, hij kreeg haar uit de gevangenis en werd vervolgens nog eens neergeschoten. We reden net langs de vrouwengevangenis toen hij het vertelde. Voor ons zagen we het begin van de Tehachapi Pass. Dean nam het stuur over en bracht ons helemaal naar het dak van de wereld. We passeerden een reusachtige versluierde cementfabriek in de canyon. Toen begonnen we de afdaling. Dean haalde zijn voet van het gas, trapte de koppeling in en nam zo alle haarspeldbochten, passeerde auto's, deed zonder hulp van het gaspedaal alles wat je met een auto kunt doen. Ik hield me stevig vast. Soms ging de weg weer even omhoog; hij bleef gewoon auto's inhalen, geluidloos, puur op zijn daalsnelheid. Hij voelde het ritme en de cadans van een echte bergpas tot in zijn vingertoppen. Bij een haarspeld naar links rond een laag stenen muurtje dat op de bodem van de wereld uitzag, leunde hij gewoon ver naar links, met beide handen aan het stuur, armen stijf gestrekt, en hield de wagen zo in het spoor, toen de bocht weer naar rechts zwiepte, nu met een afgrond aan de linkerkant, leunde hij ver naar rechts, zodat Marylou en ik met hem mee moesten leunen. Op die manier zeilden we klapwiekend omlaag de San Joaquin Valley in. De vallei lag wijd uitgespreid, ruim een kilometer beneden ons, de vloer van Californië, een groen wonder vanaf onze richel hoog in de lucht. We reden vijftig kilometer zonder benzine te gebruiken.

Plotseling raakten we allemaal opgewonden. Dean wilde me alles vertellen wat hij van Bakersfield wist toen we bij de rand van de stad aankwamen. Hij wees me pensions aan waar hij gelogeerd had, en spoorweghotels, biljartcafés, eethuisjes, zijsporen waar hij van de loc was gesprongen voor een tros druiven. Chinese restaurants waar hij had gegeten, banken in het park waar hij meisjes had ontmoet, plaatsen waar hij alleen maar had rondgehangen. Het Californië van Dean: wild, zwetend, belangrijk, het land waar de eenzamen, de ballingen, excentriekelingen en minnaars als trekvogels bijeenkomen, het land ook waar alle mensen er op de een of andere manier uitzien als verlopen, knappe, decadente filmacteurs. 'Man, ik heb uren op die stoel daar voor die drugstore gezeten!' Hij herinnerde zich alles – elk spelletje kaart, elke vrouw, elke trieste nacht. En plots passeerden we de plek op het emplacement waar Terry en ik wijn hadden zitten drinken onder de maan, op de kratten van die zwervers, in oktober 1947. Ik probeerde het hem te vertellen, maar hij was te opgewonden. 'Hier hebben Dunkel en ik een hele ochtend bier zitten drinken, we probeerden een te gek klein serveerstertje te versieren, ze kwam uit Watsonville – nee, Tracy, ja, Tracy – en ze heette Esmeralda – ja, man, zoiets in ieder geval.' Marylou zat te overdenken wat ze zou doen zodra ze in Frisco aankwam. Alfred zei dat zijn tante in Tulare hem meer dan genoeg geld zou geven. De Okie dirigeerde ons naar zijn broer in de vlakte buiten de stad.

We stopten om twaalf uur 's middags voor een klein met rozen begroeid houten huisje, de Okie ging naar binnen en praatte met een paar vrouwen. We wachtten een kwartier. 'Ik krijg het gevoel dat die vent net zoveel geld heeft als ik,' zei Dean. 'Zitten we weer vast! Waarschijnlijk wil niemand in die hele familie hem een cent geven na die stomme toeren van hem.' De Okie kwam schaapachtig naar buiten en dirigeerde ons naar de stad.

'Kelere, ik wou dat ik mijn broer kon vinden.' Hij informeerde hier en daar. Waarschijnlijk voelde hij zich onze gijzelaar. Ten slotte reden we naar een grote bakkerij, de Okie kwam te voorschijn met zijn broer, die een overall aan had en er kennelijk als vrachtwagenmonteur werkte. Hij stond een paar minuten met zijn broer te praten. Wij wachtten in de auto. Die Okie vertelde al zijn familieleden over zijn avonturen en hoe hij zijn gitaar was kwijtgeraakt. Maar hij kreeg het geld en gaf het ons, nu waren we helemaal gereed voor Frisco. We bedankten hem en gingen op weg.

De volgende stop was Tulare. We daverden door de vallei. Ik lag op de achterbank, uitgeput, ik had het helemaal opgegeven, en die middag, terwijl ik lag te dommelen, zoefde de bemodderde Hudson langs de tenten buiten Sabinal waar ik geleefd, gewerkt en gevrijd had in het spookachtige verleden. Dean zat stug voorovergebogen en beukte op de spaken in het stuurwiel. Ik sliep toen we ten slotte in Tulare aankwamen; wakker wordend vernam ik de absurde details. 'Sal, wakker worden! Alfred heeft de winkel van zijn tante gevonden, maar weet je wat er gebeurd is? Zijn tante heeft haar man doodgeschoten en zit nu in de gevangenis. De winkel is gesloten. We hebben geen cent gevangen. Stel je voor! De dingen die er gebeuren; die Okie vertelde ons al net zo'n verhaal, de trammelant overal, de verwikkelingen – godsamme!' Alfred zat op zijn nagels te bijten. In Madera verlieten we de weg naar Oregon en namen we afscheid van onze kleine Alfred. We wensten hem geluk en een voorspoedige reis naar Oregon. Hij zei dat het de beste lift was die hij ooit had gehad.

Het leek nog een kwestie van minuten toen we de eerste heuvels voor Oakland inreden en plotseling op een hoog punt voor ons uitgestrekt het fabelachtige blanke San Francisco zagen op haar elf mystieke heuvelen, met erachter de blauwe oceaan en die van het 'aardappelveld' aandrijvende muur van nevel, en rook, een gouden gloed in de late namiddag. 'Zee in zicht!' riep Dean.

'Hoehoe! We hebben het gehaald! Net genoeg benzine! O, geef mij maar water! Ik kan geen land meer zien! We kunnen niet verder want er is geen land meer! Oké, mijn lieve Marylou, jij en Sal gaan onmiddellijk naar een hotel en wachten daar tot ik morgenochtend contact met je opneem zodra ik definitieve afspraken met Camille heb gemaakt en Frenchman heb gebeld over mijn spoorhorloge en zo gauw we in de stad zijn kopen jij en Sal een krant om de advertenties door te nemen en werk te zoeken.' Hij reed de Oakland Bay Bridge op en de brug voerde ons de stad binnen. De kantoorgebouwen in het centrum flonkerden gewoon van de lichtjes; het deed je aan Sam Spade denken. Toen we in O'Farrell Street uit de wagen wankelden en ons snuivend uitrekten, was het of we na een lange zeereis aan wal stapten; de hellende straat deinde onder onze voeten; er hing een geheimzinnige tjaptjoigeur van Frisco's Chinatown. We pakten onze spullen uit de wagen en stapelden alles op de stoep.

Plotseling zei Dean ons gedag. Hij popelde om Camille terug te zien en te horen wat er allemaal gebeurd was. Marylou en ik stonden hem verdwaasd na te staren. 'Zie je nou wat een schoft het is?' zei Marylou. 'Dean laat je zo in de kou staan als dat hem toevallig beter uitkomt.'

'Ik weet het,' zei ik, en keek zuchtend om naar het oosten. We hadden geen geld. Dean had niets over geld gezegd. 'Waar moeten we naartoe?' We zwierven met ons haveloze boeltje door de smalle romantische straatjes. Alle mensen zagen eruit als verlopen figuranten, verbleekte filmsterretjes; gedesillusioneerde stuntmannen, skeltercoureurs, schrijnende Californische figuren met die treurigheid die het eind van het continent kenmerkt, knappe, decadente Casanovatypes, motelbazinnen met dikke ogen en hoogblond haar, regelaars, pooiers, hoeren, masseurs, piccolo's – een bedonderd zootje, hoe moet je tussen zulk volk aan de kost komen?

Niettemin, Marylou was omgegaan met deze mensen hier – niet ver van de rosse buurt – en een vaalbleke hotelklerk gaf ons een kamer op krediet. Dat was de eerste stap. Nu moesten we eten, en we deden dat pas om middernacht, toen we in een van de hotelkamers een nachtclubzangeres vonden die een strijkijzer ondersteboven op een kleerhanger in de prullenbak zette en zo een blik bonen met vlees voor ons warmde. Ik keek uit het raam naar het knipperende neon en zei tegen mezelf: Waar zit Dean en waarom bekommert hij zich niet om ons? Dat jaar verloor ik alle vertrouwen in hem. Ik bleef een week in San Francisco en heb het van mijn leven niet zo beroerd gehad. Marylou en ik liepen kilometers om ergens aan geld voor eten te komen. We gingen zelfs naar een logement vol dronken zeelui dat zij in Mission Street wist; ze boden ons whisky aan.

We bleven twee dagen bij elkaar in dat hotel. Ik realiseerde me dat Marylou, nu Dean van het toneel was verdwenen, niet echt in mij geïnteresseerd was; ze probeerde via mij, zijn kameraad, tot Dean door te dringen. We hadden ruzie in de kamer. We brachten ook hele nachten in bed door en ik vertelde haar mijn dromen. Ik vertelde haar over de grote wereldslang die opgerold in de aarde huisde als een worm in een appel en op een dag een heuvel zou opduwen die voortaan de Slangenberg zou heten, en zich vandaar over de vlakte zou ontrollen, een honderd kilometer lang beest dat alles op zijn weg verslond. Ik vertelde haar dat deze slang de Satan was. 'En wat gebeurt er dan?' piepte ze; intussen hield ze me stevig vast.

'Een heilige die Doctor Sax heet zal hem vernietigen met geheime kruiden die hij op dit moment aan het brouwen is in zijn ondergrondse loods ergens in Amerika. Misschien wordt dan ook onthuld dat die slang maar een huls vol duiven is; als de slang sterft fladderen er grote zwermen zaadgrijze duiven uit op om de hele wereld hun vredesboodschap te brengen.' Ik was buiten zinnen van honger en bitterheid.

Op een avond verdween Marylou met een nachtclubeigenaar.

Ik wachtte zoals afgesproken op haar in een portiek aan de overkant, op de hoek van Larkin Street en Geary Street, ik had honger, en plotseling stapte ze uit de hal van het sjieke flatgebouw naar buiten met haar vriendin, de nachtclubeigenaar en een kleffe ouwe vent met een hoop poen. Oorspronkelijk was ze er alleen naar binnen gegaan om haar vriendin te ontmoeten. Ik zag nu wat een hoer ze was. Ze durfde me geen teken te geven, al zag ze me wel in die portiek staan. Ze liep met kleine trippelpasjes naar de Cadillac, stapte in en weg waren ze. Nu had ik niets of niemand meer.

Ik liep wat rond, raapte peuken van de straat op. Ik kwam langs een snackbar in Market Street en plots wierp de vrouw binnen me een dodelijk verschrikte blik toe terwijl ik er langsliep; het was de eigenares, ze dacht zeker dat ik met een pistool zou binnenkomen om de tent te beroven. Ik liep een paar passen door. Plots viel het me in dat dit mijn moeder zo'n tweehonderd jaar geleden in Engeland was, dat ik haar zoon was, een struikrover die uit het gevang terugkeerde om haar eerlijke arbeid in die snackbar te verzuren. Ik bleef bevroren van extase op de stoep staan. Ik keek Market Street af. Ik wist niet of het die straat was of Canal Street in New Orleans; hij leidde naar water, dubbelzinnig, universeel water, zoals 42nd Street in New York naar water leidt, je weet nooit waar je bent. Ik dacht aan de geest van Ed Dunkel op Times Square. Ik ijlde. Ik wilde teruglopen om naar mijn vreemde Dickensiaanse moeder in die snackbar te loeren. Ik tintelde van top tot teen. Het scheen dat ik een hele stoet herinneringen had tot aan het Engeland van 1750 toe, dat ik nu louter in een ander leven en een ander lichaam in San Francisco was. 'Nee,' scheen de vrouw met die dodelijk verschrikte blik te zeggen, 'kom niet terug om je eerlijke, hardwerkende moeder te kwellen. Voor mij ben je niet langer een zoon – je bent zoals je vader, mijn eerste man. Voor deze aardige Griek zich over mij ontfermde.' (De eigenaar was een Griek met harige armen.) 'Je deugt niet, je neigt tot dronkenschap en braspartijen en in een laatste schanddaad beroof je mij nog van de vruchten van mijn nederige arbeid in deze snackbar. O mijn zoon! Ben je dan nooit op je knieën gevallen om vergiffenis te smeken voor al je zonden en schurkenstreken? Mijn gedoemde kind! Ga heen! Plaag mijn ziel niet langer; ik heb er goed aan gedaan je te vergeten. Rijt geen oude wonden open, doe of je nimmer bent teruggekeerd om mij op te zoeken – mij nederig te zien zwoegen voor mijn paar schamele centen – jij hongerige, grijpgrage, diefachtige, norse, onbeminde, verdorven zoon mijnes vlezes. Zoon! O, zoon!' Het deed me denken aan mijn visioen van Big Pop in Graetna met Old Bull. En even had ik het niveau van extase bereikt dat ik altijd al wilde bereiken, de volledige stap over de chronologische tijd heen tot in het tijdloze tweeduister, vol verwondering over de grauwheid van het aardse bestaan, met het gevoel dat de dood me achter de vodden zat met een spook op zijn eigen hielen, ikzelf haastig op weg naar een plank waar alle engelen van afdoken om neer te zweven in de heilige ruimte van het ongeschapen niets, de machtige en onvoorstelbare stralende schittergloed van de Geestelijke Essentie, waar talloze lotuslanden zich ontvouwen in de magische mottenzwerm van het hemelse. Ik hoorde een onbeschrijfelijk ziedend gegons, niet in mijn oren maar overal, en het had niets met geluid te maken. Ik realiseerde me dat ik was gestorven en talloze malen was herboren maar het me gewoon niet speciaal herinnerde omdat de overgangen van leven naar dood en terug naar het leven zo spookachtig makkelijk zijn, een magisch handelingetje van niets, zoals miljoenen malen terloops, in opperste onwetendheid in slaap vallen en weer wakker worden. Ik realiseerde me dat het slechts aan de stabiliteit van de intrinsieke Geest te danken was dat zulke rimpelingen als geboorte en dood zich voordeden, zoals de werking van de wind op een zuiver, sereen, spiegelglad wateroppervlak. Ik voelde een heerlijke gelukzaligheid door me heen golven als een grote spuit heroïne in een hoofdader, als een teug wijn laat in de middag waar je van moet huiveren; mijn voeten tintelden. Ik dacht dat ik het volgende ogenblik zou sterven. Maar ik stierf niet; ik liep zeven kilometer, raapte tien lange peuken op en nam ze mee terug naar Marylou's hotelkamer, strooide de tabak in mijn ouwe pijp en stak hem op. Ik was te jong om te beseffen wat er gebeurd was. Aan het raam rook ik al het eten van heel San Francisco. Er waren visrestaurants daar beneden waar de kadetjes warm knisperden in mandjes die je zo zou opeten; waar de menu's doortrokken waren van eetbare substanties alsof ze in warme bouillon waren gedoopt en vervolgens geroosterd zodat je die ook best kon eten. Laat mij zo'n glinsterende zeeforel op een vismenu zien en ik eet hem op; laat me eens aan die tekeningen van beboterde kreeftscharen ruiken. Er waren tenten met specialiteiten als dikke rode rosbief *au jus*, in wijn gebraden kip. Er waren tenten waar hamburgers op de grill sisten en de koffie maar een stuiver kostte. En ah, de krokante loempiageur die van Chinatown mijn kamer binnendreef, wedijverend met de spaghettisauzen van North Beach, de broze krabben van Fisherman's Wharf – ja, en die aan het spit rondwentelende koteletten in Fillmore Street! Doe daar de roodhete chili con carne van Market Street bij, de patat van de dronken sloebers op de Embarcadero, de gestoomde mosselen uit Sausalito aan de overkant van de baai, ah, dat is mijn droom van San Francisco. Voeg daarbij nog de mist, die hongerigmakende gure mist, en pulserend neon in de zoele nacht, het klikken van hooggehakte schoonheden, witte duiven in de etalage van een Chinese kruidenier…

II

In die toestand vond Dean me toen hij ten slotte besloot dat ik het waard was om gered te worden. Hij nam me mee naar het huis van Camille. 'Waar is Marylou, man?'

'Die hoer is er vandoor gegaan.' Camille was een verademing na Marylou; een welopgevoede, beschaafde jonge vrouw, ze was zich er ook van bewust dat de achttien dollar die Dean haar had gestuurd van mij afkomstig waren. Maar o, waar zijt ge heen gegaan, Marylou mijn lief? Ik nam er een paar dagen mijn gemak van bij Camille thuis. Vanuit haar woonkamerraam in de houten huurkazerne in Liberty Street kon je heel San Francisco groen en rood zien gloeien in de regenachtige avond. De paar dagen dat ik er was had Dean de belachelijkste baan in zijn hele carrière. Hij demonstreerde een nieuw soort snelkookpan bij mensen thuis in de keuken. De verkoper had hem bergen verkoopmonsters en folders gegeven. De eerste dag was Dean een orkaan van energie. Ik reed de hele stad met hem rond om afspraken te maken. Het idee was uitgenodigd te worden voor een etentje en dan plotseling op te springen om die snelkookpan te demonstreren. 'Man, man,' riep Dean opgewonden, 'dit is nog waanzinniger dan toen ik voor Sinah werkte. Sinah verkocht encyclopedieën in Oakland. Niemand kon nee tegen hem zeggen. Hij hield lange redevoeringen, sprong op en neer, lachte en huilde. Op een keer drongen we een huis vol Okies binnen waar iedereen zich net klaarmaakte om naar een begrafenis te gaan. Sinah viel op zijn knieën en bad voor het zielenheil van de overledene. Die Okies begonnen allemaal te janken. Hij verkocht een hele set encyclopedieën. Het was de krankzinnigste gozer op de hele wereld. Ik vraag me af waar hij nu zit. We gingen altijd vlak naast mooie jonge dochters staan en dan in de keuken even lekker voelen. Vanmiddag had ik een te gek huisvrouwtje in haar keukentje – arm om haar middel, en maar demonstreren. Ah! Hmm! Poe!'

'Volhouden, Dean,' zei ik. 'Wie weet word je op een goeie dag nog burgemeester van San Francisco.' Hij had zijn snelkookbabbel al helemaal rond; hij oefende 's avonds op mij en Camille.

Op een morgen stond hij naakt aan het raam over San Francisco uit te kijken terwijl de zon opkwam. Hij zag eruit of hij op een dag de heidenenburgemeester van San Fransisco zou zijn. Maar zijn energie raakte op. Op een regenachtige middag kwam de verkoper langs om te kijken wat Dean uitvoerde. Dean hing onderuit op de bank. 'Heb je geprobeerd die dingen te verkopen?'

'Nee,' zei Dean, 'ik krijg binnenkort een andere baan.'

'Nou, wat ga je dan met al die verkoopmonsters doen?'

'Weet ik het.' In doodse stilte vergaarde de verkoper zijn trieste potten en pannen en vertrok. Ik was doodziek van de hele toestand en Dean ook.

Maar op een avond kregen we het plotseling weer te pakken; we gingen naar Slim Gaillard in een kleine nachtclub in Frisco. Slim Gaillard is een lange, magere neger met grote droevige ogen die aldoor 'Zekeronio' zegt en: 'Nog een glaasje whiskeronio?' In Frisco zaten grote gretige groepen jonge semi-intellectuelen aan zijn voeten en luisterden naar hem op piano, gitaar en bongo's. Als hij op temperatuur komt trekt hij zijn overhemd en hemd uit en gaat er dan echt tegenaan. Hij doet en zegt alles wat er in zijn hoofd opkomt. Hij zingt zoiets als 'Beton-molen, Mor-tel Mor-tel', vertraagt plots het ritme en hangt peinzend over zijn bongo's, zijn vingertoppen beroeren de vellen nauwelijks zodat iedereen ademloos reikhalst om hem te horen; je zou denken dat hij dit een minuutje blijft doen, maar hij gaat maar door, wel een uur lang maakt hij een onwaarneembaar geruchtje met zijn nagels, het wordt minder en minder tot je niets meer kunt horen en het verkeersrumoer door de open deur binnendringt. Dan komt hij langzaam overeind, pakt de microfoon en zegt heel langzaam: 'Gewelderonio... mooizovani... hallonio... whiskeronio... allonio... alles goedzo met de jongens en meisjes op de voorste ronio... zovanironio... ironio...' Zo gaat hij een kwartier door, zijn stem wordt steeds zachter, tot je hem niet meer kunt horen. Zijn grote droeve ogen glijden over het publiek.

Dean staat achterin en zegt 'Mijn God! Ja!' – hij klemt zijn handen biddend ineen en zweet. 'Sal, jongen, die Slim is tijdsbewust, heel tijdsbewust.' Slim gaat aan de piano zitten en slaat twee noten aan, twee C's, dan nog twee, dan één, dan twee, en plots schrikt de grote potige bassist op uit zijn gemijmer en beseft dat Slim de *C-Jam Blues* speelt, hij jaapt zijn dikke wijsvinger over de snaren, het zwaar dreunende ritme zet in en iedereen begint te deinen en Slim kijkt enkel even droevig als altijd, ze spelen een half uur jazz, dan krijgt Slim de geest, grijpt zijn bongo's en roffelt razendsnelle Cubaanse ritmes, brult krankzinnige dingen in het Spaans, in het Arabisch, in een Peruviaans dialect, in het Egyptisch, in alle talen die hij kent, hij kent ontelbare talen. Eindelijk is de set afgelopen; elke set duurt twee uur. Slim Gaillard gaat tegen een deurpost staan en kijkt droef over de hoofden van de mensen die met hem komen praten. Er wordt hem een whisky in de hand gedrukt. 'Whiskeronio – Dankjovani...' Niemand kan Slim Gaillard volgen. Dean droomde een keer dat hij een baby kreeg en zijn buik helemaal blauw opgezwollen was terwijl hij voor een Californisch ziekenhuis op het gras lag. Onder een boom zat Slim Gaillard tussen een groepje negers. Dean wierp hem de wanhopige blik van een moeder toe. Slim zei: 'Toemaaronio.' Nu benaderde Dean hem hier, hij benaderde zijn God; hij dacht dat Slim God was; hij schuifelde buigend voor hem heen en weer en vroeg of hij bij ons kwam zitten. 'Zekeronio,' zegt Slim; hij komt bij iedereen zitten maar kan niet garanderen dat hij in gedachten ook aanwezig is. Dean vond een tafeltje, kocht drankjes en ging stijfjes tegenover Slim zitten. Slim staarde dromerig over zijn hoofd heen. Telkens als Slim 'Ronio' zei, zei Dean: 'Ja!' Ik zat hier met twee gekken. Er gebeurde niets. Voor Slim Gaillard was de hele wereld één grote ronio.

Diezelfde avond zag ik Lampshade op de hoek van Fillmore en Geary Street. Lampshade is een grote zwarte kerel die in een overjas, met sjaal en hoed de muziekbars van Frisco binnenstapt en zo op het podium springt en begint te zingen; de aderen op zijn voorhoofd spatten haast open; hij hangt even achterover en loeit dan een zware brulboeiblues uit alle vezels van zijn gespierde ziel. Hij roept dingen naar de mensen terwijl hij zingt: *Sterf niet voor een plaats in de hemel, begin met sinas en spoel er whisky achteraan!* Zijn stem dreunt boven alles en iedereen uit. Hij grimast, kronkelt, doet al het mogelijke. Hij kwam naar ons tafeltje, boog zich naar ons voorover en zei: 'Ja!' Toen waggelde hij de straat weer op om een andere bar binnen te zeilen. Dan is er Connie Jordan, een dolleman die staat te zingen en te molenwieken tot hij iedereen met zweet besproeit en de microfoon omtrapt en begint te krijsen als een vrouw; diep in de nacht zie je hem in Jamson's Nook uitgeput naar wilde jamsessies luisteren, met grote ronde ogen, slaphangende schouders, wijdopen verdaasde blik in de ruimte, glas voor zich. Ik heb nooit zulke krankzinnige muzikanten gezien. Iedereen in Frisco blowde. Dit was het eind van het continent; ze zaten nergens mee. Dean en ik bleven zo in San Francisco rondhangen tot ik mijn volgende veteranenuitkering kreeg en me gereedmaakte om weer naar huis te gaan.

Wat ik ermee bereikt heb naar Frisco te komen weet ik niet. Camille wilde dat ik wegging; Dean vond alles best. Ik kocht een brood en vlees en maakte weer tien boterhammen om het continent mee over te steken; ze zouden allemaal bedorven zijn tegen de tijd dat ik in Dakota aankwam. De laatste avond ging Dean weer op hol, hij vond Marylou ergens in de stad, we stapten in de auto en reden aan de overkant van de baai heel Richmond door, de zwarte jazztenten op de olievelden af. Toen Marylou ergens ging zitten trok een neger de stoel onder haar uit. De meiden benaderden haar in de wc met oneerbare voorstellen. Ik werd ook benaderd. Dean liep maar te zweten. Dit was het eindpunt; ik wilde weg.

Vroeg in de morgen pakte ik mijn bus naar New York en nam afscheid van Dean en Marylou. Ze wilden een paar van mijn boterhammen. Ik weigerde. Het was een kil moment. We dachten allemaal dat we elkaar nooit meer zouden zien en gaven er niets om.

DEEL DRIE

I

In het voorjaar van 1949 had ik wat geld overgespaard van mijn studiebeurs en ging ik naar Denver, met het plan me daar te vestigen. Ik zag mezelf al in het hart van Amerika, als een patriarch. Ik was eenzaam. Er was niemand – geen Babe Rawlins, Ray Rawlins, Tim Gray, Betty Gray, Roland Major, Dean Moriarty, Carlo Marx, Ed Dunkel, Roy Johnson, Tommy Snark, niemand. Ik zwierf door Curtis Street en Larimer Street, werkte een poosje op de fruitveiling waar ik in 1947 bijna een baan had gekregen – het zwaarste werk dat ik ooit van mijn leven gedaan heb; op een gegeven moment moesten de Japanse jongens en ik een hele goederenwagon op handkracht zo'n dertig meter over de rails duwen met een soort hefboom waardoor hij bij elke slag één centimeter opschoof. Ik sleepte kratten watermeloenen over de ijsvloer van vrieswagens de schetterende zon in, en bleef niezen. Waarom in godsherejezusnaam?

Bij het vallen van de avond ging ik een eindje lopen. Ik voelde me een vlekje op de treurige rode aarde. Ik passeerde het Windsor Hotel, waar Dean Moriarty met zijn vader had gewoond in de crisisjaren, en als altijd zocht ik overal naar die trieste befaamde blikslager in mijn verbeelding. Ofwel je vindt in afgelegen streken als Montana iemand die eruitziet als je vader of je zoekt de vader van een vriend op plaatsen waar hij niet meer is.

In een lila avondschemer liep ik met pijn in al mijn spieren tussen de lichtjes van 27th Avenue en Walton Street door de kleurlingenwijk van Denver en wilde dat ik een neger was, want het beste dat de blanke wereld te bieden had bracht mij niet genoeg extase, niet genoeg leven, vreugde, spanning, donkerte en muziek, niet genoeg nacht. Ik bleef staan bij een houten huisje waar een man roodhete bonen in papieren zakjes verkocht; ik kocht een zakje en at het op terwijl ik door de donkere mysterieuze straten wandelde. Ik wou dat ik een Denverse Mexicaan was, of zelfs een arme overwerkte Jap, alles was beter dan mijn troosteloze zelf: een gedesillusioneerde 'blanke'. Mijn hele leven had ik blanke ambities gekoesterd; daarom had ik een goede vrouw als Terry in de San Joaquin Valley in de steek gelaten. Ik passeerde de donkere veranda's voor de huizen van Mexicanen en negers; er klonken zachte stemmen, hier en daar een schemerige knie van een mysterieus sensueel meisje; donkere mannengezichten achter de rozenstruiken. Kleine kindertjes zaten als oude wijzen in antieke schommelstoelen. Er kwam een groepje zwarte vrouwen voorbij, een van de jongsten maakte zich los van haar moederlijke, oudere vriendinnen en kwam snel op me toe – 'Hallo, Joe!' – zag plotseling dat het Joe niet was en rende blozend terug. Ik wou dat ik Joe was. Ik was alleen mezelf, Sal Paradise, een trieste wandelaar in dit violette duister, deze ondraaglijk heerlijke avond, ik wou dat ik van wereld kon wisselen met de gelukkige, oprechte extatische negers van Amerika. De haveloze buurten deden me denken aan Dean en Marylou, die deze straten zo goed kenden uit hun jeugd. Wat wilde ik graag dat ik ze kon vinden.

Verderop, op de hoek van 23rd Avenue en Welton Street, was een softbalwedstrijd aan de gang onder schijnwerpers die ook de gastank verlichtten. Een grote gretige menigte juichte bij elke bal. De vreemde jonge helden van allerlei slag, blanken, zwarten, Mexicanen, volbloed indianen, stonden op het veld en speelden met hartbrekende ernst. Louter straatjongens in uniform. Toen ik nog aan sport deed had ik het mezelf nooit toegestaan zomaar in het bijzijn van familie, vriendinnen en jongens uit de buurt in actie te komen, 's avonds, onder het licht van schijnwerpers; het vond altijd op het college plaats, een gewichtig, doodernstig gebeuren; niks geen jongensachtige, menselijke vrolijkheid zoals hier. Nu was het te laat. Vlak bij me zat een oude neger die kennelijk elke avond naar de wedstrijden keek. Naast hem zat een oude blanke zwerver; daarnaast een Mexicaans gezin, dan een paar meisjes, een paar jongens – het hele mensdom bijeen. O, de trieste gloed van de schijnwerpers die avond! De jonge werper leek precies op Dean. Een knap blondje op de bank leek precies op Marylou. Avond in Denver; ik deed niets dan doodgaan.

O, in Denver, in Denver
Deed ik niets dan doodgaan.

Aan de overkant zaten negergezinnen voor hun huis op de stoeptreden, ze praatten wat en keken op naar de sterrennacht achter de bomen, ze zaten gewoon lekker ontspannen in de zachte lucht, keken af en toe naar de wedstrijd. Al die tijd reden er auto's door de straat, ze stopten bij de hoek als het licht op rood sprong. Er heerste opwinding, de lucht vibreerde van werkelijke levensvreugde die geen weet heeft van desillusie en 'blanke droefenis' en dat soort dingen. De oude neger had een blikje bier in zijn jaszak dat hij nu openmaakte; de oude blanke man gluurde er afgunstig naar en grabbelde in zijn zak om te kijken of hij ook een blikje kon kopen. O, ik stierf duizend doden! Ik liep weg.

Ik ging naar een rijk meisje dat ik kende. 's Morgens trok ze een briefje van honderd dollar uit haar zijden kous en zei: 'Je hebt het aldoor over een reis naar Frisco; welnu, pak aan en maak er een leuke trip van.' Daarmee waren al mijn problemen opgelost, ik kon via de liftcentrale voor elf dollar benzinegeld met een auto meerijden naar Frisco en suisde al door het land.

De wagen werd bestuurd door twee knapen; ze zeiden dat ze pooiers waren. Dan waren er nog twee meerijders zoals ik. We hielden ons koest en concentreerden ons op het doel van de reis. We reden de Berthoud Pass over, dan omlaag over het brede plateau langs Tabernash, Troublesome, Kremmling; door de Rabbit Ears Pass naar Steamboat Springs en de bergen uit; een stoffige omweg van tachtig kilometer; dan Craig en de grote Amerikaanse woestijn. Toen we de grens tussen Colorado en Utah passeerden zag ik God aan de hemel in de vorm van enorme, in de zon gloeiende gouden wolken boven de woestijn die met een vinger naar mij schenen te wijzen met de woorden: 'Hierlangs en doorrijden, je bent op weg naar de hemel.' Tja, jammer dan, ik had meer belangstelling voor een paar verrotte ouwe huifkarren en biljarttafels die naast een Coca-Colakraam in de woestijn van Nevada stonden, en houten krotjes met verweerde, nog in de spookachtige, versluierde woestijnwind heen en weer zwaaiende opschriften als: 'Bill Ratelslang heeft hier gewoond' of: 'Dit was jarenlang de schuilplaats van Annie Eéntand'. Ja hoor, zoef! In Salt Lake City gingen de pooiers hun meisjes controleren, daarna reden we weer verder. Voor ik het wist zag ik het fabelachtige San Francisco weer breeduit aan de baai liggen, ditmaal midden in de nacht. Ik rende onmiddellijk naar Dean. Hij had nu een huisje. Ik was ontzettend nieuwsgierig wat er in zijn hoofd omging en wat er nu zou gaan gebeuren, want er lag niets meer achter me, ik had al mijn schepen verbrand, het kon me allemaal niks meer verdommen. Ik klopte om twee uur in de morgen bij hem aan.

2

Hij kwam spiernaakt naar de deur, wat hem betrof had de president zelf op de stoep kunnen staan. Hij gaf zich aan iedereen bloot. 'Sal!' zei hij met oprecht ontzag. 'Ik had nooit gedacht dat je dat echt zou doen. Je bent eindelijk naar míj toe gekomen.'

'Ja,' zei ik. 'Ik zag het helemaal niet meer zitten. Hoe is het met jou?'

'Niet zo best, niet zo best. Maar we hebben duizenden dingen te bespreken. Sal, éindelijk hebben we de tijd om eens goed met elkaar te praten.' We waren het eens dat het onderhand tijd was en gingen naar binnen. Mijn verschijning was een beetje als de komst van de vreemde boze engel in het huis van de blanke onschuld nu Dean en ik opgewonden begonnen te praten in de keuken beneden, wat gesnik van boven wekte. Alles wat ik tegen Dean zei werd beantwoord met een heftig fluisterend, sidderend 'Ja!' Camille wist wat er ging gebeuren. Dean had zich kennelijk een paar maanden koest gehouden; nu was de engel gearriveerd en ging hij weer op tilt. 'Wat is er met haar?' fluisterde ik.

Hij zei: 'Ze wordt steeds erger, man, ze huilt en maakt scènes, ik mag niet uit om naar Slim Gaillard te gaan kijken, elke keer als ik laat ben wordt ze kwaad, en als ik thuisblijf praat ze niet tegen me en zegt ze weer wat een ontzettende schoft ik ben.' Hij rende naar boven om haar te sussen. Ik hoorde Camille roepen: '*Leugenaar, leugenaar, leugenaar dat je bent!*' Ik maakte van de gelegenheid gebruik om hun geweldige huis te bezichtigen. Het was een scheef, gammel houten huis van twee verdiepingen midden tussen huurkazernes bovenop Russian Hill, met uitzicht op de baai; het had vier kamers, drie boven en beneden een reusachtige keuken als een soort souterrain. De keukendeur gaf toegang tot een met gras begroeide binnenplaats vol waslijnen. Achter de keuken was een berghok waar Deans oude schoenen stonden, nog steeds overdekt met een duimdikke laag modder van die nacht in Texas toen de Hudson vast kwam te zitten aan de Brazos Rivier. De Hudson was natuurlijk verdwenen; Dean was niet in staat geweest verdere termijnen af te betalen. Hij had nu helemaal geen auto. Er was per ongeluk een tweede baby op komst. Het was vreselijk Camille zo te horen snikken. We konden het niet aanhoren, we gingen naar buiten om bier te kopen en kwamen ermee terug naar de keuken. Camille viel uiteindelijk in slaap of lag de hele nacht in het donker voor zich uit te staren. Ik had geen idee wat er eigenlijk aan de hand was, behalve misschien dat Dean haar ten slotte tot waanzin had gedreven.

Na mijn laatste vertrek uit Frisco was hij weer stapelgek geworden van Marylou en hing hij maanden bij haar appartement rond in Divisadero, waar ze elke nacht een andere zeeman in huis had. Als hij door de brievenbus gluurde kon hij haar bed zien, en zag hij Marylou 's morgens weer met een vent in bed liggen. Hij liep haar door de hele stad achterna. Hij wilde absolute zekerheid dat ze een hoer was. Hij hield van haar, hij zweette water en bloed om haar. Ten slotte had hij, helemaal per ongeluk, wat groene, ongedroogde marihuana in handen gekregen – 'groen gif' zoals het in de handel heet – en er te veel van gerookt.

'De eerste dag,' zei hij, 'lag ik stijf als een plank op bed en kon ik me niet verroeren en geen woord zeggen; ik lag maar met wijdopen ogen omhoog te staren. Ik hoorde mijn hoofd gonzen en zag allerlei schitterende visioenen in technicolor, ik voelde me fantastisch. De tweede dag werd alles duidelijk, ALLES wat ik ooit gedaan, geweten, gelezen, gehoord of vermoed had kwam terug en werd op een gloednieuwe logische manier in mijn brein gerangschikt en omdat ik niets anders kon bedenken wat betreft de interne handhaving en voeding van de verbazing en dankbaarheid die ik voelde, zei ik aldoor "Ja, ja, ja, ja". Niet hardop. Ik bleef enkel heel zachtjes "Ja" zeggen, en die groene weedvisioenen duurden tot de derde dag. Tegen die tijd had ik alles begrepen, mijn hele leven was bepaald, ik wist dat ik van Marylou hield, ik wist dat ik mijn vader waar dan ook moest vinden om hem te redden, ik wist dat jij mijn vriend was enzovoorts, ik wist wat een geweldige vent Carlo is. Ik wist duizenden dingen over alles en iedereen. Toen kreeg ik op de derde dag een verschrikkelijke reeks klaarwakkere nachtmerries, ze waren zo afschuwelijk weerzinwekkend en gifgroen dat ik maar dubbelgevouwen met mijn handen om mijn knieën lag en "Oo, oo, oo, aa, oo" kreunde. De buren hoorden me en lieten een dokter komen. Camille was niet thuis, ze was met de baby naar haar familie. De hele buurt zat over me in. Ze kwamen binnen en zagen me met mijn armen voor eeuwig uitgestrekt op bed liggen. Toen ben ik met een beetje van die weed naar Marylou gegaan, Sal, en wat denk je? Die stomme kleine doos beleefde precies hetzelfde – dezelfde visioenen, dezelfde logica, dezelfde definitieve beslissingen over alles, die aanblik van alle waarheden in één pijnlijke massa die overging in nachtmerries en pijn – Ai! Toen wist ik dat ik zoveel van haar hield dat ik haar wilde vermoorden. Ik rende naar huis en beukte mijn hoofd tegen de muur. Ik rende naar Ed Dunkel; hij woont weer bij Galatea hier in Frisco; ik vroeg hem het adres van een kennis van ons die een pistool heeft en ging naar die vent toe, kreeg het pistool, rende terug naar Marylou en keek door de brievenbus, maar ze lag met een vent in bed dus ik moest de aftocht blazen en begon te aarzelen, kwam een uur later terug en stapte toen zo naar binnen, ze was alleen – ik gaf haar het pistool en zei dat ze mij moest doodschieten. Ze stond ik weet niet hoe lang met dat pistool in haar hand. Ik vroeg haar een mooi doodspact met me te sluiten. Dat wilde ze niet. Ik zei dat één van ons moest sterven. Ze zei nee. Ik beukte mijn hoofd tegen de muur. Ik was helemaal buiten zinnen, man. Vraag haar maar, zij heeft het me uit het hoofd gepraat.'

'Wat gebeurde er toen?'

'Dat was maanden geleden – na jouw vertrek. Ze is uiteindelijk getrouwd met een handelaar in tweedehands auto's, de stomme zak heeft beloofd dat hij me zal vermoorden als hij me tegenkomt, dus zonodig zal ik me moeten verdedigen en hem vermoorden en dan ga ik naar San Quentin, want, Sal, nog één akkevietje, wat het ook is, en ik zit levenslang in San Quentin – dan is het afgelopen met deze jongen. Zere hand en al!' Hij liet me zijn hand zien. In de opwinding had ik niet opgemerkt dat hij een vreselijk ongeluk had gehad met zijn hand. 'Op zesentwintig februari om zes uur 's avonds gaf ik Marylou een klap tegen haar voorhoofd – om tien over zes in feite, want ik weet nog dat mijn goederenexpres over één uur en twintig minuten zou vertrekken – het was de laatste keer dat we elkaar hebben ontmoet en de laatste keer dat we definitieve beslissingen hebben genomen over de hele toestand, en moet je horen: mijn duim schampte alleen maar langs haar voorhoofd, ze had niet eens een blauwe plek, ze lachte zelfs, maar mijn duim brak vlak boven de pols, een afgrijselijke dokter heeft de botjes gezet en het was zo moeilijk dat mijn hand twee keer opnieuw in het gips moest, alles bij mekaar drieëntwintig uur op harde banken zitten wachten enzovoorts, de laatste keer kreeg ik een tractiepen door het topje van mijn duim, en toen het gips er in april afging had die pen het bot geïnfecteerd, ik kreeg beenmergontsteking en dat is nu chronisch geworden, na een mislukte operatie en nog een maand gips hebben ze uiteindelijk een piemelig klein stukkie van het topje geamputeerd.'

Hij deed het verband eraf en liet het me zien. Zo'n centimeter van het vlees onder de nagel ontbrak.

'Het werd steeds erger. Ik moest voor Camille en Amy zorgen en me uit de naad werken bij Firestone, gecoverde banden afwerken, later moest ik grote, honderdvijftig pond zware banden van de vloer bovenop de wagens sleuren – kon alleen mijn goeie hand gebruiken en stootte mijn zere hand aldoor – hij brak weer, moest weer gezet worden, en nu is hij weer helemaal ontstoken en dik. Dus nu pas ik op de baby terwijl Camille werkt. Begrijp je wat ik bedoel? Teringtering, ik zit nu in categorie 3A, de groen en geel geteisterde Moriarty heeft een beurse kont, zijn vrouw geeft hem dagelijks penicilline-injecties voor zijn duim, en daar krijgt hij galbulten van want hij is allergisch. Hij moet binnen één maand zestigduizend eenheden van dat antibiotische vocht binnenkrijgen. Hij moet diezelfde maand elke vier uur een tablet innemen ter bestrijding van de allergie veroorzaakt door voornoemd vocht. Hij moet codeïnehoudende aspirine slikken om de pijn in zijn duim te verzachten. Hij moet zich aan een ontstoken gezwel op zijn been laten opereren. Hij moet volgende week maandag om zes uur 's morgens opstaan om zijn gebit te laten reinigen. Hij moet twee keer per week naar een voetdokter voor behandeling. Hij moet elke avond hoestsiroop innemen. Hij moet constant snuiten en snuiven om zijn neus leeg te blazen, aangezien deze vlak onder de brug is ingezakt op een zwakke plek ten gevolge van een operatie enkele jaren geleden. Hij is de duim van zijn werparm kwijt. De beste zeventig-meter-werper in de geschiedenis van het tuchtschoolwezen van de staat New Mexico. En toch – toch heb ik me nooit beter, gelukkiger en tevredener gevoeld als ik de kleine kindertjes in de zon zie spelen en ik ben ook ontzettend blij je te zien, mijn beste te gek fantastische Sal, en ik weet dat alles wel weer goed komt, dat wéét ik gewoon. Morgen krijg je haar te zien, mijn fantastische schattebout van een prachtdochter kan nu dertig seconden achter elkaar los staan, ze weegt twintig pond, ze is drieënzeventig centimeter lang. Ik heb net becijferd dat ze éénendertigeneenkwart procent Engels is, zevenentwintigeneenhalf procent Iers, vijfentwintig procent Duits, achtendriekwart procent Nederlands, zeveneneenhalf procent Schots en éénhonderd procent fantastisch.' Hij feliciteerde me van harte met het boek dat ik af had en dat nu geaccepteerd was door de uitgever. 'Wij hebben kijk op het leven, Sal, we worden ouder, wij allebei, stukje bij beetje, we beginnen er kijk op te krijgen. Ik begrijp heel goed wat je me over jouw leven vertelt, ik heb jouw gevoelens altijd al goed in de peiling, je bent nu in feite klaar om met een echt goeie meid in zee te gaan als je haar maar kunt vinden, en haar cultiveert en haar geest in je ziel binnenlaat zoals ik zo hard geprobeerd heb met al die verrekte vrouwen van mij. Tering! Tering! Tering!' riep hij.

En 's morgens gooide Camille ons allebei de straat op, met bagage en al. Het begon toen we Roy Johnson, de ouwe Roy uit Denver, belden om een biertje te komen drinken terwijl Dean op de baby paste en afwaste en de was deed op het achterplaatsje, maar er een potje van maakte in zijn opwinding. Johnson stemde toe ons naar Mill City te rijden om Remi Boncoeur te zoeken. Camille kwam terug van haar werk als doktersassistente en wierp ons allen de droeve blik toe van een gekwelde vrouw. Ik probeerde de getergde vrouw te laten zien dat ik geen kwade bedoelingen met haar gezinsleven had door vriendelijk hallo te zeggen en zo hartelijk met haar te praten als ik kon, maar ze wist dat het nep was, misschien wel een toer die ik van Dean geleerd had, en schonk me louter een vluchtige glimlach. 's Morgens was er een verschrikkelijke scène: ze lag op haar bed te snikken en midden in die toestand moest ik ineens naar de wc en de enige weg naar de wc was door haar kamer. 'Dean, Dean,' riep ik, 'waar is het dichtstbijzijnde café?'

'Café?' zei hij verbaasd; hij stond beneden aan het aanrecht zijn handen te wassen. Hij dacht dat ik me wilde bedrinken. Ik vertelde hem mijn dilemma en hij zei: 'Ga maar gewoon, ze is aldoor zo bezig.' Nee, dat kon ik niet doen. Ik rende naar buiten om een café te zoeken; ik liep heuvel op heuvel af zo'n vier stratenblokken over Russian Hill en vond er niets dan wasserettes, stomerijen, ijssalons, schoonheidssalons. Ik liep terug naar het scheve huisje. Ze stonden tegen elkaar te schreeuwen terwijl ik met een zwakke glimlach langsglipte en me in de wc opsloot. Een paar tellen later gooide Camille Deans spullen in de woonkamer op de vloer en zei dat hij zijn koffers kon pakken. Tot mijn verbazing zag ik een levensgroot olieverfschilderij van Galatea Dunkel boven de bank. Ik realiseerde me plotseling dat al die echtgenotes maanden van eenzaamheid in vrouwelijke saamhorigheid doorbrachten en met elkaar over hun geschifte mannen praatten. Ik hoorde Deans maniakale gegiechel aan de andere kant van het huis, begeleid door het gedrein van zijn baby. Een tel later schoof hij als Groucho Marx door het huis, met zijn gebroken duim in een enorm wit verband omhoog als een baken dat roerloos boven de woeste golven uitsteekt. Weer zag ik zijn deerniswekkend gehavende enorme koffer waar de sokken en vuile onderbroeken aan alle kanten uitstaken; hij boog zich eroverheen en gooide alles erin wat hij kon vinden. Toen pakte hij zijn andere koffer, de meest afgetakelde koffer in de hele Verenigde Staten van Amerika. Hij was van karton met een werkje erin om het op leer te laten lijken, de scharnieren zaten er maar zo'n beetje tegenaan geplakt. Er zat een grote scheur in het deksel; Dean snoerde er een touw omheen. Toen pakte hij zijn plunjezak en gooide daar spullen in. Ik pakte mijn tas, propte hem vol en terwijl Camille in bed 'Leugenaar! Leugenaar! Leugenaar!' lag te roepen, sprongen we naar buiten en ploeterden de straat door naar de dichtstbijzijnde tramhalte – een kluwen van mannen en koffers met die enorme omzwachtelde duim erbovenuit.

Die duim werd het symbool van Deans laatste ontwikkelingsfase. Hij gaf nergens meer om (zoals altijd al) maar gaf nu *in principe ook overal om*; dat wil zeggen, het was hem allemaal om het even, hij maakte deel uit van de wereld en kon er verder ook niets aan doen. Hij hield me midden op straat staande.

'Ik weet het wel, man, je hebt nou vast flink de balen; je bent net in de stad en de eerste dag worden we er al uitgegooid, je zult je wel afvragen wat ik gedaan heb dat ik dit verdien – en dan die gruwelijke bijbehorende attributen – hiehiehie! – maar kijk eens naar me. Toe, Sal, kijk eens naar me.'

Ik keek naar hem. Hij droeg een T-shirt, een gescheurde, van zijn buik afhangende broek, afgetrapte schoenen; hij had zich niet geschoren, zijn haar zat in de war, zijn ogen waren bloeddoorlopen, die reusachtige omzwachtelde duim stak ter hoogte van zijn hart in de lucht (hij moest hem zo omhooghouden) en op zijn gezicht lag de leipste grijns die ik ooit gezien heb. Hij struikelde in een kringetje rond en keek alle kanten op.

'Wat zien mijn oogbollen daar? Ah – de blauwe lucht. Longfellow!' Hij zwaaide knipogend op zijn benen. Hij wreef zijn ogen uit. 'En ramen – heb je wel eens goed naar ramen gekeken? Laten we het eens over ramen hebben. Ik heb echt waanzinnige ramen gezien die gezichten tegen me trokken en bij sommige waren de blinden neergelaten en die ramen knipoogden naar me.' Hij viste een exemplaar van Eugene Sue's *Mysteries of Paris* uit zijn plunjezak, trok zijn T-shirt in de plooi en ging met een pedant air op de straathoek staan lezen. 'Vooruit, Sal, we bekijken alles wat we onderweg tegenkomen...' Hij was dit ogenblikkelijk weer vergeten en keek met lege ogen om zich heen. Ik was blij dat ik gekomen was, hij had me nu nodig.

'Waarom heeft Camille je eruit gegooid? Wat ga je nu doen?'

'Hè?' zei hij. 'Hè? Hè?' We pijnigden onze hersens af waar we heen moesten gaan en wat we moesten doen. Ik besefte dat het aan mij was een beslissing te nemen. Arme, arme Dean – de duivel zelf was nooit zo diep gezonken; daar stond hij: door waanzin getroffen, met ontstoken duim, omringd door de gehavende koffers van zijn moederloze, koortsachtige heen en weer gereis door Amerika, een vleugellamme vogel. 'Laten we naar New York lopen,' zei hij, 'dan maken we onderweg de inventaris op van de hele situatie – ja.' Ik haalde mijn geld te voorschijn en telde het; ik liet het hem zien.

'Ik heb hier,' zei ik, 'een bedrag van drieëntachtig dollar plus wat kleingeld, en als je met me meegaat gaan we samen naar New York – en dan naar Italië.'

'Naar Italië?' zei hij. Zijn ogen lichtten op. 'Naar Italië, ja – hoe komen we daar, mijn beste Sal?'

Ik dacht hierover na. 'Ik kom wel aan geld, ik zie wel dat ik duizend dollar van de uitgever krijg. Dan gaan we al die te gekke vrouwen bekijken in Rome en Parijs, al dat soort steden; we gaan lekker op terrasjes zitten; we gaan in hoerenkasten wonen. Waarom gaan we niet naar Italië?'

'Welja, waarom ook niet?' zei Dean, toen besefte hij dat ik het meende en keek hij me voor het eerst vanuit zijn ooghoeken aan, want ik had me nooit eerder gebonden waar het zijn problematische leven betrof, en zijn blik was de blik van een man die op het laatste ogenblik voor hij inzet zijn kansen afweegt. Er blonk triomf en brutaliteit in zijn ogen, het was een duivelse blik en hij hield zijn ogen een hele poos strak op mij gericht. Ik keek terug en bloosde.

Ik zei: 'Wat is er?' Ik voelde me miserabel toen ik het vroeg. Hij gaf geen antwoord maar bleef me met diezelfde behoedzame, brutale zijwaartse blik opnemen.

Ik probeerde me alles te herinneren wat hij in zijn leven gedaan had, of er in het verleden soms iets was dat hem achterdochtig maakte over het heden. Resoluut en stellig herhaalde ik wat ik had gezegd: 'Kom met me mee naar New York; ik heb er het geld voor.' Ik keek hem aan; mijn ogen werden vochtig van gêne en tranen. En nog bleef hij me aankijken. Nu staarden zijn ogen leeg door me heen. Waarschijnlijk was dit het cruciale moment in onze vriendschap, nu hij zich realiseerde dat ik daadwerkelijk enkele uren over hem en zijn problemen had nagedacht, en hij probeerde dit ergens onder te brengen in zijn ontzettend gecompliceerde en gekwelde denkprocessen. Bij ons allebei klikte er iets. Bij mij was het de plotselinge bezorgdheid om een man die jaren, vijf jaar, jonger was dan ik, en wiens lot in de loop van de laatste jaren met het mijne vervlochten was; bij hem was het iets dat ik alleen kon opmaken uit hetgeen hij erna deed. Hij werd buitengewoon opgewekt en zei dat alles voor elkaar was. 'Waarom keek je me zo aan?' vroeg ik. Het deed hem pijn mij dat te horen zeggen. Hij fronste. Het kwam zelden voor dat Dean fronste. We voelden ons allebei verbijsterd en onzeker. We stonden bovenop een heuvel op een mooie zonnige dag in San Francisco; onze schaduwen vielen over de stoep. Uit het flatgebouw naast Camille's huis kwamen elf Griekse mannen en vrouwen naar buiten en ze gingen meteen in een rij op de zonnige stoep staan terwijl een van hen achteruitlopend, boven een camera naar ze glimlachend, de smalle straat overstak. We staarden naar deze antieke mensen, die de bruiloft vierden van een van hun dochters, waarschijnlijk de duizendste in een ononderbroken reeks donkere generaties die glimlachend de zon inkeken. Ze waren goed gekleed, en ze waren vreemdelingen.

Dean en ik hadden net zo goed op Cyprus kunnen zijn. Er vlogen meeuwen door de glinsterende lucht.

'Nou,' zei Dean met een heel schuchter en lief stemmetje, 'zullen we dan maar?'

'Ja,' zei ik, 'op naar Italië.' We pakten onze bagage, hij de grote koffer met zijn goede hand en ik de rest, en zo wankelden we naar de tramhalte; een ogenblik later rolden we de helling af met onze benen van het schuddende balkon boven de stoep bungelend, twee gebroken helden van de Westelijke nacht.

3

Eerst gingen we naar een bar in Market Street om te bespreken wat we gingen doen – we zouden bij elkaar blijven, we zouden vrienden blijven tot in de dood. Dean was erg stil en afwezig, hij keek naar de ouwe schooiers in de bar die hem aan zijn vader deden denken. 'Ik denk dat hij in Denver zit – dit keer moeten we hem absoluut vinden, misschien zit hij in de gevangenis, misschien hangt hij weer in de buurt van Larimer Street uit, maar we moeten hem vinden. Afgesproken?'

Ja, dat was afgesproken; we gingen alles doen wat we in het verleden nooit gedaan hadden omdat we toen al te dwaas tekeergingen. Toen beloofden we onszelf nog twee dagen stappen in San Francisco voor we op weg gingen, en natuurlijk spraken we af met auto's van de liftcentrale mee te rijden om zoveel mogelijk geld uit te sparen. Dean beweerde dat hij Marylou niet meer nodig had hoewel hij nog altijd van haar hield. We waren het erover eens dat hij zich wel zou redden in New York.

Dean trok zijn krijtstreep en een sporthemd aan, we borgen onze spullen voor tien cent in een bagagekluis op het Greyhound-busstation en gingen op weg om Roy Johnson te ontmoeten, die onze chauffeur zou zijn voor de tweedaagse toer door San Francisco. Roy zei aan de telefoon dat hij het zou doen. Hij arriveerde even later op de hoek van 3rd Street en Market Street en pikte ons op. Roy woonde nu in Frisco, hij werkte als kantoorklerk en was getrouwd met een knap blondje dat Dorothy heette. Dean vertrouwde mij toe dat haar neus te lang was – dat was zijn grote bezwaar tegen haar, om de een of andere vreemde reden – haar neus was helemaal niet te lang. Roy Johnson is een magere, donkere, knappe vent met een messcherp gezicht en gekamd haar dat hij aldoor van zijn slapen achterover strijkt. Hij nam het leven uiterst ernstig op en had een royale glimlach. Zijn vrouw Dorothy had kennelijk moeilijkheden gemaakt over dat chaufferen – en vastbesloten om te laten zien wie er de baas was in huis (ze woonden in één klein kamertje), hield hij zijn belofte aan ons, zij het met de nodige gevolgen: zijn mentale dilemma uitte zich in een bitter stilzwijgen. Hij reed Dean en mij op alle uren van de dag en de nacht door heel Frisco rond en zei al die tijd geen woord; het enige dat hij deed was door rode lichten rijden en scherpe bochten maken op twee wielen, dit om te laten zien wat een trammelant we hem hadden bezorgd. Aan de ene kant voelde hij zijn nieuwe vrouw aan zich trekken en aan de andere kant de leider van zijn oude biljartploeg in Denver. Dean was dik tevreden, en uiteraard onbekommerd om zijn rijstijl. We besteedden absoluut geen aandacht aan Roy en zaten maar achterin te ratelen.

Nu moesten we eerst naar Mill City om te kijken of we Remi Boncoeur konden vinden. Ik zag met enige verwondering dat het oude schip de Admiral Freebee niet meer in de baai lag; en Remi woonde natuurlijk ook niet meer in het op één na laatste segment van de barak in de canyon. Een prachtig zwart meisje deed in plaats van hem open; Dean en ik praatten een hele poos met haar. Roy Johnson wachtte in de auto en las *Mysteries of Paris* van Eugene Sue. Ik wierp een laatste blik op Mill City en besefte dat het geen zin had het gecompliceerde verleden op te graven; in plaats daarvan besloten we te gaan kijken of Galatea Dunkel een slaapplaats voor ons had. Ed had haar weer verlaten, hij zat in Denver, en je zult het niet geloven maar ze zon nog steeds op middelen om hem terug te halen. We troffen haar in kleermakerszit op het oosterse tapijt in hun vierkamerflat in Upper Mission Street, met een spel kaarten voor zich om de toekomst te voorspellen. De goeie ziel. Ik zag trieste aanwijzingen dat Ed Dunkel hier een poosje gewoond had en toen louter uit lamlendigheid en onwil weer was vertrokken.

'Hij komt wel weer terug,' zei Galatea. 'Die vent kan niet voor zichzelf zorgen.' Ze wierp een woedende blik op Dean en Roy Johnson. 'Dit keer was het Tommy Snark. Voor hij kwam was Ed aldoor heel gelukkig hier, hij werkte, we gingen uit, we hadden het geweldig samen. Dat weet jij ook wel, Dean. Ze zaten uren in de badkamer, Ed in het bad en Snarky op de bril, en deden niks als praten, praten en nog eens praten – en zulke onzin allemaal.'

Dean lachte. Jarenlang was hij de hoofdprofeet van dat stel geweest en nu namen ze zijn methoden over. Tommy Snark had een baard gekweekt en was met zijn grote trieste blauwe ogen op zoek gegaan naar Ed Dunkel in Frisco; Tommy was bij een ongeluk in Denver zijn pink kwijtgeraakt (dit is echt waar) en had een flinke schadevergoeding gekregen. Ze hadden zomaar zonder enige reden besloten Galatea aan haar lot over te laten en er vandoor te gaan naar Portland, Maine, waar Snark kennelijk een tante had wonen. Dus nu zaten ze ofwel in Denver, op doorreis, of al in Portland.

'Als Toms geld op is komt Ed wel weer terug,' zei Galatea naar haar kaarten kijkend. 'Die stomme idioot – hij heeft nergens enig benul van, nooit gehad ook. Hij hoeft alleen maar te weten dat ik van hem houd.'

Galatea leek op de dochter van die Grieken voor de camera in de zon zoals ze daar op het tapijt zat met haar lange haar tot op de vloer, het spel kaarten in haar handen. Ik raakte op haar gesteld. We besloten zelfs die avond uit te gaan en ergens naar jazz te gaan luisteren: Dean zou een één-tachtig lange blondine mee uitnemen die verderop in de straat woonde, ze heette Marie.

Die avond gingen Galatea, Dean en ik Marie ophalen. Ze had een kelderappartement, een dochtertje en een oude auto die het nauwelijks deed, Dean en ik moesten hem de straat door duwen terwijl de meisjes aan de startknop rukten. We gingen naar Galatea's huis en daar zat het hele stel – Marie, haar dochtertje, Galatea, Roy Johnson en zijn vrouw Dorothy – stuurs in het te dik gecapitonneerde meubilair weggezakt, terwijl ik, neutraal in de conflicten hier in Frisco, in een hoek bleef staan en Dean midden in de kamer met zijn ballonduim op borsthoogte in de lucht stond te giechelen. 'Sodeju,' zei hij, 'we raken allemaal onze vingers kwijt – hor-hor-hor.'

'Waarom doe je toch zo dwaas, Dean?' zei Galatea. 'Camille heeft gebeld en zei dat je haar hebt verlaten. Besef je niet dat je een dochter hebt?'

'Hij heeft haar niet verlaten, zij heeft hem eruit geschopt!' zei ik, mijn neutraliteit verbrekend. Ze wierpen me allemaal vuile blikken toe; Dean grijnsde. 'En dan met die duim, wat moet de arme donder nu?' voegde ik eraan toe. Ze keken me allemaal aan, vooral Dorothy Johnson wierp me een giftige blik toe. Het was niets dan een naaikransje, en in het midden stond de boosdoener, Dean – wie weet verantwoordelijk voor alles wat er mis was. Ik keek uit het raam naar het gonzende nachtleven in Mission Street; ik wilde erop uit om de geweldige jazz van Frisco te horen – vergeet niet dat het pas mijn tweede avond in de stad was.

'Ik denk dat Marylou er heel verstandig aan gedaan heeft jou te verlaten, Dean,' zei Galatea. 'Je hebt nu al jarenlang totaal geen verantwoordelijkheidsgevoel voor wie dan ook. Je hebt zoveel afschuwelijke dingen gedaan dat ik niet weet wat ik nog tegen je moet zeggen.'

Dat was in feite het hele punt, ze zaten Dean allemaal met geloken, hatende ogen aan te kijken, en hij stond midden tussen hen in op het tapijt en giechelde – hij giechelde maar wat. Hij maakte een dansje. Zijn verband werd steeds smeriger; het zakte scheef en raakte los. Plots besefte ik dat Dean, vanwege zijn enorme reeks wandaden, de Idioot, de Imbeciel, de Heilige van het hele stel was geworden.

'Je houdt met absoluut niemand rekening behalve jezelf, met die stomme kicks van je. Het enige waar jij aan denkt is wat er tussen je benen hangt en hoeveel plezier je aan anderen kunt beleven en daarna schuif je ze gewoon aan de kant. Dat niet alleen, je stelt je ook nog aan als een idioot. Het komt niet bij je op dat het leven een serieuze zaak is en dat er mensen zijn die proberen er wat goeds van te maken in plaats van maar een beetje de beest uit te hangen.'

Dat was Dean, het HEILIGE BEEST.

'Camille ligt tranen met tuiten te huilen vanavond, maar denk maar niet dat ze jou terug wil, ze zei dat ze je nooit meer wil zien en dat het dit keer voorgoed afgelopen is. En evengoed sta jij hier maar rare smoelen te trekken, ik geloof niet dat het je ook maar iets kan schelen.'

Dat was niet waar; ik wist wel beter en had het ze kunnen vertellen. Ik zag er het nut niet van in. Ik wilde op Dean toestappen en een arm om zijn schouders slaan en zeggen: Luisteren jullie eens, één ding moet je niet vergeten: deze vent heeft ook zijn problemen, en nog wat, hij klaagt nooit en hij heeft jullie allemaal een verdomde hoop plezier bezorgd door gewoon zichzelf te zijn, en als jullie daar niet genoeg aan hebben zet hem dan maar tegen de muur, jullie zitten zo te zien toch al te popelen om dat te doen...

Niettemin was Galatea Dunkel de enige van het hele stel die niet bang was voor Dean en hem kalm, met haar gezicht op halfzeven, de les kon lezen waar iedereen bijstond. Vroeger, in Denver, liet Dean alle jongens met hun meisjes in het donker zitten en praatte dan onafgebroken op ze in met die ooit zo hypnotiserende en vreemde stem die, zeiden ze, de meisjes toeschietelijk maakte door louter zijn overredingskracht en de inhoud van zijn woorden. Hij was toen vijftien, zestien jaar. Nu waren zijn discipelen getrouwd en riepen de echtgenotes van zijn discipelen hem op het matje over de seksualiteit en het leven dat hij had helpen creëren. Ik luisterde verder.

'Nu ga je met Sal naar de Oostkust,' zei Galatea, 'en wat denk je dat je daarmee zult bereiken? Camille moet thuis blijven en op de baby passen nu jij weg bent – hoe kan ze haar baan aanhouden? – ze wil je nooit meer zien en dat neem ik haar niet kwalijk. Als je Ed onderweg tegenkomt zeg je maar dat ik hem vermoord als hij niet gauw terugkomt.'

Zo recht voor zijn raap. Het was een ontzettend trieste avond. Ik voelde me alsof ik tussen vreemde broeders en zusters in een jammerlijke droom leefde. Toen viel er een diepe stilte; waar Dean zich er ooit uitgepraat zou hebben, verviel hij nu zelf in stilzwijgen, al stond hij daar nog haveloos, gebroken, idioot, ten overstaan van iedereen onder de gloeilampen, zijn benige, bezeten gezicht overdekt met zweet en stuwende aderen terwijl hij maar 'Ja, ja, ja, ja' zei, alsof er nu aldoor geweldige onthullingen zijn brein binnenstroomden, en ik weet zeker dat het ook zo was, en de anderen vermoedden hetzelfde en waren bang. Hij was de BEATNIK – de wortel, de ziel van *Beatific*, wat gelukzalig betekent. Wat wist hij? Hij probeerde uit alle macht mij te vertellen wat hij wist, en daarom benijdden ze mij, om mijn positie aan zijn zijde, hem verdedigend, hem begrijpend zoals zij ooit hadden geprobeerd. Toen keken ze mij aan. Wat moest ik, een vreemdeling, hier aan de Westkust op deze mooie avond? Ik deinsde terug voor dit denkbeeld.

'We gaan naar Italië,' zei ik; ik legde de hele toestand naast me neer. Er heerste ook een vreemde sfeer van moederlijke voldoening, want de meisjes keken echt naar Dean zoals een moeder naar haar dierbaarste en ondeugendste kind kijkt, en hij daar met zijn trieste dikke duim en al zijn onthullingen wist dat maar al te goed, daarom was hij in staat zonder een woord te zeggen in die tiktakkende stilte het appartement uit te lopen, om beneden op ons te wachten tot we hadden besloten dat het nu *hoogste tijd* was om te gaan. Zulke gedachten bespeurden we in die geest daar buiten op de stoep. Ik keek uit het raam. Hij stond alleen in de portiek naar het straatgebeuren te kijken. Bitterheid, beschuldigingen, adviezen, moraal, verdriet – alles lag achter hem, voor hem uit lag de grillige, extatische vreugde van het pure zijn.

'Toe, Galatea, Marie, ga mee naar de jazztenten, laat het toch rusten. Op een goeie dag is Dean dood en wat kun je dan nog tegen hem zeggen?'

'Hoe eerder hij dood is hoe beter,' zei Galatea, en sprak daarmee officieel voor bijna iedereen in de kamer.

'Oké, best,' zei ik, 'maar nu leeft hij nog en ik wed dat jullie wel willen weten wat hij nu gaat doen en dat komt omdat hij het geheim kent dat wij allemaal zo dolgraag willen ontdekken, zijn hoofd barst ervan en als hij gek wordt maak je dan maar geen zorgen, dan is het niet jullie schuld maar de schuld van God.'

Ze gingen hier tegenin; ze zeiden dat ik Dean niet echt kende;

ze zeiden dat hij de ergste schoft was die er op twee benen rond-liep en dat ik dat op een goeie dag tot mijn spijt zou ondervinden. Ik vond het vermakelijk ze zo luid te horen protesteren. Roy Johnson kwam de dames te hulp en zei dat hij Dean beter kende dan wie ook, dat Dean louter een heel interessante en zelfs verma-kelijke oplichter was. Ik liep naar buiten om Dean te zoeken en praatte even met hem.

'Ach, man, maak je geen zorgen, alles is prima voor mekaar.' Hij wreef over zijn buik en likte zijn lippen.

4

De meisjes kwamen beneden en we begonnen aan onze grote avond uit, we duwden de wagen weer door de straat. 'Hiehooo, vooruit maar!' riep Dean, we sprongen achterin en rammelden naar klein Harlem in Folsom Street.

We sprongen de warme, wilde nacht in en hoorden aan de over-kant een woeste tenor IE-JAH! IE-JAH! balken, met ritmisch hand-geklap en kreten van 'Ja, ja, ja!' Dean rende al met zijn duim in de hoogte naar de overkant en riep: 'Toeteren, man, toeteren!' Voor-aan stond een stel negers in hun zaterdagse goed te swingen. Het was een bar met zaagsel op de vloer en een klein podium vanwaar de mannen met hoed op bijeengedromd over de hoofden van het publiek heen toeterden, een krankzinnige tent; er wiegelden waanzinnige vrouwen rond, sommigen in peignoir, er kletterden flessen in steegjes. In een donkere gang achterin, achter de onder-gespatte toiletten, stonden tientallen mannen en vrouwen tegen de muur geleund wijn-spodiodi – wijn en whisky – te drinken en naar de sterren te kwatten. De tenor-saxofonist met hoed blies op het toppunt van een schitterend bevredigend vrij thema, een rij-zend en dalend riffje dat van IE-JAH! overging naar een wilder IE-die-lie-jah! en maar voortjankte op de donderende rommel van trommels vol brandplekken rond een grote zwarte bruut met een stierennek die het allemaal niks kon verdommen zolang hij maar op zijn gebutste ketels kon beuken, bam rammerdeboem bam.

Een oproer van muziek en de tenorsaxofonist had het hélemaal en iedereen wist dat hij het helemaal had. Dean omklemde zijn hoofd in de mensenmassa, het was een dolle massa. Iedereen vuurde de saxofonist met kreten en wild rollende ogen aan om het vast te houden en vooral DOOR te gaan, hij krikte zich van zijn hurken op en dook weer omlaag met zijn toeter, zwaaide hem in één heldere kreet de hoogte in boven de furie. Een magere negerin van tegen de twee meter rolde haar knoken langs de kelk van de sax, en hij porde haar met korte stoten: 'IE! ie! ie!'

Iedereen stond te swingen en te roepen. Galatea en Marie stonden met bier in de hand op hun stoelen te deinen en te springen. Groepjes negers struikelden van de straat naar binnen, tuimelden over elkaar heen om erin te komen. 'Kom op, man!' daverde een man met een stem als een misthoorn, en slaakte een gekreun dat helemaal tot in Sacramento te horen moet zijn geweest. Aha-haaa! 'Hoe-wie!' zei Dean. Hij wreef over zijn borst, wreef over zijn buik, het zweet spette van zijn gezicht. Boem, knal, de drummer trapte zijn trommels de hele kelder door en rolde het ritme rammerdeboembam! de trap weer op met zijn striemende stokken. Een grote dikke vent stond zo op het podium te springen dat het krakend doorveerde. 'Hoehoe!' De pianist beukte alleen maar met gespreide vingers op de toetsen – akkoorden in de intervallen als de geweldige tenorsaxofonist even ademhaalde voor het volgende salvo – Chinese akkoorden waar de piano in al zijn voegen, kieren en snaren, pink, boing, van sidderde. De saxofonist sprong van het podium en stond nu in het publiek om zich heen te blazen; zijn hoed zakte voor zijn ogen; iemand schoof hem weer terug. Hij hing even achterover, stampvoette en blies een rauwe, bauwende stoot naar de vloer, haalde adem, hief zijn sax op en blies hoog, breeduit krijsend de vrije ruimte in. Dean stond recht voor hem met zijn gezicht omlaag in de kelk van de sax, hij klapte in zijn handen, sproeide zijn zweet over de toetsen, de man merkte het en lachte in zijn hoorn, een lange vibrerende dolle lach, iedereen lachte mee en swingde maar door; ten slotte besloot de saxofonist door het dak te gaan, hij hurkte ineen en hield een hoge c heel lang vast terwijl alles om hem heen maar doordaverde en het gebrul bleef aanzwellen tot ik dacht dat de smerissen van de dichtstbij-zijnde politiepost de tent zouden binnenvallen. Dean was in trance. De ogen van de saxofonist waren vast op hem gericht; hij had hier een gek voor zich die het niet alleen begreep maar er ook echt om gaf en er nog meer van wilde begrijpen, meer dan er was; ze begonnen een duel; er kwam nu van alles uit de sax, geen frasen meer maar geschreeuw, kreten: 'Bauw,' dan omlaag naar 'Bap!' omhoog naar 'IEIEIEIE!' weer omlaag naar gakkende ganzen en dwars galmende hoornstoten. Hij probeerde alles, ging omhoog, omlaag, zijwaarts, ondersteboven, horizontaal, dertig graden, veertig graden, ten slotte viel hij achterover in iemands armen en gaf het op en iedereen dromde om hem heen en riep: 'Ja! Ja! Dat was blazen!' Dean veegde zich droog met zijn zakdoek.

Toen stapte de tenorsaxofonist het podium weer op en vroeg om een traag ritme, en droef over de hoofden van de mensen heen door de deur naar buiten kijkend begon hij 'Close Your Eyes' te zingen. Het werd even rustig. De saxofonist droeg een voddig suède jack, een paars overhemd, gebarsten schoenen en een slob-berende broek zonder vouw; hij zat er niet mee. Hij zag eruit als een zwarte Hassel. Zijn grote bruine ogen waren bezig met droe-fenis, en het zingen van trage liederen met lange, nadenkende pauzes. Maar bij het tweede refrein raakte hij opgewonden en greep de microfoon, sprong van het podium en zette zich schrap. Voor elke noot die hij zong moest hij naar zijn schoenen reiken om hem langzaam door zijn hele lijf omhoog te trekken, hij trok zo hard dat hij achterover wankelde en herstelde zich maar net op tijd voor de volgende trage noot. *'Mu-u-u-u-usic pla-a-a-ay!'* Hij leunde achterover met zijn gezicht naar het plafond, microfoon laag. Hij schudde en wankelde. Toen boog zij zich naar voren, viel haast met zijn gezicht tegen de microfoon. *'Ma-a-a-ake it dream-y for dan-cing'* – en keek naar de straat buiten met zijn lippen min-achtend gekruld in die hippe snier van Billie Holiday – *'while we go roman-n-ncing'* – hij wankelde zijwaarts – *'Lo-o-o-o-ve's holida-a-ay'* – schudde zijn hoofd in vermoeide afkeer van de hele wereld – *'Will make it seem'* ja, wat? Iedereen wachtte; hij kermde – *'O-kay.'* De piano sloeg een akkoord. *'So baby come on just clo-o-o-ose you pretty little ey-y-y-y-es'* – zijn mond trilde, hij keek ons, Dean en mij, aan met een uitdrukking die scheen te zeggen: Nou, wat moeten wij hier allemaal in deze trieste bruine wereld? – toen kwam hij aan het eind van zijn lied, en hiervoor waren uitgebreide voorbereidingen vereist, in welk tijdsbestek je alle boodschappen aan García twaalf keer de wereld rond kon sturen en wat maakte het uit? Want wat we hier hadden was de ziel, het bloed van het arme gesjochten leven zelf in die godvergeten straten vol mensheid, dus zong hij *'Close – your –'* galmde het naar het plafond en er doorheen naar de sterren en nog hoger het heelal in – *'Ey-y-y-y-y-es'* en wankelde het podium af om dit te overpeinzen. Hij ging bij een stel knapen in een hoek zitten maar schonk geen aandacht aan ze. Hij keek omlaag en huilde. Hij was fantastisch.

Dean en ik liepen naar hem toe om met hem te praten. We nodigden hem uit mee naar de auto te komen. In de auto schreeuwde Dean ineens: 'Ja, man, dit het mooiste wat er is! Wat een kick! Waar gaan we nu naartoe?' Hij hotste maniakaal giechelend op zijn stoel op en neer. 'Straks! Straks!' zei de tenorsaxofonist. 'Ik laat mijn assistent komen om ons naar Jamson's Nook te rijden, ik moet zingen. Ik lééf om te zingen, man. Ik zing nu al twee weken niks anders als "Close Your Eyes" – ik wil ook niks anders zingen. Wat voeren jullie hier uit?' We vertelden hem dat we over twee dagen naar New York gingen. 'Jemig, daar ben ik nooit geweest, ze zeggen dat het behoorlijk swingt daar maar ik heb geen reden tot klagen waar ik nu zit. Ik ben getrouwd, zie je.'

'O ja?' zei Dean, opverend. 'En waar is je schatje vanavond?'

'Wat bedóel je?' zei de tenorsaxofonist, hem uit zijn ooghoeken opnemend. 'Ik zei toch dat ik met haar getróuwd was?'

'O ja, o ja,' zei Dean. 'Het was maar een vraag. Heeft ze misschien ook vriendinnen? Of zussen? Voor de lol, weet je wel, ik heb gewoon zin in een hoop lol!'

'Ah, wat koop je daarvoor, het leven is te triest om aldoor lol te maken,' zei de saxofonist, zijn blik naar de straat verleggend. 'Kelere!' zei hij. 'Ik heb geen cent en vanavond kan ik daar niet mee zitten.'

We gingen weer naar binnen om nog meer te horen. De meisjes

waren zo nijdig dat Dean en ik er vandoor waren gegaan en maar wat in het rond bleven darren dat ze waren opgestapt en te voet naar Jamson's Nook waren gegaan; de auto deed het trouwens toch niet. In de bar zagen we iets afschuwelijks: er was een hippe blanke nicht in Hawaïhemd binnengekomen en hij vroeg de grote drummer of hij mee kon doen. De muzikanten keken hem achterdochtig aan. 'Kun je spelen dan?' Hij zei truttig van ja. Ze keken elkaar eens aan en zeiden: 'Ja, ja, kijk hem even, ke-lere!' De nicht ging achter de trommels zitten, ze speelden de eerste maten van een swingnummer en hij begon met leipe bopveegjes over de roffeldrum te sijbelen, zijn nek wiegelde op en neer in die zelfvoldane Reichiaans geanalyseerde extase die niks anders betekent als te veel weed en zouteloos voer en leipe kicks van het lauwe soort. Maar wat kon hem dat schelen. Hij staarde vreugdevol glimlachend in de ruimte en hield, zij het zachtjes, de maat met subtiel bopgeritsel, een grinniklachende, kabbelende achtergrond voor de zware loeiende blues die de jongens speelden, alsof hij er niet was. De grote zwarte drummer met stierennek zat op zijn beurt te wachten. 'Wat doet die goof daar?' zei hij. 'Muziek maken! Krijg nou de tering! God-ke-lere!' En vol afschuw keek hij een andere kant op.

De assistent van de tenorsaxofonist verscheen, een kleine springveer van een neger in een grote lange Cadillac. We sprongen allemaal aan boord. Hij boog zich over het stuurwiel en joeg dwars door Frisco zonder één keer te stoppen, hij scheurde met honderdtien per uur dwars door het verkeer en ze zagen hem niet eens, zo goed reed hij. Dean was in extase. 'Kijk die vent eens, man! Moet je kijken hoe hij daar zit zonder een vin te verroeren, hij rijdt gewoon plankgas en zou er de hele avond gezellig bij kunnen kletsen, maar dat is hem nog te veel moeite, ah, man, de dingen, de dingen die ik – ik wou – ah – o ja, man. Rijen man, niet stoppen – rijen!' De knaap vloog een hoek om, zwiepte de wagen pal voor Jamson's Nook en stond al geparkeerd. Er stopte een taxi; er sprong een mager, verschrompeld zwart domineetje uit dat de chauffeur een dollar toewierp en 'Jazzjazz!' roepend de club inholde, hij vloog 'Jazzjazzjazz!' roepend door de bar beneden en struikelde de trap op, viel haast op zijn gezicht, gooide de deur open en viel de sessieruimte in met zijn handen voor zich uit voor het geval hij ergens tegenaan botste en liep zo tegen Lampshade op, die dat seizoen als ober in Jamson's Nook werkte, de muziek loeide maar door en hij stond aan de grond genageld in de deuropening en schreeuwde: 'Blazen, man, blazen!' De solist was een kleine korte neger met een altsax die volgens Dean duidelijk net als Tom Snark bij zijn grootmoeder woonde, hij sliep de hele dag en toeterde de hele nacht en moest zo'n honderd refreinen blazen voor hij klaar was om er echt tegenaan te gaan, en daar was hij nu mee bezig.

'Het is net Carlo Marx!' schreeuwde Dean boven het geraas uit.

Het was zo. Het grootmoederskindje met de opgelapte altsax had glinsterende kraaloogjes, kleine scheve voeten en spillebenen; hij hupste en bupste met zijn toeter heen en weer, sloeg zijn voeten in het rond en hield zijn ogen vast op zijn publiek gericht (louter wat lachende lieden aan een dozijn tafeltjes in een lage ruimte van tien bij tien meter), hij ging maar door. Hij hield zijn ideeën heel eenvoudig. Hij genoot van het verrassende effect van een eenvoudige nieuwe variatie op een refrein. Hij speelde 'da-dup-dade-rara… da-dup-dade-rara', herhaalde het springend en glimlachend zijn sax zoenend en ging dan over op 'da-dup-DIE-da-dera-RUP! da-dup-DIE-da-dera-RUP!', geweldige momenten van begrijpend gelach voor hem en iedereen die het hoorde. Zijn toon was helder als een klok, hoog en zuiver, en woei ons van een halve meter recht in het gezicht. Dean stond pal voor hem, hij was alles en iedereen om zich heen vergeten, stompte met gebogen hoofd in zijn handen, zijn hele lijf deinde op zijn hielen op en neer en het zweet, altijd weer dat zweet, gutste en plensde over zijn moordende boord in een heuse plas om zijn voeten. Galatea en Marie waren er ook, en het duurde vijf minuten voor we dat in de gaten hadden. Hoehoe, de nachten van Frisco, het eind van het continent en het eind van alle twijfel, het einde van alle saaie twijfel en flauwekul, dag hoor! Lampshade daverde met zijn bladen bier rond; hij deed alles op de maat; hij riep op de maat tegen de serveerster: 'Hé, hé, babybaby, aan de kant, aan de kant, daar komt

Lampshade,' zwiepte langs haar heen met het bier hoog in de lucht, knalde door de klapdeurtjes de keuken in, maakte een dansje met de koks en kwam zwetend terug. De tenorsaxofonist zat volkomen bewegingloos aan een tafeltje in een hoek met een onaangeroerd glas voor zich, hij staarde daas de ruimte in, zijn handen bengelden langs zijn lijf tot bijna op de vloer, zijn voeten hingen als bungelende hondentongen opzij, zijn lichaam was gestold in totale vermoeidheid en trieste trance en wat er ook in zijn hoofd omging: de vent blies zich elke avond wezenloos en liet zich dan diep in de nacht door anderen de genadeslag toebrengen. Alles wervelde als een wolk om hem heen. Dat alt spelende grootmoederskindje, die kleine Carlo Marx, sprong als een aap met zijn tovertoeter in het rond en blies wel tweehonderd bluesrefreinen, elk nieuw refrein nog wilder dan het vorige, en dat zonder een spoor van wegebbende energie of de bereidheid er een punt achter te zetten. De hele zaal huiverde.

Een uur later stond ik op de hoek van 4th en Folsom Street met Ed Fournier, een altsaxofonist uit San Francisco, te wachten terwijl Dean in een bar opbelde om ons door Roy Johnson te laten ophalen. Het was niets bijzonders, we stonden gewoon wat te praten, maar plotseling zagen we iets krankzinnigs. Het was Dean. Hij wilde Roy het adres van de bar geven, dus zei hij hem even aan de lijn te blijven en holde naar buiten om te kijken, en hiervoor moest hij dwars door een lange bar vol brallende drinkers in witte hemdsmouwen draven en dan midden op straat gaan staan om naar de naamborden te kijken. Hij deed dit laagbijdegronds voortijlend als Groucho Marx, zijn voeten voerden hem met verbazingwekkende snelheid als een verschijning door de bar naar buiten en met zijn ballonvormige duim recht omhoog in de nachtlucht kwam hij half omtollend midden op straat tot stilstand en keek overal boven zich in het rond naar straatnamen. Ze waren moeilijk te zien in het donker, hij draaide wel tien keer midden op straat rond, met opgeheven duim, koortsig, gespannen zwijgend – een warhoofdige figuur met zijn duim als een grote witte gans in de lucht stond maar in het donker rond te draaien, de andere hand afwezig in zijn broek. Ed Fournier zei: 'Overal waar ik kom blaas ik een mooi stuk muziek en als de mensen het niet mooi vinden kan ik er ook niks aan doen. Hé, die maat van jou is een rare goof zeg, kijk hem daar eens bezig' – we keken. Alom heerste een diepe stilte, Dean zag de straatnamen en rende de bar weer in, hij dook praktisch tussen de benen door van iemand die net buiten kwam en schoof zo snel door de bar dat iedereen tweemaal moest kijken om hem te zien. Een tel later verscheen Roy Johnson, met dezelfde verbazingwekkende snelheid. Dean schoot naar de overkant de auto in, zonder enig gerucht. Daar gingen we weer.

'Goed Roy, ik weet dat je hier groot gedonder over hebt met je vrouw, maar we moeten per se in het ongelofelijk tijdsbestek van drie minuten naar 46th hoek Geary Street anders is alles verloren. Ahum. Japs! (Kuch kuch) Morgenochtend gaan Sal en ik naar New York en dit is absoluut de laatste avond dat we op stap kunnen en ik weet dat je het niet erg vindt.'

Nee, Roy Johnson vond het niet erg; hij reed alleen maar door alle rode stoplichten die hij vinden kon en joeg ons voort in onze waanzin. Bij het ochtendgloren ging hij naar huis om te slapen. Dean en ik zaten nu ergens met een neger die Walter heette. Hij bestelde drankjes aan de bar, liet ze op een rij voor zich neerzetten en zei: 'Wijn-spodiodi!', dat was een teug port, een teug whisky, en weer een teug port. 'Een lekker zoet jasje om al die kwaaie whisky!' riep hij.

Hij nodigde ons uit bij hem thuis een flesje bier te gaan drinken. Hij woonde in een van de huurkazernes achter Howard Street. Zijn vrouw sliep toen we binnenkwamen. Het enige licht in het appartement was het peertje boven het bed. We moesten op een stoel klimmen om de lamp los te schroeven terwijl zij glimlachend in bed lag. Dean deed het, druk met zijn wimpers knipperend. Ze was zo'n vijftien jaar ouder dan Walter en een ontzettend lief mens. Daarna moesten we een verlengsnoer boven haar bed in de fitting schroeven, en ze bleef maar glimlachen. Ze vroeg Walter helemaal niet waar hij gezeten had, hoe laat het was, niets. Ten slotte hadden we ons met het verlengsnoer in de keuken geïnstalleerd en gingen we rond de eenvoudige tafel zitten om bier te drinken en verhalen te vertellen. Ochtend. Tijd om op te stappen, het verlengsnoer op te rollen naar de slaapkamer en de lamp weer in de fitting te schroeven. Walters vrouw lag maar te glimlachen terwijl we die krankzinnige procedure nog eens herhaalden. Ze zei geen woord.

In het ochtendgrauw op straat zei Dean: 'Kijk, man, dat is nog eens een échte vrouw. Geen scherpe woorden, geen klachten, kanttekeningen of niks; haar man kan alle uren van de nacht met wie dan ook thuiskomen en in de keuken gaan zitten kletsen en bier drinken en weggaan wanneer hij maar wil. Die man is koning in zijn eigen kasteel.' Hij wees naar de huurkazerne. We strompelden weg. De geweldige nacht was voorbij. Een patrouillewagen volgde ons argwanend een paar straten. We kochten verse donuts in een bakkerij in 3rd Street en aten ze op in de haveloze, grauwe straat. Een lange, gebrilde, goedgeklede vent kwam door de straat aanwankelen met een neger met een vrachtrijderspet op. Het was een bizar stel. Er reed een grote vrachtwagen langs en de neger wees opgewonden en probeerde uiting te geven aan zijn gevoelens. De lange blanke man keek tersluiks achterom en telde zijn geld. 'Dat is Old Bull Lee!' grinnikte Dean. 'Telt zijn geld en maakt zich zorgen over van alles en nog wat, terwijl die andere gozer alleen maar over vrachtwagens wil praten, dingen waar hij verstand van heeft.' We volgden ze een poosje.

Heilige, door de lucht voortzwevende bloemen, dat waren al die vermoeide gezichten in het ochtendgrauw van de Jazz in Amerika.

We moesten slapen; we konden niet meer bij Galatea Dunkel aankomen. Dean kende een remmer bij de spoorwegen die Ernest Burke heette, hij woonde met zijn vader in een hotelkamer in 3rd Street. In het begin had hij goed met hem kunnen opschieten, maar de laatste tijd niet meer; ik zou proberen hem over te halen ons op de vloer te laten slapen. Het was vreselijk. Ik moest hem uit een ochtendcafé opbellen. De ouweheer nam achterdochtig op. Hij herkende me van wat zijn zoon hem over mij verteld had. Tot onze verbazing kwam hij naar de hal en liet ons binnen. Het was maar zo'n triest oud bruin hotel. We gingen naar boven en de ouwe was zo vriendelijk ons het hele bed te geven. 'Ik moet toch op,' zei hij en trok zich terug in het keukenhoekje om koffie te zetten. Hij begon verhalen te vertellen over zijn spoortijd. Hij deed me aan mijn vader denken. Ik bleef op en luisterde naar zijn verhalen. Dean luisterde niet, hij poetste zijn tanden en rommelde rond, zei 'Ja, precies' op alles wat hij zei. Eindelijk vielen we in slaap; 's morgens kwam Ernest terug van een rit met de Western Union en hij nam het bed over toen Dean en ik opstonden. Nu stond de oude heer Burke zich op te doffen voor een afspraakje met zijn bedaagde liefje. Hij trok een groen tweed kostuum aan, zette een pet op, ook van groen tweed, en stak een bloem in zijn knoopsgat.

'Die romantische, afgetobde ouwe remmers hier in Frisco leiden een heel triest maar heel gretig eigen leven,' vertelde ik Dean in de wc. 'Het was erg aardig van hem om ons hier te laten slapen.'

'Ja ja,' zei Dean zonder te luisteren. Hij holde weg om een auto te regelen bij de liftcentrale. Ik had tot taak naar Galatea Dunkel te rennen om onze bagage op te halen. Ze zat op de vloer met haar kaarten.

'Nou, tot ziens, Galatea, ik hoop dat het allemaal voor mekaar komt.'

'Als Ed terugkomt neem ik hem elke avond mee naar Jamson's Nook om zich te buiten te gaan. Denk je dat dat zal helpen, Sal? Ik weet niet wat ik doen moet.'

'Wat zeggen de kaarten?'

'De schoppenaas ligt ver van hem af. De hartenkaarten liggen altijd dicht om hem heen – de hartenvrouw is nooit ver weg. Zie je die schoppenboer? Dat is Dean, hij is altijd in de buurt.'

'Nou, we vertrekken over een uur naar New York.'

'Op een goeie dag gaat Dean weer op reis en komt hij nooit meer terug.'

Ze liet me douchen en scheren, toen nam ik afscheid, droeg de bagage naar beneden en nam een *taxi-jitney*, dat was een gewone taxi die een vaste route reed, je kon hem op elke straathoek aanhouden en voor zo'n vijftien cent tot elke straathoek meerijden, met andere passagiers opgepropt zoals in een bus, maar dan gezellig kletsend en moppen tappend zoals in een gewone auto. Die laatste dag in Frisco was Mission Street een wilde chaos van bouwwerkzaamheden, spelende kinderen, negers die joelend en roepend van hun werk kwamen, stof, opwinding, het geweldig gonzende, vibrerende rumoer van wat echt de opwindendste stad van Amerika is – met boven ons de heldere blauwe lucht en het genot van die zee vol nevel die elke avond weer aandrijft en iedereen hongerig maakt naar eten en nog meer opwinding. Ik vond het vreselijk om te vertrekken; mijn verblijf had maar zestig uur geduurd. Samen met de razende Dean rende ik de hele wereld door zonder de kans te krijgen er iets van te zien. 's Middags zoefden we alweer oostwaarts naar Sacramento.

5

De auto was eigendom van een lange, dunne flikker op weg naar zijn huis in Kansas, hij droeg een donkere bril en reed uiterst voorzichtig; de auto was een 'nichtenbak', zoals Dean dat noemde, een Plymouth zonder acceleratie of echt vermogen. 'Verwijfde wagen!' fluisterde Dean in mijn oor. Er waren nog twee passagiers, een echtpaar, het semi-toeristische type dat overal wil stoppen om te slapen. Sacramento moest de eerste stop worden, voor de rit naar Denver ook maar begonnen was. Dean en ik zaten alleen achterin, we lieten alles aan de anderen over en praatten. 'Ja, man, die altsax gisteren had het helemaal – en hij hield het ook vast toen hij het eenmaal te pakken had; ik heb nooit een vent meegemaakt die het zo lang kon vasthouden.' Ik wilde weten wat hij helemaal had. 'Tja, nou ja' – Dean lachte – 'nu vraag je me het on-de-fi-nieerbare – ahum! Die vent staat daar en iedereen kijkt naar hem, ja? Hij moet zien over te brengen wat iedereen in zijn hoofd heeft. Hij begint aan het eerste refrein, zet zijn ideeën op een rij, en de mensen, ja, ja, nou kijk, dan schikt hij zich naar zijn noodlot en moet hij dienovereenkomstig gaan spelen. En plotseling ergens midden in het refrein krijgt hij het ineens te pakken – iedereen kijkt op, ze voelen het; ze luisteren; hij neemt het op en gaat erop door. De tijd staat stil. Hij vult die lege ruimte met de substantie van onze levens, bekentenissen helemaal onderuit zijn lijf, ideeën uit zijn geheugen, nieuwe versies van oude thema's. Hij moet over bruggen heen blazen en terugkomen en dat met zo'n onbegrensd zijn hele ziel aftastend gevoel voor de melodie van dat moment dat iedereen weet dat het niet gaat om die melodie maar om dat –' Dean kon niet verder; hij was ervan gaan zweten.

Toen begon ik te praten; ik heb van mijn leven niet zoveel gepraat. Ik vertelde Dean dat ik me als kind in auto's zittend altijd voorstelde dat ik een grote zeis in mijn hand had en daarmee alle, bomen en telegraafpalen neermaaide, en zelfs de heuvels afsneed die langs het raampje gleden. 'Ja! Ja!' riep Dean. 'Dat deed ik ook, maar dan met een andere zeis – en weet je waarom? Omdat ik in het Westen over die uitgestrekte vlakten reed moest mijn zeis onmetelijk veel langer zijn en hij moest over verre bergketens buigen om de toppen eraf te snijden, en nog hoger reiken om de bergen daarachter te halen en tegelijkertijd moest hij ook alle palen, al die regelmatig opflitsende palen langs de weg omhakken. Daarom moet ik – O man, dat moet ik je NU METEEN vertellen, nu ik het te pakken heb – ik moet je vertellen over de keer dat mijn vader en ik met een straatarme schooier middenin de crisistijd naar Nebraska gingen om vliegenmeppers te verkopen. En weet je hoe we die maakten, we kochten stukken doodgewoon horrengaas en ijzerdraad en dat bogen we dubbel met lapjes blauwe en rode stof om de randen genaaid die we allemaal voor een paar centen in een goedkope winkel hadden gekocht en we maakten duizenden van die vliegenmeppers, stapten in de ouwe rammelkast van die schooier en reden alle boerderijen in heel Nebraska af en verkochten ze voor een stuiver per stuk – het was meest liefdadigheid dat we die stuivers kregen, twee schooiers en een klein jochie achter de koeien met gouden horens aan, mijn ouweheer zong in die tijd aldoor "Hallelujah hallelujah, ik ben weer aan de zwerf". En moet je horen, man, na twee weken van ongelofelijke ontberingen en gehots en gesjacher in de hitte om die akelig in mekaar geflanste meppers te verkopen kregen ze ruzie over de verdeling van de opbrengst en gingen ze aan de kant van de weg aan het vechten, toen maakten ze het weer goed en kochten wijn, ze begonnen te drinken en gingen vijf dagen en vijf nachten door terwijl ik ergens op de achtergrond ineengedoken zat te grienen, en toen ze uitgezopen waren hadden we geen rooie cent meer en zaten we weer aan de grond in Larimer Street. Toen werd de ouwe ook nog gearresteerd en moest ik naar het gerechtshof om de rechter te smeken hem vrij te laten omdat hij mijn vader was en ik geen moeder had. Sal, jongen, ik heb op mijn achtste jaar geweldige volwassen redevoeringen gehouden ten overstaan van geïnteresseerde juristen...' We draaiden op hoogspanning; we gingen naar het Oosten; we waren opgewonden.

'Laat me je nog wat vertellen,' zei ik, 'het is alleen maar iets tussen haakjes in jouw verhaal om mijn laatste gedachte af te ronden. Als ik vroeger bij mijn vader in de auto onderuitgezakt op de achterbank hing zag ik mezelf ook op een schimmel naast de auto over alle hindernissen rijden die zich voordeden: ik ontweek palen, draafde rond huizen, sprong er soms overheen als ik het te laat zag, ik rende over heuvels, dwars over plotselinge pleinen vol verkeer waar ik tussen ongelofelijk –'

'Ja! Ja! Ja!' hijgde Dean extatisch. 'Het enige verschil met mij was dat ik zelf rende, ik had geen paard. Jij was aan de Oostkust opgegroeid en droomde van paarden; daar gaan we natuurlijk niet van uit want we weten allebei dat het maar literaire flutideeën zijn, maar het enige is dat ik in mijn misschien wildere schizofrenie echt te voet naast die auto voortrende en ongelofelijke snelheden bereikte, soms wel honderdvijftig kilometer per uur, ik sprong over alle struiken en hekken en boerderijen en soms sprintte ik even snel de heuvels in en weer terug zonder een meter achterop te raken...'

We zweetten allebei terwijl we elkaar deze dingen vertelden. We waren de mensen voorin totaal vergeten, en zij begonnen zich af te vragen wat er op de achterbank gaande was. Op een gegeven moment zei de chauffeur: 'Godsamme, maak niet zo'n deining daar achterin.' Dat deden we letterlijk; de wagen deinde terwijl Dean en ik voortdeinden op het spontaan vloeiende ritme van ons blije aloverheersende enthousiasme om te praten en te leven tot in de lege trance aan het eind van al die ontelbare uitbundige gelukzalige bijzonderheden die ons hele leven al in onze ziel huisden.

'Man! man! man!' kreunde Dean. 'En dat is nog niet eens het begin – nu gaan we eindelijk samen naar de Oostkust, we zijn nooit samen naar de Oostkust gereisd, Sal, denk je eens in, we gaan samen heel Denver doen en kijken wat iedereen daar uitvoert al kan ons dat maar weinig schelen want het hele punt is dat wij het helemaal DOOR hebben en TIJDSBEWUST zijn en weten dat alles echt PRIMA voor mekaar is.' Toen fluisterde hij zwetend, mijn mouw vastgrijpend: 'Kijk die lui voorin eens. Ze maken zich zorgen, ze tellen de kilometers, ze zitten te denken waar ze vanavond moeten slapen, wat de benzine gaat kosten, het weer, hoe ze er moeten komen – en al die tijd komen ze er toch wel, begrijp je wat ik bedoel? Ze hoeven zich geen zorgen te maken en de tijd te verraden met een urgentie die vals is of wat ook en met die pure benauwdheid en al dat gezeur vinden ze geen rust in hun ziel tot ze een bewezen en aangetoond probleem kunnen aangrijpen en als ze dat eenmaal gevonden hebben zetten ze er het bijbehorende gezicht bij, wat zoals je ziet ongelukkig is, en intussen vliegt de tijd voorbij en dat wéten ze, dus daar maken ze zich ook ontiegelijk veel zorgen over. Luister! Luister! "Tja," imiteerde hij ze, "ik weet het niet hoor – misschien moeten we daar maar niet gaan tanken. Ik heb pas in het Nationaal-Petrochemisch Shellshocknieuws gelezen dat er een heleboel oc – octaantroep in dat soort benzine zit, iemand heeft me eens verteld dat er zelfs semi-officiële hoogfrequente prút in zit, ik weet het niet, ik voel er gewoon niet voor…" Voel je wat ik bedoel, man!' Hij porde me heftig in mijn ribben om het vooral te begrijpen. Ik deed wanhopig mijn best. Pats Boem, het was niks als Ja! Ja! Ja! daar achterin, de lieden voorin betten hun voorhoofd van angst en wilden maar dat ze ons nooit hadden opgepikt bij die liftcentrale. En dit was nog maar het begin.

In Sacramento nam de flikker heel sluw een kamer in een hotel en nodigde Dean en mij uit wat te komen drinken terwijl het echtpaar bij familie ging slapen, en op de hotelkamer probeerde Dean al het mogelijke om wat geld van die flikker los te krijgen. Wat een waanzinnige toestand. De flikker begon met te zeggen dat hij erg blij was dat we met hem meereden want hij was erg gesteld op jonge mannen zoals wij en wilden wij wel geloven dat hij echt niet van meisjes hield en net een affaire achter de rug had met een man in Frisco waarbij hij de mannelijke rol had gespeeld en die man de vrouwelijke? Dean hield hem met zakelijke vragen aan het lijntje en knikte gretig. De flikker zei dat hij dolgraag wilde weten hoe Dean hierover dacht. Nadat hij hem eerst had gewaarschuwd dat hij een jongen van de vlakte was geweest in zijn jonge jaren, vroeg Dean hem hoeveel geld hij had. Ik zat op de wc. De flikker werd buitengewoon stug en volgens mij wantrouwde hij Deans uiteindelijke motieven, hij kwam niet over de brug en deed vage beloften over straks in Denver. Hij telde aldoor het geld in zijn portefeuille. Dean hief de handen ten hemel en gaf het op. 'Zie je wel, man, je kunt beter geen moeite doen. Je biedt ze aan wat ze stiekem willen en dan raken ze natuurlijk meteen in paniek.' Maar hij had de eigenaar van de Plymouth voldoende gepaaid om zonder protesten het stuur over te nemen, en nu kwamen we echt op gang.

We vertrokken bij het aanbreken van de dag uit Sacramento en staken om twaalf uur 's middags de Sierra Nevada over, na een gierende rit door de bergen waarbij de flikker en de toeristen zich op de achterbank aan elkaar vastklampten. Wij zaten samen voorin, we hadden het roer overgenomen. Dean was weer gelukkig. Zolang hij met een stuur in zijn handen tussen vier wielen kon zitten was hij dik tevreden. Hij vertelde wat een beroerde chauffeur Old Bull Lee was en demonstreerde het: 'Telkens als er een grote vrachtwagen zoals die daar aankwam duurde het oneindig lang voor Bull hem in de gaten had, want hij zag níks, man, hij zag echt níks.' Hij wreef verwoed in zijn ogen om zijn woorden kracht bij te zetten. 'Dan zei ik: "Oei, kijk uit Bull, een vrachtwagen," en dan zei hij: "Hè, wat zeg je, Dean?" "Een vrachtwagen! Een vrachtwagen!" en op het ALLERlaatste moment reed hij nog recht op die vrachtwagen af, kijk, zo –' Dean zwiepte de auto pal voor de aandenderende vrachtwagen, zwabberde en bleef nog even hangen, we zagen het gezicht van de vrachtwagenchauffeur al asgrauw worden, de mensen achterin zakten hijgend van afgrijzen achterover, en op het laatste moment zwenkte hij weer terug. 'Zo reed hij, zie je wel, precies zo, zo erg was het.' Ik was helemaal niet bang; ik kende Dean. De mensen achterin konden geen woord uitbrengen. Ze waren in feite te bang om te protesteren: God mag weten wat Dean zou doen, dachten ze, als ze het waagden te protesteren. Zo jakkerde hij de hele woestijn door, aldoor demonstrerend hoe je niet moest rijden, hoe zijn vader in die ouwe rammelkasten reed, hoe goeie chauffeurs bochten namen, hoe slechte chauffeurs te scherp de bocht instuurden en dan aan het eind moesten bijkrabbelen enzovoorts. Het was een hete zonnige middag. Reno, Battle Mountain, Elko, de steden van Nevada schoten een voor een langs, en bij het vallen van de avond waren we op de zoutvlakte met zowat honderdvijftig kilometer verder de minuscuul pinkelende lichtjes van Salt Lake City achter die vlakke luchtspiegeling, in tweevoud boven en onder de curve van de aarde, de een helder, de ander vaag. Ik vertelde Dean dat hetgeen ons allen samenbond in deze wereld onzichtbaar was, en om dit te bewijzen wees ik naar lange rijen telefoonpalen die over die honderdvijftig kilometer lange boog van zout uit het zicht verdwenen. Zijn flodderige verband, nu stinkend smerig, schudde in de lucht, zijn gezicht gloeide. 'O ja, man, goeie God, ja, ja!' Plotseling stopte hij en zakte onderuit. Ik keek opzij en zag hem ineengedoken in de hoek zitten, hij sliep. Zijn gezicht lag op zijn goede hand, de verbonden hand bleef automatisch, plichtsgetrouw in de lucht steken.

De mensen achterin slaakten een zucht van verlichting. Ik hoorde ze muitend fluisteren. 'We kunnen hem niet meer laten rijden, hij is stapelgek, ze hebben hem vast uit een inrichting losgelaten of zo.'

Ik nam het voor Dean op en leunde achterover om met ze te praten. 'Hij is niet gek, hij is zo weer in orde, en maak je maar geen zorgen over zijn rijstijl, hij is de beste chauffeur ter wereld.'

'Ik hou het gewoon niet uit,' zei het meisje onderdrukt, hysterisch fluisterend. Ik leunde achterover en genoot van de schemer boven de woestijn terwijl ik wachtte tot onze bezielde verschoppeling weer wakker werd. We stonden op een heuvel met uitzicht op de keurige lichtpatronen van Salt Lake City en toen Dean zijn ogen opende aanschouwde hij de plek in deze spookachtige wereld waar hij jaren geleden naamloos, in haveloze armoede was geboren.

'Sal, Sal, hier ben ik geboren, denk je dat eens in! De mensen veranderen, ze blijven jaar in jaar uit dooreten en bij elke maaltijd veranderen ze. IEHIE! Kijk toch eens!' Hij was zo opgewonden dat ik ervan ging huilen. Wat moest dat worden? De toeristen stonden erop dat zij de wagen verder naar Denver reden. Best, het kon ons niets schelen. We gingen achterin zitten praten. Maar 's morgens werden ze te moe en in de woestijn van oostelijk Colorado, bij Craig, nam Dean het stuur weer over. We hadden bijna de hele nacht behoedzaam over de Strawberry Pass in Utah gekropen en een hoop tijd verloren. Ze gingen slapen. Dean reed regelrecht naar de machtige muur van de Berthoud Pass honderdvijftig kilometer voor ons uit op het dak van de wereld, een reusachtige, in wolken versluierde toegangspoort. Hij nam de Berthoud Pass als een snorrende kever – net als op de Tehachapi zette hij de motor af en zweefde omlaag, passeerde iedereen en verbrak nergens de ritmische vaart die de bergen zelf hadden bedoeld, tot we weer uitkeken over de brede hete vlakte van Denver – Dean was weer thuis.

Met een hoop onbenullig gezucht van opluchting zetten die lui ons op de hoek van 27th en Federal Avenue af. Onze gebutste koffers werden weer op de stoep gestapeld; we moesten nog veel verder. Maar dat gaf niet, het leven is een weg.

6

We kregen in Denver met een aantal omstandigheden te maken, en ze waren van heel andere aard dan in 1947. We konden ofwel meteen weer een auto van de liftcentrale pakken of een paar dagen blijven om te gaan stappen en zijn vader te zoeken.

We waren allebei uitgeput en smerig. In de wc van een restaurant blokkeerde ik voor een urinoir staand de weg naar de wastafel voor Dean, ik stapte voor ik klaar was van het urinoir weg en ging in een ander verder terwijl ik tegen Dean zei: 'Goeie truc, hè?'

'Ja, man,' zei hij, zijn handen wassend aan de wastafel, 'een hele goeie truc, maar het is niet zo best voor je nieren en omdat je nu een dagje ouder wordt betekent elke keer dat je het doet uiteindelijk jaren van ellende op je ouwe dag, afschuwelijke ellende met je nieren als je later in parken zit.'

Dat maakte me kwaad. 'Wie is er hier oud? Ik ben niet veel ouder dan jij!'

'Dat zei ik ook niet, man!'

'Hah,' zei ik, 'jij maakt altijd grappen over mijn leeftijd. Ik ben geen ouwe lul zoals die flikker, je hoeft mij niet voor mijn nieren te waarschuwen.' We liepen terug naar ons tafeltje en net toen de serveerster de sandwiches met warme rosbief neerzette – en normaliter was Dean meteen als een wolf op zijn eten aangevallen – zei ik om mijn kwaadheid nog te onderstrepen: 'En ik wil er geen woord meer over horen.' Dean kreeg ineens tranen in zijn ogen, hij kwam overeind, liet zijn eten staan dampen en liep het restaurant uit. Ik vroeg me af of hij gewoon voorgoed zou verdwijnen. Het kon me niet schelen, zo kwaad was ik – ik was even geflipt en had het op Dean verhaald. Maar de aanblik van zijn onaangeroerde eten stemde me droeviger dan ik in jaren geweest was. Dat had ik niet moeten zeggen... hij eet zo graag... hij heeft nog nooit zijn eten laten staan... Wat kan het ook verrekken. Dan weet hij het maar.

Dean bleef precies vijf minuten buiten staan, kwam toen weer binnen en ging zitten. 'Nou,' zei ik, 'wat stond je daar nou met je vuisten gebald? Stond je mij te vervloeken, nieuwe grappen over mijn nieren te bedenken?'

Dean schudde stil zijn hoofd. 'Nee, man, welnee, man, je zit er helemaal naast. Als je het dan echt weten wilt, nou –'

'Vooruit, vertel op.' Ik zei dit alles zonder van mijn bord op te kijken. Ik voelde me een hufter.

'Ik huilde,' zei Dean.

'Ach kom, jij huilt nooit.'

'Dat zeg jij. Waarom denk je dat ik nooit huil?'

'Jij gaat nooit genoeg kapot van binnen om te huilen.' Alles wat ik zei was een dolksteek in mijn eigen ziel. Alles wat ik ooit heimelijk tegen mijn broer had gehad kwam eruit – wat was ik een rotzak en wat een vuiligheid ontdekte ik in de diepe uithoeken van mijn eigen troebele psyche.

Dean schudde zijn hoofd. 'Jawel, man, ik stond te huilen.'

'Kom, je was vast zo kwaad dat je even weg moest.'

'Geloof me nou, Sal, je moet me echt geloven als je ooit iets over mij geloofd hebt.' Ik wist dat hij de waarheid sprak maar ik had lak aan de waarheid, toen ik naar hem opkeek stonden mijn ogen vast scheel van de scheve kronkels in mijn walgelijke binnenste. Toen wist ik dat ik fout zat.

'Oké, Dean, het spijt me, man. Ik heb nooit eerder zo tegen jou gedaan. Goed, nu weet je wat voor iemand ik ben. Je weet dat ik geen hechte relaties met andere mensen meer heb – ik weet niet wat ik ermee aanmoet. Ik hou dat soort dingen in mijn hand als een stuk vuil dat ik nergens kwijt kan. Laat maar zitten.' De bezielde oplichter begon te eten. 'Het is mijn schuld niet! Het is mijn schuld niet!' zei ik tegen hem. 'Niks is mijn schuld in deze waardeloze rotwereld, snap je dat dan niet? Dat wil ik niet, dat kan niet, dat *is* ook niet zo.'

'Jaja, oké, man. Maar om er nog even op terug te komen, je moet me geloven.'

'Ik geloof je, echt waar.' Dat is het trieste verhaal van die middag. En die avond rezen er allerlei ontzettende complicaties toen Dean en ik bij de Okies gingen logeren.

Die Okies waren mijn buren geweest tijdens mijn eenzame verblijf in Denver twee weken eerder. De moeder was een geweldige vrouw in spijkerbroek die kolenwagens door de winterse bergen reed om haar kinderen, vier in totaal, te onderhouden nadat haar man haar jaren geleden had verlaten toen ze met een caravan door het land trokken. Ze waren helemaal van Indiana naar LA gereden met die caravan. Na een hoop plezier en enorme zondagse drinkgelagen in saloons vol gelach en gitaarspel in de nacht was de grote lummel ineens over een donker veld weggelopen en nooit meer teruggekomen. Ze had een fantastisch stel kinderen. De oudste was een jongen, hij was die zomer niet thuis maar in een vakantiekamp in de bergen; dan een prachtige dochter van dertien die gedichten schreef en bloemen plukte in de velden en later actrice wilde worden in Hollywood, Janet, heette ze; dan de kleintjes, kleine Jimmy, die 's avonds bij het kampvuur al om zijn 'aarpel' riep voor hij halfgaar was, en de kleine Lucy die met wormen en padden, kevers en allerlei ander kruipend gedierte speelde en ze namen gaf en huisjes voor ze maakte. Ze hadden vier honden. Ze leidden hun ruige vreugdevolle bestaan in deze kleine pas aangelegde wijk en waren het mikpunt van het semi-respectabele fatsoensbesef van de buren enkel en alleen omdat de arme vrouw door haar man was verlaten en omdat ze zo'n rommel maakten in de tuin. 's Avonds lagen alle lichtjes van Denver als een groot wiel op de vlakte daar beneden, want het huis stond in die streek van het Westen waar de bergen in heuvels omlaagglooien naar de vlakte en waar in voorhistorische tijden zachte golven van een Mississippi breed als de zee moeten zijn aangespoeld om zulke perfect ronde voetstukken te vormen voor geïsoleerde pieken als Evans, Pike en Longs. Dean ging naar ze toe en begon natuurlijk te zweten van vreugde toen hij ze zag, vooral Janet, maar ik waarschuwde hem haar niet aan te raken, al was dat waarschijnlijk niet nodig. De vrouw hield echt van mannen en viel meteen op Dean, maar ze was schuchter en hij ook. Ze zei dat Dean haar aan haar verdwenen man deed denken. 'Je bent precies als hij – o, dat was me een wilde!'

Het resulteerde in tumultueuze biersessies in de chaotische huiskamer en luidruchtige maaltijden met de Lone Ranger loeihard op de radio. Er rezen complicaties als wolken opfladderende vlinders: de vrouw – Frankie, noemde iedereen haar – stond eindelijk op het punt een ouwe brik te kopen, zoals ze al jaren dreigde te doen, omdat ze onlangs wat geld bij elkaar had gekregen. Dean nam onmiddellijk de verantwoordelijkheid op zich voor de keuze en prijsbepaling, omdat hij de auto natuurlijk zelf wilde gebruiken om zoals vroeger meisjes op te pikken als ze 's middags van school kwamen en dan met ze de bergen in te rijden. De arme onnozele Frankie vond alles goed. Maar ze durfde geen afstand te doen van haar geld toen ze bij het autobedrijf aankwamen en voor de verkoper stonden. Dean ging zo op Alameda Boulevard in het stof zitten en beukte met zijn vuisten op zijn hoofd. 'Voor honderd dollar kríjg je niks beters!' Hij zwoer dat hij haar nooit meer zou aankijken, hij vloekte tot hij paars zag, hij sprong haast in de wagen om er evengoed mee weg te rijden. 'O, die stomme oerstomme Okies ook, ze veranderen ook nooit, ze zijn zo ongelofelijk, zo ontiegelijk stom, zodra het erop aankomt iets te doen zijn ze meteen verlamd, bang en hysterisch, ze zijn nergens zo bang voor als voor wat ze echt wíllen – net als mijn vader, *dat is mijn vader ten voeten uit!*'

Dean was die avond erg opgewonden omdat zijn neef Sam Brady ons in een bar zou ontmoeten. Hij had een schoon T-shirt aan en zijn hele gezicht straalde. 'Moet je horen, Sal, ik moet je over Sam vertellen – dat is mijn neef.'

'Tussen haakjes, heb je nog naar je vader gezocht?'

'Vanmiddag nog, man. Ik ben naar Jigg's Buffet gegaan waar hij vroeger zachtmoedig beneveld met tapbier rondging en door de baas werd uitgekafferd zodat hij maar weer naar buiten strompelde – daar was-ie niet – ik ben ook naar de ouwe kapperszaak naast het Windsor Hotel gegaan – was-ie ook niet – de ouwe daar vertelde me dat hij volgens hem – ja, moet je voorstellen – dat hij in een of andere spoorkantine werkte van de *Boston and Maine* in New England! Maar dat geloof ik niet, voor een duppie verzinnen ze de onmogelijkste verhalen. Maar moet je horen. In mijn jeugd was mijn volle neef Sam Brady mijn grote held. Hij vervoerde clandestiene whisky uit de bergen en één keer had hij een ontzettende knokpartij met zijn broer in de tuin die twee uur duurde en de vrouwen waren doodsbang en gilden van angst. We sliepen altijd samen. Hij was de enige in de hele familie die om me gaf. En vanavond krijg ik hem voor het eerst in zeven jaar weer te zien, hij is net terug uit Missouri.'

'Waar gaat het over?'

'Gewoon, nergens over, ik wil alleen maar weten wat er de laatste tijd gebeurd is in de familie – ik heb familie, weet je nog wel – en voor alles, Sal, wil ik dat hij me dingen uit mijn jeugd vertelt die ik ben vergeten. Ik wil het onthouden, o ja, ik wil alles onthouden!' Ik heb Dean nooit zo blij en opgewonden gezien. Terwijl we in de bar op zijn neef zaten te wachten praatte hij met een heel stel hippe figuren en regelaars die jonger waren dan hij om de nieuwe scene te checken. Toen informeerde hij naar Marylou, daar ze pas nog in Denver was geweest. 'Sal, toen ik in mijn jonge jaren naar deze straathoek kwam om wisselgeld in de kiosk te gappen voor een bord gaarkeukenprak, had die ruig uitziende gozer die je daar ziet staan niks als moord en doodslag in zijn hoofd, hij had de ene afgrijslijke vechtpartij na de andere, ik herinner me zelfs zijn littekens, tot de jaren en nog eens jaren op die straathoek hem uiteindelijk mild hebben gestemd en zijn razernij gelouterd is, en nu is hij heel aardig en geduldig en vriendelijk tegen iedereen, hij is een vast punt op die straathoek geworden, zie je nou hoe het gaat met dat soort dingen?'

Toen arriveerde Sam, een pezige vent van vijfendertig met krullend haar en ruwe werkhanden. Dean stond vol ontzag voor hem. 'Nee,' zei Sam Brady. 'Ik drink niet meer.'

'Zie je wel, zie je wel?' fluisterde Dean in mijn oor. 'Hij drinkt niet meer en vroeger was hij de grootste zuiplap in de hele stad; hij is nu religieus, vertelde hij me aan de telefoon, kijk hem eens, kijk eens hoe iemand kan veranderen – mijn held is een volslagen vreemde geworden.' Sam Brady wantrouwde zijn jonge neef. Hij ging een eindje met ons rijden in zijn ouwe aftandse coupé en maakte zijn houding ten opzichte van Dean meteen duidelijk.

'Luister eens, Dean, ik geloof jou niet meer, wat je me ook probeert te vertellen. Ik ben vanavond naar je toe gekomen omdat je een document moet tekenen voor de familie. De naam van jouw vader wordt in ons midden niet meer genoemd, we willen absoluut niets meer met hem te maken hebben en het spijt me zeer, maar met jou ook niet.' Ik keek naar Dean. Zijn gezicht betrok.

'Welja, welja,' zei hij. De neef bleef ons rondrijden en kocht zelfs ijs met limonade voor ons. Desondanks bleef Dean hem talloze vragen stellen over het verleden, de neef leverde de antwoorden en even begon Dean zowat weer te zweten van opwinding. O, waar was zijn haveloze vader die avond? De neef zette ons af bij de trieste lichtjes van een kermis op de hoek van Federal Avenue en Alameda Boulevard. Hij maakte een afspraak met Dean voor de volgende middag om het document te tekenen en vertrok. Ik zei Dean dat ik het rot voor hem vond dat er niemand op de wereld was die in hem geloofde.

'Ik geloof wel in je, vergeet dat niet. Het spijt me ontzettend van die stomme grieven die ik gistermiddag tegen jou had.'

'Dat geeft niet, man, we zijn het nu toch eens,' zei Dean. We gingen samen de kermis op. Er waren draaimolens, een reuzenrad, popcornkraampjes, roulette, zaagsel, honderden Denverse jongelui in jeans. Het stof rees vermengd met alle treurmuziek op aarde naar de sterren. Dean droeg een verbleekte spijkerbroek en een T-shirt en zag er ineens weer uit als een echt Denvers type. Er hingen motorhelden met stofbrillen en snorren en jacks vol klinknagels tussen de touwen achter de tenten rond met mooie meisjes in jeans en roze blouses. Er waren ook een hoop Mexicaanse meisjes bij, en één verbazingwekkend klein meisje van hooguit één meter lang, een dwerg met prachtig haar en een ontzettend lief gezichtje dat zich tot haar metgezellin wendde en zei: 'Kom op, joh, we bellen Gomez en gaan ervandoor.' Dean bleef abrupt staan toen hij haar zag. Hij kreeg een grote dolk in zijn hart daar in het donker. 'O man, ik ben verliefd, o, ik ben verliefd op haar...' We moesten haar een hele poos overal volgen. Ten slotte stak ze de weg over om in een motel op te bellen en Dean deed of hij in een telefoongids bladerde maar stond haar gespannen als een veer gade te slaan. Ik probeerde een gesprekje aan te knopen met de vriendinnen van die kleine snoezepoes, maar ze schonken geen aandacht aan ons. Gomez arriveerde in een rammelende vrachtwagen en nam de meisjes mee. Dean stond op de weg met zijn handen tegen zijn borst gedrukt. 'O, man, ik stierf zowat...'

'Waarom zei je dan niks tegen haar?'

'Dat kan ik niet, dat kon ik niet...' We besloten wat bier te kopen en platen te gaan draaien bij Frankie thuis. We liftten terug met een zak vol bier. De kleine Janet, Frankie's dertienjarige dochter, was een ontzettend knap ding en zou heel gauw een fantastisch mooie vrouw zijn. Het beste aan haar waren haar lange, spits toelopende, fijngevoelige vingers waarmee ze al pratend gebaarde als een dansende Cleopatra. Dean zat in de verste hoek van de kamer met toegeknepen ogen naar haar te kijken en zei aldoor 'Ja, ja, ja.' Janet was zich al van hem bewust; ze wendde zich tot mij om bescherming. De afgelopen zomermaanden was ik veel met haar omgegaan, we praatten over boeken en kleine dingen die haar interesseerden.

7

Die avond gebeurde er niets; we gingen naar bed. De volgende dag gebeurde er van alles. 's Middags gingen Dean en ik naar het centrum van Denver om diverse dingen te doen en een auto naar New York te regelen bij de liftcentrale. Toen we laat in de middag op weg naar het huis van Frankie over Broadway liepen, wandelde Dean plotseling een sportzaak binnen, pakte een softbal van de toonbank en liep de bal met één hand opgooiend weer naar buiten. Niemand merkte het; dat soort dingen merkt nooit iemand. Het was een lome, hete middag. We gooiden elkaar de bal toe onder het lopen. 'Morgen krijgen we beslist een auto.'

Een vriendin had me een grote literfles Old Granddad bourbon gegeven. Bij Frankie thuis begonnen we eraan. Aan de overkant van het maïsveld achter het huis woonde een prachtig jong grietje dat Dean al sinds zijn aankomst probeerde te versieren. Daar moest gedonder van komen. Hij gooide te veel steentjes door haar raam en maakte haar bang. Terwijl we bourbon zaten te drinken in die chaotische woonkamer vol honden en rondslingerend speelgoed en sombere woorden, rende Dean aldoor de keukendeur uit en het maïsveld over om steentjes te gooien en naar haar te fluiten. Janet liep af en toe naar buiten om stiekem te kijken. Ineens kwam Dean lijkbleek terug. 'Hommeles, jongens. De moeder van die griet zit met een jachtgeweer achter me aan en ze heeft een stel schooljongens van verderop opgetrommeld om me af te tuigen.'

'Wat? Waar zijn ze?'

'Aan de overkant van dat maïsveld, jongen.' Dean was dronken en gaf er niks om. We gingen samen naar buiten en staken in het maanlicht het maïsveld over. Ik zag groepjes mensen op de donkere zandweg.

'Daar komen ze!' hoorde ik.

'Wacht even,' zei ik. 'Wilt u me alstublieft vertellen wat er aan de hand is?'

De moeder hield zich op de achtergrond met een groot jachtgeweer over haar arm. 'Die verdomde vriend van jou heeft ons lang genoeg lastiggevallen. Ik ben niet het type dat de politie belt. Als hij hier nog één keer terugkomt, schiet ik, dan schiet ik hem dood.' De schooljongens stonden dicht opeen met gebalde vuisten. Ik was zo dronken dat het mij ook niks kon schelen, maar ik bracht de gemoederen wat tot bedaren.

Ik zei: 'Het zal niet meer gebeuren. Ik zal hem in de gaten houden; het is mijn broer en naar mij luistert hij wel. Doe alstublieft dat geweer weg en maakt u zich geen zorgen.'

'Nog één keer!' zei ze ferm en grimmig in het donker. 'Als mijn man thuiskomt stuur ik hem op jullie af.'

'Dat is niet nodig; hij zal u niet meer lastigvallen, hoort u me. Blijf alstublieft kalm, het is in orde.' Achter me stond Dean binnensmonds te vloeken. Het meisje gluurde uit haar slaapkamerraam. Ik kende deze mensen van eerder die zomer en ze vertrouwden me voldoende om een beetje tot bedaren te komen. Ik nam Dean bij de arm en we liepen onder de maan terug door de rijen maïs.

'Woe-hie!' riep hij. 'Ik ga me bezuipen vanavond.' We gingen terug naar Frankie en de kinderen. Plotseling werd Dean razend om een plaat die de kleine Janet draaide en brak hem op zijn knie doormidden: het was countrymuziek. Ze hadden een vroege plaat van Dizzy Gillespie waar hij wel waardering voor had – 'Congo Blues' met Max West op drums. Ik had hem aan Janet gegeven, en zei het huilende kind nu die plaat op Deans hoofd kapot te slaan. Ze liep naar hem toe en deed het. Dean stond er daas bij te kijken, hij voelde heel goed wat het betekende. We lachten allemaal. Niets aan de hand. Toen wilde Mama Frankie erop uit om bier te gaan drinken in de buitencafés: 'Kom op dan!' riep Dean. 'Hè, verdomme, als je die auto gekocht had die ik je dinsdag liet zien hoefden we nu niet te lopen.'

'Ik moest die rotwagen niet!' schreeuwde Frankie. Jengel jengel, de kleintjes begonnen al te grienen. Er hing een eeuwigheid dicht als een mottenzwerm in die chaotische bruine zitkamer met het trieste behang, de roze lamp, de verhitte gezichten. Kleine Jimmy was bang; ik legde hem op de bank te slapen met de hond dicht tegen hem aan geklemd. Frankie belde dronken om een taxi en terwijl we daarop zaten te wachten werd ik opeens opgebeld door mijn vriendin. Ze had een neef van middelbare leeftijd die een gloeiende hekel aan mij had, en eerder die middag had ik Old Bull Lee, die nu in Mexico City zat, een brief geschreven over de avonturen van Dean en mij en onder wat voor omstandigheden wij hier in Denver zaten. Ik schreef: 'Ik heb hier een vriendin die me geld, whisky en veel lekker eten geeft.'

Ik was zo dom die brief meteen na de gebraden kip van die avond aan haar neef mee te geven om hem te posten. Hij maakte de brief open, las hem en ging er meteen mee naar mijn vriendin om haar te bewijzen dat ik een oplichter was. Nu belde zij me in tranen en zei dat ze me nooit meer wilde zien. Daarna kwam de neef triomfantelijk aan de telefoon en begon me voor klootzak uit te schelden. Terwijl de taxi buiten toeterde en de kinderen jengelden en de honden blaften en Dean met Frankie danste schreeuwde ik alle verwensingen die ik kon bedenken in die telefoon en voegde er nog allerlei nieuwe aan toe, in mijn dronken razernij zei ik door de telefoon dat ze allemaal kapot konden vallen, knalde de hoorn erop en ging naar buiten om het op een zuipen te zetten.

We tuimelden over elkaar heen om de taxi uit te komen toen we bij het café aankwamen, een echt countrycafé aan de voet van de heuvels. We gingen naar binnen en bestelden bier. Het werd één grote puinhoop, en om de hele toestand nog onvoorstelbaar veel chaotischer te maken was er in die bar een extatische spastische figuur die zijn armen om Dean heensloeg en recht in zijn gezicht jammerde; Dean ging weer als een bezetene zwetend door het lint en om de ondraaglijke verwarring nog te vergroten rende hij een tel later alweer naar buiten en stal zo recht voor het café een auto, joeg ermee naar Denver en kwam terug met een betere, nieuwere wagen. Ik zat in de bar en toen ik opkeek zag ik plotseling allemaal smerissen en mensen in de koplampen van patrouillewagens voor het café ronddrentelen. Ze praatten over de gestolen wagen. 'Een of andere vent is links en rechts auto's aan het stelen!' zei de smeris. Dean stond pal achter hem te luisteren en zei: 'Zo zo, zo zo.' De smerissen gingen op onderzoek uit. Dean kwam de bar binnen en hoste in het rond met de arme spastische knaap die net die middag getrouwd was en nu geweldig aan de zuip was terwijl zijn bruid ergens op hem wachtte. 'O man, wat een te gek fantastische kerel!' riep Dean. 'Sal, Frankie, nu ga ik een echte goeie wagen stelen en dan gaan we met zijn allen, met Tony' (de spastische held), 'een lange tocht door de bergen maken.' Hij rende naar buiten. Op hetzelfde ogenblik rende er een smeris naar binnen die zei dat er een in Denver gestolen wagen voor het café stond. Er werd in groepjes over gepraat. Door het raam zag ik Dean in de dichtstbijzijnde auto springen en wegrazen, geen mens die het merkte. Een paar tellen later was hij terug in een heel andere wagen, een gloednieuwe cabriolet. 'Dit is echt een prachtwagen!' fluisterde hij in mijn oor. 'Die andere rochelde me te veel – ik heb hem op de kruising laten staan, toen zag ik dit juweel voor een boerderij geparkeerd staan. Ik heb net even een proefritje door Denver gemaakt. Kom mee man, dan gaan we met zijn allen toeren!' Alle bitterheid en waanzin van zijn hele leven in Denver stak aan alle kanten als dolken uit zijn lijf. Zijn gezicht was rood en bezweet en keek gemeen.

'Nee, ik wil niks met gestolen wagens te maken hebben.'

'Ach, kom nou, man! Tony gaat wel mee, wat jij, Tony, verbazingwekkende lieve schat van me.' En Tony – een magere, donkerharige, bezield kijkende, kreunende, kwijlende stakker – leunde steunend en hijgend op Dean want hij was ineens misselijk, toen werd hij om een vreemde intuïtieve reden doodsbang voor Dean, hij hief zijn handen op en deinsde met een panisch verwrongen gezicht achteruit. Dean boog zijn hoofd en zweette. Hij rende naar buiten en reed weg. Frankie en ik vonden voor het café een taxi en besloten naar huis te gaan. Terwijl de taxichauffeur ons over de oneindig donkere Alameda Boulevard reed waar ik de afgelopen zomermaanden zoveel verloren nachten zingend en kreunend, de sterren indrinkend en mijn hartebloed druppel voor druppel op de hete teer vermorsend had voortgesjokt, doemde Dean plotseling achter ons op in de gestolen cabriolet en begon ons wild toeterend en schreeuwend naar de kant te dringen. De taxichauffeur werd spierwit.

'Het is enkel een vriend van me,' zei ik. Dean kreeg genoeg van ons en stoof plotseling plankgas naar voren, met spookachtige stofwolken achter zijn uitlaat. Toen sloeg hij Frankie's straat in en stopte voor het huis; even plotseling reed hij weer weg, draaide honderdtachtig graden en reed weer naar de stad terwijl wij net uitstapten en de taxi betaalden. Een paar tellen later, toen wij nog bezorgd in de donkere tuin stonden te wachten, kwam hij terug met alweer een andere wagen, een afgejakkerde coupé, stopte in een grote stofwolk voor het huis, wankelde uit de auto regelrecht de slaapkamer in en kiepte stomdronken op het bed. Daar zaten we dan met een gestolen wagen pal voor de deur.

Ik moest hem wakker maken; ik kon de wagen niet aan de gang krijgen om hem ergens ver weg achter te laten. Hij strompelde met alleen zijn onderbroek aan het bed uit, we stapten samen in de wagen en terwijl de kinderen giechelend uit de ramen hingen vlogen we hommerdewomp hotsend dwars over de harde rijen alfalfa aan het eind van de straat tot de wagen ten slotte lensgebeukt was en de geest gaf onder een oude populier vlak bij de oude fabriek. 'Hij kan niet verder,' zei Dean eenvoudig; hij stapte uit en begon over het maïsveld terug te lopen, een wandeling van zowat een kilometer in de maneschijn, in zijn onderbroek. We kwamen weer bij het huis aan en hij ging meteen slapen. Het was een gruwelijke puinhoop geworden hier in Denver, gedonder met mijn vriendin, al die auto's, de kinderen en de arme Frankie, de woonkamer vol biervlekken en lege blikken – ik probeerde te slapen. Een krekel hield me een poosje wakker. In dit deel van het Westen zijn de sterren 's nachts, zoals ik al in Wyoming gezien had, zo groot als Romeinse kaarsen en eenzaam als de prins van de Dharma die het woud van zijn voorvaderen kwijt is en de afstanden tussen de punten van de Grote Beer overbrugt om het terug te vinden. Zo wentelden ze traag door de nacht en ver voor de eigenlijke zonsopgang verscheen het brede rode licht al in de verte achter het vaalbruine land richting West-Kansas en begonnen de vogels hun getsjilp boven Denver.

8

De volgende morgen waren we hondsmisselijk. Het eerste wat Dean deed was het maïsveld oversteken om te kijken of de wagen ons naar het Oosten kon brengen. Ik zei hem het niet te doen, maar hij deed het toch. Hij kwam bleek terug. 'Man, die wagen is van een rechercheur en alle bureaus in de hele stad hebben mijn vingerafdrukken van het jaar dat ik vijfhonderd auto's heb gestolen. Zie je nou wat ik ermee doe, ik rij er alleen maar wat in rond, man! Ik moet rijen! Luister, we komen in de gevangenis terecht als we niet subiet verdwijnen.'

'Dat heb je goed gezien,' zei ik, en we begonnen zo snel we konden onze spullen te pakken. Met fladderende stropdassen en het hemd nog uit de broek zeiden we ons lieve gezinnetje rap vaarwel en struikelden naar de veilige weg waar niemand ons kende. De kleine Janet huilde omdat we weggingen, omdat ik wegging, wat het ook was – Frankie was heel charmant, ik kuste haar en bood haar mijn excuses aan.

'Die vent is echt goed gek,' zei ze. 'Hij doet me echt aan mijn weggelopen man denken. Precies hetzelfde type. Ik hoop maar dat Mickey later niet zo wordt, ze zijn tegenwoordig allemaal zo.'

Ik nam afscheid van de kleine Lucy, die haar lievelingstor in haar hand hield; de kleine Jimmy sliep. Dit alles in een paar tellen, op een mooie zondagmorgen in alle vroegte, toen strompelden we weg met onze wrakkige bagage. We maakten haastig voort. Elke minuut verwachtten we een patrouillewagen om een bocht in de landweg op ons af te zien zeilen.

'Als die vrouw met dat jachtgeweer er ooit achterkomt, zijn we de lul,' zei Dean. 'We móeten een taxi nemen. Dan kan ons niks meer gebeuren.' We wilden een boerenfamilie wakker maken om hun telefoon te gebruiken, maar de hond joeg ons weg. Het werd met de minuut gevaarlijker; dadelijk werd de coupé afgejakkerd in dat maïsveld gevonden door een vroeg opgestane plattelander. Ten slotte liet een lieve oude dame ons haar telefoon gebruiken en belden we een taxi in Denver, maar hij kwam niet. We struikelden verder over de weg. De eerste wagens verschenen op de weg, elke auto zag eruit als een patrouillewagen. Toen zagen we de patrouillewagen plotseling aankomen en wist ik dat het leven dat ik tot dusverre had geleid ten einde was en dat ik nu begon aan een nieuwe, afschuwelijke fase van tralies en ijzeren leed. Maar de patrouillewagen was onze taxi, en vanaf dat ogenblik vlogen we oostwaarts.

Bij de liftcentrale hadden ze een geweldig aanbod, een Cadillac '47 moest door iemand naar Chicago worden gereden. De eigenaar was van Mexico op weg naar huis met zijn gezin, hij had er genoeg van gekregen en het hele gezin op de trein gezet. Hij verlangde alleen maar een identiteitsbewijs en de garantie dat de auto er inderdaad kwam. Mijn papieren overtuigden hem dat alles in orde zou komen. Ik zei hem dat hij zich geen zorgen hoefde te maken. Ik zei tegen Dean: 'En met deze auto ga je niet op de versiertoer, hoor!' Dean sprong op en neer van opgewonden nieuwsgierigheid. We moesten een uur op de auto wachten. We lagen op het gras bij de kerk waar ik in 1947 met een stel bedelende hobo's had zitten praten nadat ik Rita Bettencourt naar huis had gebracht, en daar viel ik uitgeput van al die gruwelen in slaap met mijn gezicht naar het middaggefluit van de vogels gekeerd. Het was in feite orgelmuziek ergens in de buurt. Maar Dean was alweer op sjouw in de stad. Hij maakte gauw even kennis met een serveerster in een lunchroom, sprak af die middag een ritje met haar te maken in zijn Cadillac en kwam terug om mij met dit goede nieuws te wekken. Ik was weer opgeknapt. En stond op om de nieuwe complicaties het hoofd te bieden.

Toen de Cadillac arriveerde reed Dean er meteen mee weg 'om te tanken'; de man van de liftcentrale keek me aan en zei: 'Wanneer komt hij terug? De passagiers zijn klaar om te vertrekken.' Hij wees naar twee Ierse jongens van een jezuïetencollege in het Oosten die met hun koffers op de banken zaten te wachten.

'Hij is alleen maar even benzine tanken. Hij komt zo weer terug.' Ik liep naar de hoek en keek hoe Dean met draaiende motor wachtte op de serveerster, die zich even had verkleed in haar hotelkamer; vanwaar ik stond kon ik haar in feite voor haar spiegel bezig zien zich op te tutten en haar zijden kousen vast te maken – ik wou dat ik met ze mee kon. Ze holde naar buiten en sprong in de Cadillac. Ik slenterde terug om de baas van de liftcentrale en de jongens gerust te stellen. Vanuit de deuropening zag ik de Cadillac in een vage flits over Cleveland Place schieten met Dean in T-shirt, opgetogen met zijn handen wapperend, vol gas tegen het meisje pratend over het stuurwiel gebogen terwijl zij ernstig en trots naast hem zat. Ze reden naar een parkeerterrein en zetten de wagen vlak langs de bakstenen muur achteraan (Dean had hier ooit gewerkt), en vervolgens had hij haar, zei hij, op klaarlichte dag even gepakt, het was binnen de kortste keren gepiept; dat niet alleen, hij haalde haar ook nog over om ons achterna te reizen als ze vrijdag haar loon had gekregen, om met de bus naar New York te komen en ons op Lexington Avenue bij Ian MacArthur thuis te treffen. Ze sprak met hem af dat ze zou komen; ze heette Beverly. Een halfuurtje later raasde Dean weer terug, zette het meisje met afscheidskusjes en beloften voor haar hotel af en joeg meteen door naar de liftcentrale om zijn bemanning op te pikken.

'Nou, het werd onderhand tijd!' zei de dikdoenerige baas. 'Ik dacht al dat je er vandoor was gegaan met die Cadillac.'

'Ik heb de verantwoording,' zei ik. 'Maakt u zich maar geen zorgen' – ik zei dit omdat Dean duidelijk zo opgefokt was dat iedereen wel kon raden dat hij gek was. Dean werd zakelijk en hielp de jezuïetjes met hun bagage. Ze zaten nog niet, ik had Denver nauwelijks vaarwel gezegd, of hij vloog al weg, de zware motor gonsde als een machtige reuzenvogel. Nog geen drie kilometer buiten Denver begaf de snelheidsmeter het al omdat Dean dik 180 reed.

'Tja, geen teller, nou weet ik niet hoe hard ik ga. Ik trap hem gewoon plankgas naar Chicago en kijk hoe lang ik erover doe.' Het leek wel of we nog geen honderd reden maar op de kaarsrechte snelweg naar Greeley vielen alle auto's als dode vliegen van ons af. 'De reden dat we naar het noordoosten gaan, Sal, is dat we absoluut bij Wall in Sterling langs moeten, je moet hem ontmoeten en zijn ranch zien, deze slee gaat zo hard dat we het makkelijk zonder tijdsproblemen redden en ruim voor de trein van die vent in Chicago aankomen.' Oké, mij best. Het begon te regenen, maar Dean minderde geen ogenblik vaart. Het was een prachtige grote wagen, de laatste van de limousines in oude stijl, een zwarte langgerekte koets met witte banden en kogelvrije ruiten waarschijnlijk. De jezuïetjes – van het St. Bonaventura – zaten achterin te genieten, blij dat ze onderweg waren, ze hadden geen idee hoe hard het ging. Ze probeerden een praatje te maken maar Dean zei niets, hij trok zijn T-shirt uit en reed met ontbloot bovenlijf verder. 'O, die Beverly is een te gek fijn grietje – ze komt naar me toe in New York – we gaan trouwen zodra ik de scheiding met Camille kan regelen – het komt allemaal dik voor mekaar, Sal, we zijn weer onderweg! Ja ja!' Hoe sneller we Denver achterlieten, des te beter ik me voelde, en of het ook snel ging! Het werd donker toen we bij Junction van de grote weg een zandweg inreden die over de troosteloze vlakten van oostelijk Colorado naar de ranch van Ed Wall midden in de coyoterimboe leidde. Maar het regende nog steeds en de modder was erg glibberig, Dean beperkte zijn snelheid tot honderd, maar ik zei hem nog langzamer te rijden om niet te slippen maar hij zei: 'Maak je geen zorgen, man, je kent me toch.'

'Dit is anders,' zei ik. 'Je rijdt echt veel te hard.' Hij vloog werkelijk over die glibberige modder en net toen ik dat zei kwamen we bij een haakse bocht naar links, Dean sleurde aan het stuur om erdoor te komen maar de grote wagen slipte over de smurrie en begon vreselijk te zwabberen.

'Opgepast!' riep Dean, het kon hem niks verdommen, hij worstelde nog even met zijn Droomauto en toen zat hij met zijn kont in een greppel en de neus nog op de weg. Er daalde een grote stilte neer. We hoorden de wind huilen. We zaten midden in de woeste prairie. Een halve kilometer verderop stond een boerderij. Ik kon niet ophouden met vloeken, zo razend was ik op Dean. Hij zei niets en liep met een jas aan in de regen naar de boerderij om hulp te halen.

'Is dat je broer?' vroegen de jongens achterin. 'Wat gaat die vent tekeer achter het stuur – en als je hem zo hoort is hij met de vrouwen al net zo.'

'Hij is gek,' zei ik, 'en, ja, het is mijn broer.' Ik zag Dean met de boer op zijn tractor terugkomen. Ze haakten kettingen vast en de boer sleepte ons uit de greppel. De wagen was nu modderig bruin, één spatbord zat helemaal in de kreukels. De boer vroeg vijf dollar. Zijn dochters stonden in de regen te kijken. Het knapste en meest verlegen meisje hield zich op een veilige afstand en daar had ze goede redenen voor want het was absoluut, zonder meer het mooiste meisje dat Dean en ik ooit van ons leven gezien hadden.

Ze was een jaar of zestien en had een buitenkleur van wilde rozen, met diepblauwe ogen en prachtig haar, en de beschroomde schrikachtigheid van een wilde antilope. Telkens als we naar haar keken, huiverde ze. De reusachtige winden die helemaal van Saskatchewan kwamen aanwaaien woelden haar haren als een sluier van levende krullen om haar mooie hoofdje. Ze bloosde en bloosde.

We maakten het rond met de boer, wierpen nog een laatste blik op onze prairie-engel en reden, nu langzamer, door tot het donker werd en Dean zei dat Ed Walls ranch recht voor ons lag. 'O, zo'n meisje, daar word ik gewoon bang van,' zei ik. 'Ik zou zo alles voor haar opgeven en me aan haar genade overleveren, en als ze me niet wilde zou ik zo van de rand van de wereld springen.' De jezuïetjes giechelden. Ze zaten vol flauwe geestigheden en studentenpraat en hadden niks anders in hun vogelhersens dan een hoop slecht begrepen Thomas van Aquino ter opvulling van hun loze gewauwel. Dean en ik schonken totaal geen aandacht aan ze. Terwijl we over die moddervlakte reden praatte hij over zijn cowboycarrière en liet ons het stuk weg zien waar hij te paard een hele morgen over gedaan had; zodra we over het onmetelijke land van Ed Wall reden, wees hij aan waar hij omheiningen had gerepareerd; waar de ouwe Wall, Eds vader, 'Grijptum, godver, grijptum' schreeuwend over het prairiegras achter zijn vaarzen aandenderde. 'Hij moest elk halfjaar een nieuwe auto kopen,' zei Dean. 'Het kon hem gewoon niks schelen. Als er een koe afdwaalde reed hij er tot de dichtstbijzijnde drinkplaats achteraan, stapte daar uit en ging hem dan te voet achterna. Hij keerde elke cent die hij verdiende twee keer om en stopte hem dan in een pot. Maffe ouwe veeboer.

Ik zal je een paar van zijn ouwe wrakken laten zien bij het slaaphuis. Toen ik de laatste keer voorwaardelijk was vrijgelaten kwam ik hier terecht. Hier woonde ik toen ik die brieven aan Chad King schreef die jij gezien hebt.' We sloegen af en reden over een slingerend pad door de winterkraal. Plotseling drentelde er een groepje koeien met treurige witte snuiten door de bundels van onze koplampen. 'Daar zijn ze! De koeien van Wall! We komen er nooit doorheen. We moeten uitstappen om ze op te jagen! Hiehiehie!!' Maar dat hoefde niet, we reden gewoon stapvoets door ze heen, gaven ze af en toe een duwtje terwijl ze loeiend als een golvende zee rond de portieren deinden. Verderop zagen we het licht van Ed Walls boerderij. Rond het eenzame lichtje lagen honderden kilometers prairie.

Het soort totale duisternis dat over zo'n prairie neerdaalt is voor een oosterling niet voor te stellen. Er waren geen sterren, geen maan, nergens een lichtje behalve het licht in de keuken van mevrouw Wall. Achter de schaduwen van het erf lag een oneindig wereldpanorama dat je pas de volgende ochtend zou kunnen zien. Toen we in het donker hadden aangeklopt en Ed Wall, die in de stal aan het melken was, hadden geroepen, liep ik voorzichtig een eindje dat donker in, een meter of zes, zeven, meer niet. Ik dacht dat ik coyotes hoorde. Wall zei dat het waarschijnlijk een van de wilde paarden van zijn vader was dat in de verte hinnikte. Ed Wall was van onze leeftijd, een lange, magere, laconieke vent met punttanden. Hij en Dean stonden vroeger in Curtis Street op de straathoeken naar meisjes te fluiten. Nu liet hij ons hoffelijk zijn sombere bruine ongebruikte zitkamer binnen en rommelde rond tot hij een paar zwakke olielampen had gevonden, stak ze aan en zei tegen Dean: 'Wat heb jij nou aan je duim?'

'Ik gaf Marylou een kleun en toen kreeg ik zo'n infectie dat ze het topje moesten amputeren.'

'Waarom deed je dat in godsnaam?' Ik zag dat hij vroeger een oudere broer voor Dean was geweest. Hij schudde zijn hoofd; de melkemmer stond nog aan zijn voeten. 'Tja, je bent altijd al een geschifte klootzak geweest.'

Intussen richtte zijn jonge vrouw een waar feestmaal aan in de grote boerenkeuken. Ze verontschuldigde zich voor het perzikijs: 'Het is maar bevroren room met perziken erin.' Het was natuurlijk het enige echte roomijs dat ik ooit van mijn leven heb gegeten. Ze begon heel zuinigjes en eindigde heel overvloedig; terwijl we zaten te eten verschenen er steeds nieuwe dingen op tafel. Ze was een goedgebouwde blonde vrouw maar zoals alle vrouwen die op de open vlakte wonen klaagde ze een beetje dat ze zich verveelde. Ze somde de radioprogramma's op waar ze 's avonds om deze tijd naar luisterde. Ed Wall zat maar op zijn handen te turen. Dean at met vraatzucht. Hij wilde dat ik samen met hem volhield dat de Cadillac mijn eigendom was, dat ik steenrijk was en dat hij mijn vriend en chauffeur was. Ed Wall was niet onder de indruk. Telkens als het vee in de stal een gerucht maakte hief hij zijn hoofd op om te luisteren.

'Nou, ik hoop dat jullie veilig in New York aankomen, jongens.' Hij geloofde niet dat ik de eigenaar was van de Cadillac, integendeel, hij was ervan overtuigd dat Dean hem had gestolen. We bleven ongeveer een uur op de ranch. Ed Wall had net als Sam Brady geen vertrouwen meer in Dean – hij nam hem behoedzaam op als hij naar hem keek. Er waren dolle dagen in het verleden geweest toen ze in Wyoming na het hooien arm in arm door de straten van Laramie zeilden, maar dat verleden was nu dood en begraven.

Dean zat verkrampt op zijn stoel te wippen. 'Nou eh, ja, ja, nou, we moesten er maar weer eens vandoor want we moeten morgenavond in Chicago zijn en we hebben al de nodige uren verspild.' De studentjes bedankten Wall heel beleefd en we gingen weer op weg. Ik keek om en zag het keukenlicht terugwijken in die donkere zee. Toen boog ik me naar voren.

9

Binnen de kortste keren zaten we weer op de grote weg en die nacht zag ik heel de staat Nebraska voor mijn ogen langsglijden. Met honderdtachtig per uur als een pijl over de kaarsrechte weg, slapende stadjes, geen verkeer, de exprestrein van de Union Pacific steeds verder achteroprakend in het maanlicht. Ik was die nacht helemaal niet bang; het was volkomen in orde om 180 te rijden en alle steden van Nebraska – Ogallala, Gothenburg, Kearney, Grand Island, Columbus – als in een droom te zien langsflitsen terwijl we pratend doorraasden. Het was een magnifieke wagen; hij lag op de weg als een boot in het water. Flauwe bochten nam hij met zingend gemak. 'O man, wat een droomslee,' zuchtte Dean. 'Bedenk eens wat we zouden kunnen doen als ik zo'n wagen had. Weet je dat er een weg is die naar Mexico gaat en vandaar helemaal naar Panama? – en dan misschien wel tot helemaal onder in Zuid-Amerika, waar de indianen meer dan twee meter lang zijn en cocaïne eten op de berghellingen? Ja, man! Met zo'n wagen zouden wij samen de hele wereld afrijen, Sal, want die weg moet uiteindelijk de hele wereld rondgaan. Waar moet hij anders naartoe – ja toch? O, en we gaan ook even in Chicago rondtoeren in deze slee. Stel je voor, Sal, ik ben van mijn leven nooit in Chicago geweest, ik ben er nooit gestopt.'

'In deze Cadillac komen we er aan als een stel gangsters!'

'Ja! En de meisjes – we kunnen meisjes gaan versieren, ik heb in feite besloten het extra snel te doen, Sal, dan kunnen we een hele avond in deze wagen rondtoeren. Ga er maar rustig voor zitten dan knal ik plankgas in één keer door.'

'Hoe hard rijd je nu?'

'Constant honderdtachtig, schat ik – je merkt er niks van. We moeten overdag heel Iowa nog door, daarna ben ik in de kortste keren door Illinois heen.' De jongens vielen in slaap en we praatten de hele nacht door.

Het was opmerkelijk zoals Dean op tilt kon springen en dan abrupt volkomen kalm en normaal kon doorgaan alsof er niets gebeurd was in zijn ziel, die volgens mij alweer volledig in beslag werd genomen door de snelle wagen, het einddoel aan de kust, een vrouw aan het eind van de rit. 'Dat gebeurt me nu elke keer als ik in Denver ben – ik maak het gewoon niet meer in die stad. Getverdemme, Dean is niet te temmen. Zoef!' Ik vertelde hem dat ik eerder over deze weg door Nebraska was gekomen, in '47. Hij ook. 'Sal jongen, toen ik in negentienvierenveertig in Los Angeles met vals opgegeven leeftijd bij Wasserij Het Nieuwe Tijdperk werkte, ging ik naar de Speedway in Indianapolis met als speciaal doel de grote klassieker op Memorial Day, ik liftte overdag en 's nachts gapte ik auto's om vlugger op te schieten. Ik had thuis in LA ook een Buick van twintig dollar, mijn eerste wagen, maar die zou geheid op de remmen en lichten afgekeurd worden dus besloot ik dat ik nummerplaten uit een andere staat moest hebben om die auto arrestatieloos te kunnen gebruiken en reisde helemaal hierheen voor een nummerbord. Toen ik in een van deze steden hier stond te liften met die borden onder mijn jas, sprak een bemoeizieke sheriff die dacht dat ik wat jong was om te liften me in de hoofdstraat aan. Hij vond de nummerborden en gooide me in de tweecelsbajes bij een delinquent die in het tehuis voor ouden van dagen had moeten zitten want hij kon niet eens zelf eten (de vrouw van de sheriff moest hem voeren), hij zat de hele dag te kwijlen en te slobberen. Na het onderzoek, met afgezaagde trucs als een vaderlijk vragenuurtje en dan een abrupte ommekeer om mij met dreigementen bang te maken, vergelijking van mijn handschrift en dergelijke, en na de meest magnifieke redevoering die ik ooit van mijn leven heb afgestoken om me eruit te draaien, met aan het slot de bekentenis dat ik had gelogen over mijn autodiefstallen in het verleden en alleen maar op zoek was naar mijn pa die hier ergens op een boerderij werkte, liet hij me gaan. De races had ik natuurlijk gemist. De volgende herfst deed ik hetzelfde om de wedstrijd Notre Dame-California te zien in South Bend, Indiana – dit keer zonder problemen en moet je horen, Sal, ik had net genoeg geld voor een kaartje en geen cent extra, ik at de hele weg daarheen en weer terug helemaal niks behalve wat ik kon bietsen van allerlei te gekke figuren die ik onderweg tegenkwam en tegelijkertijd zat ik ook nog achter de meiden aan. Enige figuur in de hele vs die ooit zoveel moeite gedaan heeft om een wedstrijd te zien.'

Ik vroeg hem onder wat voor omstandigheden hij in 1944 in LA zat. 'Ik was in Arizona gearresteerd, absoluut de ergste gevangenis waar ik ooit in gezeten heb. Ik moest ontsnappen en het was de beste ontsnapping van mijn hele leven, over ontsnappingen in het algemeen gesproken, begrijp je wel. Het was in de bossen, je kent het wel, kruip door sluip door, moerassen – daar in de bergen. Met rubberslangen en zogenaamde ongevallen met dodelijke afloop en dat soort toestanden in het vooruitzicht moest ik heel rap die bossen uit en over de bergtoppen wegvluchten om uit de buurt van de paden en wegen te blijven. Toen moest ik van mijn bajeskleren af zien te komen en ik gapte heel gladjes een overhemd en broek uit een benzinestation net buiten Flagstaff, kwam twee dagen later als pompbediende verkleed in LA aan, liep het eerste het beste benzinestation binnen, werd aangenomen, nam een kamer, veranderde mijn naam (Lee Buliay) en had een geweldig jaar in LA met een hele bende nieuwe vrienden en een paar fantastische meiden en daar kwam weer een eind aan toen we op een avond met zijn allen over Hollywood Boulevard reden en ik mijn maat vroeg even te sturen terwijl ik mijn vriendin een zoen gaf – ik zat aan het stuur zie je – maar *hij hoorde me niet* en we knalden tegen een paal, we reden maar dertig of zo maar ik brak mijn neus. Je hebt mijn neus wel eerder opgemerkt – dat kromme Griekse boogje daar bovenaan. Daarna ging ik naar Denver en in de lente ontmoette ik Marylou daar in een ijssalon. Oho, ze was pas vijftien jaar en dat in spijkerbroek, man, ze stond gewoon te wachten om versierd te worden. Drie dagen en drie nachten praten in het Ace Hotel, derde verdieping, hoekkamer op het zuidoosten, een heilig aandenken aan die tijd, gewijde plaats van handeling – o wat was ze toen nog lief, en zo jóng, mmm, aahh! O maar, hé, kijk daar in het donker, hups hups, een stel ouwe schooiers rond een vuurtje daar langs de spoorlijn, nondeju.' Hij remde bijna af. 'Je weet maar nooit of mijn vader erbij zit, snap je.' Er wankelden wat gestalten rond een houtvuur aan de spoorlijn. 'Ik weet nooit of ik naar hem moet vragen. Hij kan overal zitten.' We reden door. Ergens voor of achter ons in die onmetelijke nacht lag zijn vader dronken onder een struik, zoveel was zeker – spuug op zijn kin, natte plekken in zijn broek, prut in zijn oren, korsten op zijn neus, wie weet bloed in zijn haar en de maan boven zijn hoofd.

Ik pakte Dean bij de arm. 'Ah, man, we gaan nu echt naar huis.' New York zou voor het eerst zijn vaste woonplaats worden. Hij trilde over zijn hele lijf; hij kon niet wachten.

'Denk je eens in, Sal, als we in Pennsylvania zitten krijgen we die te gekke oostelijke bop al op de radio. Hiehaa, rijen met die handel, vooruit!' De magnifieke wagen deed de wind wild loeien, hij trok de vlakte als een rol papier onder zich door, wierp de hete teer hooghartig van zich af – een keizerlijke koets. Ik opende mijn ogen en zag een breed uitwaaierende dageraad; we gierden erop af, Deans hardnekkige stenen gezicht als altijd met starre vastbeslotenheid over de dashboardlampjes gebogen.

'Waar denk je aan, maat?'

'Ah ha, het ouwe liedje, je kent het wel – meiden meiden meiden.'

Ik viel in slaap en werd wakker in de droge juniwarmte van een zondagmorgen in Iowa, en nog bleef Dean doorrijden zonder zijn snelheid te verminderen; de bochtige graanvalleien van Iowa nam hij met minimaal 130 en de rechte stukken met de gebruikelijke 180, tenzij verkeer in beide richtingen hem dwong in de rij te blijven met een miserabel slakkengangetje van 100. Zodra hij de kans kreeg schoot hij naar voren, passeerde vijf, zes wagens tegelijk en liet ze in wolken stof achter. Een gek in een gloednieuwe Buick zag dit allemaal gebeuren en besloot een wedstrijd met ons te houden. Toen Dean net een sliert auto's wilde inhalen schoot de vent ons zonder waarschuwing voorbij en knipperde uitdagend toeterend met zijn achterlichten. We vlogen hem als een grote vogel achterna. 'Moet je opletten,' lachte Dean. 'Ik ga die klojo een beetje opfokken. Kijk.' Hij liet de Buick een heel eind van ons wegrijden, gaf dan gas en haalde hem onfatsoenlijk snel weer in. De Dolle Buick sloeg op hol; hij schoot naar de honderdzestig. We kregen de kans te kijken wie er aan het stuur zat. Het was zo te zien een of ander snelle bink uit Chicago met een vrouw naast zich die oud genoeg was om zijn moeder te zijn – en het waarschijnlijk ook was. God mag weten hoe hard ze protesteerde, hij ging door met zijn race. Hij had een wilde donkere haardos en droeg een sporthemd – vast een Italiaan. Misschien had hij het idee dat wij een nieuwe bende uit LA waren die Chicago kwam infiltreren, misschien wel mannen van Mickey Cohen, want onze limousine zag er echt naar uit en had Californische nummerplaten. Hij deed het hoofdzakelijk gewoon voor de kick. Hij nam vreselijke risico's om ons voor te blijven; hij passeerde auto's in bochten en was steeds nauwelijks op tijd weer op de goeie helft als er een vrachtwagen deinend in zicht kwam en kolossaal groot opdoemde. We raffelden zo'n honderddertig kilometer Iowa op die manier af, de race was zo interessant dat ik geen gelegenheid kreeg om bang te zijn. Toen gaf de gek het op en stopte hij bij een benzinestation, waarschijnlijk op bevel van de ouwe dame, en toen wij langsdaverden wuifde hij opgetogen. We vlogen verder, Dean met ontbloot bovenlijf, ik met mijn voeten op het dashboard, de schooljongens achterin vast in slaap. We stopten voor een ontbijt in een restaurant dat werd gerund door een witharige dame die ons extra grote porties aardappelen gaf terwijl in het nabije stadje de kerkklokken beierden. Daarna weer verder.

'Overdag moet je niet zo hard rijden, Dean.'

'Maak je geen zorgen, man. Ik weet wat ik doe.' Ik begon angstig ineen te krimpen. Dean daalde op rijen auto's neer als de Engel der Verschrikking. Hij ramde ze bijna voor zich uit terwijl hij naar een gaatje zocht. Hij kroop boven op hun achterbumpers, gleed iets terug en schoof alweer reikhalzend naar voren om voorbij de bocht te kijken, dan sprong de enorme wagen op een wenk naar voren om te passeren, en we waren steeds maar net op tijd terug op onze eigen weghelft. Er kwamen rijen tegenliggers langs en ik zat te sidderen. Ik had het niet meer. In Iowa heb je maar zelden van die rechte stukken zoals in Nebraska, en toen we eindelijk zo'n stuk troffen reed Dean de gebruikelijke 180 en zag ik diverse taferelen langsflitsen die ik me van 1947 herinnerde – een lang stuk waar Eddie en ik twee uur vast hadden gezeten. De hele weg die ik toen had afgelegd flitste met duizelingwekkende snelheid voorbij alsof mijn leven achterstevoren gekeerd werd en alles op zijn kop stond. Mijn ogen brandden in een nachtmerrie van daglicht.

'Godverdomme, Dean, ik ga achterin zitten, ik heb het niet meer, ik kan niet meer kijken.'

'Hiehiehie!' kwetterde Dean terwijl hij een auto op een smalle brug inhaalde en in stofwolken zwenkend doordaverde. Ik sprong achterin en rolde me ineen om te slapen. Een van de jongens sprong op de voorbank om van de rit te genieten. Ik werd overweldigd door gruwelijke spookbeelden dat we nog deze ochtend zouden verongelukken en ging met mijn ogen dicht op de vloer liggen om te proberen zo te slapen. Als zeeman dacht ik altijd aan de golven die onder de romp van het schip door de bodemloze diepten gleden – nu voelde ik de weg zo'n dertig centimeter onder me doorschieten terwijl we in vliegende vaart over het kreunende continent suisden met die bezeten kapitein Ahab aan het roer. Als ik mijn ogen dichtdeed zag ik louter die weg op me afschieten. Als ik ze opendeed zag ik de vibrerende schaduwen van bomen over de vloer van de wagen flitsen. Er was geen ontkomen aan. Ik legde me erbij neer. En Dean reed maar door, hij dacht niet aan slapen voor we in Chicago waren. 's Middags kwamen we weer door het goeie ouwe Des Moines. Hier kwamen we natuurlijk in het verkeer vast te zitten en moesten we langzaam rijden, ik ging weer voorin zitten. Toen kregen we een raar, onbenullig aanrijdinkje. Voor ons reed een dikke neger met zijn hele familie in een sedan; aan de achterbumper hing zo'n canvas waterzak die ze in de woestijn aan toeristen verkopen. Hij stopte abrupt, maar Dean zat met de jongens achterin te praten en zag het niet, we knalden met vijf kilometer per uur tegen de waterzak die als een steenpuist openbarstte, het water spoot in de lucht. Geen schade behalve een verbogen bumper. Dean en ik stapten uit om met hem te praten. Het resultaat was een uitwisseling van adressen en een kort gesprekje, waarbij Dean zijn ogen niet van zijn vrouw kon afhouden want haar prachtige bruine borsten werden nauwelijks verhuld door haar ruime katoenen bloes. 'Jaja, jaja.' We gaven hem het adres van de magnaat in Chicago en reden verder.

Aan de andere kant van Des Moines kwam een patrouillewagen ons met jankende sirene achterna en kregen we bevel om te stoppen. 'Wat nou weer?'

De smeris stapte uit. 'Hadden jullie daarnet een ongeluk toen je de stad binnenkwam?'

'Een ongeluk? We zijn tegen iemand zijn waterzak opgereden op het kruispunt.'

'Hij zei dat hij was aangereden door een stel mensen in een gestolen auto en dat ze er meteen vandoor gingen.' Dit was een van de weinige keren dat Dean en ik een neger hadden meegemaakt die zich als een achterdochtige ouwe zak aanstelde. We waren zo verbaasd dat we in lachen uitbarstten. We moesten de agent naar het bureau volgen en zaten daar een uur in het gras te wachten terwijl ze Chicago belden om de eigenaar van de Cadillac te pakken te krijgen en onze status van gehuurde chauffeurs te verifiëren. Meneer de Magnaat zei volgens die smeris: 'Ja, dat is mijn wagen, maar ik kan er niet voor instaan als die jongens nog andere dingen gedaan hebben.'

'Ze hebben een kleine aanrijding gehad hier in Des Moines.'

'Ja, dat hebt u me al verteld – wat ik bedoel is, ik kan niet instaan voor dingen die ze in het verleden misschien gedaan hebben.'

Alles was in orde, we scheurden weer verder. Newton, Iowa – daar had ik in 1947 die ochtendwandeling gemaakt. 's Middags kwamen we weer door het slaperige Davenport met de Mississippi laag in haar zaagselbed; dan Rock Island, een paar minuten druk verkeer in de roodwordende zon, en plotseling de aanblik van heerlijke kleine zijriviertjes die zachtjes tussen de toverachtige bomen en begroeiing van Midwestelijk Illinois doorvloeiden. Het landschap begon weer op het milde lieflijke Oosten te lijken; het weidse dorre Westen was afgewerkt en achter de rug. De staat Illinois ontvouwde zich voor mijn ogen in één brede aanhoudende beweging gedurende de enkele uren die Dean nodig had om er met één en dezelfde snelheid doorheen te razen. In zijn vermoeidheid nam hij grotere risico's dan ooit. Bij een smal bruggetje over een van die lieflijke riviertjes schoot hij halsoverkop een bijna onmogelijke situatie in. Twee langzame auto's voor ons hobbelden over de brug; van de andere kant kwam een enorme oplegger met een chauffeur die heel krap berekende hoe lang de twee langzame auto's over de brug zouden doen, volgens zijn berekening zouden ze net over de brug zijn als hij er aankwam. Er was op die brug absoluut geen plaats voor die vrachtwagen én tegenliggers. Er gluurden nog andere auto's achter de vrachtwagen uit om te kijken of ze er langs konden. Voor de langzame wagens uit kropen nog meer trage auto's voort. Het was druk en iedereen barstte van ongeduld om in te halen. Dean daalde met 180 op deze situatie neer en aarzelde geen ogenblik. Hij passeerde de langzame auto's in een zwieper waarbij hij de linker brugleuning bijna raakte, reed rechtdoor de schaduw van de stug doordenderende oplegger in, zwenkte scherp naar rechts, miste het linkervoorwiel van de vrachtwagen op een haar, raakte de voorste langzame wagen bijna, schoof weer opzij om nog meer wagens in te halen en moest rap terug toen er een tegenligger achter de vrachtwagen uit gluurde – in niet meer dan een paar seconden flitste hij voorbij met enkel een stofwolk in zijn kielzog in plaats van een gruwelijk ongeluk waarbij vijf wagens alle kanten opvlogen en de grote oplegger dubbelklapte op die fatale rode middag in de dromerige velden van Illinois. Ik kon ook niet uit mijn hoofd zetten dat een beroemde bopklarinettist onlangs in Illinois bij een ongeluk was omgekomen, waarschijnlijk op een dag als vandaag. Ik ging weer achterin zitten.

De jongens bleven nu ook achterin zitten. Dean wilde per se voor de avond in Chicago zijn. Bij een spoorwegovergang pikten we twee hobo's op die samen vijftig cent benzinegeld voor ons hadden. Een tel geleden zaten ze nog tussen stapels bielzen hun laatste restje wijn op te drinken en nu zaten ze plots in een bemodderde maar ongebroken, schitterende Cadillac die in koortsige haast naar Chicago suisde. De ouwe baas die naast Dean voorin zat kon zijn ogen niet van de weg houden en prevelde zijn arme zwerversprevelementen, reken daar maar op. 'Nou,' zeiden ze, 'we hadden nooit gedacht dat we zo gauw in Chicago zouden aankomen.' In die slaperige stadjes van Illinois waar de mensen zich o zo bewust zijn van de bendeleden uit Chicago die hier dagelijks in limousines langsrijden, boden wij vast een bizarre aanblik: allemaal ongeschoren, de chauffeur met ontbloot bovenlijf, twee zwervers, ikzelf achterin met mijn hand om een lus en mijn hoofd achterover tegen het kussen om het landschap met keizerlijke blik op te nemen – we waren net een nieuwe Californische bende die de buit in Chicago kwam betwisten, een bende desperado's ontsnapt uit de gevangenissen in het maanlandschap van Utah. Toen we in een klein stadje stopten voor Coke en benzine kwamen de mensen naar buiten om ons aan te gapen, maar ze zeiden geen woord tegen ons en volgens mij noteerden ze in gedachten ons signalement voor het geval ze dat later nodig hadden. Dean gooide louter zijn T-shirt als een sjaal om zijn nek om het meisje dat de pomp bediende te betalen, hij was kortaf en abrupt als altijd, stapte in en scheurde weer weg. Al gauw ging het rood over in paars, het laatste van die betoverde riviertjes flitste voorbij en in de verte, aan het eind van de weg, zagen we de rook van Chicago. We hadden de 1890 kilometer van Denver via de ranch van Ed Wall naar Chicago in precies zeventien uur afgelegd, de twee uur in de greppel, de drie op de ranch en de twee bij de politie in Iowa niet meegerekend was dat een gemiddelde van 110 kilometer per uur dwars door het hele land, met één chauffeur. Een krankzinnig record.

10

Het geweldige Chicago gloeide rood voor ons op. Plotseling reden we over Madison Street tussen massa's zwervers, sommigen languit op straat met hun voeten op de stoeprand, honderden anderen hingen aan de ingangen van bars en steegjes rond. 'Hups hups! Goed uitkijken of je de ouwe Dean Moriarty ziet, wie weet zit hij dit jaar per ongeluk in Chicago.' We zetten de hobo's in deze straat af en reden door naar het centrum van Chicago. Krijsende trams, krantenjongens, langswiegende meiden, bakgeuren en bierlucht, knipogende neonreclames – 'We zijn in de grote stad, Sal! Hoe-hie!' Eerst moesten we de Cadillac op een mooi donker plekje zien te parkeren en ons gaan wassen en verkleden voor de avond. Tegenover de YMCA vonden we een steegje tussen twee bakstenen gebouwen, schoven de Cadillac er met zijn neus naar de straat, klaar om weg te rijden, in en gingen toen met de studenten naar de YMCA, waar zij een kamer namen en ons een uur de gelegenheid gaven de voorzieningen te gebruiken. Dean en ik schoren ons en namen een douche, ik liet mijn portefeuille in de gang op de grond vallen, Dean vond hem en wilde hem net stiekem in zijn overhemd steken toen hij zich realiseerde dat hij van ons was en was ontzettend teleurgesteld. Toen namen we afscheid van de jongens, die blij waren dat ze heelhuids waren aangekomen, en gingen we ergens in een cafetaria eten. We waren in het ouwe bruine Chicago met die vreemde half oostelijke half westelijke types die op de grond spugend naar hun werk gingen. Dean stond over zijn buik wrijvend in de cafetaria en nam het hele gebeuren in zich op. Hij wilde een gesprekje aanknopen met een bizarre negerin van middelbare leeftijd die de cafetaria was binnengekomen met een verhaal dat ze geen geld had maar wel broodjes en wilden ze haar alsjeblieft wat boter geven. Ze kwam heupwiegend binnen, kreeg nul op het rekest en liep met haar kont wiegelend weer naar buiten. 'Ahoe!' zei Dean. 'We gaan haar door de straat achterna, we nemen haar mee naar de Cadillac in het steegje. Even lekker rollebollen.' Maar we zagen ervan af en reden, na een korte toer door de Loop, regelrecht naar North Clark Street om de danstenten te zien en wat bop te horen. En het werd me een avond. 'Man, man,' zei Dean tegen me terwijl we voor een bar stonden, 'kijk me dat straatleven eens, de Chinezen die je in Chicago ziet langsschuiven. Wat een rare stad – poeh, en die vrouw daar in dat raam, hangt gewoon met haar grote borsten uit haar nachthemd naar beneden te kijken, ogen wijdopen. Héhé. Sal, jongen, wij moeten doorgaan en niet stoppen voor we er zijn.'

'Waar gaan we dan heen, man?'

'Dat weet ik niet maar we moeten doorgaan.' Toen stapte er een heel stel jonge bopmusici met hun instrumenten uit een paar auto's. Ze dromden regelrecht een bar in – wij er achteraan. Ze maakten zich gereed en begonnen te spelen. Voor mekaar! De leider was een slanke, vooroverhangende tenorsaxofonist met krullend haar, tuitmondje, smalle schouders losjes in een ruim sporthemd, lekker koel in de warme avond, genotzucht in zijn ogen. Hij pakte zijn toeter op en fronste er eens in, blies koeltjes, gecompliceerd, tikte koket met zijn voet om ideeën op te doen, dook weg om andere te ontwijken – en zei heel zachtjes 'Spelen maar' als de andere jongens een solo begonnen. Dan was er 'Prez', een forse, knappe, blonde knaap als een sproetige bokser, zorgvuldig verpakt in zijn geruite sharkskin-kostuum met extra lang colbert, kraag achterover, stropdas losjes omlaag in scherp gestileerde nonchalance. Hij sjorde zwetend aan zijn toeter en kronkelde erachteraan, en klonk precies als 'Prez' Lester Young zelf. 'Kijk, man, die Prez heeft de technische benauwdheid van een geldverdienende muzikant, hij is de enige die goed in het pak zit en kijk hem het eens benauwd krijgen als hij ernaast blaast, maar de leider zit daar niet mee en zegt: "maak je geen zorgen, gewoon spelen" – het gaat hem alleen maar om de klank en de oprechte uitbundigheid van de muziek. Hij is een echte kunstenaar. Hij leert Prez de jonge bokser hoe het moet. En nou de anderen, kijk kijk!!' De derde saxofonist speelde alt, een koel, contemplatief Charlie Parker-type, achttien jaar, zo van de middelbare school, brede scheur van een mond, langer dan de rest, ernstig. Hij hief zijn sax op, blies er kalm en nadenkend in en produceerde vogeltrillers en architecturale Miles Davislogica. Dit waren de kinderen van de grote bopvernieuwers.

Ooit was er Louis Armstrong met zijn schitterende climaxen in het zompige New Orleans; voor hem waren er de wilde muzikanten die op feestdagen door de straten paradeerden en hun Sousamarsen tot ragtime verbrokkelden. Dan de swing met mannen als Roy Eldridge, krachtig, viriel, alles uit de kast in golven van energie, logica en nuance – hij leunde met glinsterende ogen, warm glimlachend naar voren en bazuinde zijn klanken alle kanten op om de jazzwereld op stelten te zetten. Toen kwam Charlie Parker, een joch uit Kansas City dat bij moeder thuis in de houtschuur op zijn opgelapte alt speelde, daar oefende en oefende hij op regenachtige dagen tussen de houtblokken, kwam eruit om de swingende band van Basie en Benny Moten aan het werk te zien met Hot Lips Page en al die lui – Charlie Parker verliet zijn ouderlijk huis en kwam naar Harlem, ontmoette daar de geniale Thelonious Monk en de nog genialere Gillespie – de beginperiode van Charlie Parker, toen hij geflipt was en al spelend in een kringetje rondliep. Hij was wat jonger dan Lester Young (ook al uit Kansas City), deze sombere, bezielde dopegek die de hele geschiedenis van de jazz in zich herbergde; want als hij zijn sax horizontaal van zijn mond in de hoogte hield speelde hij ronduit geweldig; toen werd zijn haar langer en hij luier en trager en zakte zijn sax tot halverwege, tot hij ten slotte helemaal omlaagknakte; en nu hij schoenen met dikke zolen draagt om de scherpe kanten aan zijn levenswandel niet te voelen, houdt hij zijn sax zwakjes tegen zijn borst en blaast hij lauwe makkelijke frasen. Dit waren de kinderen van de Amerikaanse bopnacht.

Er bloeiden hier nog vreemdere bloemen – want terwijl de zwarte altsaxofonist waardig over de hoofden heen mijmerde, stond een jonge blonde knaap uit Denver – lang, slank, jeans, riem vol klinknagels – op zijn mondstuk zuigend te wachten tot de anderen klaar waren; toen begon hij, en je moest overal kijken om te zien waar die solo vandaan kwam, want hij kwam van engelachtig glimlachende lippen, een zachte, milde, sprookjesachtige altsolo, eenzaam als heel Amerika, een hees geweeklaag in de nacht.

En de andere jongens die voor al die sound zorgden? De bassist was een pezige rooie met wilde ogen, hij bonkte zijn heupen bij elke stuwende slag tegen zijn viool, in felle ogenblikken hing zijn mond in trance open. 'Man, man, kijk die goof eens tegen zijn stuk oprijen!' De trieste drummer zat net als onze blanke hippe vogel in Folsom Street totaal stoned met wijdopen ogen kauwgum kauwend in de ruimte te staren, zijn hoofd wiebelde door Reich bezield in zelfgenoegzame extase heen en weer. Aan de piano een potig Italiaans vrachtrijderstype met biefstukhanden vol forse, bedachtzame vreugde. Ze speelden een uur. Niemand luisterde. Er hingen wat ouwe sloebers aan de bar, en kwaad krijsende hoeren, buiten schoven geheimzinnige Chinezen langs. Storend dansrumoer. Ze speelden gewoon door. Dan een spookachtige verschijning buiten op de stoep, een zestienjarige knaap met sik en trombonekoffer, mager als een talhout, bezeten blik – hij wilde met deze groep meespelen. Ze kenden hem wel en moesten hem niet. Hij sloop de bar in, maakte stiekem zijn koffer open en zette de trombone aan zijn lippen. Geen opening. Niemand keek naar hem. Ze hielden op, pakten hun boeltje en gingen naar een andere bar. Het magere joch wilde swingen. Hij zette zijn donkere bril op, plantte helemaal alleen in die bar de trombone tegen zijn lippen en blies 'Baaaah!' Toen rende hij ze achterna. Ze wilden hem niet laten meespelen, net als bij een partijtje voetbal op de zandvlakte achter de gastank. 'Al die gasten wonen bij hun grootmoeder, net als Tom Snark en Carlo Marx de altsaxofonist,' zei Dean. We renden het hele stel achterna. Ze gingen de club van Anita O'Day binnen, pakten hun instrumenten uit en speelden tot negen uur 's morgens. Dean en ik bleven bierdrinkend luisteren.

In de pauzes gingen we er in de Cadillac op uit en reden heel Chicago af om meiden te versieren. Ze waren bang voor onze grote, gehavende, onheilspellende wagen. Dean knalde in zijn manische koorts aldoor achteruit tegen brandpompen en bleef maniakaal giechelen. Tegen negen uur 's morgens was de auto een wrak; de remmen deden het niet meer, de spatborden zaten in de kreukels; de kleppen ratelden. Dean kon niet voor rode lichten stoppen, de wagen steigerde in stuipen over de weg. De nacht had zijn tol geëist. De Cadillac was nu een modderige ouwe schoen in plaats van een glanzende limousine. 'Hiehie!' Bij Anita werd nog steeds gespeeld.

Plots staarde Dean naar een donkere hoek achter het podium en zei: 'Sal, God is gearriveerd.'

Ik keek. *George Shearing.* Als altijd leunde hij zijn blinde hoofd op een bleke hand, met zijn oren wijdopen als de oren van een olifant luisterde hij naar de Amerikaanse klanken en nam ze in zich op om ze straks voor zijn eigen Engelse zomeravonden te gebruiken. Toen spoorden ze hem aan op het podium te komen en te spelen. Hij deed het. Hij speelde talloze refreinen met verbluffende akkoorden die hoger en hoger opklommen tot zijn zweet over de piano spatte en iedereen vol angstig ontzag luisterde. Ze leidden hem na een uur van het podium. Shearing, de oude God, liep terug naar zijn donkere hoek en de jongens zeiden: 'Wat kunnen we nu nog doen?'

Maar de slanke leider fronste zijn voorhoofd: 'Toch maar doorspelen.'

Er zou nog wel wat uitkomen. Er is altijd meer, het kan altijd verder – het houdt nooit op. Ze zochten nieuwe frasen na

Shearings brede verkenningen; ze deden hard hun best. Ze draaiden en kronkelden en bliezen maar door. Nu en dan wees een heldere harmonische kreet even naar een nieuwe melodie die op een dag dé melodie zou zijn waarbij mensen tot in hun ziel gingen tintelen van vreugde. Ze vonden hem, raakten hem weer kwijt, ploeterden zoekend verder, vonden hem terug, lachten en kreunden – en Dean zat maar aan zijn tafeltje te zweten en spoorde ze aan vooral door te gaan. Om negen uur 's morgens wankelde iedereen – de musici, meisjes in lange broeken, de barkeepers, de ene magere, ongelukkige kleine trombonist – uit de club het reusachtige dagrumoer van Chicago in om te slapen tot de volgende nacht van wilde bop.

Dean en ik huiverden in het rauwe tumult. Nu was het tijd om de Cadillac af te leveren bij de eigenaar, die helemaal buiten de stad aan Lake Shore Drive woonde in een sjiek appartement boven een enorme garage met een staf van negers vol smeerolie. We reden erheen en meerden het modderige wrak af. De monteur herkende de Cadillac niet. We overhandigden hem de papieren. Hij krabde achter zijn oor bij de aanblik van de wagen. We moesten rap maken dat we wegkwamen en dat deden we dan ook. We pakten een bus terug naar het centrum van Chicago en klaar was Kees. We hebben nooit een woord van onze magnaat in Chicago vernomen over de toestand van zijn wagen, hoewel hij onze adressen had en zich had kunnen beklagen.

11

Het was tijd om verder te trekken. We namen een bus naar Detroit. Ons geld begon nu op te raken. We sleepten onze wrakkige bagage door het station. Het verband om Deans duim was onderhand bijna roetzwart en helemaal afgerold. We zagen er allebei zo belazerd uit als maar mogelijk is na alles wat we gedaan hadden. Uitgeput viel Dean in slaap terwijl de bus dwars door de staat Michigan raasde. Ik begon een gesprek met een verrukkelijk meisje van buiten in een laag uitgesneden katoenen bloes die de prachtig gebruinde bovenkant van haar borsten blootliet. Ze was erg saai. Ze praatte over avonden op het platteland met popcorn op de veranda. Ooit had dit mijn hart met blijdschap vervuld, maar omdat er geen blijdschap in haar hart was toen ze dit zei wist ik dat er niet meer achterstak dan het idee dat het zo hoorde. 'En wat doe je nog meer voor je plezier?' Ik probeerde het gesprek op vrienden en seks te brengen. Haar grote donkere ogen namen me op met een lege blik en een soort onvrede die generaties en generaties terugging omdat er nooit gedaan was wat zo hoognodig gedaan had moeten worden – wat het ook was, iedereen wist wat het was. 'Wat wil je van het leven?' Ik wilde haar beetgrijpen om het antwoord uit haar te wringen. Ze had geen flauw idee wat ze wilde. Ze mompelde wat over werk, de bioscoop, zomervakanties bij oma, haar wens ooit naar het Roxy te kunnen gaan in New York, wat ze daarvoor zou aantrekken – net zoiets als vorig jaar met Pasen, wit kapje, rozen, roze pumps, een lavendelblauwe gabardine jas. 'Wat doe je op zondagmiddagen?' vroeg ik. Dan zat ze op haar veranda. De jongens kwamen op de fiets langs en stopten voor een praatje. Ze las de strips in de krant, hing in haar hangmat. 'Wat doe je op een mooie warme zomeravond?' Dan zat ze op de veranda, keek naar de auto's op de weg. Maakte popcorn met haar moeder. 'Wat doet je vader op zo'n zomeravond?' Hij werkt, hij draait nachtdienst in de ketelfabriek, hij heeft zijn hele leven lang een vrouw en haar kroost onderhouden zonder enige erkenning of adoratie. 'Wat doet je broer op een mooie zomeravond?' Hij gaat een eindje fietsen, hangt wat voor de ijssalon rond. 'Waar hunkert hij naar? Waar hunkeren wij allemaal naar? Wat willen we?' Ze wist het niet. Ze geeuwde. Ze had slaap. Het was te veel allemaal. Niemand wist het. Niemand zou het ooit weten. Het was allemaal al afgelopen. Ze was achttien en bijzonder aantrekkelijk, en al verloren.

Haveloos en smerig alsof we van sprinkhanen geleefd hadden, vielen Dean en ik in Detroit uit de bus. We besloten op te blijven in een nachtbioscoop in de kroegenwijk. Het was te koud voor het park. Hassel had hier in Detroit in die kroegenbuurt gezeten, zijn donkere ogen hadden alle spuitsalons, alle nachtbioscopen en

brallende bars menigmaal van binnen gezien. Zijn geest achtervolgde ons overal. We zouden hem nooit meer op Times Square
vinden. We bedachten ook dat de ouwe Dean Moriarty wie weet
per ongeluk hier zou zijn – maar nee. We gingen voor vijfendertig
cent per persoon de afgetrapte bioscoop in en bleven er op het
balkon zitten tot we de volgende morgen naar beneden werden
gejaagd. De mensen in die nachtbioscoop lagen helemaal onder-
op. Gesjochte negers die op een gerucht uit Alabama waren gekomen om hier in de autofabrieken te werken; ouwe blanke zwervers; jonge langharige beatniks die hun eindpunt hadden bereikt
en aan de wijn waren gegaan; hoeren, gewone stelletjes, huisvrou-
wen die niks te doen hadden, nergens heen konden, nergens in ge-
loofden. Als je heel Detroit door een grote zeef haalde kreeg je de
verloederde onderste laag uitschot niet beter bij elkaar. De film
ging over Eddie Dean de zingende cowboy met zijn fiere schimmel Bloop, dat was nummer één; nummer twee in de dubbele
voorstelling was een film over Istanbul met George Raft, Sidney
Greenstreet en Peter Lorre. We zagen allebei die films zes keer
gedurende die nacht. We zagen ze wakker, we hoorden ze slapend,
we voelden ze dromend, we waren volledig doortrokken van de
vreemde Grijze Mythe van het Westen en de bizarre Duistere
Mythe van het Oosten toen de ochtend aanbrak. Sindsdien werden al mijn handelingen automatisch aan mijn onderbewuste ge-
dicteerd door die gruwelijke osmotische ervaring. Ik hoorde de
grote Greenstreet honderdmaal snieren; ik hoorde Peter Lorre's
sinistere lokstem; ik voelde met George Raft mee in zijn paranoïde angsten; ik reed zingend naast Eddie Dean en schoot de vee-
dieven talloze malen overhoop. De mensen dronken uit flessen,
keken om, zochten heel het donkere zaaltje af naar dingen om te
doen, iemand om mee te praten. Voorin was iedereen angstvallig
stil, niemand zei er iets. In het ochtendgrauw dat als een spook
rond de bioscoopramen sloop en langs de daklijsten streek, lag ik
met mijn hoofd op een houten armleuning te slapen toen zes be-
dienden hun verzameling nachttrommel bijeenveegden in een
enorme stuivende berg die tot vlak onder mijn neus oprees terwijl
ik met mijn gezicht omlaag voortsnurkte – tot ik zelf ook bijna op-

geveegd werd. Dit werd mij naderhand verteld door Dean, die het tafereel van tien rijen achter me gadesloeg. Alle sigarettenpeuken, flessen, lucifersboekjes, de hele nasleep van de nacht werd in die berg bijeengeveegd. Als ik ook was opgeveegd had Dean me nooit meer teruggezien. Dan had hij over heel de Verenigde Staten moeten rondzwerven, van kust tot kust in alle vuilnisbakken moeten kijken tot hij me embryonaal opgevouwen aantrof tussen het afval van mijn leven, zijn leven, het leven van iedereen die al dan niet met mij te maken had. Wat had ik tegen hem gezegd vanuit die schoot van vuilnis? 'Laat me met rust, man, ik ben hier heel gelukkig. Je bent me op een avond in augustus negentiennegenenveertig in Detroit kwijtgeraakt. Waar haal je het recht vandaan mij nu te komen storen in mijn gemijmer hier in deze drekbak?' In 1942 speelde ik de hoofdrol in een der smerigste drama's aller tijden. Ik was zeeman en ging wat drinken in het Imperial Café op Scollay Square in Boston; ik dronk zestig glazen bier en trok me terug in het toilet, waar ik met de wc-pot in mijn armen in slaap viel. Gedurende de nacht kwamen er minstens honderd zeelieden en allerhande burgers binnen om hun uitwerpselen welbewust over mij uit te storten tot ik onherkenbaar onder de drek zat. Wat maakt het ten slotte uit? – anonimiteit in de wereld der mensen is beter dan roem in de hemel, want wat is de hemel? wat is de aarde? Allemaal verbeelding.

Vroeg in de morgen wankelden Dean en ik brabbelend dat gruwelhol uit en gingen op zoek naar de auto van de liftcentrale. Nadat we de ochtend goeddeels hadden zoetgebracht met meiden achternalopen en in zwarte bars naar jazz op de jukebox luisterden, ploeterden we met al die krankzinnige bagagetroep acht kilometer per stadsbus naar het huis van een man die ons vier dollar de man zou rekenen voor de rit naar New York. Het was een blonde, gebrilde man van middelbare leeftijd met vrouw en kind en een fijn huis. We wachtten in de tuin terwijl hij zich gereedmaakte. Zijn mooie echtgenote in katoenen huisschort bood ons koffie aan maar we hadden het te druk met praten. Dean was onderhand zo uitgeput en buiten zinnen dat alles wat hij zag hem in verrukking bracht. Hij raakte alweer in een staat van manische devotie. Hij zweette en zweette. Zodra we in de nieuwe Chrysler zaten en op weg naar New York waren realiseerde de arme man zich dat hij een rit had geregeld met twee maniakken, maar hij maakte er het beste van, was in feite net aan ons gewend toen we langs het Briggs Stadion kwamen en praatte over het komend seizoen van de Detroit Tigers.

We kwamen midden in de nevelige nacht door Toledo en reden verder door Ohio. Ik realiseerde me dat ik allerlei steden in Amerika nu herhaaldelijk aandeed alsof ik een handelsreiziger was – haveloze omzwervingen, beroerde handel, rotte bonen onder in mijn trukendoos, geen afnemers. De man werd vlak voor Pennsylvania moe van het rijden, Dean nam het stuur over en reed het hele resterende stuk naar New York; we kregen de Symphony Sidshow met alle nieuwste bopnummers op de radio nu we de geweldige stad aan het eind van Amerika naderden. We kwamen er vroeg in de ochtend aan. Times Square was opgebroken, New York heeft nooit rust. We keken automatisch of we Hassel zagen terwijl we er langskwamen.

Een uur later stonden Dean en ik voor de nieuwe flat van mijn tante op Long Island, en zij was net druk met een stel schilders, vrienden van de familie, over de prijs aan het redekavelen toen wij helemaal van San Francisco de trap opstommelden. 'Sal,' zei mijn tante, 'Dean kan een paar dagen blijven en dan moet hij opstappen, heb je dat goed begrepen?' De trip was voorbij. Dean en ik gingen die avond een eind lopen tussen de gastanks en spoorbruggen en mistlampen van Long Island. In mijn herinnering zie ik hem onder een straatlantaarn staan.

'Net toen we langs die andere lantaarn kwamen zou ik je nog iets vertellen, Sal, maar nu ga ik even tussen haakjes door met een nieuwe gedachte dan kom ik bij de volgende lantaarn terug op mijn oorspronkelijke onderwerp, goed?' Zeer zeker vond ik dat goed. We waren zo gewend te reizen dat we heel Long Island moesten aflopen, maar er was geen land meer, louter de Atlantische Oceaan, we konden niet verder. We omklemden elkaars handen en spraken af dat we altijd vrienden zouden blijven.

Geen vijf dagen later gingen we naar een feest in New York, ik zag er een meisje dat Inez heette en vertelde haar dat ik een vriend bij me had die ze eens zou moeten ontmoeten. Ik was dronken en vertelde haar dat hij cowboy was. 'O, ik heb altijd al een cowboy willen ontmoeten.'

'Dean?' riep ik te midden van de aanwezigen – onder wie Angel Luz García, de dichter; Walter Evans; Victor Villanueva, de Venezolaanse dichter; Jinny Jones, een vroegere vlam van me; Carlo Marx; Gene Dexter en ontelbare anderen – 'kom eens even, man.' Dean kwam verlegen naar ons toe. Een uur later zat hij in de dronken chaos en kouwe drukte van dat feest ('Ter ere van het eind van de zomer, natuurlijk') op zijn knieën voor haar met zijn kin tegen haar buik en vertelde haar van alles, beloofde nog meer en zweette het uit. Het was een grote, sexy brunette – 'Regelrecht uit een schilderij van Degas,' zoals García zei, ze had inderdaad veel van een mooie Parijse coquette. Binnen een paar dagen waren ze telefonisch met Camille in San Francisco aan het harrewarren over de benodigde scheidingspapieren zodat ze konden trouwen. Dat niet alleen, een paar maanden later schonk Camille het leven aan Deans tweede kind, het resultaat van enkele dagen van toenadering eerder dat jaar. En weer enkele maanden later kreeg Inez een baby. Met één onwettig kind ergens in het Westen had Dean nu vier kleine kinderen en geen rooie cent, en het was als vanouds weer niks dan trammelant, extase en manische haast. We gingen dus niet naar Italië.

DEEL VIER

I

De verkoop van mijn boek had me wat geld opgeleverd. Ik gaf mijn tante genoeg huur voor de rest van het jaar. Telkens als het voorjaar in New York aanbreekt kan ik de belofte van het land die van New Jersey over de rivier komt aanwaaien niet weerstaan en moet ik erop uit. Dat deed ik dan ook. Voor het eerst van ons leven nam ik in New York afscheid van Dean en liet ik hem daar achter. Hij werkte op een parkeerterrein op Madison Avenue hoek 40th Street. Als altijd op afgetrapte schoenen, in T-shirt en afgezakte broek in zijn eentje ronddravend verwerkte hij in de middagspits immense aantallen auto's.

Als ik hem tegen de avond kwam opzoeken was er meestal niks te doen. Hij stond wat in het hokje, telde bonnen, wreef over zijn buik. De radio stond altijd aan. 'Man, man, heb je die maffe Marty Glickman wel eens een basketbalwedstrijd horen verslaan – stuit-over-de-middellijn-stuit-schijnbeweging-sprong-schot-pssjt-twee punten. Zonder meer de beste commentator die ik ooit gehoord heb.' Zijn leven bleef nu beperkt tot dit soort kleine genoegens. Hij woonde met Inez op een flat met alleen koud stromend water in de buurt van East 50th Street. Als hij 's avonds thuiskwam trok hij al zijn kleren uit, deed een heuplang Chinees zijden jasje aan en ging in zijn luie stoel zitten om een waterpijp vol weed te roken. Dat waren de genoegens waar hij voor thuiskwam, plus een pak speelkaarten met vieze plaatjes. 'De laatste tijd concentreer ik me op de ruitentwee. Heb je gezien waar haar andere hand zit? Ik wed dat je het niet kunt zien. Kijk eens goed of je hem kunt vinden.' Hij wilde me de ruitentwee uitlenen waarop een lange, sombere vent en een wulpse, trieste hoer op een bed een standje probeerden. 'Kom op, man, ik heb het heel wat keren toegepast!' Inez stond in de keuken te koken en keek met een scheef lachje de kamer in. Ze vond alles best. 'Zie je dat! Zie je het nou, man! Dat is Inez. Dat is het enige dat ze doet, zie je wel, steekt haarhoofd om de deur en glimlacht. Jaja, man, ik heb met haar gepraat en het is allemaal fantastisch voor mekaar. We gaan deze zomer op een boerderij in Pennsylvania wonen – een stationcar voor mij als ik er even op uit moet naar New York, mooi groot huis, en dan de komende jaren een heleboel kinderen krijgen. Ahum! Harrumf! Hoeps!' Hij sprong uit de stoel en zette een plaat van Willie Jackson op, 'Gator Tail'. Hij stond erbij in zijn handpalmen te stompen, zakte swingend, ritmisch pompend door zijn knieën. 'Hahoe! Sodemieter! De eerste keer dat ik hem hoorde dacht ik dat hij de volgende avond dood zou zijn maar hij leeft nog steeds.'

Het was allemaal precies hetzelfde als bij Camille in Frisco aan de andere kant van het continent. Dezelfde gehavende koffer stak vluchtklaar onder het bed uit. Inez belde Camille herhaaldelijk en had lange gesprekken met haar; ze praatten zelfs over zijn pik, dat beweerde Dean tenminste. Ze schreven elkaar brieven over Deans excentrieke kanten. Natuurlijk moest hij Camille elke maand een deel van zijn loon als alimentatie sturen, anders ging hij zo voor zes maanden het werkhuis in. Om het gat te dichten deed hij wisseltrucs op het parkeerterrein, hij was een geldgoochelaar van de eerste orde. Ik zag hem een welgestelde heer zo uitbundig Prettige Kerstdagen wensen dat een vijfje in plaats van twintig dollar terug onopgemerkt bleef. We gingen uit en maakten het geld op in Birdland, de boptent. Lester Young stond op het podium, met heel de eeuwigheid op zijn zware oogleden.

Op een nacht stonden we om drie uur 's morgens op de hoek van 47th Street en Madison Avenue te praten. 'Goddomme, Sal, ik wou dat je niet wegging, eerlijk waar, het zal de eerste keer zijn dat ik zonder mijn ouwe kameraad in New York zit.' Daarop zei hij: 'New York, dat is maar een halteplaats, Frisco is mijn woonplaats. Zolang ik hier zit heb ik geen andere vrouw gehad dan Inez – dat overkomt me alleen in New York! Goddomme! Maar alleen al de gedachte om dat afschuwelijke continent weer over te steken – Sal, we hebben elkaar in tijden niet echt goed gesproken.' In New York was het altijd een wilde bedoening met massa's vrienden op dronken feesten. Het scheen op de een of andere manier niet bij Dean te passen. Hij leek meer zichzelf zoals hij hier ineengedoken in de kille, mistige regenvlagen in de nachtelijke, lege straat stond. 'Inez houdt van me; dat heeft ze me gezegd en ze heeft beloofd dat ik kan doen wat ik wil met een minimum aan problemen. Je weet hoe het is, man, je wordt ouder, de problemen stapelen zich op. Op een goeie dag lopen wij samen voor dag en dauw door een steegje in de vuilnisbakken te snuffelen.'

'Bedoel je dat wij uiteindelijk een stel ouwe zwervers worden?'

'Waarom niet, man? Natuurlijk worden we dat als we dat willen en zo. Er is niks verkeerds aan om zo te eindigen. Je bent je hele leven bezig de wensen van anderen, inclusief de politici en de rijken, ongemoeid te laten dus vallen ze jou ook niet lastig, je leeft gewoon rustig door en doet het op je eigen manier.' Ik was het met hem eens. Hij kwam op de eenvoudigste, directe manier tot zijn taoïstische besluiten. 'Wat voor weg kies jij, man? – de heilige weg, de gekke weg, de regenboogweg, de onderwaterweg, elke weg is goed. Het geeft niet wie hoe waar naartoe gaat. Wiewatwaar?' We knikten in de regen. 'Kelere, pas maar goed op deze jongen hier. Hij leeft niet als hij niet volgas kan leven – doe wat de dokter zegt. Echt, Sal, zonder gekheid, waar ik ook woon, mijn koffer steekt altijd onder het bed uit, ik ben altijd klaar om op te stappen of eruit gegooid te worden. Ik heb besloten alles op zijn beloop te laten. Jij hebt gezien hoe ik me te barsten gewerkt heb om het te maken en jij weet ook dat het niks uitmaakt want wij zijn tijdsbewust – wij weten hoe het rustiger aan kan, wij bekijken het wel en blijven gewoon op de ouderwetse toer doorkicken, man, wat moet je anders? Wij hebben er kijk op.' We zuchtten in de regen. Die nacht regende het in de hele Hudsonvallei. De enorme havenhoofden in de wereldwijde riviermonding verdronken erin, de oude stoombootsteigers in Poughkeepsie waren verdronken, de bronnen rond Split Rock Pond en de top van Vanderwhacker Mount verdronken in de regen.

'Dus ik leef gewoon mijn neus achterna,' zei Dean. 'Je weet dat ik pas mijn ouweheer heb geschreven in de gevangenis in Seattle – een paar dagen terug heb ik voor het eerst sinds jaren een brief van hem gehad.'

'O ja?'

'Jazekers. Hij zei dat hij de "babby" met twee b's wil zien als hij naar Frisco kan komen. Ik heb een etage voor dertien per maand gevonden in East 40th Street; als ik hem het geld kan sturen komt hij hier in New York wonen – als hij dat redt. Ik heb je nooit veel over mijn zus verteld maar je weet dat ik een heel lief zusje heb; ik zou graag willen dat zij ook bij me kwam wonen.'

'Waar is ze?'

'Tja, dat is het hem, dat weet ik niet – hij gaat haar zoeken, mijn ouweheer dus, maar jij weet wel wat hij in werkelijkheid gaat doen.'

'Dus hij was naar Seattle gegaan?'

'Ja, regelrecht die gore bajes in.'

'Waar zat hij daarvoor?'

'In Texas, in Texas – dat zit er dus in mijn hoofd, man, dat is de stand van zaken, mijn situatie – je ziet dat ik rustiger begin te worden.'

'Ja, dat is zo.' Dean was rustig geworden in New York. Hij wilde praten. We stierven van de kou in die gure regen. We spraken af elkaar bij mijn tante thuis te ontmoeten voor ik wegging.

Hij kwam de volgende zondagmiddag. Ik had een televisietoestel. We hadden één honkbalwedstrijd op de tv en een andere op de radio aanstaan en schakelden aldoor naar een derde en hielden zo alles wat er gebeurde van minuut tot minuut bij. 'Even onthouden, Sal, Hodges staat in Brooklyn op het tweede honk dus terwijl de nieuwe werper van de Phillies op het veld komt schakelen wij even naar de Giants-Boston en gelijk zien wij dat DiMaggio daar drie wijd heeft en de werper met zijn zakje hars staat te frunniken, dus gaan wij even gauw kijken wat er met Bobby Thomson is gebeurd sinds we hem dertig seconden geleden hebben verlaten met een man op het derde honk. Jaja!'

Later in de middag gingen we naar buiten en speelden honkbal met de jongens op het sintelveld langs het emplacement van Long Island. We deden ook basketbal, zo fanatiek dat de jongere jongens zeiden: 'Rustig aan, man, je hoeft je niet dood te rennen.' Ze stuiterden soepeltjes om ons heen en versloegen ons met gemak. Dean en ik liepen te zweten. Op een gegeven moment viel Dean plat op zijn gezicht op het betonnen speelveld. We deden hijgend en puffend ons best om de jongens de bal afhandig te maken; ze draaiden rap en schoven de bal weg. Anderen sprongen ertussen en schoten soepel over onze hoofden heen. We stonden als gekken naar de basket te springen, de jongere jongens reikten gewoon even omhoog, graaiden de bal uit onze zwetende handen en dribbelden ermee weg. Het leek wel of een stel bezeten loeiende toeteraars uit een achterafkroeg vol stampmuziek een partij basketbal probeerde te spelen tegen koele bekeken jongens als Stan Getz en Charlie Parker. Ze dachten dat we geschift waren. Dean en ik liepen terug naar huis en gooiden elkaar van weerskanten van de straat de bal toe. We probeerden hele speciale vangballen, doken over heggen, misten lantaarnpalen op een haar. Toen er een auto aankwam rende ik ernaast en mikte de bal vlak achter de verdwijnende bumper langs naar Dean. Hij nam een duik, ving de bal door het gras rollend op en gooide hem zo terug dat ik hem aan de andere kant van een broodwagen moest zien te vangen. Ik haalde het net met mijn blote hand en gooide de bal meteen terug zodat Dean rondtollend achteruit moest rennen en ruggelings over de heggen tuimelde. Thuis haalde Dean met een luid 'harrumf' zijn portefeuille voor de dag en gaf mijn tante de vijftien dollar die hij haar schuldig was van de keer dat we een boete wegens te snel rijden hadden gekregen in Washington. Ze was totaal verrast en erg blij. We hadden een reusachtig diner. 'Nou, Dean,' zei mijn tante, 'ik hoop dat je nu in staat bent om voor de nieuwe baby te zorgen die er op komst is en dat je dit keer getrouwd blijft.'

'Ja ja, ja hoor.'

'Je kunt niet zomaar overal in het land baby's maken. Zo groeien de kleine stakkers volkomen hulpeloos op. Je moet ze de kans geven om wat te worden in het leven.' Hij keek naar zijn voeten en knikte. In de gure rode avondschemer namen we afscheid, op een brug over een grote snelweg.

'Ik hoop dat je in New York bent als ik terugkom,' zei ik tegen hem. 'Het enige dat ik hoop, Dean, is dat we ooit met onze gezinnen in dezelfde straat kunnen wonen om dan samen oud en grijs te worden.'

'Precies, man – je weet dat ik daarvoor bid in mijn volledig besef van de problemen die wij allebei al hebben gehad en nog krijgen, zoals je tante weet en mij nog eens in herinnering bracht. Ik wilde die nieuwe baby niet, Inez wilde het per se, we hebben er ruzie over gehad. Wist je dat Marylou in Frisco met een handelaar in tweedehandsauto's getrouwd is en een kind krijgt?'

'Ja. We komen er allemaal, zo langzamerhand.' Rimpelingen op het omgekeerde meer in de leegte, had ik moeten zeggen. De bodem van de wereld is van goud en de wereld staat op zijn kop. Hij haalde een kiekje voor de dag van Camille met haar nieuwe dochtertje in Frisco: De schaduw van een man viel dwars over het kind op de zonnige stoep, twee lange broekspijpen vol somberheid. 'Wie is dat?'

'O, dat is enkel Ed Dunkel. Hij is weer bij Galatea terug, ze zijn nu naar Denver verhuisd. Ze waren een hele dag foto's aan het maken.'

Ed Dunkel, zijn medeleven onopgemerkt als het medeleven van een heilige. Dean haalde nog andere foto's voor de dag. Ik realiseerde me dat dit de foto's waren die onze kinderen op een dag gefascineerd zouden bekijken, met het idee dat hun ouders een rimpelloos, ordelijk, stabiel bestaan binnen die fotolijsten hadden geleid en elke morgen weer opstonden om fier door het leven te stappen, zonder enige notie van de rafelige waanzin, de trammelant in ons eigenlijke leven, wat een donkere hel het eigenlijk was, aldoor onderweg in die zinloze nachtmerrie. Alles binnen een eindeloze en beginloze leegte. Meelijwekkende vormen van onwetendheid. 'Tot ziens, tot ziens.' Dean liep weg in de lange rode schemer. Boven hem deinden rokende locomotieven. Zijn schaduw volgde hem, imiteerde zijn loop, zijn gedachten, zijn hele wezen. Hij draaide zich om en wuifde verlegen, schuchter. Hij gaf me het veiligsein van de spoorwegman, sprong op en neer, schreeuwde iets dat ik niet verstond. Hij rende in een kringetje rond. Al die tijd kwam hij dichter bij de betonnen hoek van de spoorbrug. Hij gaf een laatste teken. Ik wuifde terug. Plots boog hij zich voorover zijn eigen leven tegemoet en liep snel uit het zicht. Ik staarde in de grauwe leegte van mijn eigen leven. Ik had ook nog een afschuwelijk eind te gaan.

2

De volgende dag stapte ik om middernacht dit liedje zingend

> Of ik nu naar Ogallala,
> Truckee of Missoula ga,
> Naar Wounded Knee of Kinder,
> Een thuis zal ik nooit vinden.
> Of ik nu naar Medora,
> Opelousas of Grand Rapids ga,
> Naar Dallas of Tacoma,
> Thuis zal ik wel nooit komen.

op de bus naar Washington; verdeed er wat tijd met rondzwerven; maakte een omweg om de Blue Ridge te zien, hoorde de vogel van Shenandoa en bezocht het graf van Stonewall Jackson; stond in de avondschemer rochelend in de Kanawha Rivier te spugen en liep door het boerenkinkelduister van Charleston, West Virginia; rond middernacht Ashland, Kentucky, een eenzaam meisje onder de luifel van een gesloten theater. De donkere, mysterieuze Ohio, bij dageraad Cincinnati. Dan opnieuw de velden van Indiana, St. Louis als altijd in zijn brede vallei vol middagwolken. De modderige keien en de boomstammen uit Montana, de wrakkige stoomboten, de antieke wegwijzers, het gras en de scheepstrossen langs de rivier. Een eindeloos gedicht. 's Nachts door Missouri, de velden van Kansas, nachtkoeien in een geheimzinnige ruimte, stadjes als koektrommels met een zee aan het eind van elke straat; dageraad in Abilene. Het grasland van Oost-Kansas gaat over in de woeste gronden van West-Kansas die opklimmen naar de hellingen in het westelijk duister.

Henry Glass zat naast me in de bus. Hij was in Terre Haute, Indiana, ingestapt en nu zei hij tegen me: 'Ik heb je al verteld waarom ik zo'n hekel heb aan deze kleren, het is een rotpak – maar dat is nog niet alles.' Hij liet me wat papieren zien. Hij was net vrijgelaten uit de federale gevangenis in Terre Haute; hij had gezeten wegens autodiefstal en verkoop van gestolen wagens in Cincinnati. Het was een jonge twintigjarige knaap met krullen. 'Zodra ik in Denver ben breng ik dit pak naar de lommerd en koop ik een spijkerbroek. Weet je wat ze in die gevangenis met me gedaan hebben? Eenzame opsluiting met enkel een bijbel; ik gebruikte hem om op de stenen vloer te zitten; toen ze dat zagen pakten ze die bijbel af en gaven ze me zo'n klein zakbijbeltje. Daar kon ik niet op zitten dus toen heb ik het hele Ouwe en Nieuwe Testament uitgelezen. Hé, hé –' zei hij in mijn ribben porrend, op zijn snoep sabbelend, hij at aldoor snoep want zijn maag was in de gevangenis verpest en kon niets anders verdragen – 'd'r staan knap hitsige stukken in die bijbel, wist je dat?' Hij vertelde me wat 'hinten' was. 'Als iemand binnenkort vrijkomt en over zijn vrijlatingsdatum begint dan is-ie aan het "hinten" tegen de andere jongens die moeten blijven. Dan grijpen we hem in zijn nek en zeggen we: "Schei uit met dat hinten!" Dat is echt rot, dat hinten – snap je wat ik bedoel?'

'Ik zal niet tegen je hinten, Henry.'

'Als iemand tegen mij begint te hinten, ga ik meteen door het lint, dan wor ik zo kwaad dat ik hem wel kan dooien. Weet je waarom ik me hele leven in de bak heb gezeten? Omdat ik een keer driftig ben geworden toen ik dertien was. Ik zat met een jongen in de bioscoop en toen maakte hij een grapje over mijn moeder – je kent dat vieze woord wel – ik pakte mijn zakmes en stak het in zijn strot, ik had hem afgemaakt als ze me niet van hem af hadden getrokken. De rechter zei: "Wist je wat je deed toen je je vriend aanviel?" "Jawel, edelachtbare, dat wist ik, ik wilde de smeerlap afmaken en dat wil ik nu nog." Dus kreeg ik geen voorwaardelijk en ging ik gelijk het tuchthuis in. Ik heb ook aambeien van al dat zitten in die isoleercel. Kom maar nooit in een federale bajes terecht want die zijn het ergste. Tering, ik kan de hele nacht doorpraten zo lang heb ik met niemand gepraat. Je hebt geen idee hoe goed ik me voel dat ik nu vrij ben. Jij zat gewoon in de bus toen ik instapte – toen de bus door Terre Haute kwam – waar dacht je toen aan?'

'Ik zat gewoon te zitten.'

'Ik zat te zingen. Ik ging naast jou zitten omdat ik niet naast een meisje durfde te gaan zitten voor het geval ik helemaal wild zou worden en onder haar rokken zou gaan graaien. Ik moet nog even wachten.'

'Als je weer gevangenisstraf krijgt wordt het levenslang. Je kunt je voortaan beter rustig houden.'

'Dat ben ik ook van plan, maar het probleem is, dan ga ik ineens weer door het lint en weet ik niet meer wat ik doe.'

Hij ging bij zijn broer en schoonzus wonen; ze hadden werk voor hem in Colorado. Zijn kaartje was door het gevangeniswezen verstrekt, dit was zijn bestemming voor zijn parooltijd. Het was een jonge knaap zoals Dean destijds; zijn bloed raakte te snel aan de kook, en dan ging hij door het lint; maar hij miste die vreemde, heilige bezieling om hem van zijn ijzeren lot te redden.

'Help me en zorg dat ik in Denver niet door het lint ga, oké, Sal? Misschien kom ik dan veilig bij mijn broer aan.'

Toen we in Denver aankwamen leidde ik hem bij de arm naar Larimer Street om het gevangeniskostuum naar de lommerd te brengen. De ouwe jood rook al wat het was voor hij het half had uitgepakt. 'Dat rotpak moet ik niet; die krijg ik alle dagen binnen van de jongens uit Canyon City.'

Larimer Street wemelde van de ex-gevangenen die hun bajesplunje probeerden te verkopen. Ten slotte liep Henry met dat geval nog in een papieren zak onder zijn arm in zijn splinternieuwe spijkerbroek en sporthemd rond. We gingen naar Deans oude stamkroeg in Glenarm Street – onderweg gooide Henry het pak in een vuilnisbak – en daar belde ik Tim Gray. Het was nu avond.

'Ben jij het?' grinnikte Tim Gray. 'Ik kom eraan.'

Binnen tien minuten beende hij de bar in met Stan Shephard. Ze waren allebei naar Frankrijk geweest en ontzettend ontevreden met hun bestaan in Denver. Ze genoten van Henry en kochten pils voor hem. Hij begon zijn gevangenisgeld links en rechts uit te geven. Ik was weer terug in de zachte, donkere Denverse nacht met zijn mystieke steegjes en krankzinnige huizen. We gingen alle bars in de stad af, de buitencafés op West Colfax Avenue, de zwarte bars in Five Points, de hele boel.

Stan Shephard wilde mij al jaren ontmoeten en nu waren we voor het eerst samen aan de vooravond van een grote onderneming. 'Sal, sinds ik uit Frankrijk terug ben heb ik geen idee wat ik met mezelf aanmoet. Is het waar dat jij naar Mexico gaat? Potverdomme, kan ik met je mee? Ik kan zo honderd dollar krijgen en als ik er eenmaal ben vraag ik een veteranenbeurs aan voor het Mexico City College.'

Oké, dat was afgesproken, Stan ging met me mee. Het was een lange, verlegen Denverse jongen met een enorme kuif en een brede oplichtersgrijns, traag, ontspannen als Gary Cooper in zijn bewegingen. 'Potverdomme!' zei hij, en met zijn duimen achter zijn riem banjerde hij breeduit heen en weer zwaaiend, maar heel traag door de straat. Hij had het met zijn grootvader aan de stok. Zijn grootvader was tegen de reis naar Frankrijk geweest en nu was hij tegen het plan om naar Mexico te gaan. Stan zwierf als een dakloze schooier door Denver vanwege die ruzie met zijn grootvader. Toen we die avond uitgedronken waren en Henry hadden tegengehouden toen hij door het lint dreigde te gaan in de Hot Shoppe op Colfax Avenue, struikelde Stan weg om in Henry's hotelkamer in Glenarm Street te gaan slapen. 'Ik kan niet eens laat thuiskomen – dan gaat mijn grootvader weer tegen me tekeer, daarna begint hij tegen mijn moeder. Eerlijk waar, Sal, ik word gek als ik niet snel uit Denver wegkom.'

Goed, ik logeerde bij Tim Gray en later regelde Babe Rawlins een mooi kelderkamertje voor me en daar waren we een week lang avond aan avond met z'n allen aan het feesten. Henry verdween naar zijn broer en we hebben hem nooit meer teruggezien en zullen nooit weten of iemand sindsdien nog tegen hem is gaan 'hinten', of ze hem in een stalen kot hebben opgesloten of dat hij 's avonds in vrijheid overkookt.

Tim Gray, Stan, Babe en ik brachten een week lang alle middagen in fantastische Denverse bars door waar de serveersters in lange broeken rondlopen – met verlegen, lieve ogen omdat het geen geharde serveersters zijn maar meisjes die verliefd worden op de klanten en explosieve affaires hebben en hijgend en zwetend en sappelend van de ene bar naar de andere trekken; en de avonden van diezelfde week luisterden we naar Jazz in Five Points, we zaten in wilde zwarte bars te drinken en bleven erna nog tot vijf uur 's morgens bij mij in de kelder doorkletsen. Rond het middaguur zaten we gewoonlijk lui achterover bij Babe in de achtertuin terwijl de Denverse kindertjes cowboytje en indiaantje speelden en zich uit de bloeiende kersenbomen bovenop ons lieten vallen. Ik had het geweldig naar mijn zin en de hele wereld ging voor me open omdat ik geen dromen had. Stan en ik probeerden Tim Gray mee te krijgen, maar Tim zat vastgebakken aan zijn leven in Denver.

Ik was al bijna gereed om naar Mexico te gaan toen Denver Doll op een avond plotseling belde en zei: 'Raad eens wie er naar Denver komt, Sal!' Ik had geen idee. 'Hij is al onderweg, ik heb het via via gehoord. Dean heeft een auto gekocht en is onderweg om met je mee te gaan.' Plotseling had ik een visioen van Dean, een brandende schuddende angstwekkende Engel die pulserend, als een wolk over de weg opdoemde, hij achtervolgde me met enorme snelheid, als de Gesluierde Reiziger op de vlakte kwam hij me steeds dichter op de hielen. Ik zag zijn enorme gezicht boven de prairie met die bezeten, benige vastbeslotenheid en de glinsterende ogen; ik zag zijn vleugels; ik zag zijn afgejakkerde ouwe strijdwagen met duizend vonkende steekvlammen erachteraan; ik zag het spoor dat hij in de weg schroeide; hij volgde zijn eigen weg en reed over korenvelden, dwars door steden, vernietigde bruggen, deed rivieren opdrogen. Hij kwam als Gods gram naar het westen. Ik wist dat Dean weer op tilt was gegaan. Hij zou geen kans zien een van beide vrouwen geld te sturen als hij al zijn spaargeld van de bank had opgenomen om een auto te kopen. Het hele kaartenhuis was ingestort. Achter hem rookten verkoolde ruïnes. Hij raasde weer westwaarts over het kreunende, afschuwelijke continent en zou spoedig hier zijn. We bereidden ons haastig op Deans komst voor. Volgens de berichten zou hij mij naar Mexico rijden.

'Denk je dat hij het goed vindt dat ik meega?' vroeg Stan vol ontzag.

'Ik praat wel met hem,' zei ik grimmig. We wisten niet waar we aan toe waren. 'Waar moet hij slapen? Wat moet hij eten? Zijn er meisjes voor hem?' Het was of Gargantua aanstonds zou arriveren; er moesten maatregelen worden getroffen om de goten van Denver te verbreden en bepaalde voorschriften te kortwieken om zijn gekwelde lijf vol berstende extase voldoende leefruimte te bieden.

3

Het was net een ouderwetse film toen Dean arriveerde. Het was een gouden middag en ik zat bij Babe thuis. Een kort woord over het huis. Haar moeder zat in Europa. De chaperonnerende tante heette Charity; ze was vijfenzeventig jaar en nog springlevend. Binnen de familie Rawlins, die over het hele Westen verspreid was, pendelde ze voortdurend tussen de diverse huizen heen en weer en maakte zich overal verdienstelijk. Ze had ooit tientallen zoons onder haar hoede gehad. Ze waren allemaal verdwenen, hadden haar allemaal in de steek gelaten. Ze was oud maar had belangstelling voor alles wat wij deden en zeiden. Ze schudde triest haar hoofd toen wij in de woonkamer whisky zaten te hijsen. 'Daarvoor zou je de tuin in kunnen gaan, jongeman.' Boven – het huis was die zomer een soort pension – woonde ene Tom die hopeloos verliefd was op Babe. Hij kwam uit Vermont, en was van rijke familie, zeiden ze, hij had daar een carrière en alles op zich wachten, maar hij bleef liever bij Babe in de buurt. 's Avonds zat hij met zijn gezicht gloeiend rood achter een krant in de woonkamer en hoorde alles wat wij zeiden maar liet niets merken. Hij bloosde vooral als Babe iets zei. Als we hem dwongen de krant te laten zakken keek hij ons met onpeilbare verveling en zielenpijn aan. 'Hè? O ja, dat denk ik ook.' Meer zei hij meestal niet.

Charity zat in haar hoek te breien en sloeg ons allen gade met haar vogeloogjes. Zij was de chaperonne, ze moest erop toezien dat er niet gevloekt werd. Babe zat giechelend op de bank. Tim Gray, Stan Shephard en ik hingen in stoelen. De arme Tom stierf duizend doden. Hij stond op, gaapte en zei: 'Nou, morgen is er weer een dag, welterusten,' en verdween naar boven. Babe zag niets in hem als minnaar. Ze was verliefd op Tim Gray; hij kronkelde als een aal om aan haar greep te ontsnappen. Zo zaten we op een zonnige middag tegen etenstijd bij elkaar toen Dean voor de deur stopte in zijn ouwe rammelkast en eruit sprong in een tweed kostuum met vest en horlogeketting.

'Hups! hups!' hoorde ik buiten op straat. Hij was met Roy Johnson, die net uit Frisco was teruggekomen met zijn vrouw Dorothy en weer in Denver woonde. Evenals Ed en Galatea Dunkel, en Tom Snark. Iedereen zat weer in Denver. Ik liep de veranda op. 'Zo zo, jongen,' zei Dean zijn grote hand uitstekend. 'Alles kits voor mekaar hier, zie ik. Hallo hallo hallo,' zei hij tegen iedereen. 'O ja, Tim Gray, Stan Shephard, hoe is het?' We stelden hem voor aan Charity. 'O ja, aangenaam. Dit is mijn vriend Roy Johnson, hij was zo vriendelijk mij te vergezellen, harrumf! hoeps! jak! jak! Majoor Hoople, aangenaam,' zei hij zijn hand uitstekend naar Tom, die hem met open mond aanstaarde. 'Ja ja, ja ja. Nou, Sal, ouwe jongen, wat doen we, wanneer gaan we naar Mexico? Morgenmiddag? Prima, prima. Ahum. En nu heb ik exact zestien minuten om naar Dunkels huis te gaan, Sal, alwaar ik mijn oude spoorhorloge zal ophalen om het voor sluitingstijd naar de lommerd te brengen in Larimer Street, daarna vlieg ik even heel snel en zo grondig als de tijd mij toestaat de straat af om te kijken of mijn ouweheer toevallig in Jigg's Buffet of een van de andere bars zit en daarna heb ik een afspraak met de kapper die ik volgens Doll moet beklanten en daar ik in de loop der jaren zelf ook niet ben veranderd hou ik de oude lijn vast – jak! jak! Om zes uur precíes! – precies, hoor je me? – moet je zorgen dat je hier bent want dan kom ik langsgieren om je op te halen voor een snelle rit naar Roy Johnson om daar wat Gillespie en allerhande bop te draaien, een uur van ontspanning voorafgaande aan willekeurig wat voor avond jij en Tim en Stan en Babe eventueel hebben gepland zonder daarbij rekening te houden met mijn aankomst die overigens precies drie kwartier geleden plaatsgreep in mijn oude Ford '37 die je daar geparkeerd ziet staan, ik heb het gehaald met één lange stop in Kansas City om mijn neef te zien, niet Sam Brady maar de jongere...' En terwijl hij al die dingen zei was hij in de alkoof van de woonkamer nauwelijks uit het zicht van iedereen druk bezig zijn colbert voor een T-shirt te wisselen en zijn horloge over te hevelen naar een andere broek die hij uit dezelfde gebutste oude koffer opdiepte.

'En Inez?' zei ik. 'Wat is er in New York gebeurd?'

'Officieel maak ik deze trip voor een Mexicaanse scheiding, Sal, goedkoper en sneller gaat het nergens. Ik heb eindelijk toestemming van Camille en alles is rond, alles is voor mekaar, alles is prima geregeld en we weten dat we nu absoluut nergens mee zitten, oké, Sal?'

Nou ja, oké, ik ben altijd bereid Dean te volgen, we gingen allemaal druk in de weer met de nieuwe plannen en organiseerden een flinke avond uit; het werd een onvergetelijke avond. Er was een feest bij de broer van Ed Dunkel. Twee andere broers van hem zijn buschauffeur. Ze sloegen het hele gebeuren daar vol ontzag gade. De tafel was beladen met heerlijkheden, taarten, drank. Ed Dunkel zag er gelukkig en welvarend uit. 'Zo, ben je nu helemaal gesetteld met Galatea?'

'O ja,' zei Ed, 'nou en of. Ik ga binnenkort naar de universiteit, weet je, met Roy.'

'Wat ga je studeren?'

'O, sociologie en aanverwante zaken, weet je wel. Die Dean wordt met het jaar gekker, hè?'

'O ja, dat wordt hij zeker.'

Galatea Dunkel was er ook. Ze probeerde met iemand te praten, maar Dean eiste alle aandacht voor zich op. Hij stond op te treden voor Shephard, Tim, Babe en mijzelf, die allemaal naast elkaar op keukenstoelen langs de muur zaten. Ed Dunkel drentelde nerveus achter hem rond. Zijn arme broer werd helemaal op de achtergrond gedrongen. 'Hups! hups!' zei Dean aan zijn shirt trekkend, over zijn buik wrijvend, op en neer springend. 'Ja ja, nou eh – we zijn nu met zijn allen bij mekaar en de jaren zijn een voor een voorbijgegaan maar toch zie je dat niemand van ons echt veranderd is, dat is het verbazingwekkende, de be- de be-sten-digheid – om dat aan te tonen heb ik hier een spel kaarten waarmee ik uiterst accuraat allerlei toekomsten kan voorspellen.' Het waren de vieze kaarten. Dorothy en Roy Johnson zaten stijfjes in een hoek. Het was een treurig feest. Toen werd Dean ineens stil, hij ging op een keukenstoel tussen mij en Stan zitten en staarde met een verbaasde stenen hondenblik recht voor zich uit zonder aan iemand nog enige aandacht te schenken. Hij verdween gewoon even om nieuwe energie te vergaren. Als je hem aanraakte zou hij gaan wankelen als een rotsblok dat op een steentje boven de rand van een afgrond balanceert. Hij zou ofwel omlaagstorten of als een steen blijven wankelen. Toen explodeerde het rotsblok tot een bloem en brak zijn gezicht open in een stralende glimlach, hij keek om zich heen alsof hij net was ontwaakt en zei: 'Ah, kijk toch wat een aardige mensen er om me heen zitten. Is dat niet geweldig! Goh, Sal, dat zei ik pas nog tegen Min, goh, nou, uh, ja!' Hij stond op en liep met uitgestoken hand door de kamer naar een van de buschauffeurs in het gezelschap. 'Aangenaam. Ik heet Dean Moriarty. Ja, ik herinner me je nog heel goed. Alles goed? Zo, zo. Kijk eens wat een prachtige taart. O, mag ik een stukje proeven? Kleine ikke? Een miserabele sloeber als ik?' Eds zuster zei van ja. 'O, wat geweldig. De mensen zijn zo aardig allemaal. Taarten en allerhande lekkers op tafel en dat allemaal terwille van de kleine genietingen des levens. Hmmm, oo, heerlijk, voortreffelijk, harrumf, hoeps!' Hij stond heen en weer zwaaiend midden in de kamer zijn taart te eten en keek iedereen vol ontzag aan. Hij draaide zich om en keek achter zich. Hij verbaasde zich over alles wat hij zag. De mensen stonden in groepjes over het vertrek verspreid te praten en hij zei: 'Jazeker! Zo is het!' Een schilderij aan de muur deed hem aandachtig verstarren. Hij liep ernaartoe om het van dichterbij te bekijken, stapte achteruit, bukte, sprong op, hij wilde het van alle mogelijke niveaus en hoeken bekijken, trok 'Sodeju!' roepend aan zijn T-shirt. Hij had geen idee wat voor indruk hij maakte en gaf er nog minder om. De mensen begonnen Dean nu met een moederlijke en vaderlijke gloed van affectie op hun gezichten gade te slaan. Hij was eindelijk een Engel geworden, zoals ik altijd al had geweten; maar zoals alle Engelen had hij nog altijd aanvallen van razernij en furie, en toen we die avond na het feest met ons allen in een grote brullende bende naar de bar van het Windsor trokken, werd Dean manisch, demonisch, serafijns dronken.

Vergeet niet dat het Windsor, ooit Denvers grote Goudkoortshotel en in veel opzichten een interessante plek – in de grote bar beneden zitten er nog steeds kogelgaten in de muren – vroeger Deans huis was geweest. Hij had er met zijn vader in een van de kamers boven gewoond. Hij was hier geen toerist. Hij stond hier in de bar te drinken als de geest van zijn vader; hij goot wijn, bier en whisky naar binnen of het water was. Hij liep rood aan en begon te zweten, hij stond brallend en joelend aan de bar, waggelde over de dansvloer waar een stel wildwestfiguren met meisjes danste en piano probeerde te spelen, omarmde ex-gevangenen en brulde met ze mee in het tumult. Intussen zat ons hele gezelschap rond twee reusachtige aaneengeschoven tafels. Denver D. Doll was erbij, Dorothy en Roy Johnson, een vriendin van Dorothy uit Buffalo, Wyoming, Stan, Tim Gray, Babe, ik, Ed Dunkel, Tom Snark en diverse anderen, dertien in totaal. Doll vermaakte zich geweldig: hij pakte een pinda-automaat, zette hem voor zich op tafel en gooide er aldoor centen in en at pinda's. Hij stelde voor om allemaal wat op een ansicht te schrijven en die naar Carlo Marx in New York te sturen. We schreven de gekste dingen op. De vioolmuziek jengelde door nachtelijk Larimer Street. 'Wat een avond, hè?' riep Doll. Dean en ik beukten in het herentoilet met onze vuisten op de deur om hem in te slaan maar hij was wel drie centimeter dik. Ik brak een botje in mijn middelvinger en merkte het de volgende ochtend pas. We waren stinkend dronken. Er stonden wel vijftig glazen bier op onze twee tafels. Je hoefde er alleen maar omheen te rennen en van elk glas een teugje te nemen. Ex-gevangenen uit Canyon City stonden wankelend met ons te zwetsen. In de hal voor de bar zaten ouwe goudzoekers dromerig op hun stokken geleund onder de tiktakkende oude klok. Ze hadden dit soort razende toestanden in betere tijden meegemaakt. Alles was in rep en roer. Er waren her en der feesten aan de gang. Er was zelfs een feest in een kasteel waar we met zijn allen heen reden – behalve Dean, die ergens anders naartoe holde – en in dat kasteel zaten we aan een grote tafel in de hal te schreeuwen. Buiten was een zwembad met wat grotten. Ik had eindelijk het kasteel ontdekt waar de grote wereldslang elk ogenblik zijn kop kon opsteken.

En laat in de nacht zaten Dean en ik, Stan Shephard, Ed Dunkel, Tim Gray en Tom Snark samen in één wagen met de hele wereld voor ons. We gingen naar de Mexicaanse wijk, we gingen naar Five Points, we bleven rondzwieren. Stan Shephard was buiten zichzelf van vreugde. 'Sodemíeter! Potverdómme!' riep hij aldoor met een hoge piepstem en kletste op zijn knieën. Dean was weg van hem. Hij herhaalde alles wat Stan zei en wiste zich oei oei roepend het zweet van het gezicht. 'Dat zal me een kick worden, Sal, samen met die goof naar Mexico! Jawel hoor!' Het was onze laatste nacht in het bezielde Denver, we maakten er een wilde bedoening van. Het eindigde met wijn bij kaarslicht in de kelder, terwijl Charity boven in haar nachtpon met een zaklantaarn rondsloop. We hadden nu een kleurling op sleeptouw die zichzelf Gomez noemde. Hij zwalkte wat in Five Points rond en zat helemaal nergens mee. Toen we hem zagen riep Tommy Snark: 'Hé, heet jij soms Johnny?'

Gomez liep alleen even terug, passeerde ons nogmaals en zei: 'Wil je nu even herhalen wat je net zei?'

'Ik zei ben jij de vent die ze Johnny noemen?'

Gomez slenterde terug en probeerde het nog eens. 'Lijkt het er nu wat meer op? Ik doe mijn best om Johnny te zijn maar het lukt me niet erg.'

'Nou, man, kom maar met ons mee dan!' schreeuwde Dean, Gomez sprong in de wagen en we reden weg. In de kelder zaten we heftig te fluisteren om de buren niet te storen. Om negen uur 's morgens was iedereen vertrokken behalve Dean en Stan Shephard, die nog steeds als gekken zaten te ratelen. De mensen stonden al op om hun ontbijt te maken en hoorden bizarre onderaardse stemmen: 'Ja! Ja!' Babe maakte een reusachtig ontbijt klaar. Het werd tijd om van start te gaan naar Mexico.

Dean reed de wagen naar het dichtstbijzijnde benzinestation om alles te laten nakijken. Het was een Ford Sedan '37 waarvan het rechterportier uit de scharnieren hing en aan de deurstijl was vastgebonden. De rechtervoorstoel was ook kapot, je zat achterovergeleund met je gezicht naar het voddige dak. 'Net als Min en Bill,' zei Dean. 'We gaan hoestend en hotsend helemaal naar Mexico, het gaat dagen en dagen duren.' Ik keek op de kaart: in totaal meer dan zestienhonderd kilometer, grotendeels Texas, tot Laredo aan de grens, dan nog eens 1227 kilometer door heel Mexico naar de grootse stad niet ver van de gebarsten Isthmus en de pieken van Oaxaca. Ik kon me deze reis niet voorstellen. Het was de meest fantastische trip van al. Niet langer Oost-West maar naar het magische zúiden. We hadden een visioen waarin het hele westelijk halfrond zich granietscherp helemaal tot aan Vuurland aftekende en wij over de curve van de aardbol de tropen en andere werelden binnensuisden. 'Man, man, dit gaat het ten slotte helemaal worden!' zei Dean met stellige overtuiging. Hij tikte me op de arm. 'Wacht maar eens af. Hoehoe-wie!'

Ik ging met Stan Shephard mee zijn laatste zaken in Denver afhandelen en ontmoette zijn arme grootvader, hij stond in de deur van zijn huis en zei niks dan 'Stan-Stan-Stan'.

'Wat is er, opa?'

'Ga niet weg.'

'Toe, het is afgesproken, ik móet nu wel gaan; waarom doet u nou zo?' De oude man had grijs haar en grote amandelvormige ogen en een hysterisch gespannen nek.

'Niet weggaan, Stan,' zei hij eenvoudig. 'Maak je oude grootvader nou niet aan het huilen. Laat me niet weer alleen.' Ik vond het hartverscheurend.

'Dean,' zei de oude man, zich tot mij richtend, 'je mag Stan niet van me afnemen. Ik ging altijd met hem naar het park toen hij klein was en vertelde hem over de zwanen. Toen is zijn zusje in diezelfde vijver verdronken. Ik wil niet dat je mijn jongen meeneemt.'

'Niks ervan,' zei Stan. 'We gaan nu weg. Dag.' Hij worstelde om aan zijn greep te ontsnappen.

Zijn grootvader pakte hem bij de arm. 'Stan, Stan, Stan, ga niet weg, ga niet weg, ga niet weg.'

We vluchtten met gebogen hoofd, de oude man stond nog steeds in de deur van zijn huisje in die zijstraat met de kralengordijnen in de deuropeningen en het bultige meubilair in de zitkamer. Hij zag wit als een doek. Hij riep Stan nog steeds na. Er school een zekere verlamming in zijn bewegingen, hij maakte geen aanstalten van de deur weg te lopen, hij stond er maar 'Stan, Stan, ga niet weg' te prevelen en keek ons bezorgd na terwijl we de hoek omgingen.

'God, Shep, ik weet niet wat ik moet zeggen.'

'Laat maar!' kreunde Stan. 'Zo is hij altijd bezig.'

We ontmoetten Stans moeder in de bank, bezig geld voor hem op te nemen. Het was een lieve witharige vrouw, nog erg jong van uiterlijk. Ze stond met haar zoon op de marmeren vloer van de bank en praatte fluisterend met hem. Stan droeg een spijkerpak, compleet met jack, hij zag er beslist uit als iemand die naar Mexico gaat. Hier in Denver had hij een leven vol warme genegenheid, en nu ging hij op pad met Dean de ziedende aspirant. Dean kwam de hoek om en ontmoette ons net op tijd. Mevrouw Shephard stond erop met ons alle drie koffie te gaan drinken.

'Pas goed op mijn Stan,' zei ze. 'Je weet maar nooit wat er in dat land kan gebeuren.'

'We zullen allemaal goed op elkaar passen,' zei ik. Stan wandelde met zijn moeder voor ons uit, ik liep achter hen aan met de bezeten Dean; hij vertelde me over de opschriften op de wc-muren in het Oosten en in het Westen.

'Ze zijn totaal verschillend; in het Oosten maken ze grappen en flauwe opmerkingen en voor de hand liggende toespelingen, scatologische fragmentjes en tekeningen; in het Westen schrijven ze alleen hun naam op – Red O'Hara uit Blufftown, Montana, is hier geweest, datum, heel plechtig allemaal, zoals Ed Dunkel, bijvoorbeeld, en de reden is de enorme eenzaamheid die net even een graadje anders wordt als je de Mississippi oversteekt.' Nou, voor ons uit liep zo'n eenzame eenling, want Shephards moeder was een geweldige moeder en ze vond het vreselijk haar zoon te zien vertrekken maar ze wist dat hij moest gaan. Ik zag dat hij zijn grootvader ontvluchtte. Wat een drietal – Dean op zoek naar zijn vader, de mijne dood, Stan op de vlucht voor zijn opa, met zijn drieën het onbekende duister in. Hij kuste zijn moeder tussen de jachtende mensen in 17th Street, ze nam een taxi en zwaaide naar ons. Dag, dag.

We stapten bij Babe thuis in de wagen en namen afscheid van haar. Tim reed met ons mee naar zijn huis buiten de stad. Babe zag er die dag prachtig uit; haar haar was lang en blond, Zweeds, haar sproeten fonkelden in de zon. Ze zag er precies uit zoals ze als klein meisje was geweest. Haar ogen waren omfloerst. Misschien zou ze zich later met Tim bij ons voegen – maar dat deed ze niet. Dag, dag.

We raasden weg. We lieten Tim in de prairie buiten de stad op zijn erf achter en ik keek achterom om Tim Gray te zien terugwijken op de vlakte. Die vreemde figuur stond ons twee volle minuten na te kijken met God weet wat voor treurige gedachten in zijn hoofd. Hij werd steeds kleiner, en nog stond hij er roerloos met één hand aan de waslijn, als een schipper, ik zat gedraaid in mijn stoel om Tim Gray te blijven zien tot er niets over was dan een groeiende afwezigheid in de open ruimte, die naar het oosten uitzag op Kansas en helemaal naar mijn huis in Atlantis leidde.

Nu richtten we de ratelende snuit van onze wagen naar het zuiden en zetten we koers naar Castle Rock, Colorado, terwijl de zon al rood werd en de rotsige bergen in het westen gloeiden als een brouwerij in Brooklyn in de herfstschemer. Hoog in die paars overschaduwde rotsen liep iemand eindeloos voort, maar we konden hem niet zien, misschien was het de oude man met het witte haar wiens aanwezigheid ik jaren geleden tussen de pieken had gevoeld. Jack uit Zacatecas. Maar hij naderde me steeds dichter, bleef nog maar net achter me. En Denver week achter ons terug als de stad van zout, haar rookpluimen dwarrelden uiteen in de lucht en vervlogen uit het zicht.

4

Het was mei. En hoe kan een vertrouwde middag in Colorado met zijn boerderijen en irrigatiekanalen en schaduwrijke valleitjes – plekjes waar kleine jongetjes gaan zwemmen – een insect voortbrengen als het insect dat Ṣtan Shephard stak? Hij zat met zijn arm over de kapotte deur geleund en praatte opgewekt toen er plotseling een insect op zijn arm neerstreek en er een lange angel indreef zodat hij het uitjammerde. Het beest kwam zomaar op een Amerikaanse middag aangevlogen. Stan rukte meppend zijn arm weg en pulkte de angel eruit, en binnen enkele minuten begon zijn arm pijnlijk te zwellen. Dean en ik snapten er niets van. We moesten maar afwachten om te kijken of het gezwel zou slinken. Daar waren we dan, op weg naar onbekende zuidelijke streken, en nog geen vijf kilometer buiten hun vertrouwde woonplaats, die armoedige ouwe stad van vroeger, rees er een vreemd koortsverwekkend exotisch insect op uit een geheime broedplaats van bederf en vulde onze harten met vrees. 'Wat was dat voor een beest?'

'Ik heb nooit gehoord van een insect hier in deze omgeving dat zo'n gezwel kan veroorzaken.'

'Verdomme!' Het gaf de trip een sinister, onheilspellend karakter. We reden door. Stans arm werd erger. We zouden bij het eerste het beste ziekenhuis stoppen om hem een penicilline-injectie te laten geven. We kwamen door Castle Rock, arriveerden bij het vallen van de avond in Colorado Springs. De grote schim van Pikes Peak doemde rechts van ons op. We rolden over de snelweg naar Pueblo. 'Ik heb duizenden keren over deze weg gelift,' zei Dean. 'Achter dat prikkeldraadhek daar heb ik me 's nachts een keer verborgen toen ik zomaar zonder reden ineens heel bang werd.'

We besloten alle drie ons levensverhaal te vertellen, maar een voor een, Stan eerst. 'We hebben nog een heel eind voor de boeg,' zei Dean vooraf, 'dus je moet overal aan toegeven en op elk detail ingaan dat je kunt bedenken – en dan wordt nog alles niet verteld. Rustig, rustig aan,' waarschuwde hij Stan, die zijn verhaal was begonnen, 'je moet het heel ontspannen doen.' Stan ging aan het vertellen terwijl we door het donker schoten. Hij begon met zijn ervaringen in Frankrijk maar om de steeds toenemende verwikkelingen tot een sluitend geheel te maken ging hij terug naar vroeger en begon met zijn jeugd in Denver. Hij en Dean vergeleken de keren dat ze elkaar op de fiets hadden zien rondracen. 'Eén keer ben je vergeten, dat weet ik zeker - de Arapahoe Garage, weet je nog? Ik stuiterde een bal naar je op de hoek en jij sloeg hem met je vuist naar me terug en toen rolde hij in een put. Zesde klas, weet je het nu weer?' Stan was nerveus en koortsig. Hij wilde Dean alles vertellen. Dean was nu arbiter, wijze oude man, beoordelaar, goedkeurend knikkende toehoorder. 'Ja ja, ga door.' We kwamen door Walsenburg; plotseling kwamen we door Trinidad, waar Chad King ergens van de weg af met misschien nog een handjevol antropologen bij een kampvuur zat en zoals altijd vertelde ook hij zijn levensverhaal zonder het flauwste vermoeden dat wij op datzelfde moment over de snelweg langskwamen, op weg naar Mexico, bezig met ons eigen levensverhaal. O, droeve Amerikaanse nacht! Toen waren we in New Mexico, we passeerden de ronde rotsen van Raton en stopten bij een wegrestaurant, we hadden een razende trek in hamburgers en wikkelden er nog een paar in een servetje om die later over de grens op te eten. 'Nu hebben we de hele staat Texas verticaal voor ons, Sal,' zei Dean. 'We zijn er al eens horizontaal doorheen gekomen. Dit duurt minstens even lang. Over een paar minuten zijn we in Texas en we zijn er pas morgen om deze tijd doorheen en dan rijden we aan één stuk door. Denk je dat eens in.'

We reden door. Voorbij de immense nachtvlakte lag de eerste stad in Texas, Dalhart, waar ik in 1947 doorheen was gekomen. De stad lag glinsterend op de donkere vloer van de aarde, tachtig kilometer van ons vandaan. Onder het maanlicht lag een landschap van mesquite en woeste leegte. De maan stond aan de horizon. Ze dijde verder uit, werd reusachtig groot en roestgeel, verzachtte verder voortwentelend, tot de morgenster met haar ging wedijveren en er dauw door de raampjes naar binnen woei en we reden nog steeds. Van Dalhart – een lege stad als een stel koekblikken – rolden we door naar Amarillo, arriveerden er in de morgen tussen de verwaaide grassen van noordelijk Texas die nog maar enkele jaren geleden rond een verzameling indianententen golfden. Nu stonden er benzinestations en splinternieuwe jukeboxen met immense barokke voorgevels en afschuwelijke muziek als je er een dubbeltje ingooide. Het hele eind van Amarillo naar Childress stampten Dean en ik Stans hoofd vol met plots van boeken die we hadden gelezen, want hij wilde er alles van weten. In Childress namen we in de hete zon een secundaire weg pal naar het zuiden en gierden door een desolate woestenij naar Paducah, Guthrie en Abilene, allemaal nog in Texas. Nu moest Dean slapen, Stan en ik zaten voorin en reden verder. De oude wagen ploeterde loeiend en hotsend voort. Enorme wolken gruis woeien ons van de glinsterende open ruimte tegemoet. Stan ratelde maar door met verhalen over Monte Carlo en Cagnes-sur-Mer en zeeblauw Menton waar mensen met donkere gezichten tussen de witte muren rondliepen.

Texas is niet te negeren: we kropen traag Abilene binnen en werden allemaal wakker om het te zien. 'Stel je voor dat je hier woont, vijftienhonderd kilometer van de dichtstbijzijnde grote stad. Hoeps hoeps, daar bij de spoorlijn, het ouwe Abilene, daar laadden ze de koeien op de trein en dan maar zuipen en herrie trappen. Opgepast!' riep Dean uit het raampje, met zijn mond vertrokken als W.C. Fields. Hij gaf niets om Texas of waar dan ook. Roodaangelopen Texanen haastten zich voort over de schroeihete trottoirs, ze schonken geen aandacht aan Dean. We stopten ten zuiden van de stad langs de snelweg om wat te eten. De avondschemer leek miljoenen kilometers ver weg toen we weer op weg gingen naar Coleman en Brady – het hart van Texas, enkel een woestenij van struiken met hier en daar een huis aan een dorstige kreek en kilometers lange zandwegen naar nergens en eindeloze hitte. 'Die adobehuisjes van Mexico zijn nog een heel eind weg,' zei Dean slaperig van de achterbank, 'dus stug doorrijen, jongens, dan zijn we morgenvroeg al señoritas aan het zoenen want die ouwe Ford wil best lopen als je haar zachtjes toespreekt en rustig aandoet – alleen valt de achterkant er zowat af maar daar maken we ons geen zorgen over voor we er zijn.' Hij ging slapen.

Ik nam het stuur over en reed naar Fredericksburg, en hier kruiste ik weer een oude route, het was de plek waar Marylou en ik hand in hand hadden gezeten op die besneeuwde morgen in 1949 – waar was Marylou nu? 'Spelen!' riep Dean in zijn slaap, hij droomde vast van jazz in Frisco en misschien de Mexicaanse mambo van straks. Stan praatte maar door; Dean had hem de vorige avond opgedraaid en nu hield hij nooit meer op. Hij was nu in Engeland, vertelde over liftavonturen op de Engelse wegen, van Londen naar Liverpool, lang haar, broek aan rafels, vreemde Britse vrachtrijders die hem liften gaven in de sombere Europese verlatenheid. We hadden allemaal rode ogen van de aanhoudende mistralwinden in het ouwe taaie Texas. We voelden ons alle drie hol van binnen maar we wisten dat we er zouden komen, zij het langzaam. De auto haalde sidderend van inspanning net aan zestig. Na Fredericksburg daalden we af van het grote westelijke plateau. Er sloegen motten tegen de voorruit. 'Nou komen we in de warmere streken, jongens, het land van de ratten en de tequila. Dit is de eerste keer dat ik zo ver in het zuiden van Texas geweest ben,' voegde Dean er vol verwondering aan toe. 'Sodeju! hier gaat die ouwe van me 's winters heen, de linke ouwe schooier.'

Plotseling reden we in absoluut tropische hitte onder aan een acht kilometer lange helling, voor ons uit zagen we de lichtjes van San Antonio. Je voelde dat dit vroeger inderdaad allemaal Mexicaans gebied was geweest. De huizen langs de weg waren anders, de benzinestations havelozer, minder lantaarns. Dean nam verrukt het stuur over om ons San Antonio binnen te rijden. We reden de stad binnen door een wildernis van zuidelijke gammele Mexicaanse huisjes zonder kelders met oude schommelstoelen op de veranda. We stopten bij een chaotisch benzinestation voor een smeerbeurt. Er stonden allerlei Mexicanen in het hete licht van de gloeilampen die zwart zagen van de zomerse insecten hier in de laagte; ze graaiden omlaag in een koelkast vol limonade, haalden flesjes bier naar boven en gooiden het geld naar de bediende. Er drentelden hele families met flesjes rond. Overal stonden houten huisjes en neerhangende bomen in een geur van wilde kaneel. Er kwamen ongehoord knappe Mexicaanse grietjes met hun vriendjes langs. 'Hoehoe!' riep Dean. 'Sí sí! Mañana!' Van alle kanten klonken allerlei soorten muziek. Stan en ik dronken diverse flesjes bier en kregen de hoogte. We waren Amerika al bijna uit en toch absoluut nog in Amerika, in het midden waar het pas echt wild toegaat. Er scheurden opgevoerde brikken voorbij. San Antonio, Ahaaaa!

'Goed, mannen, luisteren – we kunnen net zo goed een paar uurtjes in San Antone gaan stappen, we gaan een kliniek voor Stans arm zoeken en dan gaan wij samen deze straten hier eens goed bekijken, Sal – moet je die huizen aan de overkant zien, je kunt zo in de voorkamer kijken – knappe dochter lekker lui op de sofa met weekblad *True Love*, hoewie! Kom op!'

We reden een poosje doelloos rond en vroegen mensen naar de dichtstbijzijnde polikliniek. Het was vlak bij het centrum dat er strakker en Amerikaanser uitzag, diverse semi-wolkenkrabbers, een hoop neon, grote drugstores, maar de auto's raasden uit het omringende duister de stad door alsof er geen verkeersregels waren. We parkeerden de wagen op de oprijlaan van het ziekenhuis en ik ging met Stan op zoek naar een dokter terwijl Dean zich in de wagen verkleedde. De hal van het ziekenhuis zat vol arme Mexicaanse vrouwen, sommige zwanger, andere ziek of met zieke kleine kindertjes. Het was een triest gezicht. Ik dacht aan de arme Terry en vroeg me af wat zij op dit moment deed. Stan moest een heel uur wachten voor er een dokter naar zijn gezwollen arm kwam kijken. Er was een naam voor de infectie die hij had, maar we deden geen van allen moeite de naam uit te spreken. Ze gaven hem een penicilline-injectie.

Intussen gingen Dean en ik erop uit om de straten van Mexicaans San Antonio te verkennen. De lucht was geurig, zacht – zachter dan waar ook ter wereld – donker en mysterieus, vol gegons. Gestalten van meisjes met witte halsdoeken doemden abrupt op in het gonzende duister. Dean sloop voort zonder een woord te zeggen. 'O, het is veel te mooi om iets te ondernemen!' fluisterde hij. 'Laten we alleen stilletjes rondsluipen om alles goed te zien. Kijk! Kijk, wat een te gekke biljarttent.' We gingen naar binnen. Een stuk of tien jongens waren op drie tafels aan het biljarten, allemaal Mexicanen. Dean en ik bestelden een Coke en gooiden stuivers in de jukebox, we draaiden Wynonie Blues Harris, Lionel Hampton en Lucky Milinder en stonden erbij te swingen. Intussen maande Dean me om goed op te letten.

'Let op, kijk uit je ooghoeken opzij terwijl we Wynonie de loftrompet over zijn liefje horen afsteken en tegelijk ook die heerlijke zachte lucht opsnuiven waar jij het over had – moet je dat joch daar zien, dat kreupele joch dat aan de eerste tafel staat te biljarten, hij is het mikpunt van alle grappen hier, weet je wel, zijn hele leven al. Die andere gasten zijn genadeloos en toch mogen ze hem echt graag.'

Het kreupele joch was een soort misvormde dwerg met een prachtig enorm groot gezicht, veel te groot, met reusachtige bruine vochtig glanzende ogen erin. 'Zie je dat, Sal, een Mexicaanse Tom Snark hier in San Antonio, het is overal hetzelfde. Zie je wel, ze slaan hem met de keu op zijn kont. Hahaha! hoor ze eens lachen. Hij wil dit partijtje winnen, zie je, hij heeft vier duppies ingezet. Kijk! Kijk!' We keken hoe de engelachtige jonge dwerg aanlegde voor een bandstoot. Hij miste. De andere jongens brulden van het lachen. 'Man, man,' zei Dean, 'kijk nou toch.' Ze hadden het kleine joch in zijn nekvel en begonnen speels met hem te sollen. Hij piepte. Hij liep op stijve benen de nacht in, maar niet zonder met een verlegen, lieve glimlach om te kijken. 'O man, wat zou ik dat te gekke gozertje graag leren kennen, ik zou dolgraag willen weten wat hij denkt en wat voor meiden hij versiert – o, ik word high van die lucht hier, man!' We drentelden naar buiten en liepen door diverse, donkere, geheimzinnige straten. Ontelbare huisjes gingen schuil achter welig tierende, oerwoudachtige tuinen; we vingen hier en daar een glimp op van meisjes in voorkamers, meisjes op veranda's, meisjes met jongens in de bosjes. 'Nooit geweten dat het zo'n wilde bedoening was in San Antonio! Stel je voor hoe het in Mexico zal zijn! Kom op, laten we gaan! Kom op!' We renden terug naar het ziekenhuis. Stan was klaar en zei dat hij zich veel beter voelde. We sloegen onze armen om hem heen en vertelden hem wat we allemaal gedaan hadden.

Nu waren we gereed voor de laatste tweehonderd kilometer

naar de magische grens. We sprongen in de wagen en weg waren
we. Ik was nu zo uitgeput dat ik de hele rit via Dilley en Encinal
naar Laredo doorsliep en pas wakker werd toen ze de wagen om
twee uur 's morgens voor een lunchbar parkeerden. 'Ah,' zuchtte
Dean, 'het einde van Texas, het einde van Amerika, hier houdt onze kennis op.' Het was ontzettend warm: we zweetten liters. Er
was geen nachtelijke dauw, geen zuchtje frisse lucht, niets dan miljoenen motten die overal tegen lampen petsten en de diepe ranzige geur van een warme rivier dichtbij in het donker – de Rio
Grande, die in de koele valleien van de Rocky Mountains begint
en wereldwijde valleien vormt voor haar warme water met de
modder van de Mississippi samenvloeit in de brede Golf van
Mexico.

Laredo zag er die ochtend sinister uit. Taxichauffeurs en allerlei
grensgespuis schuimden de straten af naar klandizie. Er was niet
veel te verdienen; het was te laat. Dit was de droesem onder in
Amerika, de bodem waar alle zware jongens terechtkomen, waar
stuurloze lieden heen moeten om dicht bij een zeker elders te zijn
waar ze ongemerkt kunnen wegglippen. Er broeide contrabande
in de zware stroopdikke atmosfeer. De smerissen hadden roodaangelopen, zwetende, norse gezichten, geen bravoure. De serveersters waren vettig en chagrijnig. Even verderop voelde je de
reusachtige aanwezigheid van het hele enorme Mexico en rook je
haast de miljoenen tortilla's die rokend in de nacht lagen te bakken. We hadden geen idee hoe Mexico er echt uit zou zien. We
waren weer op zeeniveau, en toen we wat probeerden te eten konden we het nauwelijks door onze keel krijgen. Ik wikkelde het toch
maar in servetjes voor onderweg. We voelden ons afschuwelijk en
treurig. Maar alles veranderde toen we de mysterieuze brug over
de rivier overstaken en de autowielen officieel Mexicaans gebied
opreden, al was het maar de oprit naar de grenscontrole. Aan de
overkant van de straat begon Mexico. We keken er nieuwsgierig
naar. Tot onze verbazing zag het er volkomen Mexicaans uit. Het
was drie uur 's morgens, en er hingen tientallen kerels met strohoeden en witte broeken tegen haveloze, pokdalige winkelgevels.
'Kijk-die-gasten-daar!' fluisterde Dean. 'Oho,' bromde hij

zachtjes, 'bekijk het even.' De Mexicaanse beambten kwamen grijnzend naar buiten en vroegen of we alstublieft onze bagage wilden uitladen. Dat deden we. We konden onze ogen niet van de overkant afhouden. We popelden om er meteen heen te rennen en verdwaald te raken in die mysterieuze Spaanse straten. Het was louter Nuevo Laredo maar voor ons zag het eruit als de heilige stad Lhasa. 'Man man, die gasten blijven de hele nacht op,' fluisterde Dean. We haastten ons om de papieren in orde te krijgen. We werden gewaarschuwd geen kraanwater te drinken nu we over de grens waren. De Mexicanen inspecteerden onze bagage met een half oog. Ze leken helemaal niet op beambten. Ze waren lui en goedmoedig. Dean bleef ze maar aanstaren. Hij keerde zich naar mij. 'Zie je hoe de *smerissen* in dit land zijn! Ik kan het haast niet geloven!' Hij wreef zijn ogen uit. 'Ik droom.' Toen was het tijd om ons geld te wisselen. We zagen grote stapels pesos op een tafel en ontdekten dat er acht in een Amerikaanse dollar gingen, zoiets in ieder geval. We wisselden bijna al ons geld en propten de dikke rollen verrukt in onze zakken.

5

Toen wendden we onze blikken verlegen en nieuwsgierig naar Mexico terwijl die tientallen Mexicaanse gasten ons vanonder hun geheime hoedranden gadesloegen in het nachtelijk duister. Verderop klonk muziek en zagen we nachtrestaurants waar rook door de deur naar buiten wolkte. 'Woe,' fluisterde Dean heel zachtjes.

'Dassalles!' grijnsde een van de Mexicaanse beambten. 'Alles in orde, jongens. Vooruit maar. Welkom in Meggico. Veel plezier. Pas op je geld. Pas op met rijden. Ik zeg dit persoonlijk, ik heet Red, iedereen noemt mij Red. Vraag naar Red. Goed eten. Geen zorgen. Alles prima. Veel plezier is niet moeilijk in Meggico.'

'Já!' sidderde Dean en zachtjes voortstappend staken we de straat over naar Mexico. We lieten de auto geparkeerd achter en liepen met zijn drieën naast elkaar door de Spaanse straat de doffe bruine lichten tegemoet. Oude mannen zaten op stoelen in de nachtlucht, ze zagen eruit als oosterse junkies en orakels. Niemand keek echt naar ons; toch was iedereen zich bewust van alles wat we deden. We gingen linksaf een rokerige lunchbar binnen vol muziek van Latijnse gitaren op een Amerikaanse jukebox uit de jaren dertig. Mexicaanse taxichauffeurs in hemdsmouwen en Mexicaanse beatniks met strohoeden zaten er op krukken en verslonden vormeloze bergen tortilla's, bonen, taco's en wat al niet. We kochten drie flessen koud bier – *cerveza* was het woord voor bier – voor ongeveer dertig cent, ofwel tien cent per stuk in Amerikaans geld. We kochten Mexicaanse sigaretten voor zes cent per pakje. We bleven maar naar dat fantastische Mexicaanse geld staren waar je zoveel mee kon kopen, we speelden ermee en keken naar iedereen glimlachend om ons heen. Achter ons lag heel Amerika en alles wat Dean en ik tot nu toe hadden geweten van het leven, en het leven onderweg. Ten slotte hadden we aan het eind van die weg het magische land gevonden, en we hadden nooit durven dromen dat het zo magisch zou zijn. 'Wat zeg je me daarvan, die gasten halen de hele nacht door,' fluisterde Dean. 'En denk eens aan heel dat enorme werelddeel voor ons uit, met die reusachtige bergketens van de Sierra Madre die we in films hebben gezien, de oerwouden tot helemaal onderin, en een woestijn op een hoogvlakte zo groot als die van ons helemaal tot aan Guatemala en God weet waar nog meer, hoewie! Wat gaan we doen? Wat gaan we doen? We gaan rijen!' We stapten naar buiten en liepen terug naar de auto. Een laatste glimp van Amerika achter de hete lampen van de brug over de Rio Grande – we keerden het onze rug en achterbumper toe en raasden weg.

Onmiddellijk waren we in de woestijn en op die vlakte was er in geen honderd kilometer een lichtje of een auto te zien. Juist toen brak de dageraad aan boven de Golf van Mexico en we begonnen aan alle kanten de spookachtige gestalten te ontwaren van yucca's en kandelaarcactussen. 'Wat een woest land!' kraaide ik. Dean en ik waren klaarwakker. Daarstraks in Laredo waren we nog half buiten westen. Stan, die eerder in het buitenland was geweest, lag gewoon kalm op de achterbank te slapen. Dean en ik hadden heel Mexico voor ons.

'Nu laten we alles achter, Sal, en gaan we een nieuwe, onbekende fase in. Al die jaren van trammelant en kicks en nou dít! Nu kunnen we probleemloos nergens anders aan denken en gewoon maar doorrijen met de blik recht vooruit zoals nu, zie je wel, om deze wereld te begríjpen zoals andere Amerikanen voor ons dat, als je het echt goed bekijkt, niet hebben gedaan – ze zijn hier toch geweest, niet? In de Mexicaanse Oorlog. Ze zijn hier met hun kanonnen langsgetrokken.'

'Deze weg,' vertelde ik hem, 'is ook de route van de oude Amerikaanse outlaws die geregeld over de grens glipten en dan naar Monterrey gingen, dus als je eens over die grijs wordende woestijn uitkijkt en je voorstelt dat je de geest van een ouwe revolverheld in eenzame ballingschap het onbekende tegemoet ziet galopperen, zie je ook...'

'Dit is de wereld,' zei Dean. 'Heregod!' riep hij op het stuurwiel slaand. 'Dit is de wereld! We kunnen zo doorstomen naar Zuid-Amerika als de weg zover doorloopt. Stel je dat eens voor! Sodemíeter! Godsámme!' We joegen verder. Het ochtendgloren verspreidde zich snel en nu kregen we het witte zand van de woestijn te zien, en nu en dan een hutje in de verte, een heel eind van de weg af. Dean minderde vaart om ernaar te turen. 'Echte krotten, man, zoals je ze alleen in de Death Valley ziet, en dan nog veel erger. Die lui hier hebben geen bóódschap aan uiterlijk vertoon.' De eerste stad voor ons uit die volgens de kaart van enige betekenis was heette Sabinas Hidalgo. We keken er gretig naar uit. 'En de weg ziet er niet anders uit dan in Amerika,' riep Dean, 'behalve één maf verschil, hierzo, moet je kijken, de mijlpalen zijn in kilometers en ze tellen de afstand af naar Mexico City. Dat is de enige echte stad in het hele land, zie je; alle borden wijzen ernaar.' Het was nog maar 767 mijl naar die metropool, in kilometers was het getal nog over de duizend. 'Donders, ik moet doorrijen!' riep Dean. Volledig uitgeput sloot ik een poosje mijn ogen en ik hoorde Dean aldoor met zijn vuisten op het stuur beuken met uitroepen als: 'Godsamme!', 'Wat een kick!' en 'Man, man, wat een land!', 'Ja ja!' We arriveerden rond zeven uur 's morgens in Sabinas Hidalgo, aan de overkant van de woestijn. We gingen stapvoets rijden om dit te zien. We wekten Stan achterin. We zaten recht overeind om goed te kijken. De hoofdstraat was modderig en zat vol gaten. Aan weerskanten vuile, vervallen adobegevels. Er liepen beladen pakezels door de straat. Blootvoetse vrouwen keken naar ons vanuit donkere deuropeningen. De straat was boordevol mensen die te voet aan een nieuwe dag op het Mexicaanse platteland begonnen. Oude mannen met brede knevels staarden ons aan. De aanblik van deze drie baardige, verfomfaaide jonge Amerikanen in plaats van de gebruikelijke goedgeklede toeristen wekte een buitengewone belangstelling. We hotsten met tien kilometer per uur door de hoofdstraat en namen alles in ons op. Pal voor ons liep een groepje meisjes. Terwijl we langshotsten, zei een van hen: 'Waar ga je naartoe, man?'

Ik keek Dean verrast aan. 'Hoorde je wat ze zei?'

Dean was zo stomverbaasd dat hij langzaam bleef doorrijden en zei: 'Ja, ik hoorde wat ze zei, potverdomme nou, o jee, o jee, ik weet niet wat ik doen moet, zo opgewonden en heerlijk voel ik me hier in deze ochtendwereld. We zijn eindelijk in de hemel. Dit is te gek, dit is fantastisch, dit kán gewoon niet.'

'Toe, rij terug om ze op te pikken!' zei ik.

'Ja,' zei Dean en hij bleef gewoon met tien kilometer per uur doorrijden. Hij was totaal overweldigd, hij hoefde hier niet te doen wat hij in Amerika gedaan zou hebben. 'Er lopen nog miljoenen van die meiden langs de weg!' Desondanks draaide hij honderdtachtig graden en reed weer langs de meisjes. Ze waren op weg naar hun werk op het land; ze glimlachten tegen ons. Dean staarde ze met stenen ogen aan. 'Donders,' zei hij binnensmonds. 'O! Dit is te mooi om waar te zijn. Meisjus, meisjus. En in dit stadium, in mijn huidige toestand, Sal, heb ik vooral oog voor het interieur van de huizen die we passeren – die te gekke deuropeningen, als je naar binnen kijkt zie je bedden van stro met slapende bruine kindertjes erin, ze woelen wat om wakker te worden, de eerste gedachten beginnen vorm te krijgen in hun lege slaaphoofdjes, hun zelf verrijst weer, de moeders koken een ontbijt in hun ijzeren ketels, en kijk die luiken eens in plaats van ruiten, en die oude mannen, zo beheerst en voornaam, die zitten nergens mee. Er is hier geen árgwaan, niks van dat alles. Iedereen is ontspannen, iedereen kijkt je met zulke eerlijke bruine ogen aan, ze zeggen niets, ze kíjken alleen maar, en alle menselijke eigenschappen in die blik zijn zacht en ingetogen maar wel degelijk aanwezig. Denk eens aan al die stomme verhalen die je over Mexico leest, de slaperige gringo en dat soort flauwekul – al die flauwekul over het kleffe sombrerovolk – de mensen zijn hier alleen maar heel eerlijk en vriendelijk en verkopen geen lulsmoesjes. Ik kan er gewoon niet over uit.' Geschoold door het harde donkere bestaan langs de weg was Dean de wereld ingetrokken om alles te zien. Hij boog zich over het stuurwiel en keek traag voortrijdend naar weerskanten. We stopten aan de andere kant van Sabinas Hidalgo om te tanken. Hier stond een groepje plaatselijke veeboeren met strohoeden en brede knevels grommend te grinniken voor een stel antieke benzinepompen. Een oude man sjokte met een ezel voor zijn zweep uit over het land. De zon rees zuiver op boven zuivere, oeroude menselijke bezigheden.

We vervolgden onze weg naar Monterrey. De reusachtige bergen rezen besneeuwd voor ons op; we rolden er recht op af. Een opening verbreedde zich en werd een pas die we slingerend bleven volgen. Binnen enkele minuten lag de woestijn vol mesquite achter ons en klommen we in koele luchtlagen over een weg met een stenen muur langs de afgrond en de namen van presidenten in reusachtige witte kalkletters op de rotswanden – ALEMAN! We kwamen niemand tegen op deze bergweg. Hij slingerde tussen de wolken door en voerde ons naar een grote hoogvlakte. Aan de overkant van die hoogvlakte stuwde de grote fabrieksstad Monterrey zijn rookpluimen omhoog naar de blauwe lucht met die reusachtige Golfwolken als proppen watten boven een brede schaal vol daglicht. Het was of we Detroit binnenkwamen toen we langs hoge, lange fabrieksmuren Monterrey binnenreden, behalve dan de ezels die in het gras ervoor lagen te zonnen en de aanblik van dichtbebouwde wijken vol adobehuizen met duizenden loerende lummelende figuren in deuropeningen, hoeren uit de ramen, vreemde winkeltjes waar van alles te koop was, drommende mensenmassa's als in Hongkong op de smalle stoepen. 'Wauw!'

riep Dean. 'En dat allemaal in die zon! Voel je die Mexicaanse zon, Sal? Je wordt er high van. Hahoe! Ik wil verder, steeds verder – ik wórd gewoon gereden!!' We zeiden iets over stoppen in dit opwindende Monterrey, maar Dean wilde extra snel opschieten naar Mexico City, bovendien wist hij dat het verderop nog interessanter zou worden, hij moest vooral verder, altijd maar verder. Hij reed als een duivel en nam geen moment rust. Stan en ik waren totaal afgedraaid en gaven het op, we moesten slapen. Buiten Monterrey keek ik even op en zag twee enorme, bizarre pieken voorbij Oud Monterrey, voorbij het reisdoel van de outlaws.

Voor ons uit lag Montemorelos, we daalden weer af naar warmere luchtlagen. Het werd buitensporig heet en heel vreemd allemaal. Dean moest me absoluut wakker maken om dit te zien. 'Kijk. Sal, dit mag je niet missen.' Ik keek. We reden door moerassen en met grillige tussenpozen liepen er vreemde Mexicanen in rafelige vodden langs de weg met machetes aan het touw om hun middel, sommigen hakten ermee op de struiken in. Ze bleven allemaal staan om ons uitdrukkingsloos aan te staren. Tussen de dichte begroeiing zagen we hier en daar huisjes met een strodak en Afrikaans aandoende bamboewanden, gewoon rieten hutten. Vreemde jonge meisjes, donker als de maan, keken uit mysterieuze, dichtbegroeide deuropeningen. 'Man, man, wat zou ik graag even stoppen om wat met die kleine schatjes te klessebessen,' riep Dean, 'maar denk erom dat pa of moe altijd ergens in de buurt is, hoor – meestal achter het huis; misschien honderd meter ver weg, bezig hout te sprokkelen of de dieren te verzorgen. Ze zijn nooit alleen. Niemand is ooit alleen in dit land. Terwijl jij sliep heb ik deze weg en dit land eens goed bekeken, en als ik je kon vertellen waar ik allemaal aan dacht, man!' Hij zweette. Zijn ogen waren rooddoorlopen en bezeten, en tegelijk ook zacht en ingetogen – hij had mensen zoals hijzelf gevonden. We rolden gestaag zeventig kruisend door dit eindeloze moerasland. 'Ik denk dat het landschap een hele poos niet zal veranderen, Sal. Rij jij maar, dan ga ik nu slapen.'

Ik nam het stuur over en reed in mijn eigen mijmeringen verzonken door Linares, door een heet, vlak moerasland, dan bij Hidalgo de dampende Rio Soto la Marina over, aldoor maar verder. Voor me uit ontvouwde zich een enorme welig begroeide vallei met langwerpige akkers vol groene gewassen. Groepjes mannen sloegen ons gade vanaf een smalle ouderwetse brug. Eronder stroomde de hete rivier. Toen wonnen we aan hoogte tot er weer een soort woestijnlandschap begon. Voor ons uit lag de stad Gregoria. De jongens sliepen, ik zat alleen in mijn eigen eeuwigheid achter het stuur, de weg strekte zich kaarsrecht voor me uit. Dit was heel anders dan een rit door Carolina, Texas, Arizona of Illinois; het was of je heel de wereld overstak naar de plaatsen waar wij uiteindelijk onszelf zouden leren kennen tussen de indiaanse fellahs van deze wereld, een wezenlijk element in het primitieve elementaire, weeklagende mensdom dat de aarde als een equatoriale buikgordel omvat, van Malakka (de lange vingernagel van China) naar het grote subcontinent India en vandaar naar Arabië en Marokko en de woestijnen en oerwouden hier in Mexico en dan over de golven naar Polynesië en de Gele Gewaden van het mystieke Siam en dan nog eens rond en nog eens, zodat je aan de brokkelige muren van het Spaanse Cádiz hetzelfde trieste geweeklaag hoort als 20 000 kilometer verder diep in Benares, de Hoofdstad van de Wereld. Deze mensen waren ontegenzeglijk indianen en leken in niets op de Pedro's en Pancho's uit de dwaze geciviliseerde Amerikaanse folklore – ze hadden hoge jukbeenderen en scheve ogen, en een zachtmoedig karakter; het waren geen zotten, het waren geen clowns; het waren prachtige, ernstige indianen, zij waren de oorsprong van de mensheid, de oervaderen. De golven zijn Chinees, maar de aarde is van de indianen. Zij zijn het wezenlijke element, de stenen in de woestijn der 'geschiedenis'. En dat wisten ze terwijl wij hier langsreden, zogenaamd belangrijke, verwaten Amerikaanse geldbuilen die wat in hun land kwamen rondtoeren; ze wisten wie de vaderen en wie de zonen waren van het antieke leven op aarde, en ze onthielden zich van commentaar. Want als de vernietiging van de wereld der 'geschiedenis' daar is en de Apocalyps van de Fellahs terugkeert zoals al zovele malen is gebeurd, zullen de mensen weer met diezelfde blik de wereld in kijken uit de grotten van Mexico, en de grotten van

Bali waar het allemaal begon, waar Adam werd gezoogd en kennisnam van het weten. Die gedachten woekerden in mijn brein terwijl ik het hete, in de zon blakerende Gregoria binnenreed.

Eerder, in San Antonio, had ik Dean voor de grap beloofd dat ik een meisje voor hem zou regelen. Het was een weddenschap en een uitdaging. Toen ik vlak voor het zonnige Gregoria bij een benzinestation stopte kwam er een jongen op haveloze blote voeten de weg over met een reusachtige autozonneklep; hij wilde weten of ik hem wilde kopen. 'Mooi? Zestig pesos. *Habla español? Sesenta peso.* Ik Victor.'

'Nee,' zei ik schertsend, 'wel señorita kopen!'

'Oké, oké!' riep hij opgewonden. 'Ik kan meisjes krijgen, altijd. Nu te heet,' voegde hij er afkeurend aan toe. 'Meisjes niet goed met heet overdag. Wacht vanavond. Mooie klep?'

Ik wilde de zonneklep niet, maar die meisjes wilde ik wel. Ik maakte Dean wakker. 'Hé, man, in Texas zei ik dat ik een meisje voor je zou regelen – nou, in de benen, wakker worden, jongen; de meisjes zijn al besteld.'

'Wat? Wat?' riep hij, verwilderd overeind schietend. 'Waar? Waar?'

'Dit is Victor, hij zal ons de weg wijzen.'

'Nou, kom op dan, kom op!' Dean sprong uit de wagen en greep Victor bij de hand. Er hing nog een groepje jongens bij het tankstation rond, de helft van ze op blote voeten, allemaal met flodderige strooien hoeden op; ze grinnikten. 'Man, man,' zei Dean tegen me, 'wat een aangename manier om de middag door te brengen. Veel beter bekeken allemaal dan die biljarttenten in Denver. Dus jij weet meisjes, Victor? Waar? *A donde?*' riep hij in het Spaans. 'Hoor je dat, Sal, ik spreek Spaans.'

'Vraag hem of we ergens weed kunnen krijgen. Hé, joh, heb je ook ma-rie-wa-na?'

De jongen knikte ernstig. 'Ja, altijd, man. Kom mee.'

'Hahoe! Hoe!' riep Dean. Hij was nu klaar wakker en danste op en neer in de slaperige Mexicaanse straat. 'Kom mee, met zijn allen!' Ik stond Lucky Strikes uit te delen aan de andere jongens. Ze beleefden een hoop plezier aan ons, vooral aan Dean. Ze draaiden zich met een hand aan de mond naar elkaar toe en ratelden opmerkingen over die maffe Amerikaanse gozer. 'Zie je dat, Sal, zie je ze kijken en over ons praten? Allemachtig, wat een wereld!' Victor stapte bij ons in de wagen en we schoten weg. Stan Shephard had vast liggen slapen en werd midden in dit krankzinnige gedoe wakker.

We reden helemaal naar de woestijn aan de andere kant van de stad en sloegen een diep karrenspoor in waar de wagen hotste als nooit tevoren. Voor ons uit stond Victors huis aan de rand van een cactusvlakte met wat bomen er boven uit, het was maar een lemen doos, er lummelden een paar mannen op het erf rond. 'Wie dat?' riep Dean vol vuur.

'Dat mijn broers. En mijn moeder ook. En mijn zuster. Dat mijn familie. Ik getrouwd, ik woon in de stad.'

'Je moeder?' Dean kromp ineen. 'Wat zegt zij van die marihuana?'

'O, zij haalt het voor mij.' En terwijl wij in de auto wachtten stapte Victor uit, liep naar het huis en zei enkele woorden tegen een oude vrouw, die zich prompt omdraaide en de tuin achter het huis inliep om daar wat gedroogde takken marihuana te verzamelen die van de planten waren getrokken om in de woestijnzon te drogen. Victors broers zaten intussen vanonder een boom naar ons te grijnzen. Ze kwamen zo wel naar ons toe om kennis te maken, maar het zou nog even duren voor ze overeind kwamen. Victor kwam vriendelijk grijnzend terug.

'Man, man,' zei Dean, 'die Victor is de aardigste, de meest te gek fantastische kleine lefgozer die ik ooit van mijn leven ben tegengekomen. Kijk hem even, kijk hem rustig op zijn gemak aan komen lopen. Je hoeft je hier niet te haasten.' Een gestage, aanhoudende woestijnbries woei de wagen in. Het was erg heet.

'Zie je hoe heet?' zei Victor terwijl hij naast Dean voorin ging zitten en naar het gloeiende dak van de Ford wees. 'Je rookt maripwana en dan niet meer heet. Wacht maar.'

'Ja hoor,' zei Dean, zijn donkere bril bijstellend, 'ik wacht wel. Zeker weten, Victorio.'

Weldra kwam Victors lange broer met een bergje weed op een

krant aankuieren. Hij mikte het in Victors schoot en leunde nonchalant tegen het portier om ons even glimlachend toe te knikken en 'Hallo' te zeggen. Dean knikte en glimlachte vriendelijk terug. Niemand zei iets; alles prima. Victor begon de grootste joint te draaien die je ooit van je leven gezien hebt. Hij gebruikte bruin pakpapier en het resultaat was een gigantische bolknak vol weed. Het was een enorm gevaarte. Deans ogen rolden haast uit zijn hoofd. Victor stak hem nonchalant op en liet hem rondgaan. Het was of je diep inhalerend boven een schoorsteen hing als je een trek van dat ding nam. De rook sloeg in een wolk van hitte je keel binnen. We hielden onze adem in en bliezen praktisch allemaal tegelijk uit. We waren onmiddellijk high. Het zweet bevror op ons voorhoofd en plots was het of we op het strand van Acapulco zaten. Ik keek door de achterruit en zag nog een broer van Victor, de vreemdste van het stel – een lange Peruviaans aandoende indiaan met een sjerp over zijn schouder – grijnzend tegen een paal geleund staan, te verlegen om ons de hand te komen schudden. De wagen leek door broers omsingeld, want nu verscheen er aan Deans kant nog een. Toen gebeurde er iets heel eigenaardigs. Iedereen werd zo high dat de gebruikelijke formaliteiten achterwege bleven en ieder zich concentreerde op de dingen die onmiddellijk de aandacht trokken, en nu was dit het vreemde feit dat Amerikanen en Mexicanen hier samen in de woestijn zaten te blowen, en meer nog dan dat de vreemde ervaring om de gezichten en huidporiën, de eeltige vingers en beschroomde jukbeenderen van een totaal andere wereld van zo dichtbij te zien. De indiaanse broers begonnen met gedempte stemmen over ons te praten en commentaar te leveren; je zag ze schattend kijken en wederzijdse indrukken vergelijken, corrigeren en bijstellen – 'Sí, sí'; intussen zaten Dean, Stan en ik in het Engels over hen te praten.

'Zie je die bie-zarre broeder daar achteraf, die staat nog steeds tegen zijn paal te leunen zonder de intensiteit van die blije, gráppige verlegenheid in zijn glimlach ook maar een greintje te verminderen. En die vent hier links naast me, die is ouder, zelfverzekerder maar somber, alsof hij gefrustreerd is of zo, misschien bedelt hij maar wat daar in de stad, terwijl Victor keurig getrouwd is – het is goddomme net een Egyptische koning, zie je dat even? Die gasten hebben het helemaal in de gaten. Zulke figuren ben ik nog nooit tegengekomen. En kijk ze eens nieuwsgierig over ons kletsen! Net als wij maar dan met hun eigen verschillen, zij richten hun belangstelling waarschijnlijk op onze kleding – net als wij, eigenlijk – maar ook op de vreemde dingen die wij hier in de wagen hebben en hoe vreemd wij lachen, zo heel anders dan zij, misschien zelfs hoe wij ruiken vergeleken bij hun. Ik zou er heel wat voor geven om te weten te komen wat ze over ons zeggen.' Dean probeerde het. 'Hé, Victor – wat zei je broer net?'

Victor richtte zijn sombere stonede bruine ogen op Dean: 'Ja, ja.'

'Nee, je begrijpt mijn vraag niet. Waar praten jullie over?'

'O,' zei Victor hevig verontrust. 'De mari-gwana niet goed?'

'O jawel, ja hoor, prima! Maar waar práten jullie over?'

'Praten? Ja, wij praten. Hoe vind jij Mexico?' Het viel niet mee zonder een gemeenschappelijke taal. Iedereen werd weer stil en high en genoot maar verkoeld van de woestijnbries, koesterde nationaal en raciaal afzonderlijke, persoonlijke gedachten in een stonede eeuwigheid.

Het werd tijd voor de meisjes. De broers kuierden terug naar hun stekje onder de boom, de moeder keek toe vanuit haar zonnige deuropening, en traag hotsten we weer naar de stad.

Nu was het gehots niet langer onaangenaam; het was de aangenaamste meest gracieus deinende trip ter wereld, als over een blauwe zee, en Deans gezicht was doortrokken van een onnatuurlijke goudachtige gloed terwijl hij ons opdroeg ons nu voor het eerst eens echt bewust te worden van de vering en vooral van de rit te genieten. We hotsten op en neer, zelfs Victor begreep het en lachte. Toen dirigeerde hij ons linksaf naar de meisjes, en met onbeschrijfelijke verrukking naar links kijkend en naar die kant overhellend trok Dean aan het stuurwiel en reed ons soepel en zeker naar onze bestemming en luisterde intussen naar Victors pogingen om onze taal te spreken en zei op deftige, bombastische toon: 'O ja, uiteraard! Dat lijdt geen twijfel! Absuluut, man! Dat spreekt! Priet, praat, prut, reuze aardig van je om dat te zeggen!

Uiteraard, ja! Ga door!' Hierop sprak Victor heel ernstig, met een magnifieke Spaanse eloquentie. Een krankzinnig ogenblik dacht ik dat Dean alles wat hij zei begreep in een wilde flits van inzicht, in een abrupte allesonthullende genialiteit die hem op onvoorstelbare wijze ingegeven werd door zijn gloedvolle gelukzaligheid. In datzelfde ogenblik leek hij ook zo precies op Franklin Delano Roosevelt – een waanvoorstelling voor mijn vlammende ogen en zwevende brein – dat ik naar voren ging zitten en naar adem hapte van verbazing. In een miljoenvoudige tinteling van hemelse straling moest ik mijn uiterste best doen om Deans silhouet te onderscheiden, hij zag eruit als God. Ik was zo stoned dat ik mijn hoofd tegen de stoelleuning moest laten rusten; het gehots zond extatische huiveringen door mijn lichaam. Alleen al bij de gedachte door het raampje naar Mexico te kijken – dat nu iets anders was geworden in mijn brein – was het of ik terugdeinsde voor een raadselachtige glorieus fonkelende schatkist waar je niet in durft te kijken vanwege je ogen, omdat ze dan naar binnen draaien daar de rijkdommen en schatten te veel zijn om ineens te kunnen opnemen. Ik slikte. Ik zag stromen goud door de lucht en over het voddige dak van de arme oude auto golven, ze schoten voor mijn oogbollen langs, er dwars doorheen naar binnen; ze waren overal. Ik keek door het raampje naar de hete zonnige straten en zag een vrouw in een deuropening en dacht dat ze luisterde naar elk woord dat we zeiden en in zichzelf knikte – de normale paranoïde visioenen als gevolg van weed. Maar de gouden stromen hielden aan. Een hele poos verloor mijn lagere bewustzijn uit het oog wat we aan het doen waren, en pas enige tijd later kwam ik weer bij toen ik van het vuur en de stilte opkeek alsof ik ontwaakt in de wereld terugkwam, of uit een leeg niets in een droom terechtkwam; ze vertelden me dat we voor het huis van Victor stonden en hij verscheen al met zijn kleine zoontje op zijn arm aan het portier om hem aan ons te laten zien.

'Zie je mijn baby? Hij heet Pérez, hij zes maanden.'

'Nou,' zei Dean, zijn gezicht nog getransformeerd tot een stralenvloed van opperste blijdschap, gelukzaligheid zelfs, 'dat is het mooiste kind dat ik ooit gezien heb. Kijk die ogen eens. Goed, Sal,

Stan,' zei hij terwijl hij zich met een ernstig en mild gezicht naar ons omkeerde, 'kijken jullie vooral naar de ogen van dit kleine Mexicaanse manneke, de zoon van onze prachtvriend Victor, en zie hoe hij tot volle wasdom zal komen met een geheel eigen bijzondere ziel die zich laat kennen door ogen als vensters, en zulke prachtige ogen voorspellen en beloven vast een prachtige ziel.' Het was een mooie toespraak. En het was ook een prachtige baby. Victor keek treurig op zijn engeltje neer. We wilden allemaal dat wij zo'n kleine zoon hadden. Onze gevoelens over die kinderziel waren zo intens dat hij er iets van gewaar werd en een grimas trok die tot bittere traantjes leidde en een onbekend verdriet dat wij onmogelijk konden verzachten want het greep te ver terug in de ontelbare mysteriën van de tijd. We probeerden van alles; Victor koesterde hem zachtjes wiegend in zijn hals, Dean koerde tegen hem, ik reikte opzij en streelde zijn kleine armpjes. Zijn geblèr werd luider. 'Ah,' zei Dean, 'het spijt me ontzettend, Victor, dat we hem verdrietig gemaakt hebben.'

'Hij niet verdrietig, baby built.' Achter Victor stond zijn kleine vrouw op haar blote voeten in de deuropening, te verlegen om naar buiten te komen, ze wachtte met tedere bezorgdheid tot ze de baby weer in haar zachte bruine armen kreeg. Nu Victor ons het kind had laten zien, stapte hij weer in en wees trots naar rechts.

'Ja,' zei Dean, hij sloeg rechtsaf en stuurde de wagen door smalle Algerijnse straatjes vol gezichten die ons met milde verwondering aanstaarden. We kwamen bij de hoerenkast aan. Het was een magnifiek gestuct etablissement in de gouden zon. Buiten op straat hingen twee agenten in flodderige broeken slaperig, verveeld tegen de vensterbanken onder de open ramen van de hoerenkast. Ze namen ons even belangstellend op toen we naar binnen stapten en bleven er drie hele uren lang staan terwijl wij onder hun ogen aan het ravotten waren, tot we bij het vallen van de avond naar buiten kwamen en hun op verzoek van Victor elk het equivalent van een Amerikaans kwartje gaven, louter voor de vorm.

En daarbinnen vonden we de meisjes. Sommigen lagen achterovergeleund op sofa's aan de overkant van de dansvloer, anderen zaten te pimpelen aan de lange bar rechts. Een boog in het midden leidde naar kleine houten kotjes die veel weg hadden van de kleedhokjes in een openbaàr zwembad. Die hokjes stonden op de binnenplaats in de zon. Achter de bar de eigenaar, een jonge vent die meteen wegrende toen we zeiden dat we mambomuziek wilden horen; hij kwam terug met een stapel platen, de meeste van Pérez Prado, en draaide ze over de luidspreker. In een oogwenk kon heel de stad Gregoria horen wat een dolle pret er gaande was in de Sala de Baile. In de hal zelf was het tumult van de muziek – want zo moet je een jukebox eigenlijk gebruiken, daarvoor was hij oorspronkelijk bedoeld – zo ontzettend dat Dean, Stan en ik even verpletterd stonden in het besef dat wij nooit de moed hadden gehad om onze muziek zo hard te draaien als we wilden, zo hard als nu dus. De muziek sloeg ons wapperend in het gezicht. Binnen enkele minuten stond de halve buurt aan de ramen om die *Americanos* met de meisjes te zien dansen. Ze stonden schouder aan schouder naast de smerissen op het smerige trottoir, leunden achteloos, nonchalant door de ramen naar binnen. *More Mambo Jambo, Chattanooga de Mambo, Mambo Número Ocho* – al die schitterende nummers galmden en schetterden de gouden, geheimzinnige middag in als de klanken die je op de Dag des Oordeels bij de Komst van Christus verwacht te horen. De trompetten leken zo luid dat ze volgens mij helemaal in de woestijn te horen moesten zijn, waar die trompetten trouwens vandaan kwamen. De trommels raasden maar door. Het mamboritme is het congaritme van de Congo, de rivier van Afrika en de wereld; het is het ritme van de wereld: Oem-tá, ta-poe-póem-oem-tá, ta-poe-póem. De pianoriedels stroomden uit de luidspreker over ons heen. De kreten van de leider gierden hijgend door de lucht. Bij de laatste trompetstoten boven een wild drummende climax van conga's en bongo's op het geweldige, woeste Chattanooganummer bleef Dean heel even als bevroren staan, tot hij sidderend begon te zweten; en toen de trompetten de lome lucht openscheurden met hun trillende spelonkachtige echo's, sperde Dean zijn ogen wijdopen alsof hij de duivel zag, en kneep ze toen stijf dicht. Ikzelf werd door elkaar gerammeld als een ledenpop; ik hoorde de trompetten door het licht striemen dat ik gezien had en mijn knieën knikten.

Op het snelle *Mambo Jambo* dansten we als bezetenen met de meisjes. Door ons delirium heen begonnen we hun uiteenlopende persoonlijkheden te onderscheiden. Het waren fantastische meiden. Vreemd genoeg was de wildste van het stel een half indiaans half blank meisje uit Venezuela, en ze was pas achttien jaar. Ze zag eruit of ze van goede familie was. Wat een meisje met zulke tere wangen en lichte trekken in een Mexicaanse hoerenkast deed mag de goeie God weten. Een of ander afschuwelijk verdriet had haar ertoe gedreven. Haar drinken ging alle perken te buiten. Ze gooide hele glazen naar binnen als het net leek of het laatste er weer uit zou komen. Ze stootte voortdurend glazen om, ook met de bedoeling ons zoveel mogelijk geld te laten uitgeven. Met midden overdag niet meer dan een vliesdun negligé aan haar lijf danste ze als bezeten met Dean en bleef maar bedelend en smekend aan zijn nek hangen. Dean was zo stoned dat hij niet wist waar hij het eerst mee aan de gang moest, de meisjes of de mambo. Ze renden naar de hokjes. Ik werd belaagd door een dikke en oninteressante meid met een jong hondje die nijdig op me werd toen ik een hekel kreeg aan haar hondje omdat het me aldoor probeerde te bijten. Bij wijze van compromis bracht ze het hondje naar achteren, maar tegen de tijd dat ze terugkwam was ik al gepraaid door een ander meisje, knapper maar lang niet het mooiste, dat zich als een bloedzuiger aan mijn nek vastklampte. Ik probeerde los te komen om naar een zestienjarig negermeisje te lopen dat aan de overkant somber haar navel zat te bestuderen door een opening in haar korte hemdjurkje. Het lukte me niet. Stan had een vijftienjarig meisje met een amandelkleurige huid in een jurkje dat van onderen en van boven half losgeknoopt was. Wat een waanzinnige bedoening. Zo'n twintig mannen leunden door het raam naar binnen en keken toe.

Op een gegeven moment kwam de moeder van het kleine negermeisje – geen negermeisje eigenlijk, al was ze erg donker – binnen voor een kort en triest onderonsje met haar dochter. Toen ik dat zag schaamde ik me te diep om nog te proberen het meisje te krijgen dat ik echt wilde. Ik liet me door mijn bloedzuiger naar achteren afvoeren waar we, als in een droom, in het tumult en rumoer van nog meer luidsprekers, het bed een half uur lieten deinen. Het was maar een vierkant kamertje van houten latten en zonder plafond, een madonna in de ene hoek, een wastafel in de andere. Overal in het donkere gangetje riepen meisjes om '*Agua!* *Agua caliente!*', wat 'warm water' betekent. Stan en Dean waren ook uit het zicht verdwenen. Mijn meisje vroeg dertig pesos, ofwel zo'n drieëneenhalve dollar, en smeekte me om tien pesos extra met een lang verhaal over het een of ander. Ik wist niet hoeveel dat Mexicaanse geld waard was; ik had voor mijn gevoel wel een miljoen pesos op zak. Ik schoof haar maar geld toe. We renden terug om te dansen. Er had zich een nog grotere menigte in de straat verzameld. De smerissen keken nog even verveeld. Deans knappe Venezolaanse trok me door een deur een andere vreemde bar in die kennelijk ook bij de hoerenkast hoorde. Hier stond een jonge barkeeper pratend glazen te drogen en een oude man met een brede knevel zat ernstig het een of ander te bespreken. En ook hier daverde de mambo door een luidspreker. Het leek wel of de hele wereld op de jukebox was aangesloten. Venezuela hing aan mijn nek en smeekte me om een drankje. De barkeeper wilde haar niets geven. Ze bleef erom smeken, en toen hij haar een glas gaf vermorste ze het en ditmaal niet expres, want ik zag de spijt in die arme diep verzonken, verloren ogen. 'Rustig aan, liefje,' zei ik tegen haar. Ik moest haar op haar kruk ondersteunen, ze gleed er aldoor af. Ik had nooit een vrouw zo dronken gezien, en ze was pas achttien. Ik bestelde nog een glas voor haar; ze smeekte aan mijn broek trekkend om medelijden. Ze goot het naar binnen. Ik had het hart niet haar te proberen. Mijn eigen meisje was een jaar of dertig en paste beter op zichzelf. Nu Venezuela lijdend en kronkelend in mijn armen hing, voelde ik een sterk verlangen haar mee naar achteren te nemen en uit te kleden om dan alleen wat met haar te praten – dat maakte ik mezelf wijs. Ik werd overweldigd door een delirium van verlangen naar haar en het andere donkere kleine meisje.

De arme Victor stond al die tijd met zijn rug naar de bar tegen de koperen stang en sprong op en neer van blijdschap toen hij zijn drie Amerikaanse vrienden zo druk zag ravotten. We bestelden drankjes voor hem. Zijn ogen glommen van begeerte maar hij wilde geen vrouw accepteren, hij bleef zijn eigen vrouw trouw. Dean duwde hem geld in de hand. In die krankzinnige chaos had ik de gelegenheid Dean eens goed op te nemen. Hij was zo uit zijn bol dat hij niet wist wie ik was toen ik hem aanstaarde. Hij zei alleen maar: 'Ja, man! Ja!' Er leek geen eind aan te komen. Het was net een lange spookachtige Arabische middagdroom in een ander leven – Ali Baba in die steegjes vol courtisanes. Ik holde weer met mijn meisje naar haar kamertje; Dean en Stan ruilden de meisjes die ze eerder hadden gehad; we waren even uit het zicht, de toeschouwers moesten wachten tot de voorstelling weer doorging. De middag kreeg lange koele schaduwen.

Weldra zou het waanzinnige Gregoria gehuld zijn in een mysterieuze duisternis. De mambo luwde geen ogenblik, de muziek tetterde maar door als een eindeloze tocht door de jungle. Ik kon mijn ogen niet van het kleine donkere meisje afhouden, zoals ze hier als een koningin rondliep en door de norse kastelein zelfs vernederd werd tot minne karweitjes als drankjes voor ons aandragen en de achterplaats vegen. Van alle meisjes hier had zij het geld het hardst nodig; misschien was haar moeder geld bij haar komen halen voor haar jonge broertjes en zusjes. De Mexicanen zijn arm. Het kwam geen ogenblik in me op om gewoon op haar toe te stappen en haar wat geld te geven. Ik heb het gevoel dat ze het had aangenomen met een zekere minachting, en minachting van meisjes als zij deed me ineenkrimpen. In mijn delirium was ik in feite verliefd op haar gedurende de paar uren die de hele toestand duurde; dezelfde onmiskenbare steken in mijn geest, dezelfde zuchten, dezelfde pijn, en bovenal dezelfde terughoudendheid en vrees om haar te benaderen. Eigenaardig dat Dean en Stan haar evenmin benaderden; en door haar ongenaakbare waardigheid bleef ze arm in die wilde hoerentent, stel je dat eens voor. Op een gegeven ogenblik zag ik Dean als een standbeeld naar haar overhellen, klaar om op haar af te vliegen, maar er gleed verbijstering over zijn gezicht toen ze koel en majesteitelijk zijn kant opkeek, hij hield op over zijn buik te wrijven en staarde haar aan, boog ten slotte zijn hoofd. Want zij was hier de koningin.

Toen greep Victor ons plotseling heftig gebarend bij de arm in het razende tumult.

'Wat is er?' Hij probeerde van alles om het ons duidelijk te maken. Toen holde hij naar de bar en griste de rekening uit de handen van de kastelein, die hem vuil aankeek, en liet hem aan ons zien. Het was meer dan driehonderd pesos, ofwel zesendertig dollar, een hoop geld in welke hoerenkast ook. Maar we konden nog steeds niet nuchter worden en wilden niet weg, hoewel we helemaal afgedraaid waren wilden we nog steeds bij onze mooie meisjes blijven rondhangen in het vreemde Arabische paradijs dat we ten slotte aan het eind van onze zware, lange weg hadden gevonden. Maar het werd avond en we moesten door naar het eindpunt; Dean besefte dit en begon fronsend te denken, hij probeerde greep op zichzelf te krijgen en ten slotte stelde ik voor nu meteen op te stappen. 'We hebben nog zoveel te goed, man, het maakt niks uit.'

'Dat is zo!' riep Dean met glazige ogen en keerde zich naar zijn Venezuela. Ze was eindelijk buiten westen gegaan en lag op een houten bank met haar witte benen onder het zijden negligé uit. Het publiek in het raam genoot volop van het schouwspel; achter hen kwamen nu rosse schaduwen aangekropen, ik hoorde in een plotseling stil moment ergens een baby huilen en wist weer dat ik in Mexico was en niet in een of andere pornografische hasjiesjdagdroom in de hemel.

We wankelden naar buiten; we waren Stan vergeten; we renden weer naar binnen om hem te halen en zagen hem charmante buigingen maken naar de nieuwe avondhoeren, die juist waren gearriveerd voor de nachtdienst. Hij wilde weer van voren af aan beginnen. Als hij dronken is zwaait hij als een reus van drie meter lang heen en weer en is hij niet bij de vrouwen vandaan te slepen. Bovendien hechten de vrouwen zich als klimop aan hem vast. Hij stond erop te blijven om een paar van de nieuwe, meer exotische, ervarener señoritas te proberen. Dean en ik bonsden op zijn rug en sleurden hem naar buiten. Hij wuifde uitgebreid naar iedereen – de meisjes, de smerissen, de menigte toeschouwers, de kinderen op straat; hij blies kusjes naar alle kanten onder een ovatie van heel

Gregoria, hij wankelde trots tussen de drommen mensen door en probeerde met ze te praten om ze deelgenoot te maken van zijn vreugde en plezier in alles en iedereen op deze prachtige middag vol leven. Iedereen lachte; sommigen sloegen hem op de schouders. Dean rende naar hem toe en betaalde de agenten de vier pesos, schudde ze de hand en boog grinnikend voor ze. Toen sprong hij in de wagen en de meisjes die wij hadden gehad, zelfs Venezuela, die was gewekt voor dit afscheid, dromden huiverend in hun vliesdunne spulletjes om de wagen en namen kwetterend en zoenend afscheid, Venezuela begon zelfs te huilen – maar niet om ons, dat wisten we wel, niet alleen om ons, maar het was genoeg, en goed genoeg. Mijn donkere liefje was al in het schemerig interieur verdwenen. Het was voorbij. We reden weg en lieten een hoop blijdschap en feestvreugde over die honderden pesos achter, alles bij mekaar geen gek resultaat. De spokende mambo volgde ons nog een paar straten. Het was voorbij. 'Tot ziens, Gregoria!' schreeuwde Dean, en blies de stad een kusje toe.

Victor was trots op ons en trots op zichzelf. 'Nu een bad?' vroeg hij. O ja, we wilden allemaal een heerlijk bad.

Hij wees ons de weg naar iets heel vreemds: een doodgewoon Amerikaans aandoend badhuis een kilometer buiten de stad aan de grote weg, een zwembad vol spattende kinderen en een stenen gebouw met douches voor een paar centavos, zeep en handdoek te verkrijgen bij de bediende. Verder was er ook een troosteloze speeltuin met schommels en een kapotte draaimolen, het zag er allemaal heel vreemd en heel prachtig uit in de verflauwende rode zon. Stan en ik haalden een handdoek en sprongen meteen onder een ijskoude douche en kwamen verfrist en herboren weer naar buiten. Dean nam de moeite niet zich te douchen, we zagen hem in de verte aan de overkant van de speeltuin arm in arm wandelen met de goeie Victor, hij liep rad en goedgehumeurd te babbelen, boog zich zelfs opgewonden naar hem toe om iets te benadrukken, sloeg zijn vuist in zijn handpalm. Toen wandelden ze weer arm in arm verder. Het werd tijd om afscheid te nemen van Victor, daarom maakte Dean van de gelegenheid gebruik om even met hem alleen te zijn, om het park te inspecteren en zijn kijk op de algehele situatie aan te scherpen, om die Victor in zich op te nemen zoals alleen Dean dat kon.

Victor was erg treurig nu we moesten vertrekken. 'Komen jullie weer naar Gregoria, naar mij?'

'Zeker weten, man!' zei Dean. Hij beloofde zelfs Victor mee te nemen naar de States als hij dat wilde. Victor zei dat hij hierover moest nadenken.

'Ik heb vrouw en kind – geen geld – ik zie nog.' Zijn lieve beleefde glimlach gloeide in het avondrood terwijl wij vanuit de wagen naar hem wuifden. Achter hem lag de trieste speeltuin vol kinderen.

6

Onmiddellijk buiten Gregoria begon de weg te dalen, aan weerskanten rezen hoge bomen op en nu het donker werd hoorden we in die bomen een enorm geraas van miljarden insecten dat klonk als één aanhoudende schrille kreet. 'Woehoe!' zei Dean, hij deed de koplampen aan maar ze werkten niet. 'Wat nou, verdomme, wat krijgen we nou?' Hij beukte woedend op het dashboard. 'Ojé, nu zullen we zonder lichten door de jungle moeten rijden, wat een gruwel, ik kan alleen wat zien als er een andere auto aankomt en er zíjn gewoon helemaal geen auto's! En ook geen lantaarns natuurlijk. Hè, verdomme, wat moeten we nou?'

'Laten we maar gewoon doorrijden. Maar kunnen we misschien beter omkeren?'

'Nee, nooit en te nimmer! We gaan door. Ik kan de weg nog net zien. We redden het wel.' Nu schoten we in inktzwarte duisternis door het insectengekrijs, er daalde een geweldige, ranzige, bijna rotte lucht over ons neer en we herinnerden ons plots dat we volgens de kaart net voorbij Gregoria de Kreeftskeerkring zouden passeren. 'We zijn in de tropen! Geen wonder dat het hier zo ruikt! Ruik dat eens!' Ik stak mijn hoofd uit het raampje; er petsten muggen tegen mijn gezicht; er rees een enorm gekrijs op zodra ik mijn oren spitste in de wind. Opeens deden onze lichten het weer, ze priemden voor ons uit en verlichtten de eenzame weg tussen dichte wanden van kronkelige bomen vol diep neerhangende ranken van wel dertig meter hoog. 'So-de-míeter!' riep Stan achterin. 'Potver-dómme!' Hij was nog steeds zwaar stoned. We beseften plotseling dat hij nog stoned was en dat de jungle en de moeilijkheden zijn blije ziel niet konden deren. We begonnen alle drie te lachen. 'Wat kan het ook verrekken! We duiken gewoon dat rottige oerwoud in, we gaan er vannacht in slapen, doorrijen maar!' riep Dean. 'Stan heeft gelijk. Stan zit nergens mee. Hij is zo high van die vrouwen en de weed en die onwijs goeie onmogelijk te verwerken mambo die zo hard daverde dat mijn trommelvliezen er nu nog van galmen – Hoehoe, hij is zo high dat hij het helemaal door heeft!' We trokken onze T-shirts uit en raasden met ontbloot bovenlijf door het oerwoud. Geen steden hier, niets, niets dan oerwoud, kilometers en nog eens kilometers, en het ging steeds verder omlaag en werd steeds warmer, het insectengekrijs werd steeds luider, de bomen werden nog hoger, de lucht ranziger en heter tot we eraan gewend raakten en het lekker begonnen te vinden. 'Ik zou best even spiernaakt door dat oerwoud willen rollen,' zei Dean. 'Nee, zonder gekheid, man, dat ga ik doen zodra ik een goed plekje zie.' En plotseling doemde Limón voor ons op, een oerwoudstadje met een paar bruine lichtjes, donkere schaduwen, enorme luchten erboven, een groepje mannen voor een wirwar van houten krotten – een tropische kruising.

We stopten in de onvoorstelbaar zachte lucht. Het was zo warm als in een bakkersoven in een juninacht in New Orleans. Overal in de straat zaten hele families in het donker te kletsen; nu en dan kwamen er meisjes voorbij, maar ze waren erg jong en alleen maar nieuwsgierig hoe we eruitzagen. Ze waren blootsvoets en smerig. We leunden tegen de houten veranda van een vervallen winkel met zakken meel en verse rottende ananassen vol vliegen op de toonbank. Er hing één olielamp, buiten brandden nog wat bruine lichtjes, verder was alles zwart, zwart, zwart. We waren nu natuurlijk zo moe dat we onmiddellijk moesten slapen en reden de wagen ergens achteraf een paar meter een karrenspoor op. Het was zo

ongelofelijk warm dat slapen onmogelijk was. Dean pakte een deken, legde hem op het zachte, hete zand van de weg en plofte erop
neer. Stan lag languit op de voorbank van de Ford met beide portieren open voor wat tocht, maar er was geen zuchtje wind. Ik zat
achterin te lijden in plassen zweet. Ik klom uit de auto en stond op
mijn benen zwaaiend in het zwart. De hele stad was op slag naar
bed gegaan, nu was het enige geluid het geblaf van honden. Hoe
kon ik hier ooit slapen? Duizenden muskieten hadden ons alle
drie al op onze borst, armen en enkels gebeten. Toen kreeg ik een
lumineus idee: ik klauterde op het stalen dak van de auto en ging
daar plat op mijn rug liggen. Er was nog steeds geen wind maar
het metaal had een zekere koelte in zich en droogde het zweet op
mijn rug met duizenden dode insecten in korsten op mijn huid, en
nu realiseerde ik me dat het oerwoud je opslokt, dat je erin opgaat.
Zoals ik daar met mijn gezicht naar de zwarte hemel gekeerd op
de auto lag was het of ik op een zomeravond in een dichte hut-
koffer lag. Voor het eerst in mijn leven was het weer niet iets dat
me aanraakte, streelde, afkoelde of deed zweten, maar iets waar ik
in opging. De atmosfeer en ik werden één. Er dwarrelden zachte
minuscule wolkjes microscopische beestjes op mijn gezicht neer
terwijl ik sliep, en het was bijzonder aangenaam en verzachtend.
De lucht was zonder sterren, volslagen onzichtbaar, zwaar. Ik kon
hier de hele nacht met mijn gezicht aan de hemel blootgesteld
blijven liggen, het zou me niet meer schaden dan een fluwelen
kleed over mijn lichaam. De dode beestjes vermengden zich met
mijn bloed; de levende muggen wisselden nog meer porties met
me uit; ik begon over mijn hele lijf te tintelen en naar het ranzige,
hete, rotte oerwoud te rieken, van mijn haar en gezicht tot aan
mijn voeten en tenen. Ik was blootsvoets natuurlijk. Om het zweten te beperken trok ik mijn T-shirt vol muggenvlekken aan en
ging weer liggen. Een donkere hoop op de nog zwartere weg gaf
aan waar Dean lag te slapen. Ik hoorde hem snurken. Stan snurkte
ook.

Nu en dan flitste er een flauw schijnsel op in het stadje, het was
de sheriff die met een zwakke lantaarn de ronde deed en wat in
zichzelf mompelde in de oerwoudnacht. Toen zag ik zijn licht

dansend op ons afkomen en hoorde ik zijn zacht ploffende voetstappen op het tapijt van zand en begroeiing. Hij bleef staan en
bescheen de wagen. Ik ging overeind zitten en keek hem aan. Met
een trillende, bijna klaaglijke en uiterst zachtmoedige stem zei hij:
'*Durmiendo?*' terwijl hij naar Dean op de weg gebaarde. Ik wist dat
het 'slapen' betekende.

'*Sí, durmiendo.*'

'*Bueno, bueno,*' zei hij in zichzelf en met tegenzin, somber, draaide hij zich om en hervatte zijn eenzame ronde. Zulke aardige poli-
tieagenten heeft God in Amerika nimmer geschapen. Geen ach-
terdocht, geen poespas, geen gezeur: hij waakte over het slapende
stadje, meer niet.

Ik ging weer op mijn stalen bed liggen en spreidde mijn armen
wijd uit. Ik wist niet eens of ik takken of een open hemel boven me
had, het maakte geen verschil. Ik deed mijn mond open en ademde het oerwoud diep in. Ik ademde geen lucht, geen greintje lucht
in, louter de tastbare, levende uitwasemingen van bomen en moe-
ras. Ik bleef wakker. Bij zonsopgang begonnen ergens achter de
varens hanen te kraaien. Er was nog steeds geen lucht, geen briesje, geen dauw, diezelfde tropische zwaarte hield ons tegen de
grond, waar we thuishoorden, en tintelend bleven liggen. Er was
geen spoor van ochtendgloren in de lucht. Plotseling hoorde ik de
honden razend blaffen in het donker, en daarop hoorde ik het vage
geklop van paardenhoeven. Het kwam steeds dichterbij. Wat voor
bizarre nachtruiter zou dat zijn? Daarop zag ik een verschijning:
een wild paard, wit als een spook, kwam recht op Dean af over de
weg aandraven. De honden renden er jankend, vechtend achteraan. Ik kon ze niet zien, het waren smerige ouwe oerwoudhonden,
maar het paard was wit als sneeuw en immens groot, fosforesce-
rend haast en makkelijk zichtbaar. Ik voelde geen paniek om
Dean. Het paard zag hem en draafde vlak langs zijn hoofd, deinde
als een schip langs de auto en hinnikte zachtjes, vervolgd door de
honden belaagd zijn weg door het stadje en klepperde aan de andere kant het oerwoud weer in, het enige dat ik nog hoorde was
het zwakke in het woud wegebbende hoefgetrappel. De honden
bedaarden en gingen zich zitten likken. Wat was dat voor een

paard? Een mythische verschijning, een geest? Ik vertelde het aan Dean toen hij wakker werd. Hij dacht dat ik het had gedroomd. Toen herinnerde hij zich vaag dat hij over een wit paard gedroomd had, en ik verzekerde hem dat het geen droom was geweest. Stan Shephard werd traag wakker. Bij de geringste bewegingen begonnen we alweer overvloedig te zweten. Het was nog steeds pikdonker. 'Laten we de auto starten voor wat frisse rijwind!' riep ik. 'Ik sterf van de hitte.'

'Oké!' We raasden de stad uit en reden met wapperende haren verder over die bizarre weg. De dageraad brak nu snel aan in een grijzig waas, onthulde aan weerskanten dichte, verzonken moerassen met hoge, verloren, in ranken gehulde bomen die scheef buigend oprezen van hun warrige wortelstelsels. We rolden een poosje vlak naast de spoorlijn voort. De vreemde antenne van de radiozender in Ciudad Mante rees voor ons op, alsof we in Nebraska waren. We vonden een benzinestation en gooiden de tank vol terwijl de laatste muggen van de oerwoudnacht zich in zwarte massa's tegen de gloeilampen wierpen en in enorme wriemelhopen aan onze voeten neerdwarrelden, sommige met vleugels van wel tien centimeter lang, afschuwwekkende libellen groot genoeg om vogels te eten, duizenden gigantisch gonzende muskieten en allerlei andere onbenoembare spinachtige insecten. Ik sprong vol angst voor ze op de stoep rond; uiteindelijk zat ik met mijn voeten in mijn handen in de auto en keek angstig naar de grond, waar ze om de wielen van de wagen rondkrioelden. 'Laten we nou gaan!' riep ik. Dean en Stan stoorden zich in het geheel niet aan de insecten; ze dronken kalmpjes een paar flesjes sinas en schopten ze bij de koeltank vandaan. Hun hemden en broeken zaten net als de mijne onder het bloed en zagen zwart van de duizenden dode beestjes. We konden onze kleren volop ruiken.

'Weet je, ik begin die lucht wel lekker te vinden,' zei Dean. 'Ik trek geen ander shirt aan voor ik in Mexico City ben, ik wil alles indrinken en goed onthouden.' We raasden weer verder, en creëerden zo wat frisse lucht voor onze hete, aangekoekte gezichten.

Toen doemden de bergen voor ons op, ze waren helemaal

groen. Na deze klim kwamen we weer op de grote centrale hoogvlakte en konden we in één keer doorstomen naar Mexico City. Binnen de kortste keren klommen we naar een hoogte van vijfduizend voet over nevelige bergpassen vanwaar we neerkeken op dampende gele rivieren vijftienhonderd meter beneden ons in de diepte. Het was de geweldige Moctezuma Rivier. De indianen langs de weg begonnen er uiterst bizar uit te zien. Ze vormden een natie op zichzelf, deze bergindianen, afgesloten van alles behalve de Pan American Highway. Ze waren kort, breed en donker en hadden slechte tanden; ze torsten immense vrachten op hun rug. Aan de overkant van enorme begroeide ravijnen zagen we lappendekens van akkerbouw op de steile hellingen. Ze sjouwden die hellingen op en af en werkten op hun akkers. Dean reed tien kilometer per uur om goed te kijken. 'Hoehoewie, ik had nooit gedacht dat dit bestond!' Hoog bovenop de hoogste berg, minstens zo hoog als de pieken in de Rocky Mountains, zagen we bananen groeien. Dean stapte uit om te wijzen, en over zijn buik wrijvend rond te kijken. We stonden op een richel waar een hutje met een strodak aan de rand van de afgrond boven de wereld hing. De zon schiep gouden nevels die de Moctezuma, nu meer dan vijftienhonderd meter beneden ons, aan het oog onttrokken.

Op het erf voor het huisje stond een driejarig indiaans meisje met een vingertje in haar mond met grote bruine ogen naar ons te kijken. 'Ze heeft hier waarschijnlijk in haar hele leven nooit eerder iemand zien parkeren!' fluisterde Dean. 'Hallo, kleine meid. Hoe gaat het met jou? Vind je ons lief?' Het kleine meisje keek verlegen een andere kant op en trok een pruillip. We begonnen te praten en ze nam ons weer met een vingertje in haar mond op. 'Jee, ik wou dat ik haar iets kon geven! Stel je eens voor dat je op deze richel geboren bent en hier woont – dat deze richel alles vertegenwoordigt wat je van het leven weet. Haar vader klautert op dit moment waarschijnlijk aan een touw het ravijn in om zijn ananassen uit een grot te halen of hout te hakken op een helling van tachtig graden met heel die afgrond onder zich. Ze zal hier nooit weggaan en nooit iets weten van de buitenwereld. Dit is een natie op zichzelf. Stel je voor wat een wilde figuur hun opperhoofd moet zijn!'

Waarschijnlijk zijn ze een eind van de weg af, voorbij die afgrond, kilometers het land in, nog wilder en nog vreemder, ja, want door die Pan American Highway is de natie hier langs de weg gedeeltelijk geciviliseerd. Zie je die zweetkraaltjes op haar voorhoofd?' Dean wees ernaar met een pijnlijke grimas. 'Hun zweet is anders dan dat van ons, het is olieachtig en ze zweten altíjd want het is altíjd heet, het hele jaar door, zij weet niet wat niet-zweten is, ze is zwetend geboren en zal zwetend sterven.' Het zweet op haar voorhoofdje was zwaar, sloom; het rolde niet omlaag; het lag maar te glanzen als fijne olijfolie. 'Wat moet dat voor uitwerking hebben op hun ziel! Wat moeten zij anders zijn in hun persoonlijke zorgen en waardeoordelen en wensen!' Dean reed met zijn mond vol ontzag openhangend verder, hij reed maar tien kilometer per uur in zijn verlangen zo mogelijk alle menselijke wezens langs deze weg te zien. We bleven maar stijgen.

Met het stijgen werd de lucht koeler en de indiaanse meisjes langs de weg droegen sjaals om hun hoofd en schouders. Ze gebaarden dringend naar ons, we stopten om te kijken wat ze wilden. Ze wilden ons kleine stukjes bergkristal verkopen. Hun grote bruine onschuldige ogen keken met zo'n bezielde intensiteit in de onze dat geen van ons ook maar de geringste seksuele gevoelens voor ze koesterde; bovendien waren ze erg jong, sommigen waren net elf en leken al bijna dertig. 'Kijk die ogen eens!' fluisterde Dean. Het leken de ogen van de Maagd Maria als kind. We zagen de tedere, vergevende blik van Jezus in hun ogen. Ze keken zonder te knipperen in de onze. We wreven onze nerveuze blauwe ogen uit en keken nog eens. Ze doorboorden ons nog steeds met die droeve hypnotiserende glans. Toen ze praatten werden ze ineens heel druk, aanstellerig bijna. In hun stilzwijgen waren ze zichzelf. 'Ze hebben nog maar pas geleerd die kristallen te verkopen, sinds die snelweg zo'n tien jaar geleden is aangelegd – tot dan toe moet het een volk van zwíjgers zijn geweest!'

De meisjes dromden rebbelend rond de auto. Eén bijzonder geestdriftig kind greep Dean bij zijn bezwete arm. Ze rebbelde in het Indiaans tegen hem. 'O ja, o ja, mijn liefje,' zei Dean teder, droevig bijna. Hij stapte uit en begon in zijn gebutste koffer achterin – diezelfde geteisterde Amerikaanse koffer – te rommelen en haalde een polshorloge te voorschijn. Hij liet het aan het kind zien. Ze piepte van verrukking. De anderen drongen verbaasd om haar heen. Toen purkte Dean in de hand van het kleine meisje naar 'het mooiste, zuiverste en kleinste stukje kristal dat zij persoonlijk voor mij van de berg heeft opgeraapt'. Hij vond er een niet groter dan een besje. Hij reikte haar het bengelende horloge aan. Hun monden werden rond als de monden van koorknaapjes. De kleine bofferd drukte het tegen haar voddige borstkleed. Ze aaiden Dean en bedankten hem. Hij stond met zijn getekende gezicht naar de hemel gekeerd tussen hen in naar de volgende, hoogste en laatste pas te speuren, het leek wel of de Profeet aan hun was verschenen. Hij stapte weer in. Ze vonden het vreselijk ons te zien vertrekken. Ze renden een hele poos achter ons aan terwijl wij over een rechte helling omhoogreden. Toen namen we een bocht en zagen we ze niet meer terug, en nog bleven ze ons achterna rennen. 'Ah, dat snijdt me in mijn ziel!' riep Dean tegen zijn borst stompend. 'Hoe ver gaat hun loyaliteit en verwondering? Wat gaat er met ze gebeuren? Zouden ze proberen de auto helemaal naar Mexico City te volgen als we langzaam genoeg reden?'

'Ja,' zei ik, want ik wist het zeker.

We bereikten de duizelingwekkende hoogten van de Sierra Madre Oriental. De bananenbomen glansden goudgeel in de nevel. Achter de stenen muren langs de afgrond gaapten enorme mistbanken. De Moctezuma in de diepte was een dun gouden draadje in een groene oerwoudmat. Hier bovenop de wereld gleden er vreemde stadjes aan kruispunten langs waar indianen met sjaals ons vanonder hoedranden en *rebozos* aanstaarden. Ze leidden een ondoorgrondelijk, duister, antiek bestaan. Ze keken met haviksogen naar de bloedserieuze, bezeten Dean achter zijn razende stuurwiel. Allen strekten hun handen uit. Ze waren van de bergen en hoger gelegen streken in het achterland afgedaald om hun hand op te houden voor iets dat de beschaving naar hun idee te bieden had, zonder enig besef wat een armzalige trieste gebroken illusie het was. Ze wisten niet dat er nu een bom was die al onze bruggen en wegen in puin kon gooien, dat wij op een dag even arm zouden zijn als zij nu waren en op dezelfde manier onze hand zouden ophouden. Ons kapotte Fordje, ons arme Amerika afjakkerende ouwe Fordje rammelde langs ze heen en verdween in een wolk van stof. We hadden de aanloop naar het laatste plateau bereikt. Nu was de zon van goud, de lucht felblauw, de woestijn met zijn sporadische rivieren een woestenij van zanderige, hete ruimte en plotselinge schaduw onder bijbelse bomen. Dean sliep nu en Stan reed. Nu verschenen er herders, als in de eerste dagen gekleed in lange golvende gewaden, de vrouwen met gouden bundels vlas, de mannen met staven. De herders groepten bijeen onder reusachtige bomen op de zinderende woestijnvlakte, de schapen dromden in de zon rond en wierpen stofwolken op. 'Hé, man,' riep ik tegen Dean, 'word wakker en kijk eens naar die herders, word wakker en kijk eens naar deze gouden wereld waar Jezus vandaan komt, nu kun je het met eigen ogen zien!'

Hij hief zijn hoofd met een ruk van de bank omhoog, ving één enkele glimp op in de dovende rode zon en viel weer in slaap. Toen hij wakker werd beschreef hij het in detail en zei: 'Ja, man, ik ben blij dat je zei dat ik even moest kijken. O Heer, wat zal ik doen? Waar zal ik heen gaan?' Hij wreef over zijn buik en keek met rode ogen naar de hemel, hij huilde bijna.

Het eind van de reis was nabij. Aan weerskanten strekten zich enorme velden uit; er waaide een nobele wind over verspreide groepen immense bomen, over oude missieposten die zalmroze werden in de late zon. De wolken hingen vlak boven ons, kolossale, roze wolken. 'Mexico City in de avondschemer!' We hadden het gehaald, in totaal drieduizend kilometer van de namiddagtuintjes in Denver naar deze uitgestrekte, wereldwijde bijbelse streken, en aanstonds zouden we het eindpunt bereiken.

'Zullen we die muggenhemden nu maar uittrekken?'

'Nee, we houden ze aan tot in de stad, wat kan het bommen.'

We reden Mexico City binnen.

Een korte bergpas voerde ons plotseling naar een hoog punt vanwaar we heel Mexico City beneden ons uitgestrekt zagen in zijn vulkanische krater vol stadsrook en vroege avondlichten. We suisden omlaag, over de Insurgentes Boulevard rechtdoor naar het hart van de stad in Reforma. Op grote, grauwe terreinen voetbalden jongens in stofwolken. Taxichauffeurs haalden ons in en vroegen of we meisjes wilden. Nee, we wilden op het ogenblik geen meisjes. Lange, haveloze rijen lemen krottenwijken strekten zich over de vlakte uit; we zagen eenzame gestalten in de vervagende steegjes. Het zou spoedig nacht zijn. Toen daverde de stad ons tegemoet en plotseling reden we langs drukke cafés en theaters en massa's lichtjes. We werden toegeschreeuwd door krantenjongens. Monteurs sjokten op blote voeten door de straten met hun steeksleutels en dotten poetskatoen. We werden gesneden en omsingeld door woeste indiaanse chauffeurs op blote voeten die wild toeterend meewerkten aan de verkeerschaos. De herrie was ongelofelijk. Mexicaanse auto's worden niet uitgerust met knaldempers. Er wordt aanhoudend vreugdevol op claxons gehamerd. 'Hiehoe!' riep Dean. 'Bekijk het even!' Hij zwiepte de wagen door het verkeer en dolde met iedereen. Hij reed als een indiaan. Hij draaide een ronde glorieta op Reforma Boulevard en gierde eromheen terwijl er van alle kanten links, rechts, *izquierda*, recht vooruit en overal auto's over de acht spaken op ons afschoten. Hij hotste jubelend op en neer: 'Van dit soort verkeer heb ik mijn hele leven al gedroomd! Allemaal *plankgas*!' Er scheurde een ambulance voorbij. Amerikaanse ambulances schieten zwenkend, zigzaggend, met loeiende sirene door het verkeer; de royale kamerbrede ambulances van de indiaanse fellahs komen met zo'n honderddertig kilometer per uur door de straten en iedereen moet maar zien dat hij aan de kant gaat, ze stoppen voor niks of niemand en vliegen gewoon rechtdoor. We zagen hem op huppende banden wegzeilen in het krioelende, plots vaneenwijkende stadsverkeer. De chauffeurs waren indianen. Je zag mensen, zelfs oude dametjes, naar bussen rennen die nergens stopten. Jonge zakenlieden hielden wedstrijden, ze renden in groepjes op de bussen af en sprongen atletisch aan boord. De buschauffeurs reden blootsvoets, het waren minachtend grijnzende maniakken die breed onderuitgezakt in een T-shirt achter hun lage, enorme stuurwiel zaten. Boven hun hoofd gloeiden iconen. De verlichting in de bus was bruin, groenig, boven rijen donkere gezichten op houten banken.

In het centrum van Mexico City stapten duizenden beatniks met flodderige strohoeden en colberts met langwerpige revers zo over hun blote bast door de hoofdstraat, sommige verkochten kruisbeelden en weed in de steegjes, andere knielden in vervallen kapelletjes pal naast krottige vaudevilletheaters. Sommige steegjes waren niks dan puin, met open riolen en kleine deurtjes die toegang gaven tot bars van kastformaat in de lemen muren. Je moest over een geul springen om je glas te halen, en onder in die geul lag het antieke meer der Azteken. Je kwam met je rug naar de muur de bar uit en schoof zo de straat weer in. Ze serveerden er koffie met rum en nootmuskaat. De mambo schetterde je van alle kanten tegemoet. Honderden hoeren stonden in rijen langs de donkere nauwe straatjes, hun trieste ogen glansden ons toe in het donker. We zwierven verwilderd, in een droom door de stad. We aten een fantastische biefstuk voor achtenveertig cent in een vreemde betegelde Mexicaanse cafetaria waar hele generaties marimbaspelers achter één gigantische marimba stonden – gitaristen liepen zingend rond, oude mannen stonden op straathoeken trompet te spelen. Je kwam langs de zure stank van pulquebars, daar gaven ze je voor twee cent een waterglas vol cactussap. Het hield niet op; de straten bleven de hele nacht vol leven. Bedelaars sliepen in reclameaffiches die ze van schuttingen hadden gescheurd. Er zaten hele bedelaarsfamilies op de stoepen, ze speelden op kleine fluiten en grinnikten wat in de nachtlucht. Hun blote voeten staken naar voren, hun kaarsjes brandden flauwtjes, heel Mexico was één groot zigeunerkamp. Oude vrouwen stonden op straathoeken gekookte koeienkoppen uit te benen, ze rolden kleine stukjes in tortilla's en serveerden die met hete saus op een stuk krant. Hier was eindelijk die geweldige wilde ongeremde kinderlijk onschuldige stad der fellahs waarvan we wisten dat we hem aan het eind van onze weg zouden vinden. Dean liep met zijn armen als een zombie langs zijn lijf omlaagbungelend en met open mond en glimmende ogen door de straten en maakte een grillige pelgrimstocht die bij het ochtendgloren eindigde op een veldje waar een jongen met een strohoed lachend met ons stond te kletsen en vroeg of we een balletje met hem wilden gooien, want het ging hier maar door.

Toen kreeg ik koorts, ik begon te ijlen en raakte bewusteloos. Dysenterie. Ik keek op uit mijn duister rondkolkende brein en wist dat ik op een bed vierentwintighonderd meter boven de zeespiegel op het dak van de wereld lag, ik wist ook dat ik een heel leven en nog vele andere had geleid in die arme atomistische huls die mijn lichaam was, ik had alle dromen gehad. Toen zag ik Dean over de keukentafel gebogen staan. Het was enkele dagen later, in de avond, hij vertrok alweer uit Mexico City. 'Wat doe je nou, man?' steunde ik.

'Arme Sal, die arme Sal is ziek geworden. Stan zorgt wel voor je. Luister goed als je daar niet te ziek voor bent: ik heb mijn scheiding van Camille geregeld en rij vanavond nog terug naar Inez in New York als de wagen het volhoudt.'

'Dat hele eind weer terug?' riep ik.

'Dat hele eind weer terug, beste vriend. Ik moet weer door met mijn leven. Ik wou dat ik bij je kon blijven. Hoop dat ik terug kan komen.' Ik omklemde de krampen in mijn buik en kreunde. Toen ik weer opkeek stond de stoutmoedige nobele Dean met zijn kapotte oude koffer op me neer te kijken. Ik wist niet meer wie hij was, en dat wist hij, hij had medelijden en trok de deken over mijn schouders. 'Ja ja, ja ja, ik moet er vandoor. Nou, mijn ijlende ouwe Sal, tot ziens.' En weg was hij. Twaalf uur later drong het in mijn treurige koorts ten slotte tot me door dat hij weg was. Tegen die tijd reed hij al alleen terug door die bananenbergen, ditmaal bij nacht.

Toen ik beter was realiseerde ik me wat een smeerlap hij was, maar ik moest ook begrijpen dat zijn bestaan onmogelijk gecompliceerd was, dat hij me wel ziek moest achterlaten om door te gaan met zijn leven van vrouwen en rampspoed. 'Oké, Dean, ouwe jongen, ik zeg niets.'

DEEL VIJF

Dean vertrok uit Mexico City en trof Victor weer in Gregoria, hij sleurde die ouwe brik helemaal naar Lake Charles, Louisiana, voor de achterkant ten slotte op de weg bleef liggen zoals hij aldoor al had voorspeld. Hij telegrafeerde Inez om geld voor een ticket en vloog de rest. Zodra hij met de scheidingspapieren in zijn hand in New York aankwam, ging hij met Inez naar Newark om te trouwen; en die avond vertelde hij haar, met een hoop logisch geredeneer dat niets anders was dan een hoop mateloos triest getob, dat alles in orde was en ze zich geen zorgen moest maken, en stapte vervolgens op een bus en denderde weer over heel dat vreselijke continent naar San Francisco om bij Camille en de twee kleine meisjes te gaan wonen. Dus nu was hij drie keer getrouwd en twee keer gescheiden en woonde hij bij zijn tweede vrouw.

In het najaar ging ik zelf ook van Mexico City op weg naar huis en op een avond stond ik net voorbij de grensplaats Laredo, in Dilley, Texas, onder een lantaarn met een zomerse wolk motten erom op het warme asfalt toen ik het geluid van voetstappen in het duister hoorde en kijk, daar kwam een lange oude man met golvende witte haren en een rugzak op zijn rug aanklossen, toen hij mij in het voorbijgaan zag, zei hij: 'Gaat heen en beween het mensdom' en kloste zijn duistere nacht weer in. Betekende dit dat ik eindelijk te voet aan mijn pelgrimstocht over de donkere wegen van Amerika moest beginnen? Ik zwoegde voort en haastte me naar New York, en op een avond stond ik daar in een donkere straat van Manhattan en riep naar het raam van een zolder waar volgens mij een feest van mijn vrienden gaande was. Maar een knap meisje stak haar hoofd door het raam en zei: 'Ja? Wie is daar?'

'Sal Paradise,' zei ik, en hoorde mijn naam weergalmen in de trieste, lege straat.

'Kom maar boven,' riep ze. 'Ik ben net warme chocolademelk aan het maken.' Ik ging naar boven en daar was ze, het meisje met de zuivere en onschuldige lieve ogen waar ik altijd en al zo lang naar gezocht had. We spraken af dat we krankzinnig veel van elkaar zouden houden. In de winter maakten we plannen om naar San Francisco te verhuizen, we zouden al onze kramakkige meubels en afstandse bezittingen in een ouwe bestelwagen meenemen. Ik vertelde het aan Dean in een brief. Hij schreef een enorme brief terug van achttienduizend woorden, allemaal over zijn jonge jaren in Denver, en zei dat hij me zou komen halen om de oude bestelwagen persoonlijk uit te kiezen en ons naar huis te rijden. We hadden zes weken om het geld voor de wagen op te sparen, we gingen aan het werk en keerden elke cent om. Maar plotseling verscheen Dean alvast, vijfeneenhalve week te vroeg, toen niemand geld had om het plan door te zetten.

Ik was midden in de nacht een eindje gaan lopen en kwam terug om mijn meisje te vertellen waar ik tijdens mijn wandeling over nagedacht had. Ze stond met een vreemde glimlach in het kleine donkere flatje. Ik vertelde haar het een en ander en voelde plots de stilte in de kamer, ik keek om me heen en zag een gehavend boek op de radio liggen. Ik wist dat het Deans Proust vol verheven eeuwigheid in de namiddag was. Als in een droom zag ik hem stilletjes op zijn kousenvoeten uit de donkere gang binnenkomen. Hij kon niet meer praten. Hij hupte wat op en neer en lachte, brabbelde en wapperde met zijn handen en zei: 'Uh – uh – luister goed.' We luisterden, we waren één en al oor. Maar hij vergat wat hij wilde zeggen. 'Goed luisteren, hoor – ahum. Kijk, mijn beste Sal – mijn lieve Laura – ik ben gekomen – weggegaan – wacht even – uh – o ja.' Hij staarde in versteende droefheid op zijn handen. 'Kan niet meer praten – begrijp je wel dat het – of misschien – Luister nou!' We luisterden alle drie. Hij luisterde naar de geluiden in de nacht. 'Ja!' fluisterde hij vol ontzag. 'Maar kijk – praten hoeft niet meer – verder dus.'

'Maar waarom ben je zo vroeg gekomen, Dean?'

'Ah,' zei hij, me aankijkend alsof hij me nu voor het eerst zag, 'zo vroeg, ja. Dat uh – dat weten we – nou uh, dat weet ik niet. Ik ben op mijn spoorpas gekomen – personeelswagons – ouwe treinstellen met houten banken – uit Texas – hele weg op mijn houten ocarinaatje zitten blazen.' Hij haalde zijn nieuwe houten fluit te voorschijn. Hij speelde een paar pieperige tonen en sprong op zijn kousenvoeten op en neer. 'Zie je wel?' zei hij. 'Maar ik kan zo dadelijk natuurlijk wel weer praten als vanouds, Sal, ik heb je massa's dingen te vertellen, heb in feite met mijn eigen bekeken brein de hele rit door het ganse land aan één stuk door die te gek fantastische Proust zitten lezen en zo'n enorme hoop dingen uitgevogeld dat ik nooit TIJD genoeg heb om het je allemaal te vertellen en we hebben nog ALTIJD niet over Mexico gepraat en ons afscheid in ijlkoorts – maar praten is niet meer nodig. Zeker weten, of niet dan?'

'Oké, dan praten we niet.' Daarop begon hij tot in de kleinste details te vertellen wat hij op weg hierheen in LA gedaan had, hoe hij daar een gezin had bezocht, er had gegeten, met de vader gepraat had, met de zoons, de zusters – hoe ze eruitzagen, wat ze aten, het meubilair, hun gedachten, hun interesses, hun hele ziel en zaligheid; het kostte hem drie uur om alles gedetailleerd uit de doeken te doen, en tot besluit zei hij: 'Ah, maar wat ik je EIGEN-LIJK wilde vertellen – dat was veel later – in Arkansas, in de trein – ik maar op mijn fluit spelen, kaarten met de jongens, mijn vieze kaarten – hoop geld gewonnen, en maar flierefluiten – voor die zeelui. Wat een lange lange rotreis vijf dagen en vijf nachten onderweg enkel en alleen om jou te zien, Sal.'

'En Camille?'

'Heeft me toestemming gegeven, uiteraard – ze wacht op me. Camille en ik zijn het voor eens en voor altijd helemaal…'

'En Inez?'

'Ik – ik – ik wil dat ze mee teruggaat naar Frisco om met me samen te wonen aan de andere kant van de stad – wat denk jij? Ik weet niet waarom ik gekomen ben.' Wat later zei hij in een abrupt ogenblik van stomme verwondering: 'Nou uh ja, natuurlijk, ik wilde jouw lieve meisje zien – en jou – blij voor je – hou nog evenveel van je.' Hij bleef drie dagen in New York en maakte haastig voorbereidingen om weer op de trein te stappen met zijn spoorpas en het continent nogmaals over te steken, vijf dagen en vijf nachten in stoffige coupés en ouwe rammelkratten met harde banken, en wij hadden natuurlijk geen geld voor een bestelwagen en konden niet met hem mee teruggaan. Hij bracht een nacht bij Inez door met uitleggen en soebatten en bekvechten, toen gooide ze hem eruit. Er kwam een brief voor hem op mijn adres. Ik kreeg hem te zien. Hij was van Camille. 'Mijn hart brak toen ik je het spoor zag oversteken met je koffer. Ik blijf bidden dat je behouden terugkomt... ik zou graag willen dat Sal en zijn vriendin in dezelfde straat komen wonen... Ik weet wel dat je veilig aan zult komen maar ik kan het niet helpen dat ik zo bezorgd ben – nu we alles hebben afgesproken... Lieve Dean, de eerste helft van de eeuw is ten einde. Als je de tweede helft bij ons wilt doorbrengen ben je van harte welkom. We wachten allemaal op je. Veel liefs en kussen, Camille, Amy en Kleine Joannie.' Dean had vastigheid gevonden bij zijn meest verbitterde, trouwste en verstandigste vrouw Camille; ik was God dankbaar.

De laatste keer dat ik hem zag was onder trieste, vreemde omstandigheden. Remi Boncoeur was in New York gearriveerd nadat hij diverse malen de wereld was rondgevaren. Ik wilde hem laten kennismaken met Dean. Ze ontmoetten elkaar, maar Dean kon niet meer praten en zei niets, Remi keerde hem de rug toe. Remi had kaarten voor het concert van Duke Ellington in de Metropolitan Opera en stond erop dat Laura en ik er met hem en zijn meisje heen gingen. Remi was dik geworden, een trieste figuur, maar hij was nog altijd de enthousiaste, vormelijke heer die alles graag doet zoals het hoort, zoals hij nadrukkelijk zei. Dus liet hij ons door zijn bookmaker in een Cadillac naar het concert rijden. Het was een koude winteravond. De Cadillac stond gereed. Dean stond buiten voor de ramen met zijn koffer, klaar om naar Penn Station te gaan en het land over te steken.

'Tot ziens, Dean,' zei ik. 'Ik wou echt dat ik niet naar dat concert hoefde.'

'Kan ik met je meerijden naar 40th Street, denk je?' fluisterde hij. 'Ik wil zo lang mogelijk bij je zijn, jongen, bovendien is het verrekte koud hier in New York...' Ik fluisterde met Remi. Nee, hij wilde het niet hebben, hij mocht mij graag maar van mijn geschifte vrienden moest hij niets hebben. Ik ging niet weer een door hem geplande avond verpesten zoals ik in San Francisco in Alfred's met Roland Major had gedaan in 1947.

'Geen kwestie van, Sal!' Arme Remi, hij had een speciale stropdas voor deze avond laten maken, hij was beschilderd met een replica van de concertkaarten, de namen Sal en Laura, Remi en Vicki (zijn vriendin), een paar trieste grappen en enkele van zijn favoriete gezegden zoals: 'Je kunt de ouwe maestro geen nieuwe deuntjes leren.'

Dean kon dus niet met ons meerijden en ik kon alleen maar achter in de Cadillac naar hem zitten wuiven. De bookmaker achter het stuur wilde ook niks met Dean te maken hebben. Gehuld in een rafelige, kaalgevreten overjas die hij speciaal voor de vrieskou in het Oosten had gekocht, liep Dean in zijn eentje weg, het laatste dat ik van hem zag was het moment waarop hij de hoek omliep naar 7th Avenue, ogen op de straat voor zich uit, alweer hard op weg. De lieve kleine Laura, die ik alles over Dean verteld had, begon bijna te huilen.

'O, zo kunnen we hem niet laten weggaan. Wat moeten we doen?'

De ouwe Dean is vertrokken, dacht ik, en zei hardop: 'Hij redt zich wel.' We reden naar het sombere stroeve concert waar ik helemaal niet voor in de stemming was en aldoor dacht ik aan Dean die weer op de trein was gestapt en vijfduizend kilometer door heel dat afschuwelijke land moest rijden en geen idee had waarom hij gekomen was, behalve om mij te zien.

En als de zon boven Amerika ondergaat en ik op de vervallen oude pier aan de rivier zittend naar de brede, brede luchten boven New Jersey kijk en al dat ruige land voel dat in één ongelofelijke gigantische massa helemaal naar de Westkust golft, en heel die lange weg, en al die dromende mensen in die onmetelijke ruimte, al die kinderen in Iowa die nu al liggen te huilen in dat land waar ze de kinderen maar laten huilen, maar dadelijk gaan de sterren weer schijnen en je weet toch wel dat God Pooh Bear is? als de avondster al daalt en haar vonken uitschuddend boven de prairie dooft in die laatste ogenblikken voor de komst van het volledig duister dat de aarde zegent, alle rivieren verduistert, de bergtoppen omzwachtelt en de verste oeverlijn inpakt, als niemand, niemand weet wat er nog komen zal behalve de morsige verlatenheid van de ouderdom, denk ik aan Dean Moriarty, zelfs aan de oude Dean Moriarty, de vader die we nooit meer hebben gevonden, dan denk ik aan Dean Moriarty.

ULYSSES